親切的、活潑的、趣味的、致用的

實用歷史叢書

遠流出版公司

本書中文繁體字版由張程獨家授權

脆弱的繁華：南宋的一百五十年

作　　者——張　程
責任編輯——陳穗錚
發 行 人——王榮文
出版發行——遠流出版事業股份有限公司
臺北市10084南昌路2段81號6樓
電話／2392-6899　傳真／2392-6658
郵撥／0189456-1
著作權顧問——蕭雄淋律師
2015年5月1日　初版一刷
售價新台幣 380 元　（缺頁或破損的書，請寄回更換）

ISBN 978-957-32-7630-2
YLib 遠流博識網
http://www.ylib.com　E-mail:ylib@ylib.com

實用歷史叢書

脆弱的繁華：南宋的一百五十年

《實用歷史叢書》

出版緣起

王榮文

·歷史就是大個案

《實用歷史叢書》的基本概念，就是想把人類歷史當做一個（或無數個）大個案來看待。

本來，「個案研究方法」的精神，正是因為相信「智慧不可歸納條陳」，所以要學習者親自接近事實，自行尋找「經驗的教訓」。

經驗到底是教訓還是限制？歷史究竟是啟蒙還是成見？——或者說，歷史經驗有什麼用？可不可用？——一直也就是聚訟紛紜的大疑問，但在我們的「個案」概念下，叢書名稱中的「歷史」，與蘭克（Ranke）名言「歷史學家除了描寫事實『一如其發生之情況』外，再無其他目標」中所指的史學研究活動，大抵是不相涉的。在這裡，我們更接近於把歷史當做人間社會情境體悟的材料，或者說，我們把歷史（或某一組歷史陳述）當做「媒介」。

·從過去了解現在

為什麼要這樣做？因為我們對一切歷史情境（milieu）感到好奇，我們想浸淫在某個時代的思考環境來體會另一個人的限制與突破，因而對現時世界有一種新的想像。

通過了解歷史人物的處境與方案，我們找到了另一種智力上的樂趣，也許化做通俗的例子我們可以問：「如果拿破崙擔任遠東百貨公司總經理，他會怎麼做？」或「如果諸葛亮主持自立報系，他會和兩大報紙持哪一種和與戰的關係？」

從過去了解現在，我們並不真正尋找「重複的歷史」，我們也不尋找絕對的或相對的情境近似性。「歷史個案」的概念，比較接近情境的演練，因為一個成熟的思考者預先暴露在眾多的「經驗」裡，自行發展出一組對應的策略，因而就有了「教育」的功能。

．從現在了解過去

就像費夫爾（L. Febvre）說的，歷史其實是根據活人的需要向死人索求答案，在歷史理解中，現在與過去一向是糾纏不清的。

在這一個圍城之日，史家陳寅恪在倉皇逃死之際，取一巾箱坊本《建炎以來繫年要錄》，抱持誦讀，讀到汴京圍困屈降諸卷，淪城之日，謠言與烽火同時流竄；陳氏取當日身歷目睹之事與史實印證，不覺汗流浹背，覺得生平讀史從無如此親切有味之快感。

觀察並分析我們「現在的景觀」，正是提供我們一種了解過去的視野。歷史做為一種智性活動，也在這裡得到新的可能和活力。

如果我們在新的現時經驗中，取得新的了解過去的基礎，像一位作家寫《商用廿五史》，用企業組織的經驗，重新理解每一個朝代「經營組織」（即朝廷）的任務、使命、環境與對策，竟然就呈現一個新的景觀，證明這條路另有強大的生命力。

我們刻意選擇了《實用歷史叢書》的路，正是因為我們感覺到它的潛力。我們知道，標新並不見得有力量，然而立異卻不見得沒收穫；刻意塑造一個「求異」之路，就是想移動認知的軸心，給我們自己一些異端的空間，因而使歷史閱讀活動增添了親切的、活潑的、趣味的、致用的「新歷史之旅」。

你是一個歷史的嗜讀者或思索者嗎？你是一位專業的或業餘的歷史家嗎？你願意給自己一個偏離正軌的樂趣嗎？請走入這個叢書開放的大門。

目錄

脆弱的繁華

南宋的一百五十年

張程——著

第一章

復國的夢魘

北宋的滅亡具有標本式的意義。亂世多英雄，岳飛無疑是其中最耀眼的英雄，看似軟弱的宋高宗趙構也是個英雄。他們是全朝全民力求復國熱潮中的絕對主角。因為地位的不同和性格的差異，趙構和岳飛兩人從陌生走向親密和信任，最終決裂。岳飛最後只能被冤死，因為無論在個人道德上還是在工作成績上，他都無懈可擊。

張邦昌、韓世忠、秦檜等人雖然是旁觀者，也不可小視。

我們的故事從北宋靖康元年（西元一一二六年）的冬天開始。

那一年的冬天出奇地冷，冷入人們的骨髓。金國的鐵騎蹂躪了河北各州縣，軍鋒直指京師汴梁城下。慘烈的汴梁保衛戰打響了，城內武庫開始發放武器，裝備平民。王朝已然到了生死存亡的邊緣。遠在相州、十九歲❶的康王趙構連忙就地招募民兵，組織勤王，開始了實質性的權力博弈。相州轄下的湯陰縣，有個貧苦農民叫做岳飛。他應募做了趙構部下的一名小兵，也正式開始了自己的軍旅生涯。岳飛時年二十三歲。

兩個地位懸殊、都對南宋歷史產生巨大影響的人物在同一個地點、以不同的方式開始書寫歷史。

撞上大運的趙構

一

趙構剛出生的時候，似乎就是個與皇位無緣的孩子。

大觀元年（一一〇七年）五月乙巳，趙構生於東京汴梁的皇宮裡。父親是宋徽宗趙佶，母親是皇妃韋氏。後代的史官拍馬屁說趙構出生的時候不知道從哪裡來了道赤光，照耀著產房，多日沒有散去，天生就有大富大貴的命運。但是史官寫出來的東西是不能全信的。比如漢朝的史官還說無賴出身的劉邦是他媽在夢中和白龍交配生下的，出生的時候雷電交加云云。請問有幾個讀者相信這樣的「祥瑞」？在趙構之前，宋徽宗已經有八個兒子了，而且之後還會有更多的兒子。風流的宋徽宗後宮佳麗不可計數，單單姓王的妃子就有上百人。趙構的生母韋氏只是一名不得寵的普通妃子，而且出身卑賤，人們有充分的理由相信，趙構也只是一名普通皇子。

三個月後，趙構就被授予「定武軍節度使、檢校太尉」的虛職，封為蜀國公。第二年正月又晉封為廣平郡王。當然，趙構不需要真正地參政議政。他的童年是在皇宮大內度過的。他的官方傳記這麼評價他的童年生活：「資性朗悟，博學強記，讀書日誦千餘言。」這句話也是典型的拍馬屁的話。它表明趙構從小就接受了貴族教育，至於學得怎麼樣就很難說了。即使趙構的學習成績一塌糊塗，史官也只能說他「博學強記，天資聰穎」。父親宋徽宗更喜歡趙構的大哥趙桓。趙桓頗得父親的文才和風流，書法繪畫樣樣精通，被立為了皇太子。

趙構深知無論能力才學，還是宗法或者年齡，將來都坐不了父皇的寶座，就頗有一些超脫隨性的味道。他的興趣愛好不在吟詩作畫，而是喜歡騎射。趙構早年苦練騎射，能挽起一石五斗的大弓，達到了入選大內侍衛的要求。趙構還向下人學習相馬，善於區別馬匹的品質的優劣。他曾自負地說自己只要聽到馬的步驟之聲，即使隔著牆壁他也能聽出馬的好壞。幾十年後，趙構在和武將們交談的時候，還很容易找到共同語言。

宣和三年（一一二一年）十二月壬子，將滿十五歲的趙構晉封為康王。一個月後，被視為成年的趙構搬出了皇宮，住進了藩王府。

命運和家人都給趙構安排了安逸的藩王生活。皇宮外面的汴梁城是個花花綠綠的大世界，住著許多藩王。充裕的財富和多彩的都市生活為藩王們提供了強有力的物質基礎。汴梁是當時世界上最輝煌絢爛的都市。宋徽宗正和寵臣蔡京、王黼、童貫等人搜盡天下財富，營造占地數十里、牆高百尺的恢宏莊園，希望集天下美景於一地。王朝的稅賦、人才和宋徽宗看中的花花草草源源不斷地通過大運河、驛道彙聚到汴梁來。當時從山東搬來了一戶小有名氣的文人夫婦，男的叫做趙明誠，女的叫做李清照。他們出身官宦，在汴梁尋覓了一座小宅院住下，不時發表一些詩詞文章。一次，他們看中了一幅畫，借回家來把玩了好幾天，終因湊不齊買畫的錢，只好悻悻將畫送回。可見當時汴梁貿易和文化之盛、物質生活之不易。康王趙構也徜徉在汴梁的繁華之中，構成了汴梁的風景之一。

二

如此太平盛世，怎麼能少得了重大武功的點綴呢？

宋徽宗也是這麼想的。他登基後一直沒有像樣的政績。苦惱的宋徽宗決定通過對外戰爭來「錦上添花」。政和五年（一一一五年），女真族首領完顏阿骨打建立金國，向宋朝的世敵遼朝發起進攻。遼兵屢敗。宋徽宗決定借助金國的力量，收復被遼國占據了上百年的故土燕雲十六州❷，建立不世武功。宣和二年（一一二〇年），宋金商定共同滅遼，金兵攻北，宋兵攻南。遼朝滅後，宋朝將原來貢獻給遼朝的「歲幣」五十萬貫全部獻給金朝。條約簽訂了，宋朝應該開始準備執行了。但是宋徽宗君臣根本就沒把條約放在心裡。他們只想依賴金朝，乘機取利，根本沒有積極作戰的認真打算。相反，宋徽宗在第二年下令加強在東南地區搜尋花花草草的工作，加快汴梁景區的建設。王黼和李彥等人括取民田，又藉口軍用，搜括境內丁夫，計丁出錢，中飽私囊數千萬貫。有人控訴，他們就打擊報復、嚴刑懲罰，成千上萬的人因而致死。

沒幾天，金國的使節趕到汴梁，見狀吃驚地說：「我們大金朝已經把遼國打得奄奄一息了，基本完成條約義務了。你們宋朝怎麼還不出兵啊？」

宋徽宗一拍腦門，說：「哦，我想起來了。我這就馬上出兵！」

得寵的大太監童貫奉命率領十五萬大軍北上，進展得很順利，進軍到今北京西南的良鄉才遇到遼軍的抵抗。凌晨，童貫看到遼軍營中火起，以為遼兵要來進攻了，竟然嚇破膽，自己把營壘給燒掉，領兵瘋狂南逃。喜出望外的幾千遼兵乘勝追擊，直殺到涿水。宋兵一路上死傷不計其數。據說，宋朝自王安石變法以來積存的軍需，在這一仗中都被宋徽宗和童貫君臣給折騰光了。

童貫一直逃到雄州，才想到怎麼交差的問題。他為了逃避兵敗的罪責，祕密聯絡金軍，請求金軍協助攻打燕雲地區。完顏阿骨打毫不含糊，親自領兵，三下五除二就把燕雲地區的遼軍給收拾了。童貫又厚著臉皮對金軍答應，宋朝每年除向金貢獻原來獻遼的歲幣外，又增加一百萬貫，作為「燕京代租錢」，請求金軍將燕京交還宋朝。金兵在燕京城內大肆搶掠財物，又把城內男女擄去作奴隸，僅剩下一座被搜括一空的城池，揚長北去。

宣和五年（一一二三年）四月，童貫大吹大擂地進入殘破不堪的空城。這時的燕京到處都是丘墟和狐狸穴。可宋徽宗不管這些，他自認為建立了不世之功，大肆慶賀。童貫上《復燕奏》，吹噓凱旋還師。百官紛紛上表祝賀，又立「復燕雲碑」紀功。王黼、童貫、蔡攸等相關人都加官晉爵。這邊是汴梁陶醉在「輝煌的勝利」之中，那邊是金國君臣在燕山以北虎視眈眈地把南邊的表演當笑話來看。

金國算是把宋朝金玉其外、敗絮其內的特點給看透了。只是遼國的殘餘勢力還沒有被完全消滅，金軍上下沒來得及對宋朝有「進一步的想法」。宣和七年（一一二五年）二月，遼朝末代皇帝天祚帝被金兵俘虜，不久遇害。遼朝滅亡了。消息傳到汴梁，又引起一陣狂熱的慶祝活動。在遼朝的亡國貴族中有個叫做耶律大石的英雄，率領契丹遺民西遷到西域的楚河流域，建立起西遼。契丹民族是幸運的，因為他們畢竟擁有耶律大石這樣「真正的貴族」。幼稚懦弱的宋朝君臣本應該更加理性，甚至帶上那麼點敬意去看遼朝的滅亡。遺憾的是，宋徽宗隆重慶祝宿敵的死亡後，又一頭鑽進詩詞書畫的風景中去了。

滅遼當年，金軍就把鐵拳轉向南方。金國制定了大規模南侵計畫，十一月兵分兩路，西路軍由完顏宗翰率領，從雲州進攻太原，沿山西南下。東路軍由完顏宗望率領，進攻燕州，從河北一路南下。雙方計畫會師於開封城外。西路軍在太原遭宋朝軍民的頑強抵抗，停滯不前；完顏宗望的東路軍，因為燕州宋軍投降，長驅直入，迅速渡過黃河，很快兵臨東京城下。

驚惶失措的宋徽宗不得不下罪己詔說：

多作無益，侈靡成風。利源酤榷已盡，而牟利者尚肆誅求；諸軍衣糧不時，而冗食者坐享富貴……追惟己愆，悔之何及……望四海勤王之師，宣二邊禦敵之略。永念累聖仁厚之德，涵養天下百年之餘，豈無四方忠義之人，來徇國家一日之急。

不管真假，宋徽宗追悔莫及，希望天下兵馬勤王救駕。罪己詔的效果一時間體現不出來，金軍越來越猛烈的進攻卻是實實在在的。沒轍了的宋徽宗決定棄國南逃。太常少卿李綱、給事中吳敏等大臣懇請堅持固守。李綱並建議：「現在情況危急，除非傳位給太子，不足以招徠天下豪傑勤王救駕。請皇上宣布退位，激勵將士。」宋徽宗驚慌懊惱，拉著蔡攸的手說：「想不到會變成這樣！」他竟然哽咽著，昏迷跌倒在榻前。群臣趕忙灌藥急救。

宋徽宗蘇醒過來後，顫巍巍地寫了一張小紙條：皇太子可即皇帝位，予以教主道君退處龍德宮。

三

十二月，太子趙桓即位，宣布改明年年號為靖康。趙桓就是宋欽宗。

第二年的正月初三，金兵渡過黃河，合圍汴梁。當天深夜，做了太上皇的宋徽宗連兒子的登基慶典都不參加，說了句「兒子，我去南方燒香還願了」，就帶著蔡京、童貫等人摸黑逃跑了。一行人匆匆逃到亳州，再逃到鎮江去避禍。

天亮後，朝野官民知道情況，義憤填膺，紛紛揭露蔡京、童貫集團的罪惡。太學生陳東等上書，指蔡京、王黼、童貫、梁師成、李彥、朱勔為六賊，說「此六賊者，異名同罪」，要求將六人處死，傳首四方，向天下謝罪。宋欽宗不得不罷免六人，任用李邦彥、張邦昌為左右宰相。李綱慷慨激昂地對宋欽宗說：「皇上如果讓臣治軍，臣願以死抗金。」宋欽宗於是提拔李綱為尚書右丞，負責首都的防守。❸

初五，李綱一大早就入朝奏事。在大殿前，李綱吃驚地發現皇帝乘輿都已陳列，禁衛環甲，六宮的太監和宮女來來往往，一副皇帝出巡的模樣。原來宋欽宗見父親逃走了，也失去了抵抗的信心，早已下決心逃跑。李綱厲聲對軍士們說：「你們是願意死守，還是願意扈從出逃？」禁軍的將士大多是北方人，齊聲說：「我等願意死守！」李綱又去見宋欽宗，說：「禁軍的父母妻兒都在城中，豈肯離去。皇上出巡，萬一禁軍中途四散逃離，誰來保衛陛下啊？而且敵軍已經逼近，他們知道御駕還沒有走遠，肯定會快馬急追。到時候，皇上無險可守，如何抵禦？」宋欽宗聽完，覺得李綱的話有道理。皇帝再次出逃的條件已經喪失了。他只能死守汴梁了。李綱乘機傳旨說：「皇上有旨，有再說出城逃跑的人，斬！」禁軍兵士們都高呼萬歲。吳敏、李綱等人再擁著宋欽宗登上宣德門，向城內的百官將士們宣布，皇上決策固守，勉勵將士們來了。汴梁的局勢平靜了下來，人們決心抵抗了。

當天，有一支金兵駕駛著數十艘火船沿河而下，進攻宣澤門。李綱率領敢死隊二千人，列陣城下，用長鉤搭住敵船，再投石攻打。石頭不夠了，軍民們就把蔡京等人家中的假山砸爛了，搬石頭來堵塞河道，加固京城各門。宋軍英勇作戰，打退了金兵的進攻。

對於金軍上下來說，能夠掃蕩河北各州縣，迅速推進到汴梁已經大大出乎意料了。他們並沒有做好滅亡宋朝的心理準備。兵臨城下後，金國派使臣進城，要求宋朝派親王、宰相去軍前議和。宋欽宗派出了以李梲為使臣，鄭望之為副的使團。臨行前，宋欽宗暗地裡告訴了李梲、鄭望之自己的談判底線：歲幣可以增加三到五百萬兩，額外付白銀三到五百萬兩議和。李梲帶著黃金一萬兩和酒果等就去了。金軍元帥完顏宗望笑呵呵地收下黃金，提出了三項條件：索要黃金五百萬兩、白銀五千萬兩、牛馬等各萬匹、絹帛百萬匹；宋朝割讓太原、中山、河間三鎮；宋朝以親王和宰相作人質。李梲、鄭望之帶著金國的議和條件趕緊回奏。

宋欽宗召集親王和重臣商議。張邦昌和李邦彥兩位宰相主張全部接受。既然全部接受，那麼派誰去當人質呢？宋欽宗見張邦昌喊接受喊得最起勁，就說：「那個宰相的人質就由張相公去吧！」張邦昌大驚失色，又不敢不去，哭喪著臉不再言語了。親王人質由誰擔任呢？當時成年的嫡系親王只有兩個人：康王趙構和肅王趙樞。趙構和趙樞也參加了會議。趙樞嚇得連頭都不敢抬。趙構毅然站了出來，對宋欽宗說：「敵人指定要親王去當人質，臣為了宗廟社稷，怎麼能推辭逃避呢！」宋欽宗感動得不得了；趙樞和重臣們都擦擦眼睛，重新打量起平時不起眼的趙構來。

四

康王趙構於是作為軍前計議使，宰相張邦昌為副使，出使金營去了。

來到金營後，女真士兵們沒看過天潢貴胄，好奇地擁到趙構面前，品頭論足。張邦昌一介書生，哪見過這場面，嚇得雙腿打顫。趙構畢竟練過武，神態自若。完顏宗望見宋朝的親王肢體健壯，在凶神惡煞的女真士兵面前毫無懼色，心裡開始嘀咕了：「都說中原宋朝以文立國，君臣上下整日讀書作畫，手無縛雞之力。這小子怎麼看起來不像是王爺啊？不會是宋朝皇帝派了一個假親王來糊弄我吧？」宗望於是假意邀請趙構巡視軍營，並客氣地請趙構展示射箭。趙構不知情，連發數箭，箭箭射中靶心。金軍將士一派歡呼聲。宗望卻更加懷疑趙構是個假親王了。

這時候發生的又一件事情，改寫了趙構的命運。

使團派出後，宗望見宋朝各地勤王軍隊日益趕到，就將軍營北撤。宋金雙方開始戰場僵持。宋欽宗就召李邦彥、李綱、吳敏、种師道、姚平仲等大臣商議軍事。李綱主張以逸待勞，堅壁清野，等金軍糧盡力疲北撤時在中途邀擊。种師道同意李綱的主張，同時認為太原、中山和河間三鎮不能割讓給金軍。宋欽宗這時候對之前割讓河北三鎮的決定也後悔了，決定在二月初六各軍向金軍發動進攻。但到二月初一半夜，姚平仲突然建議夜間突襲金營，生擒宗望，迎回康王。宋欽宗希望僥倖取勝，同意了姚平仲的計畫，並命李綱支援。可惜出兵前消息洩露，金營早有準備，姚平仲劫營失敗，落荒而逃。

姚平仲劫營讓完顏宗望震怒。他想不到宋朝竟然在和談期間突襲，也確信趙構是個假親王。因為如果趙構真的是康王，那麼宋欽宗怎麼可能置弟弟的性命於不顧，冒險劫營呢？宗望怒氣沖沖地責問趙構和張邦昌。趙構無以回答，而張邦昌急得眼淚鼻涕都下來了，再三為自己辯白。宗望說：「得，我也不為難你們倆。兩國交兵，不斬來使。你們回去告訴皇帝，換兩個真的人質過來！」於是做了二十餘天人質的趙構和張邦昌竟被放歸汴梁了。

宋欽宗沒有辦法，親自下詔書割三鎮土地給金朝，並改送肅王趙樞作為人質。倒楣的張邦昌升任太宰，陪同肅王仍去金軍中作人質。二月初十，金軍得到三鎮，又見宋朝勤王軍隊越聚越多，就乘勢退軍。

金軍走了，宋欽宗鬆了口氣，覺得自己僥倖得來的皇位算是坐穩當了。他下令把勤王的軍隊都遣散了，罷免李綱，又從鎮江迎回了太上皇宋徽宗，開始享受屬於自己的帝王生活了。然而金國滅宋之心不死。他們瞄準時機，完顏宗望、宗翰、宗弼幾個族兄弟❹盡起大軍，藉口河北三鎮軍民拒絕入金為民，重新殺向東京汴梁。這一次又是勢如破竹。宋欽宗驚惶失措，召集百官商議。門下侍郎耿南仲等人主張儘快割讓河北三鎮，請金軍撤退。諫議大夫范宗尹甚至跪地大哭，請皇上趕快割地免禍。

宋欽宗這一次又派康王趙構作使臣，王雲為副使，去金軍中求和。十一月中旬，趙構和王雲走到磁州。磁州知州宗澤是個年近古稀的老臣❺，堅決抗金，正在修築城防，加強戰備。城中百姓抗敵情緒高漲，罵王雲是賣國奸細，群情激昂，竟亂拳亂棍將他打死。趙構嚇到了，不敢再去議和。他從宗澤那裡知道金軍已經渡過黃河，衝向汴梁了。宗澤勸他：「肅王一去不復返，您復去何益？不要再往前走了，留在磁州吧。」磁州離金軍很近，剛好知相州汪伯彥亦以蠟書請康王還相州，趙構於是折向相州。

宋朝的使節沒有去到金營，金軍渡過黃河後派使臣到了汴梁。金國壓根就不提三鎮的事情，而要劃黃河為界，要求河東、河北地全部歸金。宋欽宗一一聽從，立即派耿南仲到宗望軍割河東地，聶昌到宗翰軍割河北地。宋欽宗下詔書給河北、河東軍民說：「被割讓地區的百姓雖然做了大金的子民，但如果安居樂業，沒有心存反覆，還是大宋的好百姓，按照現在黃河的流向，在黃河以北的州府，全都打開城門，歸降大金。」

本朝積貧積弱，對外妥協的事情不是頭一次做了。但這次卻是割地求和，而且割的是黃河以北漢族世代居住的核心地區，激起了黃河南北民眾的激烈反對。河北、河東軍民再聽到這麼無恥的詔書，抗金的怒潮更加熾熱了。聶昌走到絳州，下令割地，絳州人民根本就不認，把聶昌當成漢奸殺死了。

耿南仲奉旨陪同金國使節北上交接土地，也遇到了很多阻力。許多州縣根本就不承認他的身分，更毋庸說開城投降了。耿南仲一行人走到衛州的時候，衛州民兵做得更絕。他們圍捕耿南仲和金國使節。金使脫逃保命，耿南仲則狼狽地逃到相州。

相州的民兵惡狠狠地逼問耿南仲：「你是來幹什麼的？」

耿南仲當然不敢說，我是來讓大家向大金國投降，做金國臣民的。他眼珠子一轉，突然想起曾聽人說過出使金國的康王趙構正在相州避難，忙急中生智說：「我是來找康王殿下的。皇上有旨，命康王起河北兵入衛京師！」

相州民兵高呼萬歲，帶著耿南仲去見趙構。耿南仲害怕了。見到趙構後，自己拿不出皇帝的詔書來，這可是「假傳聖旨」，是要砍頭的。誰料，趙構接到所謂的「聖旨」，知道不是真的，可還是裝模作樣地接受了。耿南仲忙屁顛屁顛地寫了張募兵榜，署上自己的名字。民兵們這才放了他。

趙構為什麼不揭穿耿南仲呢？他不是為了救可憐的耿南仲，而是隱藏在他內心深處的權力欲望促使他這麼做的。趙構雖然與皇位無緣，並不意味著他不想做皇帝。當時天下大亂，而軍隊是亂世最可靠的政治籌碼。趙構不可能不想假借皇帝的名義壯大自己的勢力，為將來的發展「加分」。於是他大張旗鼓地募起兵來。「勤王抗金」的名義和「康王」的招牌很管用，相州周邊百姓踴躍參軍。

五

相州湯陰縣（今河南安陽市湯陰縣）永和鄉孝悌里的農民岳飛也來應募參軍。

這已經是岳飛第三次參軍了。宣和四年（一一二二年）冬，真定宣撫劉韐招募「敢戰士」，十九歲的岳飛就從老家跑過去從軍。但不久父親岳和病故，岳飛回鄉盡孝。兩年後的冬天，岳飛再次到河東路平定軍（今山西平定）投軍。後來因為軍隊潰散還是別的原因，岳飛又離開了部隊。岳飛為什麼這麼執著地要求從軍呢？史書記載說這和岳飛的家庭環境及所受的教育有關。岳母姚氏在他的背上刺下「精忠報國」四大字，讓他銘記抗金為國；岳飛曾經拜大師周侗為師學習武藝，且喜歡看《左氏春秋》、《孫子兵法》，有扎實的軍事基礎。事實上，後來人的記載粉飾的成分過重，嚴重偏離了岳飛的真實情況。岳飛應該是貧苦農民出身。父親岳和常常在與鄰里的土地和財產糾紛中退縮。（在史官的筆下，岳和是一個寬宏大量的好農民。）岳飛長大後，身上具有了中國傳統農民的所有特點：純真、質樸、堅強。而且岳飛體格健壯，十幾歲就能挽起三百斤的弓，射八石的弩。這樣看來，岳飛的確是一個當兵吃糧的好材料。

按照現在心理學的觀點進行分析，岳飛卻不是一個從政的好材料。傳統農民的特徵極大地束縛了岳飛的政治發展。岳飛的純真、質樸頗有一點頭腦簡單，思想單純的味道在裡面。這可是從政者的大忌。岳飛的堅強對處於逆境的政治家來說，是個好品質，但其中也帶有些許偏執、一根筋的味道在裡面。凡是認準的事情，中國的農民很少妥協，「原則有餘，靈活不足」。這也是從政者的大忌。從後來的表現來看，岳飛多次充當了「刺兒頭」的角色。二十三歲時的岳飛參軍的目的很簡單。因為他目睹了金軍的殘暴，對農民的苦難深有體會，所以要參加打金國人，保衛家園。只是隨著時間推移，岳飛「抗暴保家」的目的才逐漸昇華為「抗金衛國」。那時候的岳飛就已經不再是昔日的岳飛了。

當然了，剛參軍的岳飛根本就沒有從政的資格。他被分到前軍統制劉浩的軍中，只做了一名普通士兵。

是金子在哪裡都會發光的。康王趙構的軍隊剛剛建立，亟需軍官。岳飛很快就因為招降了一夥起義的農民兄弟，再加上有過軍營經歷，被提拔為「承信郎」，級別是從九品，類似於現代的排長。

在趙構熱火朝天招兵買馬的同時，京師汴梁淪陷了！

當年閏十一月三十日，宋欽宗出京城到金營投降。降表寫道：「既煩汗馬之勞，敢緩牽羊之請。上皇（指宋徽宗）負罪以播遷，微臣（宋欽宗自稱）捐軀而聽命。」金朝下令廢掉徽、欽二帝，在汴梁展開了駭人聽聞的掠奪，將一座百萬人口的都市蹧蹋成僅餘一萬人的廢墟。第二年（靖康二年，一一二七年）正月，金軍滿載著金銀絹帛，帶上宋朝的皇帝寶璽、儀仗、天下州府圖、樂器、祭器、書籍和皇宮的珍寶古器凱旋北還。金軍還擄走了汴梁的后妃、親王、貴族和城中的百工、技藝、婦女、內侍、僧道、醫卜、娼優等，共計三千多人。宋徽宗、宋欽宗和所有的近系宗室都成為了北上的俘虜。宋朝的皇族為什麼會被乾乾淨淨地一鍋端呢？這還是《玉牒簿》的功勞。《玉牒簿》是詳細記載皇室成員出身、經歷和家庭情況的資料彙編，由專人負責，現在反而成為了金軍按圖索驥的憑證。沒有淪為俘虜的近支皇室，就只有康王趙構和被廢為庶民而居於民間、宋哲宗的前皇后、趙構名義上的奶奶孟氏兩個人。

當年的嚴冬，鵝毛大雪紛飛，大地冰凍三尺，被擄掠的人民在侮辱、饑餓、傷凍的接連攻擊下，倒斃沿途，不計其數。倖存者蹣跚、茫然走向無盡的北方……

朝雲橫度，轆轆車聲如水去。白草黃沙，月照孤村三兩家。

飛鴻過也，萬結愁腸無晝夜。漸近燕山，回首鄉關歸路難。

這首〈減字木蘭花〉，作者是陽武縣令蔣興祖的女兒。她的父親、母親和兄弟都死於金軍之手，自身被金人掠去。到了金國，這些女眷的命運更加悲慘。金人舉行獻俘儀式，命令徽、欽二帝拜謁完顏阿骨打的廟宇。途中未死的婦女，有些被分給女真貴族或者將領，有些被送到洗衣院，供貴族淫樂。宋欽宗朱皇后不堪受辱，自縊未遂又投水自盡而死。《燕人麈》裡有這樣一段記錄：

> 天會時，掠致宋國男、婦不下二十萬，能執工藝自食力者頗足自存。富戚子弟，降為奴隸，執炊牧馬，皆非所長，無日不攖鞭撻。不及五年，十不存一。婦女分入大家，不顧名節，猶有生理，分給謀克（金朝軍政合一的社會基層組織官名）以下，十人九娼，名節既喪，身命亦亡。鄰居鐵工，以八金買倡婦，實為親王女孫、相國姪婦、進士夫人。甫出樂戶，即登鬼錄，餘都相若。[6]

難以言狀的恥辱、羞於落筆的災難，史稱「靖康之變」或「靖康之恥」。北宋就此滅亡。

六

金兵退走前在中原地區扶持了一個不成器的傀儡政權。

宋朝雖然滅亡了，但金朝顯然沒有做好直接統治中原的準備。中原地域太大，人口太多，與白山黑水、塞北草原的情況截然相反。倉卒間，金朝選擇了在軍營中當人質的宋朝原宰相張邦昌為帝，建立「楚」政權。

對於張邦昌，我們已經不陌生了。他就是一個懦弱膽小的書生。當占領軍把立張邦昌為帝的消息公布後，東京的宋朝官員都驚呆了。已經做了漢奸的東京留守王時雍召集群臣擁立張邦昌為皇帝。太常寺主簿張浚、開封府士曹趙鼎、司門員外郎胡寅等多人不肯簽名，逃入太學。御史中丞秦檜、御史馬伸、吳給等人則公開要求繼立趙氏後嗣為帝。秦檜更是義憤填膺地論證張邦昌的短處，認為他不能君臨天下。金軍本來沒有注意秦檜，現在一看，立馬把秦檜逮捕起來，添加到北上的俘虜名單裡帶走了。

急著回家的金軍放出話來，如果到三月初七張邦昌還當不了皇帝，那麼就先殺光大臣，再血洗汴梁。這樣一逼，百官們紛紛轉變姿態，同意擁戴張邦昌即位。結果倒是張邦昌不願意當皇帝了。他也是飽讀詩書的秀才，知道做傀儡皇帝的無恥和可怕，不敢僭越稱帝，也壓根沒想過要當皇帝。李綱悄悄地勸告張邦昌：「張相公，你自殺保存名節吧！」張邦昌覺得有道理，可在自殺的前一刻，又退縮了。書生動嘴皮子還行，有自殺勇氣的少之又少。最後有人給張邦昌找了個台階：「相公前日不死在城外，而今死在這裡，會害死全城百姓的啊！」懦弱的張邦昌只好在保存百姓的名義下，點頭同意做「大楚國」的皇帝了。

一個後世臭名昭著的漢奸就是這麼誕生的。

我們來看看張邦昌的表現。他在登基大典上，不敢坐北宋皇帝的龍椅，而是在旁邊擺了個位子。以前的同僚向他山呼萬歲的時候，張邦昌連忙從位子上跳起來，擺手說：「別叫我陛下，叫我張相公就行。」張邦昌即位時，閤門宣贊舍人吳革召集數百人起義，試圖衝進皇宮制止這場鬧劇，結果遭到金軍的鎮壓而失敗。

金兵撤退前，計畫留下部分軍隊協助楚國的統治。張邦昌婉言謝絕，他是怕承擔為虎作倀的更大的罪名；部分有心官員也謝絕金軍留駐，為以後的復國做準備。

七

當康王趙構的父母兄弟、一妻二妾和親屬被擄走的時候，趙構的身邊已經聚集了兵士上萬人。

宋欽宗在被俘之前，曾派遣閤門祗候秦仔突出重圍，尋找外地的趙構來給汴梁解圍。秦仔把詔書封在一粒蠟丸中，藏在頭髮裡，然後他混入亂軍亂民中成功到達了相州。在相州公布的詔書任命康王趙構為「河北兵馬大元帥」，中山知府陳亨伯為元帥，汪伯彥、宗澤為副元帥。軍民情緒激憤。靖康元年（一一二六年）十二月初一，趙構正式建立大元帥府，開始對宋朝殘餘地區發號施令。

趙構的軍力還沒辦法直接與金軍作戰。他派遣宗澤在從大名到開德一帶對凱旋的金軍進行了側擊。宗澤取得了多次戰鬥的勝利，還計畫搶渡黃河，截斷金兵歸路，搶回二帝。宗澤兵力遠不足以完成如此巨大的軍事行動，就要求鄰近各地宋兵共同行動。各地宋兵到期不來，劫回兩宮的計畫夭折了。岳飛參與了這一系列的戰鬥。他帶領騎兵執行偵察任務的時候，打贏了多場遭遇戰，一次是在叢林中，一次是在黃河凍冰之上，劈殺金國軍官多名，還擄獲了一批軍械，連升為正八品軍官。

宗澤眼看著迎回皇帝無望，於是上書已轉移到濟州的趙構，勸他自立為君。宗澤說：「二聖二后、諸王、皇族，悉渡河而北，唯大王在濟。」意思是說，現在皇室蒙難，只剩下大元帥您一個嫡系宗室，所以請您登基做皇帝。話雖然說得不好聽，但卻是事實。

大元帥趙構早有此意。事實上，他早就開始了輿論方面的準備。靖康元年閏十一月己酉，當時宋欽宗還在汴梁好好的，趙構就和幕府從客們聊天說：「昨天晚上我做了一個夢。夢裡，皇帝脫下龍袍來送給我，我就脫下舊衣服穿上了御袍。」十二月，大元帥開府的時候，趙構就佩帶著排方玉帶，這實屬僭越的行為。更露骨的是，趙構還對副元帥汪伯彥等人說：「我出使前和皇上告別的時候，我們倆談了很久。皇上解下御帶給我，說：『朕還是太子的時候，太上皇就解下這條御帶賜給朕。現在朕把它交給你了，你要好好收存。』我不得已只好收下了。」趙構的聽眾都是在官場上浸淫多年的老油條，自然能聽到趙構的弦外之音：皇上有意傳位給我。

趙構是很想當皇帝的。他比哥哥宋欽宗更加僥倖。所有的近支親王都被捉走了，現在他離皇位只有咫尺之遙了。但是趙構如果即位，沒有任何強有力的證據來支撐自己的合法性。他既不是嫡長子，也沒有父親或者哥哥明確要傳位給他的證據。儘管是特殊時刻，但趙構的權力多少有自封的味道——日後金朝就是這麼攻擊他的合法性的。合法性的缺失深深困擾著趙構躁動的心靈。

但是皇位的誘惑實在是太強烈了！趙構決定接受宗澤的勸進，立即登基稱帝。

趙構帶領兵馬，離開濟州前往南京應天府（今河南商丘）。五月初一，趙構在應天府稱帝，改年號為建炎，延續宋朝的國脈。趙構就是宋高宗。他所建立的王朝就是南宋王朝。這一天，南宋歷史揭開了帷幕。

漢州綿竹人張浚是政和八年（一一一八年）的進士，在北宋末年當官當到了太常寺主簿。宋高宗即位前，張浚從汴梁逃到應天府，參與制定了登基儀式。王朝初建，正是用人之際。張浚擔任了樞密院編修官，參加了趙構的登基大典。岳飛也作為中軍護衛參加了登基大典。趙構從濟州出發前，重新編組了大元帥府的兵馬，建立起了朝廷直轄的正規軍。岳飛所部被劃入中軍，中軍統制是張俊。岳飛作為一名偏裨軍官，護送趙構前往應天府，並擔任朝廷警戒。

岳飛在新皇帝身邊，接連幾個月無仗可打，憋屈得慌，就直接上書趙構求戰。掌權的黃潛善和汪伯彥看到岳飛的上書，以「小臣越職，非所宜言」的罪名革掉岳飛官職，削除軍籍，驅逐出去。岳飛不得不北上投靠河北招討使張所。張所很賞識岳飛，恢復了岳飛的正八品級別，還很快提升為從七品，充任統制。

新人新氣象，南宋王朝又會有什麼樣的開始呢？

八

汴梁的張邦昌自從登基後，就老覺得哪兒都不對，度日如年。

金兵退走後，失去高壓的臣民們將對張邦昌的鄙夷、唾棄和反抗都表現了出來。張邦昌的命令連汴梁都出不去，最後感到難以立足了。呂好問等官員乘機勸張邦昌擁立趙構。張邦昌本來就不想做皇帝，現在乾脆把宋王朝還留在汴梁的皇帝車駕、衣物以及其他御用之物都運到應天府去獻給趙構；同時派人在民間找到孟氏，恭請她以「元祐皇后」的身分垂簾聽政。做完這一切，張邦昌走下聖壇，以太宰的身分（這是宋欽宗封給他的職務）重新做起了大臣。

大楚政權因為皇帝張邦昌撒手不幹，至此壽終正寢，前後歷時三十三天。

張邦昌雖然退了位，百姓們還是指著他的脊梁骨罵。張邦昌的壓力實在太大了，選擇了跑去找趙構，一來朝賀皇上登基，二來為自己辯解。《宋史》說：「張邦昌至，伏地慟哭請死，帝慰撫之。」趙構並沒有責難這個大漢奸，不僅撫慰了張邦昌，還封張邦昌為太保、奉國軍節度使、同安郡王，繼續參與朝廷大事。張邦昌賣國投敵和僭越稱帝的罪行顯而易見，趙構為什麼原諒他呢？當趙構看到跪在面前痛哭流涕，再三辯白的張邦昌時，不可能不對張邦昌的無奈和選擇有所同情。一方面，趙構和張邦昌共同出使過金營，對張邦昌的性格品行有所了解。如果設身處地地為張邦昌想想，他也是個值得同情的人物。趙構也是政治人物，自然知道政治的無奈。另一方面，張邦昌雖然做了傀儡皇帝，卻沒有幹過什麼壞事。相反，張邦昌在敦促金朝撤軍，保全中原百姓方面起到了積極作用。因此，趙構不久又擢升張邦昌為太傅，位列三公。

可惜啊，當時的政治大環境不允許趙構這麼處理張邦昌。宋高宗即位後，對金強硬派占據了主流，抗金和懲罰漢奸的呼聲很高。

著名抵抗派大臣李綱，順應輿論出任了宰相。之前，李綱被貶夔州（今重慶奉節白帝城）安置。宋欽宗在汴梁城破前夕又想起用李綱，任命他為資政殿大學士、領開封府事，但事已晚矣。

當李綱在長沙接受任命時，北宋已經滅亡。趙構即位，起用李綱為相，遭到了不少大臣反對。御史中丞顏岐說：「李綱為金人所惡，不宜為相。」右諫議大夫范宗尹說：「李綱名浮於實，有震主之威，不可以相。」趙構排除干擾，還是頒布了任命。李綱正在趕赴汴梁途中，接到任命後折往應天府。他擔任宰相後，主張罷和議、整軍備戰。而首要工作之一，就是嚴懲以張邦昌為代表的投降官員。

趙構在輿論的巨大壓力下，最後找了一個「桃色理由」下令嚴懲張邦昌。所謂的理由是：「張邦昌竟敢竊居宮禁，姦汙宮人❼，大逆不道。」張邦昌升官一個月後，就被降為昭化軍節度副使，發配到潭州（今湖南長沙）安置。其他漢奸如王時雍、徐秉哲、吳幵、莫儔、李擢、孫覿等，全都革職懲處。北方的金國聽到「大楚國」的君臣都被懲辦了，揚言要為張邦昌報仇，出兵攻取兩河州郡。這樣一來，朝野上下要求痛打落水狗的聲音更是此起彼伏。

張邦昌到達潭州後沒幾天，殿中侍御史馬伸就風塵僕僕趕來宣旨了。詔書很簡單：「張邦昌僭越稱帝，罪不可赦，賜死。」張邦昌接到詔書後，徘徊退避，涕淚交加，到處躲著馬伸。馬伸還是找到了他，嚴辭迫令他自殺。被逼上絕境的張邦昌蹣跚地登上潭州城內天寧寺的「平楚樓」，仰天長歎，解下腰帶上吊自殺了。王時雍等人同時被「賜死」。

張邦昌死後，被永遠釘在了恥辱柱上，形象越來越不堪。張邦昌是東光縣（今屬河北滄州）大龍灣人。《東光縣志》中有明確記載。這個大龍灣村現在還在，但村民和當地的張姓宗族沒有一個人承認張邦昌是本地人。由此可見這個亂世書生的歷史命運。

趙構即位後，宗澤入朝拜見，涕淚交流，提出「復興大計」。不用說，宗老人家的大計，就是抗金，抗金，再抗金！宰相李綱比宗澤小二十多歲，兩人相見恨晚，在諸多國事上見解一致，談到很多問題又一起慷慨流涕，抱頭痛哭！李綱認為宗澤是一個奇人，應該重用。趙構起初也覺得宗澤才堪大用，想留在朝廷任用。可黃潛善等主和派，百方阻礙，提醒趙構偏激之人可能不利於王朝初定。趙構就猶豫了。如何使用宗澤，就成了問題！朝廷先是任命宗澤為龍圖閣學士、襄陽知府，後來又為青州知府。東京汴梁還是當時名義上的首都，在金軍蹧蹋後殘破不堪，但軍事和政治意義依然很重要。張邦昌走後，汴梁幾乎是一座空城，迫切需要有一個賢才能臣去接收、鎮守。在李綱的支持下，朝廷最終任命宗澤為開封知府兼東京留守，兼顧河南、河北軍事。宗澤臨危受命，毅然來到殘破的汴梁，募兵防守。

此時，金軍還留屯黃河邊上，敵人的戰鼓之聲，汴梁城內日夜可聞。而城內房屋、器具廢壞，官民、軍民雜居，盜賊縱橫，人心惶惶。宗澤下車伊始，首先捕殺盜賊，收拾流民，整修城池，又招撫黃河沿岸的義軍，不斷壯大軍隊，以圖收復失地。

汴梁這邊紅紅火火整軍備戰，應天府那邊卻在謀畫著「南巡」。趙構在主和派的鼓動下，下詔巡幸淮甸，下令兩湖、兩淮和兩浙的州縣做好準備。宗澤上書勸諫，尖銳指出這是要放棄中原，預備逃亡江南，他堅決反對。黃潛善等人接到上奏後，不予理睬。

之前，河北招討使張所遭到貶謫。他的部隊四分五裂。岳飛一心抗金，私自脫離正規軍，去投靠在太行山區堅持抗金的農民武裝——王彥率領的「八字軍」。王彥和岳飛兩個人都是個性很強的農民，話不投機，難以共事。岳飛聽到老領導宗澤駐防汴梁，就南下汴梁投靠。東京留守司追究岳飛擅離職守的罪責，按律當斬。宗澤本就愛惜抗金勇士，他親自面見岳飛，認定這是一個將才，只是將岳飛級別降為從八品，以示懲戒。這是建炎元年（一一二七年）冬天的事情。

發生了太多事情的南宋王朝的第一個年頭就這麼結束了。

泥馬渡康王

一

南宋建立後，執行什麼樣的對金政策關係到王朝的生死存亡。

朝廷內部對金國的政策存在分歧，而且還相當嚴重。宰相李綱鮮明地反和主戰。他嚴懲張邦昌等漢奸，破格任用抗戰將士。李綱除了力挺宗澤擔任開封知府兼東京留守外，還任命抗戰派將領張所為河北招撫使、傅亮為河東經制使，讓他們在黃河以北地區招募民兵抗金。同時，主和派的力量也不弱。他們認為「二聖北狩」，主張「割地厚賂以講和」。李綱一針見血地指出：敵人是貪得無厭的，即使將整個天下都割讓了，將天下財用都拱手相送了，也不可能保存宗廟社稷。李綱提出了一系列的改革軍制、整頓紀律、調整駐軍、積極進取的抗金策略。

原來繁華富庶的東京汴梁現已殘破不堪了，不適宜再作為首都；再加上金軍部隊在黃河南北穿梭遊蕩，因此向南方遷都，避敵鋒芒的主張是抗金和主和兩派的共識。李綱認為宋朝殘餘的精兵健馬都在西北宋朝和西夏的邊界，主張朝廷暫遷襄樊、鄧州一帶，等黃河流域局勢安定了再回到東京。中書侍郎黃潛善、知樞密院事汪伯彥則主張去東南富庶之地，因為「東南久安，財力富盛，足以待敵」。而在汴梁的宗澤抓緊時間整頓城市，穩定秩序，讓破舊的首都慢慢有了些樣子，就上書請趙構勿聽奸言，依舊以汴梁為首都。立國兩百年的首都，怎麼能說放棄就放棄？放棄了，如何向黃河南北的軍民交代？宗澤還一針見血地指出：現在朝廷中彌漫的修繕東南都市、皇上南巡之類的說法，都是在為逃亡江南、偏安一隅做準備。歷史證明，偏安一隅的王朝，都免不了亡國的命運！

那麼趙構是怎麼想的呢？任何一個權力所有者首先關心的事情不是施展志向抱負，而是鞏固和擴展手中的權力。趙構極其僥倖地獲得了最高權力，就好像是一個在大街上撿到一筆巨款的路人。他最關心的不是用這筆錢去做慈善事業，也不是用這筆錢去做買賣，經營實業，而是如何把這筆巨款徹底地占為己有，別被失主給拿回去了。「路人心理」在缺乏即位合法性的趙構身上表現得非常明顯，貫穿了南宋王朝早先的歲月。

對於跟金軍講和迎回父親和哥哥的建議，趙構不好明確反對，但內心是排斥的。原來的皇帝回來了，趙構怎麼辦？對於留在黃河流域抗金，趙構沒有信心。一旦抗金不成，消耗軍力或者乾脆自己被金軍捉住了，對突然掉到手裡的皇位都百害而無一利。所以趙構贊同黃潛善、汪伯彥提出的逃亡東南地區的建議。那裡遠離金軍，還是魚米之鄉，繁華秀麗，對消化權力非常有利。

宰相李綱整頓軍備，有助於新王朝支撐局面，趙構是能接受的。但是，李綱激烈的主戰措施，趙構就不能接受了。於是趙構擢升黃潛善為右丞相，與李綱並列相位，同時罷免張所、傅亮，廢除招撫、經制兩司，蓄意破壞抗金部署。李綱堅決反對，朝廷兩派鬥爭加劇。趙構就以李綱「狂誕剛愎」，「專制若此」的名義罷免了他的相位。李綱主政僅七十五天，發配鄂州安置。

太學生陳東、進士歐陽澈等上書，說李綱不可罷，黃、汪不可用，敦請趙構還都，親征，迎回徽、欽二帝。這個陳東是著名的「憤青」。當年宋欽宗因主和罷免李綱的時候，陳東就聯合在汴梁的太學生集體上書，請求任用李綱主持軍事。他的號召力很強，城中軍民自動趕來聲援，填塞馳道、街衢，呼聲震天。陳東等人不顧朝廷的命令，毆打主和派官員，擊碎登聞鼓，甚至打死宦官二十多人。宋欽宗用李綱為尚書右丞，守衛汴梁，很大程度上是被輿論所迫。趙構非常反感這些「憤青」。他理解的政治應該是坐而論道，穩重謹慎，水到渠成的；他認為「憤青」們既不體諒在位者的苦衷和難處，而且根本就不明白政治的實際情況，成事不足，敗事有餘。這一次，趙構下令將陳東、歐陽澈等人押赴鬧市斬首示眾，同時宣布朝廷暫時遷往揚州。

宋朝建國的時候，老祖宗趙匡胤立下「家法」：趙家要厚待讀書人，除非大逆不道，不得誅殺讀書人。因此我們會看到在北宋，即使大臣再討人厭，再不受領導待見，但總體上過得還是很滋潤的，最壞的也是流放了事。現在趙構誅殺陳東等人，可算是開了一個惡劣的先例。

二

趙構是在建炎元年（一一二七年）十月帶領朝廷逃到揚州的。金朝得到趙構南逃的消息，在十二月再次發動南侵，向中原大舉進兵。這一回，金朝精心謀畫，精兵強將全部出動，誓要徹底滅亡宋朝。

汴梁再次成為抗金的焦點。

宗澤不顧朝廷的逃跑策略，積極聯絡兩河和陝西的抗金隊伍，依山河築壘防守。許多武裝聚集到汴梁周圍，與宗澤協調行動，聲勢頗為雄壯。多月來，汴梁的官軍、義軍和金軍接戰多次，宋軍勝多敗少。十二月底，有一支金軍南侵，進犯孟州汜水關。宗澤派岳飛率領五百騎兵迎戰。臨行前，宗澤告誡說：「你身上帶有死罪，只要你殺敵立功，我既往不咎。」岳飛在汜水關一帶擊敗金軍，嶄露頭角。岳飛本人手刃了一名女真裨將，一戰成名。宗澤提拔岳飛為統領，不久又提升為統制。

黃潛善、汪伯彥控制的南逃朝廷卻在建炎二年（一一二八年）正月下詔，說汴梁周圍的民兵「遂假勤王之名，公為聚寇之患」，勒令解散。宗澤針鋒相對，回了一道語調強硬的奏章，要求趙構收回成命，斥責黃、汪二人，同時降罪己詔，遷回汴梁，「以大慰元元激切之意」。對於這樣的奏章，趙構置之不理。宗澤又整編汴梁附近的軍隊，制定了大舉渡河全面反攻的計畫，奏報朝廷。趙構沒有批准。

宗澤年過古稀，還堅持活躍在戰鬥前線。他先後上了二十多道奏章，奏請趙構「聖駕回京」，還提議籌畫北伐。黃潛善等人對宗澤的奏章嗤之以鼻，嘲諷「狂妄」，乾脆不上報趙構。宗澤憂憤成疾，背上發疽病重。彌留之際，他對守在病床前的部下說：「諸君如果能為我殲滅強敵，我就死而無恨了。」眾將士都淚流滿面，哽咽無語。建炎二年七月，宗澤長吟「出師未捷身先死，長使英雄淚滿襟」，連呼「渡河，渡河，渡河！」怒目而逝。

宗澤死後，副手杜充接替了東京留守職務，忠實執行趙構的命令，裁撤了匯集到汴梁周邊的民兵。岳飛見狀，原想離開杜充北上找金軍決戰。但一想到先前自己擅離職守招致的死罪和宗澤對自己的庇護，岳飛就說服自己，留了下來。

然而，金軍並沒有進攻認真備戰的汴梁，而是從東邊繞開了這座都城，直撲行在（臨時首都）揚州而去。

三

揚州幾乎是一座沒有防備的後方空城。

樞密院編修張浚早就看到了局勢的嚴重，多次與一心求和的宰相黃潛善意見相左。黃潛善給張浚安了一個興元知府的職務，要貶他到西北去。趙構看在眼裡，沒等任命下達，突然提升張浚為禮部侍郎，留在身邊。六月，張浚憂心忡忡地對趙構說：「朝廷不能寄希望於金軍不會到來。我們應該積極修備治軍，居安思危，就像在前線一樣。」趙構沒有接受張浚的意見，但很欣賞他，讓張浚兼任了御營使司參贊軍事。

張浚入御營使司辦公是十月分的事情。這時候，金軍已經展開了打通前往揚州道路的戰役。建炎三年（一一二九年）正月，完顏宗翰率軍先後攻下徐州、淮陽、泗州，並派出部將拔離速率一支輕騎軍長途奔襲至揚州，擒拿南宋君臣。這是一著「斬首行動」！

二月初三，拔離速攻陷天長軍（今安徽天長），到達揚州。

趙構聽到消息後，彷彿五雷轟頂，匆忙帶領御營都統制王淵和親信宦官康履，撇下朝廷逃往杭州去了。

也就在從揚州逃亡杭州的過程中，趙構得了所謂「痿腐」的疾病。這個「痿腐」就是現代人所說的陽痿。趙構得陽痿的具體過程據說是這樣的：拔離速迅速攻陷天長軍，前鋒距離揚州城僅有數十里地，完全出乎趙構的預料。金軍進城的時候，趙構在宮中正與女子床上纏綿、行雲布雨。正當他酣暢淋漓之際，突然宮外大呼「金兵到了」。趙構大驚失色，竟然跌落床下，導致腎驚腦駭，落下了陽萎的殘疾（精神性外加器官性病變）。他赤身裸體，顧不上美女，慌忙從地上爬起來，帶著少數幾個隨從乘馬出城，渡江而逃。這次突如其來的驚嚇，使得趙構患上了嚴重的陽萎，並從此失去了生育能力。

關於趙構是怎麼擺脫追兵渡過長江的，有許多傳說。流傳最廣的是「泥馬渡康王」的故事。有好事者和說書人加工渲染，說是神祠中的泥馬顯靈渡趙構過的江，也有說是磁州當地的一個神靈（崔府君）顯靈幫助趙構脫險的。《說岳全傳》對「泥馬渡康王」的故事描寫得最為詳細，是這麼說的：

趙構隻身逃出揚州後不久，就被完顏宗弼率領的騎兵給盯住了。趙構回頭一看，媽呀，都能看到宗弼的臉了。只聽著宗弼在後面大喊：「兒子，你慢點跑，別嚇壞了。」正在危急關頭，只見旁邊樹林中走出一個老漢，方巾道服，一手牽著一匹馬，一手一條馬鞭，叫聲：「主公快上馬！」趙構來不及多想，接鞭就跳上了馬飛跑。宗弼在後面見了，大急大怒，拍馬就追。這一追，直追到長江邊上。趙構跑到夾江，一眼望去只見茫茫江水，波濤洶湧，對岸遙不可及。後面宗弼追得又急，都快到腳後跟了。趙構急得上天無路，入地無門，大叫一聲：「天喪我也！」這一聲叫喊驚了那馬，只見牠兩蹄一舉，背著趙構向江中就跳。後面的宗弼只聽到「轟」的一聲響，大叫：「不好了！」他帶著金軍趕到江邊，早已不見了趙構，想來是被滾滾江水吞噬了。宗弼怏怏回營，連說：「可惜，可惜！」

趙構騎著馬跳入江中，原是浮在水面上的，宗弼為什麼看不見他呢？原來趙構有神聖護住，遮了金軍的眼，故此不能看見。趙構伏在馬背上，害怕得不敢睜開眼睛，耳邊只聽到呼呼的水響。不到一個時辰，馬就馱著趙構到了長江對岸。又行了一程，到達一個林木茂盛的地方，那馬將趙構聳下地來，望林中跑進去了。

趙構心中叫苦，獨自跌跌撞撞地向前走去。天色已晚，他只好慢慢步入林中，沒多遠就看到林中隱藏著一座古廟。趙構抬頭一看，那廟門上有個舊匾額，雖然剝落，上面的字仍看得出，寫著五個金字「崔府君神廟」。趙構走入廟門，吃驚地看到門內站著一匹泥馬，顏色和剛才馱自己的馬匹一樣。奇怪的是，那馬濕淋淋的，渾身是水。趙構聯想到：「難道渡我過江的，就是此馬不成？這馬是泥糊的，沾了水，怎麼還不壞啊？」趙構冥思苦想間，只聽得一聲響，那馬還真的化了。趙構恍然大悟，走上殿去，向神像舉手謝道：「我趙構深荷神力保佑！如果能夠恢復宋室

江山，那時與你重修廟宇、再塑金身。」這一夜，趙構將廟門關上，尋了塊石頭把廟門頂住，在神廚裡度過了自己在江南的第一夜。❽

《說岳全傳》裡「泥馬渡康王」的故事綜合了各種傳說，可謂是「集大成者」。故事中出現的崔府君是真實的歷史人物。他是唐太宗時候的人，叫崔珏，曾經擔任過縣令。據說這個崔珏白天能夠在陽間處理政事，晚上下到陰間辦公，死後還被玉皇大帝封作了磁州土地神。也就是說，崔府君是磁州地界上的「本地神」——請注意趙構和磁州的關係。磁州老鄉說：「前朝鬧安史之亂的時候啊，崔府君顯靈保佑過玄宗皇帝。玄宗皇帝就封崔府君為靈聖護國侯。本朝元祐年間，仁宗皇帝再加封崔府君為護國顯應王。」因此，崔府君救趙構過江的故事得到了當時很多人的認可。我們後人知道所謂的顯靈純屬無稽之談，但這則故事卻被宋朝官府正兒八經地廣為宣揚了出去，民間不斷流傳，整個社會對它津津樂道。趙構在這則故事中簡直就是受到神靈保佑的「真龍天子下凡」。

趙構前腳剛逃出城外，金軍後腳就大搖大擺地進入揚州，大肆擄掠。

四

趙構渡過長江到達鎮江後，百官才陸續趕到。

如此狼狽倉卒的逃亡令朝廷顏面無存。朝野激憤，主政的黃潛善、汪伯彥二人成為了眾矢之的。

黃潛善、汪伯彥二人剛到鎮江，就接到了罷免詔書。趙構改任朱勝非為宰相，任命王淵暫時負責樞密院事務。這個王淵在揚州敗退的時候，主管朝廷船隊。他調動朝廷控制的十多艘巨船，非但沒有運兵，反而用來搬運私人財物。當浩浩蕩蕩的船隊到達南岸的時候，百姓異常憤怒，指著大船叫罵：「船上的東西，都是王淵平時掠奪的贓款財富！」當時許多部隊滯留江北，無法南渡。朝廷的將領也對王淵極為不滿。現在王淵非但沒有受到懲罰，反而得到提拔，將領們更不滿了，怨聲載道。

趙構為什麼偏袒王淵呢？因為王淵非常能夠揣摩聖意。到達鎮江後，群臣都認為可以在此暫避。只有王淵反對。他認為太湖以南的杭州「有重江之險」，是更理想的暫駐之地。趙構之前看地圖，也選中了杭州作為「行在」。而且，王淵搶先把滿載財富的船隊開往杭州。趙構就率領朝廷繼續南遷杭州去了。

王淵和宦官集團關係很好。這些被趙構寵信的太監，比如康履、藍珪等人，專恣用事，肆作威福。令人髮指的是，在兵荒馬亂、民不聊生的時候，康履、藍珪等人竟然大講排場，在錢塘江岸邊供帳遮道，讓趙構觀賞起江潮來。王淵、康履等人這下是犯了眾怒，趙構只好撤銷王淵樞密院的職務，但仍讓他擔任禁軍都統制。

趙構還下詔罪己，大赦天下，七月將杭州改名並升級為「臨安府」，開始作為根據地經營起來，做長久打算。南遷的朝廷基本上是個「草台班子」，力量很薄弱。扈衛宮廷的禁軍只有苗傅等人的部隊。苗傅，上黨人，出身武將世家，是「靖康之亂」後最先投靠趙構的將領之一。王淵為了加強護衛力量，推薦關係戶、老上司的兒子劉正彥出任禁軍將領。劉正彥也是將門之子。王淵曾在他父親劉法手下當過差，就推薦劉正彥隨苗傅一起統掌御林軍。原來大元帥府的將領韓世忠、劉光世、張俊、楊沂中等人都被外派去把守江北到杭州之間的險要地點。杭州城就交到了苗傅和劉正彥的手裡。

王淵等人的所作所為，讓苗傅的心理非常不平衡。他是趙構身邊老資格的將領，常年扈衛有功。現在王淵青雲直上，他心中自然不滿。而王淵提拔的劉正彥也在抱怨功高不賞，對王淵懷恨在心。苗、劉二人很快就湊在了一起，組成了陰謀集團，祕密到禁軍各營傳話：「如果殺掉王淵和禍國太監，人人可富。朝廷法不責眾，大家肯定沒事。」禁軍上下的不滿情緒被點燃了，紛紛表示響應造反。

一天，王淵退朝，騎馬經過城北橋。突然從橋下竄出許多兵丁來，把王淵踹下馬來。王淵被士兵們團團圍住，無法脫身。苗傅、劉正彥等人這才走過來。王淵見是自己薦拔的劉正彥來了，精神大振，忙說：「劉將軍，這是怎麼回事啊？你還不約束你的部下？」劉正彥也不答話，抽刀大步向前，「唰」的一下就把王淵的腦袋給砍了下來。

接著，苗、劉二人調動八千禁衛兵，大規模殺入皇宮，四處捕殺宦官。這些士兵都是參軍不久的河北農民，也不認識誰是太監，誰不是太監。凡是沒有鬍鬚的，都被他們當作太監給殺了。南方有許多男子是沒有鬍鬚的，結果也被錯殺了。一時間，遇害的人數以百計。士兵們把王淵首級懸於大矛槍之上，雄赳赳氣昂昂地向趙構的寢宮殺去。太監康履乘亂逃入內宮，報告了變亂。

杭州知州康允之也跑到宮中，請趙構上宮城城樓躲避。殿前禁軍一齊大呼：「皇上駕到！」這一招還真鎮住了苗傅等亂軍。人們看到皇上傘蓋，山呼萬歲，不敢再動。趙構詢問為何造反。苗傅厲聲說是因為朝廷賞罰不公，信任宦官，要求處置誤國的黃潛善、汪伯彥和王淵、康履、藍珪等；同時抱怨自己官小，要求提拔。趙構馬上下令將相關太監流放海島，正式任命苗傅為御營都統制，劉正彥為副都統制，要求二人立即率人馬回營。

政變發展到這一步，已經超出了苗、劉二人的操縱之外。數千兵丁群情激憤，圍繞城樓不退。趙構忙問群臣有何對策，大臣要求推出康履就地正法，勸退軍士。不等趙構同意，大臣們就把躲在屋檐下瑟瑟發抖的康履推下樓去。可憐的康公公，被憤怒的士兵一刀砍成了兩截。殺了康履，苗傅得寸進尺，提出了新要求：立皇太子，趙構退位；恭請隆祐太后孟氏垂簾聽政，並與金人議和歸還二帝。

苗傅的要求刺中了趙構隱痛。趙構最擔心的就是權力不穩，現在苗傅既要立太子又要迎回二帝，簡直是逼趙構自斷權柄。他先讓宰相朱勝非下樓勸諭，沒成功，只好請出太后。誰料，孟太后來了還是無濟於事，苗傅等人依然在下面舞刀弄槍，叫囂不停。趙構恐再生變故，忙命人護送太后還宮，咬牙同意禪位。大臣朱勝非忙拉拉他的衣角，示意不要貿然應允。趙構回頭輕聲說：「做長足打算，如果不把這一關給過了，一切都完了。」朱勝非這才去執行。

趙構退位後，被軟禁在顯忠寺。苗、劉二人以孟太后的名義稱他為「睿聖仁孝皇帝」，只留十五個內侍供差遣。趙構才三歲的兒子趙旉被推上帝位，孟太后垂簾聽政。苗、劉二人做了杭州

的主人，一個是武當軍節度使，一個是武成軍節度使。❾

苗、劉二人原本就是為了私利起兵，根基不穩。張浚很快就聯合在外的韓世忠、劉光世、張俊等人起兵討伐，要擁趙構復位。不久，諸路宋軍兵臨杭州城下。

苗、劉二人事先也擔心杭州外線的將領發兵討伐，所以扣押了一些將領留在杭州的家屬。苗傅尤其提防著大將韓世忠，扣押了韓夫人梁紅玉。叛軍為什麼這麼害怕韓世忠呢？因為韓世忠是一個傳奇英雄。韓世忠，陝西延安人，家裡很窮，有力氣，為人豪爽，十八歲的時候就去當兵吃糧了。方臘起義幾乎顛覆了北宋的半壁江山，但最後卻被一位小軍官給捉住了。這個小軍官就是當時擔任進勇副尉的韓世忠。❿趙構還在相州的時候，韓世忠是最早勸他當皇帝，並把部隊拉過來聽從差遣的軍官之一。因此他既是擁立元勳，又是朝廷重將。

梁紅玉和丈夫一樣是個傳奇人物。她出身江淮行伍世家，祖父和父親都在鎮壓方臘時陣亡。家道中落，再加上金軍多次侵略，梁紅玉淪落為了官妓。梁紅玉和韓世忠在歡場相識，仰慕對方，以身相許。當時韓世忠只是一名小軍官，不敢答應，升為將軍後才正式迎娶梁紅玉為妻。苗傅叛亂前，梁紅玉有孕在身，留在杭州生孩子。令人敬佩的是，梁紅玉在叛亂發生後，失去了自由，依然有心平叛。她在朱勝非的幫助下，連夜趕往秀州鼓動丈夫討賊。

苗、劉二人也實在幼稚，以為政變是請客吃飯那樣簡單，竟然迫於壓力重新迎趙構回來當皇帝。可城外大軍繼續猛攻苗、劉的部隊。在前來平叛的眾將領中，韓世忠最為堅決。他在戰陣中，奮勇殺敵，最先殺入杭州救駕。苗、劉二人決定逃跑，臨行前還天真地強迫趙構「賞賜」了免死誓書和鐵券。所謂的誓書和鐵券就是以正式形式規定擁有者可以免死的文書。但它的頒布者早在苗、劉二人逼宮的時候就已經下了殺心，徒有誓書鐵券又有什麼用呢？

當夜，苗、劉二人引兵兩千開杭州湧金門逃走，但很快即被韓世忠拿下。趙構喜出望外，親自寫了「忠勇」兩個字，做成旗幟賞賜給韓世忠，擢升韓世忠為檢校少保、武勝昭慶軍節度使。我們可別小看了「忠勇」兩個字。在王朝政治中，「忠」的評價是天大的獎賞。

劉正彥、苗傅在建康（今江蘇南京）鬧市被斬首示眾。

五

苗劉之變對趙構的命運產生了難以估量的消極影響。

首先，趙構唯一的兒子趙旉在兵變中死了。宋朝直系皇室就此絕後。趙旉這個小娃娃出生在父親顛沛流離的年代，基本上沒有過過一天安穩日子。苗、劉二人擁他做皇帝的時候，趙旉只是一個道具而已。政變中環境亂哄哄的，三歲的趙旉缺乏照料，得了重病。趙構復位後，趙旉已經到了彌留之際。一天晚上，有宮女不小心把宮內一個大銅爐碰撞倒地。「咣噹」的一聲響，竟然使趙旉驚悸而死。趙構盛怒之下，下令處死當值宮女、太監和保姆，但一切都無濟於事。

趙構本人已經失去了性能力，近支皇室之前被金國連鍋端了，現在唯一的皇子又死了，宋王朝的血脈傳承面臨著巨大的挑戰。

當然了，趙構只有二十二歲。他還能寄希望於治好自己的病。貴為天子，趙構之後日常生活的大部分內容就是延醫服藥，試圖治好不育症。面對斷子絕孫的嚴重問題，趙構比任何人都緊張。他不斷訪醫問藥，求神拜佛。古時迷信，求子須禮敬高禖。臨安知府沈該曾上奏說：「高禖禮，去年二月於築壇去處嘗有紅、黃瑞氣，光徹上下，每至日出方收，前後非一。又修壇興工日，有六鶴自東而來，盤旋壇上，移時而去。實應今日親祠之祥，以兆萬世無窮之慶。」原來他報告了一個求子壇的祥瑞。壇倒是修了，但是兒子還是沒求來。後來又有洋州上奏：「真符縣百姓宋仲昌妻一產三男，緣本人姓同國號，其妻產子之日，適值天申節（宋高宗生日），實足昭皇帝紹隆景命，子孫眾多之祥。」這回彙報的是一個趙姓女子在五月二十一日生下了三胞胎男嬰。趙構鄭重其事地下詔將這些事情都記載入史書。願望是美好的，辦法也想了不少，趙構的病始終沒有好。隨著歲月推移，無後的問題日益成為帝國政界的大問題。

其次，趙構開始對手握兵權的武將產生了嚴重的防範心理。

宋朝是一個重文輕武的王朝。老祖宗是在五代十國的混戰中奪取天下的，本身就是武將出身，對武將亂國干政有切身體會。北宋初年歷經太祖、太宗兩代苦心經營，成功削奪地方兵權，隨後著手建立起一套完整的文臣控兵體制。宋太宗不分內外地一概剝奪或限制武將兵權，大興文教，竭力重用文官，形成空前罕見的重文輕武、重文抑武的格局。後來的君臣將這個權力格局作為「祖宗家法」恪守不渝。到趙構的時候，宋金戰爭的嚴峻形勢衝破了祖先家法的限制。常年領兵作戰、擁有固定軍隊的武將地位迅速上升，取代文臣成為部隊的真正指揮者。趙構開始是默許這樣的變化的。建炎四年（一一三〇年），朝廷曾下令「以淮南、京東西、湖南北諸路並分為鎮，除茶鹽之利仍歸朝廷置官提舉外，他監司並罷」，正式裁撤文官，擴大武將的權力。苗傅、劉正彥二人就是趙構提升才掌握禁軍的。他們的叛變讓「祖宗家法」的警鐘重新在趙構的腦海中敲響。

趙構親身經歷後才認識到，老祖宗的做法是無比正確的，是有先見之明的。一切政策首先要有利於鞏固自己的權力，其次才能談得上放權、為政、治國。

六

苗劉之變後，趙構調整了政府，由呂頤浩任宰相，張浚知樞密院事。

建炎三年五月，趙構擺出抗金的姿態，離開杭州，北上江寧府（今江蘇南京）。在江寧，趙構將它改名為建康府，同時派洪皓為「大金通問使」向宗翰求和。洪皓去金營後遭扣留。八月，趙構又派杜時亮為「奉使大金軍前使」求和。在求和書中，趙構用哀求的語氣說：「今以守則無人，以奔則無地，此所以諰諰然惟冀閣下之見哀而赦己。故前者連奉書，願削去舊號，是天地之間，皆大金之國而尊無二上，亦何必勞師遠涉而後為快哉！」意思是說自己已經到了無人可用，無地可逃的境地，願意承認金朝是上國，一心求和。

金朝才不予理睬，繼續謀畫南侵。

沒幾天，趙構在建康聽到宗弼南下的消息，急忙從建康退回杭州。

這一回，金朝兵分兩路，力圖拓地。一路金兵進攻湖北黃州，守將王羲叔帶頭逃走，金兵安然渡江。在江州的劉光世負責長江防線。他每天只是與部下宴飲。金兵從黃州過了江他還不知道，直到金兵離江州僅幾十里地了，他才倉皇逃走。金兵順利地掃蕩江西、湖南。

另一路金兵兵鋒直指太湖流域。守禦江淮、鎮守建康的是杜充。杜充曾接替宗澤為東京留守，他留而不守，放棄汴梁南逃建康。趙構很信任杜充，不僅把江淮託付給他，還提升他為宰相。遺憾的是，杜充聽到金兵渡江的消息，竟然藏在城中不敢出戰。金兵過江後，他乾脆領著三千軍馬跑到真州向金朝投降了。杜充此舉博得了一個「頭彩」，成為了南宋建朝以來第一個投降的宰相。

趙構得知杜充投敵的消息，哀歎：「我待杜充不薄，把他從平民百姓提拔為宰相，不能再厚待了。他為什麼還投降了啊？」趙構為此難過得幾天吃不下飯去。杜充的投降進一步加深了趙構對武將的不信任感和防範之心。既然杜充這樣的重臣、受恩深重的人都會投降，趙構還能相信誰呢？

難過的不止趙構一個人。身為杜充部下的岳飛也很難過。杜充接替宗澤後，岳飛受他統轄，一路撤往建康府。杜充南逃時，岳飛苦苦相勸：「中原的每一寸土地都不能放棄。我們的腳一旦走了，土地就不屬於我們所有了。他日我們想收復這尺寸的土地，都非要出動數十萬大軍不可啊。」杜充根本就不聽他的意見。建炎三年仲冬，建康失陷，杜充降金。岳飛毅然脫離杜充所部，帶領屬下人馬轉移到宜興縣境。

當年十二月，完顏宗弼挑選精兵，決定發起一場「搜山檢海」的戰役，掘地三尺也要把趙構給逮住。

宗弼非常「重視」趙構，一路南下，一心擒拿趙構。在揚州錯過趙構後，宗弼輕裝簡從直驅江浙，又在和州打敗宋軍，在廣德闖過天險獨松嶺，強渡長江至建康，聽說趙構早逃往杭州了。宗弼緊追不捨，經湖州攻下杭州。趙構事先聽到聲響，提前東逃了。宗弼馬不停蹄，強渡曹娥江，攻克越州（今浙江紹興）、明州（今浙江寧波）捉拿趙構。

金軍已經深入漢族胭脂重賦核心了，趙構冥思苦想，不知道茫茫東海，何處才是前方？宰相呂頤浩哭喪著臉建議趙構：「皇上，東海汪洋無邊，我們漂泊海上，興許可以躲過追捕。」趙構不得不帶領整個朝廷乘船入海，開始了海上生活。之後四個月時間裡，除了短期停靠在章安縣（今浙江台州臨海）外，朝廷的袞袞諸公都在海上辦公。那邊的宗弼還是窮追不捨，搜集船隻，入海又追了三百餘里。

金軍的戰鬥力雖然強大，卻不習水戰，又不適應氣候。金軍船隊追襲入海後就遇到了大風雨。金軍哪見過這樣的天氣，個個臉都嚇白了，又遇到和州防禦使張公裕率領的大船，竟然生生被衝散了。

七

趙構這才轉危為安，勉強度過了生死難關，繼續飄蕩在台州到溫州沿海的洋面上。

宗弼恨恨地退回明州，掠奪浙東城池解恨。

這一段時間是南宋王朝立國後最為艱難的時期。

岳飛帶著殘部，轉戰於現在的江、浙、贛邊界一帶，取得了多次戰鬥的勝利。最後，岳飛的部隊軍糧用盡，將士忍飢。岳飛嚴令禁止擾民。建炎四年初春，宜興縣知縣錢諶派人來找岳飛，說宜興城裡的存糧夠一萬人吃十年，希望岳飛的部隊能夠來保護縣境。岳飛高興地率部來到宜興張渚鎮，休整軍隊。

當時太湖流域一帶，部隊番號雜亂，散兵游勇很多，既有因為世道亂而不得不為匪的農民武裝，也有潰散的宋朝正規軍，還有金軍強徵來隨軍南下的「偽軍」。為了壯大抗金力量，岳飛收降農民武裝、收編朝廷的潰兵，爭取來自北方的「偽軍」反正。他自己就是河北人，以民族大義和同鄉情誼相號召，部隊不斷壯大。「偽軍」部隊中流傳說「岳爺爺軍怎麼樣怎麼樣」，爭相降附。岳飛和士卒同餐共飲，一杯酒、一小塊肉都要分給部下。有的時候，酒太少了，他就加水，力爭每個人都能嘗到；每逢出師，如果士卒露宿街頭，岳飛有房也不住，和大家一起露宿街頭；遇到將士們婚喪嫁娶或者有個人困難、疾病，岳飛就和妻子一起親自照顧，親為調藥。⑪

岳飛在宜興慢慢彙聚起來的部隊是一支和之前的正規軍迥然不同的部隊。北宋的正規軍數以百萬計，但是士兵不訓練、不執勤。只要士兵肯花錢，想幹什麼就可以幹什麼。朝廷任何一個級別的軍銜都明碼標價，誰有錢誰就當大官。奸臣高俅主政樞密院，掌管軍權的時候，甚至規定招兵的時候要招那些有一技之長的人。為什麼呢？因為高俅主政時期，北宋軍隊根本就不發軍餉，你當兵的沒有一技之長，怎麼生活下去啊？這樣的軍隊當然不能打仗了。金軍到達黃河的時候，幾萬守黃士兵一哄而散。金軍一條一條地湊齊渡河船隻，從容南下。而岳飛的部下令行禁止，號令嚴明，日夜訓練，以抗金復國相號召，朝氣勃勃。

岳飛統率的這支部隊被稱為「岳家軍」，主要由北方淪陷區的農民組成。他們一部分是原來宗澤在汴梁彙聚的抗金民兵，一部分是河北流亡到江南的農民。趙構原來河北兵馬大元帥府的軍隊被視為南宋的嫡系部隊。岳家軍自然就是非嫡系部隊了。

小小的宜興城，見證了一支鐵軍的誕生。

皇帝的心病

一

建炎四年（一一三〇年）的除夕和春節，趙構是在東海上度過的。南宋王朝的命運就漂浮在吉凶未卜的海面上。

趙構和他的朝廷在海上東躲西藏了四個多月。從定海入海的時候，沒有人想到這一去要躲藏這麼長時間，因此沒有裝載足夠的給養物資。沒幾天，趙構的船隊就陷入了困境。風吹雨打，各船隻都殘破不堪。人們的生活自然也是苦不堪言。最後，整個船隊只剩下一雙鞋子，只好給趙構穿。從宰相以下到普通士卒，人人都穿草鞋。最嚴峻的是，糧食也沒有了，整個船隊只剩下五張餅。趙構一個人就吃了三塊半，舔舔嘴巴，意猶未盡。旁邊的大臣和將士們眼巴巴地看著皇帝吃餅，卻也只能舔舔嘴巴充飢。

患難見真情。顛沛流離之中，趙構的侍妾吳氏不僅不離不棄，還身披鎧甲鐵盔、腰挎寶刀，貼身保護丈夫。⓬航海途中，有魚躍入御舟，吳氏寬慰趙構說：「此周人白魚之祥也。」趙構高興之餘，深受感動，不久封吳氏為才人。

正月十五元宵節，船隊經歷了一場虛驚。這天下午，海上霧氣籠罩下隱約可見，有兩艘大船直直向逃難船隻衝來。金軍占領明州後，大規模組織船隊下海追捕趙構。趙構以為遇到了金軍船隊，頓時嚇死了幾億個腦細胞。他們這群赤腳挨餓、面黃肌瘦的人肯定是抵抗不了金軍船隊的進攻的，只能束手就擒。等船隻近了，才欣喜地發現原來只是兩艘販賣橘子的船。朝廷上下頓時歡呼聲一片，一來是絕處逢生，二來是上天送來了吃的東西。趙構豪爽地下令，把這兩船的橘子都買了，分給大家當元宵夜晚餐。販賣橘子的商人原來見前面有一支極其破爛的船隊，「狗眼看人低」，以為是貧民船隊，就蠻橫地衝撞過來。現在知道竟然是「聖駕」，大驚失色，哪裡敢不賣橘子。

浙東一帶留到元宵節再吃的橘子一般是陳橘，其實味道並不好，留著年底吃也就為圖個稀奇。餓了好幾天的趙構和群臣們卻都吃得津津有味。吃完了，趙構想起一個苦中作樂的方法。他下令把油灌進橘子皮裡，做成橘燈，放到海上隨波漂流。反正大家閒著也沒事情做，都聚在船舷，有滋有味地看一盞盞小橘燈散布在東海之上。海水波動，小橘燈也忽上忽下；船隻行駛，小橘燈也忽遠忽近，讓一群逃難的人獲得了難得的休閒。

現在浙東一帶還有春節期間吃橘子，點小橘燈的習俗。據說就是趙構時開的頭。漂泊海上的四個月，對趙構的一生來說是極其重要的。之前趙構忽登皇位，內憂外患，位子不穩，難得有時間思考人生、思考執政的大問題。他前三年的皇帝生活一點都不愉快。現在有了充裕的時間靜下心來思考，趙構慢慢梳理出了自己為什麼不愉快的原因：

首先，趙構怕金人。金朝對南宋的軍事威脅是對南宋王朝最大、最直接的威脅，也是對趙構皇位最大、最直接的威脅，是趙構最大的心病。除了軍事威脅外，金人手中握著的父親宋徽宗和哥哥宋欽宗以及其他宗室成員也是大威脅。如果金朝什麼時候把父兄給放了回來，自己的皇位也就搖搖欲墜了。只要願意，金軍一用力，趙構就可能被推翻掉。

朝野上下都湧動著抗金熱潮。這股熱潮表面上看來有助於治療趙構最大的心病。但朝野抗金和趙構抗金的出發點不同。趙構的出發點是權力慾，朝野抗金的出發點是報仇雪恥。大臣們接受不了王朝覆滅、先帝被俘的過去，更接受不了泱泱大國、煌煌大宋被北方蠻夷征服的現實；百姓們高呼抗金，更多的是報仇，是打回老家去和家人團聚。趙構可不想和家人團聚。

趙構的第二個心病是朝廷內部對皇權的威脅。苗劉之變、杜充叛變和武將崛起，都讓趙構覺得大臣尤其是武將的不可靠。亂世重兵，軍隊是最大的政治籌碼。趙構既要借助武將抗金，治療最大的心病，但又不能坐視武將數量膨脹而限制、削減或者威脅皇權。如何在其中尋找一個合適的「度」，這讓初登皇位的趙構很難辦。這也是所有權力所有者的通病。

趙構的第三個心病是自己的統治範圍只限於東海上的幾條船隻。除了嶺南、川黔和八閩大地，宋朝的領土都遭到了金軍的蹂躪。金朝已經在黃河流域開始著手健全自己的地方政權組織了。其他地區不是有金軍部隊遊弋，就是有農民武裝造反。趙構的政令範圍非常有限。獲取固定、穩固的統治疆域，哪怕是遠小於父兄時期的疆域，也要比居留在幾條船上好得多。

歸根結柢，趙構的心病還是「權力病」。還是那句話，任何一個權力所有者首先考慮的問題都是如何鞏固和擴大手中的權力。如何運用權力是排在第二位的事情。

想清楚這三點後，趙構舒心多了。既然知道了病因，就可以對症下藥了。我們把握住這三點，也就抓住了觀察趙構這個人物的主線。

二

建炎四年初，金軍在浙東、浙北大肆擄掠後北還。趙構這才大大鬆了一口氣。浙西制置使韓世忠料定金軍不能久踞江南，終究要撤退江北。他制定了阻擊金軍北返的計畫，調動力量大量製造戰艦，訓練水師，在現在上海一帶以逸待勞。金軍選擇的撤退路線是經杭州、吳江、平江，撤往鎮江。韓世忠挑選水軍精銳近萬人，事先搶占鎮江，在焦山和金山之間截擊金軍。

三月十五日，韓世忠部與凱旋北歸的宗弼部遭遇。

完顏宗弼之前一路綠燈，從沒有打過像樣的仗，對宋朝軍隊的戰鬥力非常鄙視。現在聽說有宋軍截擊，也以為一戰可以擺平。當夜，宗弼吃飽喝足後，去鎮江金山龍王廟偵察宋軍情況。韓世忠伏兵在金山，伏擊宗弼等人。我們的四太子差點成為宋軍俘虜，再也不敢輕視宋軍了。

第二天，宋金兩軍在金山附近的江面展開激戰。據說韓世忠的夫人梁紅玉親自站在船桅頂部吊斗中擊鼓助威，韓世忠部的海艦猛烈衝擊金兵的小木船，戰鬥異常激烈。韓世忠之前造了許多形體高大、穩定性好的大海艦，攻擊力強。為了更有效地對付金軍的小船（基本上是臨時拉來的民船），韓世忠命令工匠製作了許多用鐵鏈聯結的大鐵鉤，並訓練士兵練習拋鉤。戰鬥的時候，南宋的戰船乘風揚帆，穿梭自如；水兵們居高臨下用大鉤鉤住敵船一舷，喊著口號使勁那麼一拽，就能把金軍的小船給掀翻了。戰鬥的結果是金兵潰不成軍，只好沿著長江南岸往西溯江而上，韓世忠率軍沿江追擊。

後世演繹出「梁紅玉擂鼓戰金山」的故事，流傳至今。其中多有誇張的細節。傳說梁紅玉登高是為了便於觀察敵情，擂鼓是為了發號作戰。金軍氣勢洶洶而來，宋軍先靜待不發。等金軍進了包圍圈了，梁紅玉適時擂響三通鼓，埋伏的宋軍萬箭齊發，金兵紛紛落水，棄船逃命，死傷無數。梁紅玉再舉起紅燈引導宋軍追擊，把金兵打得是落花流水，哭爹喊娘。

宗弼的船隊對鎮江的地形根本就不熟悉，逃跑途中歪打誤撞進入了當地的小汊河，最後西行到了句容地區的水網區域。當年這一帶河網密布，水天一色，被老百姓稱為「黃天蕩」。春水氾濫的江南地區，土地鬆軟，水系複雜，濕滑難行，簡直是北方不習水戰之人的「死地」。而且當時是初春，一般是江南少雨，河道湮塞的時節。金兵進入黃天蕩後果然陷入絕境，韓世忠率領的大船一排列就把出口給封死了。宋軍就在江口以逸待勞，把數萬金兵圍困在口袋形的水蕩中，還不時派部分戰艦打打游擊。金兵向西出不了黃天蕩，就掉頭向東，企圖進入長江，但是遭到宋軍的頑強阻擊。宗弼在百般無奈的情況下，表示願意歸還所有掠奪的財物，假道北歸。韓世忠嚴辭拒絕說：「還我兩宮，復我疆土，才能饒了你們的狗命！」

被困在黃天蕩的金軍前進無路，後退受阻，長達四十天，處境艱危。北邊的金軍知道消息後，派監軍完顏昌發兵援救。完顏昌同樣不擅長打水戰，也被韓世忠阻擊住了。

關鍵就看完顏宗弼自己怎麼逃生了。

還真讓宗弼想出一個不算是辦法的辦法來。他自己計窮了，乾脆就出榜招賢，花錢買主意。有一姓王的福建人賣了個好點子：在戰船內裝土，增大船的穩定性，不易傾覆；上鋪木板，使宋軍無處下鉤；兩舷鑿洞安置槳棹，這樣就可以不用借助江風，隨時出擊，而且還可以從洞中發射火箭攻擊宋船篷帆。這位王先生還建議金軍發揮小船機動靈活的優勢，在風平浪靜的時候出擊。為什麼呢？因為韓世忠部的海艦體積大，必須借助風力才能出戰，無風的時候只能是火攻的靶子。宗弼大喜，改裝了船隊。一天，天氣晴朗，江上無風。金軍小船傾巢出擊，韓世忠迎戰江心。金軍小船刁鑽靈巧，金兵四處射火箭，優勢顯現得很充分。宋船無風不能動，不多時就煙焰蔽天，漫江大火。韓世忠部被燒死溺死者不計其數，轉勝為敗。韓世忠隻身逃回鎮江。宗弼指揮金軍安然前往上游的建康。

關於宗弼是怎麼逃出黃天蕩的，民間有不同的傳說。據說王先生指出黃天蕩旁邊有老鸛河故道三十里，可以作為逃跑之路。逃命心切的金軍竟然一夜間開鑿出這三十里故道，趁韓世忠部沒注意，連夜乘船逃出黃天蕩。金兵開挖老鸛河故道時，沒有工具，就用兵器挖掘。現在鎮江儀徵一帶還有一條「刀槍河」，據說就是金軍當年挖掘的。

至於那個王先生，宗弼得了點子後耍賴帳，揮揮手，讓部下送他上西天了。

黃天蕩之戰雖然最終以韓世忠大敗告終，但他以不足萬人的隊伍將擁兵十萬的金軍困得狼狽而逃，粉碎了「金軍不可戰勝」的神話，扭轉了南宋一味逃竄的頹勢，意義重大。

三

完顏宗弼部金軍退回建康後，照例是擄掠了大批居民和大批財物，之後在城內放起大火，退出建康城。他們準備從距建康城西北十五里的靜安鎮渡江北返。

到靜安後，金軍意外遭到了岳飛部隊的沉重打擊。

二十七歲的青年將領岳飛，帶領著新組建的「岳家軍」一直活躍在太湖流域一帶。金軍北撤後，岳飛始終在尋找截擊的良機。在黃天蕩，岳飛沒有找到表現的機會，料定金軍要從建康回去，就搶先來到建康布陣俟敵。宗弼剛回軍建康的時候，岳飛就已埋伏在牛頭山等待他了。當天夜裡，岳飛部下百餘人穿著黑衣混入金軍營中搗亂。金軍慌亂中不辨真假，自相攻擊。

現在，岳飛得知金兵到達靜安鎮後，集合部下騎兵三百人、步兵二千人，出其不意，向宗弼主力發起了進攻。代理建康府通判錢需在建康失陷後也沒有投降，更沒有逃跑，而是在建康本地招募抗金民兵，堅持抵抗。岳家軍猛攻開始後，錢需也指揮民兵從敵後、從大街小巷攻擊金軍，配合正規軍行動。靜安鎮對於金軍來說，是回家的最後一站。那麼多次戰鬥都過來了，在即將踏上江北土地的時候，卻最容易提前放鬆自己。而多數金軍又拎著大包小包的金銀細軟，根本招架不住岳家軍的猛攻。套用一句現代的話來說，金軍很快就陷入到「人民戰爭的汪洋大海」裡面了。岳家軍懷著國恨家仇，只殺得十數里內金兵屍橫遍野。戰後統計，金軍僅戰死的軍官就有近二百人，宋軍俘虜金軍三百多人，繳獲馬甲近二百副，弓箭刀旗金鼓等三千五百多件。宗弼威風而來，狼狽而逃。岳飛、錢需乘勝進駐建康城，順利收復了建康。

長江以南所有的金軍都被蕩清了。

這是宋金戰爭以來，宋軍取得的最為輝煌的勝利。捷報傳來，趙構提升岳飛為通泰鎮撫使兼泰州知州。歷史終於開始對堅持抗敵多年的岳飛刮目相看了。

四

完顏宗弼回到金國後，變成了和祥林嫂一樣的人，遇到熟人就拉住人家的手不放，一把鼻涕一把淚地哭訴自己進軍江南的困難和艱辛，說韓世忠和岳飛是如何的厲害。

這一年，金朝的皇太弟、宗弼的叔叔完顏杲死了。作為歷次對宋戰爭名義上的主帥，完顏杲在遺囑裡對金宋實力的對比表示憂慮：「南宋近年來軍勢雄銳，有心爭戰，我即使死了也很擔心。」

在征討江南失敗後，金朝將進攻的矛頭轉向川陝地區，實施戰略轉移。自古爭江南者，必先爭四川，爭四川就是爭江南的天頂。金軍夢想經陝西入川，從上游對東南膏腴之地形成君臨虎視之勢。

知樞密院事張浚有先見之明，老早就說，「金人如果占領陝西攻取四川，東南就保不住了」。他放棄杭州的優越環境，慷慨赴任川陝宣撫處置使，在建炎三年（一一二九年）十月下旬到達興元府，設計指揮部，開始著手調整西北各路軍事長官，迎接金軍的到來。

張浚首先提拔了和他觀點相同，認為「天下兵勢，當以秦隴為本」的池州知州劉子羽參議軍事，命他到秦州總制五路兵馬。這個劉子羽是福建武夷山人，與金軍有殺父之仇。他的父親、前資政殿學士劉韐就是在靖康之變中遇難的。劉子羽是堅定的抗金派，先前堅守過真定，調來陝西後率部積極收復失地，最遠打到過延安以北地區，很對張浚的胃口。張浚早就想收拾擁兵自重的大將范瓊了。劉子羽和他密謀，設下鴻門宴叫范瓊來議事。范瓊來了，問有什麼事情。劉子羽說：「也沒什麼事情，就是皇上讓將軍去天牢住幾天。」范瓊輕易被解決了，劉子羽的名聲也宣揚出去了。

張浚視察前線時，經劉子羽介紹，認識了吳玠、吳璘兩兄弟，並提升吳玠為統制。吳玠兄弟從軍多年，戰功顯赫。但張浚和朝廷之前都不知道。原來兄弟倆的上司曲端打仗的時候教吳玠等衝鋒陷陣，自己在遠處觀望，打贏了就把戰功占為己有，打敗了就推罪給部屬。張浚很為吳玠感到惋惜，毅然貶黜了曲端。[13]

陝西前線經過張浚這麼一整頓，全線面貌一新，正等著金軍前來進攻呢！

建炎四年秋，完顏宗輔[14]會同完顏宗弼從江浙一帶北撤的軍隊，一同殺向陝西。宗輔、宗弼和另一個宗室完顏婁室齊頭並進，很快到達富平（今陝西富平縣北）。保衛富平就是為了保衛陝南，而保衛陝南就是為了保衛四川。當時南宋在川陝地區的大將和軍隊雲集富平，決心與金軍展開主力決戰。張浚擔任戰役指揮，集結了劉錡、趙哲、吳玠等將領統率的十八萬大軍，號稱四十萬，數倍於金軍。戰役開始的時候，宋軍劉錫部主動發起衝鋒。各部宋軍將在江南威風一時的完顏宗弼部金軍作為重點進攻對象——估計是大家跟宗弼苦大仇深，攻勢凶猛。宗弼在遭到重重包圍的逆境中，臨危不懼，從中午力戰至黃昏，沒有退卻。他的部隊幾乎全軍覆沒，大將韓常被射瞎了一隻眼睛。但宗弼成功地牽制了宋軍的主力，為扭轉戰局贏得了寶貴的時間。一旁的完顏婁室冷靜分析戰局，判斷出趙哲統率的部隊是宋軍的薄弱環節，集中金軍所有的精銳騎兵衝擊趙軍。趙哲所部潰不成軍。婁室成功救出宗弼，再合兵掩殺，將南宋大軍打得大敗。富平之戰，金軍以少勝多，獲得全勝。南宋在陝西的土地幾乎全部淪陷。

富平戰敗後，張浚退守興州，吳玠收拾敗軍扼守秦嶺北麓大散關附近的和尚原（今陝西寶雞西南）。他們背後，就是四川的茫茫群山和隱映在群山之中的富庶盆地。

這時也有人主張退守夔州（今重慶三峽地區）。這個建議等於是將重慶以西和以北的四川地區都放棄了。劉子羽堅決駁斥這種觀點：「說這話的人應該推出去斬首！敵人想侵略四川已經很久了，只是因為北邊群山中有鐵山、棧道天險，敵人這才不敢小看。我們如果不堅守住，敵人就會深入四川，而我們僻處夔州峽谷一帶，還怎麼和關中地區相呼應。到那時，我們進退失計，後悔就來不及了！」宋軍堅定了堅守川陝前線的決心。這一政策貫穿南宋整個朝代。

張浚和吳玠等人自知責任重大，不能再失敗了。當年冬天，宗弼率部攻入四川。吳玠、吳璘兄弟在和尚原展開了壯烈的狙擊戰。吳玠兄弟挑選勁兵強弩，憑藉有利地形輪番射箭，連戰三日，最終大破金兵，俘虜金兵以千計。完顏宗弼的部隊徹底拚光了，宗弼還身中流矢，隻身逃回後方。途中為了防止被宋軍發現捉拿，宗弼還剃去了鬍鬚，偽裝自己。第二年（紹興元年，一一三一年）年初，金兵侵犯大散關。吳玠、劉子羽等用游擊戰術對付金兵，金兵疲於奔命，只得撤軍。金軍占領川陝的計畫被粉碎了。

建炎四年春，趙構結束海上漂泊的日子，由海路回到越州。他情緒很好，將越州改名為「紹興」，並升格為府，稱紹興府。第二年，南宋改元「紹興」。現在金兵退走了，東起淮水、西至秦嶺的戰線逐漸穩定下來，應該預示著一個興旺的開始。

趙構決心回臨安重建趙宋王朝的統治，管理好半壁江山。

他的第三個心病少許緩解了一些。

秦檜：逃脫虎口？

一

建炎四年（一一三〇年）十一月，朝廷的前御史中丞秦檜從金朝來到臨安。

秦檜被金軍抓走北上後，並沒有隨宋徽宗和宋欽宗一起被押到冰天雪地的黑龍江去。這時的秦檜非但沒有同行，反而被任命為金太祖的堂弟、監軍完顏昌的執事。不管他是自願的還是被迫的，秦檜出面做了金朝的官員。這是秦檜履歷上的一個汙點。

這個汙點到底有多大呢？秦檜有沒有當了漢奸呢？

一個原先在鄆王趙楷府上當差的士卒，拚死從金軍的看守中逃脫。當時金軍通緝逃亡的人的風聲很緊，這名士卒不敢直下江南，而是向西逃入了四川。根據他提供給吳玠的情報說秦檜一家人在金朝的日子過得很不錯。完顏宗弼曾經招呼秦檜一同飲宴，還招待了秦家人。當時金朝的貴族都使用北宋貴戚王公的姬妾作為侍酒的傭人。宗弼家也不例外。這些先前同階層乃至相互走動的故人，見秦檜夫婦得到了這樣的待遇，都嗟歎不已，甚至有人掩面抽泣。宗弼訓斥這些傭人說：「你們這些人怎麼能和秦中丞家比！」

而根據宋朝文人徐夢莘和李心傳的記載，秦檜隨著宋徽宗被金人擄至燕山後，曾代宋徽宗修和書，又厚賄金人，以此獲得了金人歡心，所以才成為完顏昌的心腹親信和宗弼的座上客。如果記載是真的，那麼秦檜當時就已經是叛徒無疑了。

金兵南征江南的時候，秦檜被任命為金軍的隨軍轉運使，隨軍伐宋。這給「一心回宋」的秦檜提供了絕佳的機會。秦檜日後回憶說，自己當時就覺得南征是逃脫金國，回歸宋朝的機會。但是他又擔心夫人王氏不被允許隨行，不能和家人一起南歸。於是，秦檜精心設計了一場夫妻爭吵。王氏大罵道：「我爸爸將我嫁給你的時候，有嫁妝二十萬貫錢，想讓我與你同甘共苦，盡此平生。現在大金國重用你，授予你官職，你就要中途拋棄我了啊？」她叫罵不休，反覆哭訴。自然有好奇的人、好事的人將這些話傳告給完顏昌。完顏昌就批准了秦檜夫婦隨軍同行。金軍攻破楚州後，官兵一心搶劫財物，兵營空虛。秦檜和家人乘亂出營，找了一條船沿水路南逃。途中，秦家人被宋將丁禩水寨的巡邏兵捕獲。秦檜慌忙宣布說：「我是原御史中丞秦檜。」可惜那些兵士都是鄉民出身，不僅不識字，估計連御史中丞是什麼都不知道。他們把秦檜當作金軍奸細，拷問凌辱了一番。秦檜大叫：「這兒有讀書人嗎？讀書人應該知道我的姓名。」恰巧附近有個秀才王安道，身逢亂世，無以為生，就在軍營裡賣酒。這些宋兵就把王安道喚來辨認秦檜。王安道其實並不認識秦檜，但見秦檜一家人的樣子挺可憐的，就恭敬地對著秦檜長揖說：「中丞大人辛苦了。」眾人信以為真，也就將秦檜等人放了。

秦檜回到江南，彷彿就是凱旋歸來的英雄，顯擺了起來。南宋朝廷對南下的軍民和官員非常優待，對從金軍營壘中逃脫的前任官員更是歡迎。秦檜於是遍訪親朋故友，說自己長期來身在曹營心在漢，好不容易找了個機會殺死監視的金兵，奪船南歸。但當時就有好事的人諷刺說：「喲，秦中丞，你們全家人滿載家財，連婢僕下人都一個沒落下，全身歸來，真是謀畫得當啊。」意思是懷疑秦檜不是逃脫而來的。秦檜也不加辯解。

等到主政後，秦檜親自寫了一本《北征紀實》，詳細講述自己成功逃脫的經歷。書中記載說，他原打算深夜騎馬出逃，不料金人四處設有埋伏，才「定計於食頃之間」，乘舟而逃。途經丁家寨，秦檜曾數次拜訪丁禩，均被拒絕。逗留期間，丁部副將劉靖起了謀財害命的念頭。秦檜迅速識破了劉靖的陰謀，逃離了丁家寨。宋使張邵也給秦檜證明說：「我出使金國，在昌邑遇見敵酋撻懶（完顏昌），當時看到秦丞相間行南歸。班荊路隅，我與他泣涕相勉，詞氣奮烈。秦公為之側目。」

個人品行從沒引起後世懷疑的陸游在《老學庵筆記》也認為秦檜是逃回來的。他說：

> 秦檜在山東的時候，謀畫著逃歸南方，舟楫都準備好了。但就是怕有金國人告發自己，不敢下決心。恰巧，秦檜遇到了金國中一個交情較深的人，就以實情相告。對方說：「您為什麼不去告訴監軍（完顏昌）呢？」秦檜說自己不敢。那人說：「這就不對了。我們金國人一旦許諾您，即使承擔罪責，雖死不憾。如果逃跑而被捉住了，就是想饒恕，也無能為力啊！」秦檜就採納他的意見，對完顏昌實話實說。完顏昌說：「中丞果真要回去嗎？之前有契丹俘虜逃歸遼國，回去後大多遭到了猜疑，您怎麼知道自己回宋國後，他們會相信您的忠誠呢？如果您去意已決，就不要考慮我了。」秦檜感激地說：「您如果允許我走，也不要在意我回去後的禍福。」完顏昌就同意了秦檜的南歸。

對秦檜本人的解釋和他人的證詞，南宋時期就有不少人表示懷疑。旁人的證詞主要是道聽塗說的成分太濃；而陸游畢竟不是秦檜的同輩人。歷史學家李心傳專門就秦檜自身的解釋列出了五大疑點：第一，秦檜與何㮚、張叔夜等官員一同被拘，為什麼只有他一個人逃歸了呢？第二，楚州到臨安有千里之遙，途中重重防備，秦檜一個讀書人是如何奪關成功的？第三，金國人是怎麼同意秦檜攜帶妻子隨軍的？一般情況下，將領出征，金國都要留他們的妻子在後方作為人質。第四，劉靖身為朝廷的副將，都對秦檜攜帶的錢財起了謀財害命的心思，這說明秦檜一行必定攜帶了相當多的財富。秦檜怎麼能夠在倉卒逃亡過程中，攜帶大量的財富成功南歸的？而且這也與秦檜聲稱的「定計於食頃之間」不符。第五，那個數次不見秦檜、見難不幫的丁禩在秦檜主政後，非但沒有得到報復反而官運亨通，步步提拔，權傾一時。秦檜是如此寬宏大量的人嗎？這些疑點重重的問題再配合上秦檜擔任宰相後，打擊異己，一心主持對金國投降的言行，不禁令人更加懷疑。秦檜專權後力主議和，對金國尤其是對完顏昌卑躬屈膝，簽訂了喪權辱國的條約，向金納幣稱臣的屈辱條約，完全不以國家、民族利益為重。因此，包括《宋史》在內的許多史籍，都認為秦檜是「撻懶縱之使歸」，「俾結和議為內助」的漢奸。

因此，秦檜逃脫虎口的事情完全是一場騙局。

不管秦檜是否是漢奸，也不管他有無逃離虎口的經歷，秦檜死後，其墓誌銘無人願鐫刻，最後只能空白沒有一字。幾十年後，宋將孟珙路過秦檜墓時，命令軍士在其墓上拉屎倒尿，其墓成為有名的「臭塚」。這也許是後人對秦檜一生行徑最好的評價。

如此說來，秦中丞，你又何苦回來折騰呢？

這時，左相呂頤浩出任建康府路安撫大使，范宗尹升任右丞相。秦檜由范宗尹引薦，覲見了宋高宗趙構。

回到臨安後，趙構開始按照都城的標準大興土木，修建明堂、太廟，明顯地表示出偏安江南的企圖。趙構的行動引來了許多大臣的勸諫。侍御史張致遠說：「創建太廟，深失復興大計。」殿中侍御史張絢更明白地指出：「去年建明堂，今年立太廟，是將臨安作為久居之地，不再有意恢復中原的表現。」趙構一概不接受。

秦檜看準了趙構的心思，通過范宗尹向趙構上奏了一封自己代擬的、向完顏昌議和的國書。國書公然提出了宋金和好，分治疆界的倡議。趙構看後，想不到有大臣和自己的心思一模一樣。對他來說，議和了，自己的第一塊心病就除掉了，其他的心病也好解決了。因此，趙構公開誇獎秦檜說：「秦檜樸忠過人，我得到這樣的人才，真是高興得幾天都睡不著覺啊！」

趙構下令，將秦檜代擬的國書以將領劉光世的名義投遞給完顏昌致意。他畢竟不敢以九五之尊，公開出面議和。

得到表揚的秦檜被迅速提拔為禮部尚書，三個月後又升任參知政事（副宰相）。

秦檜在朝野上下誇下海口，說只要自己做了宰相，有兩條計策可以安定天下。百官們都將信將疑。趙構也很好奇，非常想看看這是什麼樣的計策。紹興元年（一一三一年）七月，范宗尹罷相。次月，秦檜被任命為右丞相兼知樞密院事。他回國後用了不到一年的時間，就做到了文武兩

二

級的最高官職，創造了一個奇跡。

當了宰相後的秦檜卻不著急說出自己的兩條妙計了。他先是到處網羅主和的官員，設置修政局，有計畫地制定政治、軍事制度。第二年七月，左相呂頤浩回朝，與秦檜不和，逼秦檜說出安定天下的計策。秦檜不得不亮出「底牌」，結果全場譁然。原來他的計策就八個字：「南人歸南，北人歸北。」也就是按照出生地，劃分天下的人群；中原地區和中原人都歸金朝統治，南方土地和南方人歸宋朝統治。當時多數官員和幾乎全部的宋朝官兵都是北方人，按照這個計畫，無異於要宋朝撤銷官府，解散軍隊。

秦檜底牌一亮，就被唾沫星子給淹沒了。御史黃龜年彈劾秦檜「專主和議，沮止國家恢復遠圖」，而且「植黨專權」，整個就是一奸臣。宰相呂頤浩也竭力揭露秦檜。趙構沒料到秦檜會說出這麼荒唐的計策來，憤憤地說：「秦檜說南人歸南，北人歸北。我是北方人，該歸到哪裡呢？」他命令兵部侍郎綦密禮起草詔書，將秦檜譴責了一頓，罷免相位。朝廷還在宮門口貼出告示，說秦檜這個人是壞蛋，永不再用。秦檜為相一年就灰溜溜地下台了。

秦檜還得感謝宋朝善待讀書人的祖制，不然他就沒有只被唾沫星子淹沒這樣幸運了。

三

趙構投遞給完顏昌的議和信沒有得到響應。他於是決定抓緊時間穩固南方，治療自己的第三個心病。

前宰相朱勝非這麼描述當時的地方情形：「我從桂嶺走了一千七百餘里陸路到達臨江軍，沿途所見居民及路邊的村落是這樣的：進入衡州地界後，有屋無人；進入潭州地界後，有屋無壁；進入袁州地界後，則人和屋都看不到了，簡直就是赤地一片。」御史韓璜描述的情況是這樣的：「從江西到湖南，不論郡縣與村落，滿目看到的都是灰燼。我所到的地方殘破不堪，十室九空。究其原因，都是因為金人還沒到，潰散的官兵搶先洗劫地方州縣，金人撤退後又遭到一遍洗劫。官兵和盜賊，一起劫掠，城市鄉村，搜索殆遍。盜賊退後，瘡痍來不及治療，地方官吏們不去安民，不去恢復生產，只會刻剝。兵將所過縱暴而唯事誅求，嗷嗷之聲，比比皆是，民心散叛，不絕如絲。」王朝內部矛盾重重，已經到了脆弱不堪的地步。各地的農民紛紛揭竿而起，自衛求生。即使沒有金軍的壓力，任由事態發展下去，南宋朝廷也會從內部被顛覆。

宰相呂頤浩主張「先平內寇，然後可以禦外侮」。金兵退後，趙構隨即把幾個領兵的大將張浚、韓世忠、劉光世、張俊以及隸屬於張俊部下的岳飛等部都從前線調回，大力鎮壓各地起義，繼而安定地方。

農民起義的火焰在湖南地區燃燒得最旺。

建炎四年鍾相在湖南發動起義後，迅速蔓延到十九個縣的廣大地區。不久鍾相建立「大楚」政權，自稱楚王，以鍾昂為太子，立年號為「天戰」，建立政治機構。起義軍宣布宋朝的法律是「邪法」，焚燒官府、寺廟和貴族豪紳大宅，奪取官僚地主的財產分給農民，受到廣大農民的熱烈擁護。當時宋朝在湖南地區的統治力量極其薄弱，金軍又三天兩頭進攻，一些士大夫為了避亂，也投入鍾相的陣營。知識分子一旦與農民起義軍相結合，往往可能導致農民軍發生質變，朝著與宋朝爭奪天下的方向發展。趙構大為緊張，將鎮壓的刀鋒最先對準了湖南。宋王朝畢竟有著鎮壓起義軍的成熟經驗。這次官府派了內奸打入農民軍，鍾相稱王僅一個月，就遭到鎮壓，犧牲了。

鍾相部下有個青年農民叫做楊太。他在家中排行最小，因此按照當地習慣，人們叫他「楊么」或「么郎」。鍾相死後，楊么和楊廣、夏誠等人帶著一支農民軍拒不投降。楊么效仿梁山泊的英雄好漢，帶領農民軍沿洞庭湖分立寨柵，聚集起八千人的隊伍，進退自如。這支起義軍以洞庭湖水寨為據點，很快發展到二十萬人，占據了洞庭湖沿岸各州縣的廣大農村。宋軍只掌控處在農民起義軍包圍中的幾座州縣孤城。北到公安，西到鼎澧，東到岳陽，南到長沙，到處聽從楊么的號令。

紹興三年（一一三三年）四月，楊么擁立鍾相少子鍾義作太子，自號大聖天王，與趙構分庭抗禮起來。

楊么這一回幹得可比鍾相要厲害得多。朝廷多次派兵鎮壓，都不是農民軍的對手。趙構不得不在紹興二年（一一三二年）年底起用李綱作湖廣宣撫使，趕到軍前和楊么對陣。李綱招降湖廣地區的散兵游勇，壯大官兵力量。朝廷中一些習慣「多想」的官僚，沒等李綱出陣就彈劾他擁兵自重，提醒趙構注意「軍民獨知有綱，不知有陛下，知有宣撫司，不知有朝廷」的危險。這句話說中了皇帝的心病，趙構旋即把本來就不太喜歡的李綱給撤掉了。

此後李綱再也沒有得到起用。建炎年間，李綱一貶再貶，從湖北再湖南，最後被貶謫到海南島。

李綱雖然被整走了，但農民起義軍卻越鬧越凶。農民軍軍容嚴整，打著鼓板，吹著笛子，舉著大旗，用竹竿挑著文書來宋軍營壘門前叫陣。龜縮在城市裡的官府之間失去了聯絡，處境極其尷尬。

北方金朝扶持的傀儡政權「大齊國」（這個後面會有詳細交代）看到湖廣農民起義形勢很好，就想招誘農民起義軍，和自己一起與宋朝為敵。齊國的太尉李成派密使來找楊么，封官許願了一番。齊國開出的條件非常誘人：第一是齊國願意出動陸軍協助楊么的水軍作戰；第二是農民軍有人占領縣城的就封他做知縣，有人占領州治的就封他做知州。農民軍雖然與宋朝為敵，但民族大義還是堅持恪守的，嚴正拒絕，不做漢奸。李成不死心，覺得可能是自己誠意不夠沒能打動楊么，第二次派了三十五個人的龐大使團，帶上官誥、金束帶、錦戰袍、羊羓等東西，前去勸誘起義軍配合金軍和偽齊軍隊滅宋。

楊么把這三十五個人全部投到洞庭湖中溺死了。

四

已經升任右丞相的張浚自告奮勇，請求領兵鎮壓楊么軍隊。

張浚上奏說：「楊么占據洞庭湖，處於朝廷的上游，不剷除他，始終是心腹大患。長此下去，朝廷將無以立國。」趙構批准了張浚的要求，讓他督率岳飛等從江淮前線調回的軍隊開往洞庭湖鎮壓起義。岳飛是在張浚之前，被任命為潭州知州兼荊湖東路安撫使、都總管，率軍來到湖南的。

張浚抓住了農民軍半軍半農，還從事農業耕作的特點，選擇農忙時節對農民軍發動突然襲擊。一路上，政府軍毀壞農田莊稼，威脅農民軍的生存。楊么正率軍忙於生產，猝不及防，遭受很大損失。張浚和岳飛二人還充分發揮俘虜和叛徒的作用，剿撫並行，大力開展誘降活動，分化瓦解農民起義軍。楊么下屬許多人先後叛變，投降岳飛所部軍隊。不久，楊么大寨被岳飛攻破。烽火沖天，楊么和鍾義泅水突圍，被宋軍俘虜。岳飛勸降，楊么拒不投降，高呼鍾相的名字，飲刀就義。這已經是紹興五年（一一三五年）六月間的事情了。

在說書中，岳飛招降了楊么，壯大了岳家軍的力量。在歷史上，岳家軍招降納叛，得到壯大不假，但楊么沒有投降，英勇就義了。

楊么就義後，餘部在洞庭湖地區堅持作戰，前後持續了六年之久。

從紹興元年到五年，岳飛一直在「蕩清內寇」，轉戰湘贛之間，除了鎮壓楊么外，岳飛還鎮壓了虔州和吉州等地的農民起義。在征討盜匪曹成的時候，曹成部下有個打起仗來不要命的主兒，叫楊再興。這個楊再興驍勇異常，先是蹂躪了岳家軍韓順夫所部的營壘——韓順夫被楊再興砍斷一條胳膊，傷重而死，又殺死了岳飛的親弟弟岳翻。後來，岳飛俘虜了楊再興，不僅沒殺他，還曉之以理，動之以情，收服了楊再興。楊再興知恩圖報，成為了岳家軍的頭號猛將。

這一時期，岳飛得到了從直接上級到趙構的一致讚揚和信任。李綱說，別看岳飛年紀輕輕的，但治軍嚴肅，能立奇功，斷言他是個名將胚子。張浚則評價說：「岳侯，忠孝人也，兵有深機，胡可易言？」趙構親自召見岳飛，賞賜給他「精忠岳飛」的軍旗，同時還要在臨安建造府第送給岳飛。岳飛接受了軍旗，但是上奏把府第給推辭掉了。在奏章中，岳飛寫出了那句千古名言：「敵未滅，何以家為？」仇敵金人還沒消滅，哪裡還顧得上安家啊？趙構也不勉強，態度平和地問岳飛的意見：「將軍覺得怎樣才能消滅金人呢？」岳飛回答了一句更加有名，印刷在現在中國中小學課本上的名言：「文臣不愛錢，武將不怕死，就可以天下太平。」如此正義凜然的回答讓趙構不嘉獎提拔岳飛都不行。岳飛於是升為鎮南軍承宣使、江南西路舒蘄州制置使，駐軍江州，承擔起了長江中游地區的抗金軍事大任。之前，南宋的軍隊主要集中在淮南，京口和太湖一帶，湖廣地區力量薄弱。岳家軍常駐湖廣後，長江中游的形勢大為好轉。東南地區和川陝的聯絡也疏通了很多。

岳飛開始大展拳腳，迎來了自己生命中的黃金歲月。

五

與岳飛的慷慨激昂，一心殺敵不同，其他將領和部隊在局勢稍微穩定後立即展現了腐敗墮落的「本色」。

幾十年後，朝廷將張俊、韓世忠、劉光世，岳飛四個人稱為「中興四將」。張俊排名第一。

他的功勞我們暫且不說，單就個人品行來說，張俊是最差的一位。張俊是強盜出身，亂世從軍後步步高升。按理說，張俊應該一心肝腦塗地報效國家，可他卻在國家危難之際大發「國難財」，廣置私產。而且張俊還將軍隊看作是個人武裝，役使士兵為其家族服務。軍中流傳歌謠：「張家寨裡沒來由，使他花腿抬石頭。二聖猶自救不得，行在蓋起太平樓。」說的就是張俊不思進取，中飽私囊，滿心享受。

而且張俊的心胸還特別狹窄。他和韓世忠、劉光世三個人資歷比岳飛深，很長時間裡職位也比岳飛高。張俊並曾擔任過岳飛的直屬上級。最近兩年時間裡，岳飛像坐上了火箭，職位嗖嗖地往上竄，與張韓劉等人平起平坐了。說實在話，不管是誰遇到這樣的情況，心中都會有點酸酸的感覺。張俊和韓世忠、劉光世對岳飛都有那麼一些情緒。岳飛也不笨，努力修補自己與三人的關係。鎮壓了楊么後，岳飛將繳獲的農民軍的船隻裝滿土特產，分別給三個老上級送去一條船。韓世忠收下後，哈哈一笑，寫了封信和岳飛通好；劉光世收到禮品後，也一笑抿恩仇。單單張俊接到岳飛送來的禮品後，認準岳飛是公然炫耀戰功，就對岳飛懷恨在心。後來聽說岳飛把朝廷賞賜的臨安府第都給退了，張俊心中有鬼，認為岳飛是故意暴露自己的貪婪和享受，更恨岳飛了。

除了「中興四將」所率領的軍隊外，朝廷的軍事支柱還有遠在川陝邊界的吳玠所部。這五支部隊占當時政府軍總兵力的絕大部分，且實力處於不斷擴充壯大之中，地位非常重要，順便帶動各自統帥的政治地位水漲船高。在政局不穩的情況下，政府軍各部的統帥固定了下來，一般兼任宣撫、制置、招討等職務，在一定區域內集軍政、民政、財政大權於一身。最後導致一些部隊的官兵不以番號相稱，而以長官的名號相稱了。這就離宋朝抑制武人，重文輕武的立國方針越走越遠了。

在五部兵馬中，岳家軍軍紀較為嚴肅，其他各部都有擾民胡為的劣跡，將領們也多有貪墨的行徑。部分文官在局勢稍微穩定後開始彈劾各部官兵。

趙構也正為此頭疼。

皇帝就是皇帝，趙構看問題比一般的文官還是要深遠得多。五部兵馬的崛起不僅是一個違背祖宗家法的問題，而且已經形成了內輕外重的政治局面。權力結構不得不向前線的指揮官集團傾斜，這就變相地約束了皇權。這才是趙構最不願意看到的。只是在連續不斷的對內對外戰爭中，趙構又不得不允許前線將帥「便宜從事」。

早在建炎四年五月，御史中丞趙鼎上奏提醒說：「祖宗於兵政最為留意」，「自太祖踐祚，與趙普講明利害，著為令典，萬世守之不可失也。今諸將各總重兵，不隸三衙，則兵政已壞。」趙鼎的意思是要重申立國之初文官指揮將領，軍隊隸屬中央的制度，「千萬不能讓祖宗之法，廢在我們這一代人手裡啊！」趙構從這時開始有意識地限制將領們的權力。一個月後，朝廷廢除南逃時設立的臨時機構「御營司」，由宰相范宗尹兼管樞密院事務。北宋以來，政治和軍事分立，軍事歸樞密院管轄。現在趙構用宰相兼管樞密院，用意非常明顯。當然了，朝廷公開的理由還是「統一賞罰，節省辦公開支」。於是，文官對將領的彈劾開始多了起來。「諸將過失，不可不治」，「自古以兵權屬人久，未有不為患者」這樣的話都出現在了奏章中。有人直白地要「逐步削弱各位將領的權力，朝廷只有先管好將領，才能再去平定盜匪，遏制外敵」。

趙構還不想走得那麼遠，朝廷畢竟還要仰仗韓世忠、岳飛等人鎮壓內部動亂和抗禦金兵。

趙構對現存的軍政權力結構是不滿的，只是尚未找到合適的解決之道。

夭折的復國計畫

一

張邦昌的「大楚」政權變成了一場鬧劇，但是金朝依然希望通過傀儡政權統治中原。金軍南征追擊趙構的時候，金太宗曾經發布上諭：「滅了宋朝後，再立一個像張邦昌那樣藩輔之人。」儘管宋朝沒有被滅，但金朝的大臣卻開始尋找傀儡人選了。

漢奸當中想當傀儡皇帝的人還真不少。

有個漢奸叫做劉豫。劉豫也曾是飽讀詩書的苦孩子。他出身貧苦農民，苦讀了十幾年才考中進士當了官。貧窮在劉豫身上烙下的最深的印記就是虛榮心。劉豫讀書就是為了當官，當官就是升官發財。讀書的時候，劉豫偷過同宿舍同學的白盂、紗衣。劉豫被提拔為殿中侍御史時，有人把他偷東西的往事搬出來攻擊他。宋徽宗不願去計較這些陳芝麻爛穀子的事，還是提拔了劉豫。劉豫做了御史後，多次上表勸止宋徽宗大興土木。宋徽宗氣得大罵：「劉豫這個河北種田佬，他知道什麼？」劉豫隨即被貶，靖康之變期間又棄官而逃。趙構繼位後還是任命他做了濟南知府。

劉豫不願意去前線當官，上表請求改任東南某州縣。趙構大怒：「想去快去，不想去就罷官為民！」劉豫這才不得不走馬上任。金軍第二次南侵的時候，劉豫帶著兒子劉麟一開始在濟南組織了抵抗，仰仗部下善用大刀的猛將關勝出力，還真讓他擊退了金軍。金軍隨即拿出高官烏紗帽招降，劉豫馬上殺了關勝，獻出了濟南投降。金軍大將完顏昌很高興，任命劉豫為東平知府，劉麟為濟南知府。

得知金朝在尋找第二個張邦昌的消息後，劉豫搜括了無數車金銀珍寶賄賂完顏昌，表達了死心塌地效忠金朝的決心。完顏昌拿了寶貝，答應幫忙。人選的決定權在主政的完顏宗翰手裡。劉豫又給宗翰身邊的漢人翻譯高慶裔送去了一份金銀珠寶。完顏昌和高慶裔兩個人就使勁在宗翰耳朵邊說劉豫的好處。宗翰對劉豫不了解，說：「劉豫這個幹部還要考察考察。」完顏昌提醒他：「劉豫這個人不錯，會鑽營。如果我們不早點扶立他，被別人搶先了，這個恩情就讓他人占了。日後這個傀儡政權就不聽你的了。」宗翰覺得有道理，同意認劉豫這個「兒皇帝」。

建炎四年（一一三〇年）九月，劉豫在大名府做了所謂的「大齊皇帝」。金朝安排另一個漢奸、原太原知府張孝純作宰相。第二年年底，金朝給劉豫劃定統治範圍，把西起陝西、東到山東的地盤都交給了「大齊國」。紹興二年（一一三二年）夏，劉豫喜孜孜地遷都汴梁。

劉豫當皇帝後，還真做過兩件值得一書的事。

第一是劉豫喜歡附庸風雅，偶爾來個「微服私訪」之類的調節一下生活。一次，他在市場上看見一套製造奇巧的玉碗，明顯不是民間之物。他把商販捉來一審，原來這套玉碗是亂軍盜挖北宋皇陵而得的。劉豫大受啟發，發現了一條「生財之道」。「大齊」政府專門設置了掘墓挖墳的機構，由太子劉麟負責帶兵馬，操傢伙，挖遍包括北宋皇陵在內的歷代皇陵和民間墓穴，搜索文物和陪葬珍寶。第二件事情是，劉豫發揮「榜樣的作用」，替金朝招降納叛。南宋的舒蘄光黃鎮撫使李成、蘄黃鎮撫使孔彥舟等人，各擁有數萬人武裝，占據州郡，燒殺搶掠，在朝野上下民憤極大。劉豫當了皇帝後，李成、孔彥舟都跑去投降劉豫了。他們還自欺欺人地說，我不是漢奸，我投降的「大齊國」可是漢人劉豫的朝廷。

二

建立傀儡政權後，金朝鼓動劉豫的偽軍南下同南宋展開激戰，自己繼續向川陝地區用兵，企圖實現順長江上游而下，消滅南宋的戰略計畫。

紹興四年（一一三四年）二月，完顏宗弼在齊國偽軍的配合下，從寶雞入侵仙人關。宋金兩軍再次展開晝夜鏖戰。三月分戰鬥最激烈的時候，金軍人人身披重甲，用鐵鉤相連，魚貫撲向關隘而來，嚴禁後退半步。同時，後方金軍以火箭遠射，配合前方衝鋒。吳玠、吳璘兩兄弟除了拚死擋住，還是拚死擋住，沒有其他辦法。仙人關前，箭雨飛揚，死屍層層堆積。夜幕降臨的時候，火光照耀山間，戰鼓聲和廝殺聲震動天地，方圓數十里內都無法入眠。殺到最後，吳玠派出敢死隊，主動反攻金營。宋軍全力奮戰，金軍實在打不過，不得不退守鳳翔。

吳玠軍又一次勝利地保衛了川陝。

當年冬天，不甘心失敗的宗弼集結大軍，採取突襲的方式拿下和尚原。但是宋朝和金朝的軍事對峙線基本上維持在西起大散關、東到渭南一線的群巒之中了。

仗打贏了，作為有功之臣的劉子羽卻被降職，發配內地。後經吳玠等川陝官員擔保，劉子羽這才恢復官銜，改任泉州知州。

西部戰線僵持之後，湖廣戰線卻因為岳飛的積極作為朝著有利於南宋的方向發展。

駐軍江州後，岳飛連續上書建議出兵北上，收復襄樊失地，恢復中原。岳飛的建議得到了新任宰相趙鼎等人的支持。朝廷批准岳飛出征。

這是宋金戰爭以後，南宋第一次發動戰略進攻。

趙構對進攻的前景沒有把握，在進軍前，給岳飛明確規定戰役的目標是「收復襄陽府，唐、鄧、隨、郢州，信陽軍六郡地土」，嚴令岳飛所部不得超越戰役範圍，隨意北伐。趙構在心底裡還是害怕動靜太大或者進攻不成，遭到金軍的瘋狂報復。

紹興四年五月，岳飛大軍浩浩蕩蕩地出發了。乘船渡江時，岳飛對幕僚們說：「這次如果不能殺賊立功，我岳飛不再渡江！」

正面抵擋岳家軍的是劉豫的偽軍，他們根本不是岳飛的對手。岳家軍旗開得勝攻下郢州後，岳飛兵分兩路。張憲領軍進攻隨州，岳飛率主力直取襄陽。已經當了齊國太尉的李成防守襄陽，主動率領十萬大軍出城列陣迎戰。岳飛所部兵力遠遠少於李成所部兵力，但岳飛面對強敵，毫無懼色：「步兵適宜在險阻之地作戰，騎兵在平曠之地作戰有利。但李成現在將騎兵排列在漢江邊上，步兵列陣在平地上。他的軍隊雖然超過十萬，又有什麼用呢？」岳飛用長槍步卒攻擊李成的騎兵，用騎兵攻擊李成的步兵，一舉打敗李成軍。李成損失慘重，喪失了戰鬥意志，連夜放棄襄陽逃跑。這一邊，岳飛進駐襄陽，張憲也攻克了隨州。李成遭遇襄陽大敗後，補充了部分金軍武裝，膽子一下子壯了。他又糾集兵馬，混合金軍在鄧州西北列寨數十里，準備再與岳家軍決戰。岳家軍乘勝進攻，在正面對李成發起突襲，分出奇兵左右夾擊，再次擊潰李成軍，連續收復了鄧州、唐州和信陽軍。七月，岳飛勝利實現戰役的目標，順利收復了襄樊六郡，回兵駐紮鄂州（今湖北武漢）。

捷報頻傳，整個臨安都轟動了。原本帶有嘗試性質的主動進攻竟然獲得全勝。趙構慨歎說：「想不到岳飛能破敵立功到如此地步！」岳飛因功升任清遠軍節度使、封武昌開國侯，統轄湖北前線各州縣。三十一歲的岳飛迅速就達到了建節封侯這一無數人終生追求而不可得的地位。節度使這個官名是唐朝的發明，用來稱呼那些鎮守一方，集軍民財等各項權力於一身的封疆大吏。宋朝建國後，限制武人，不允許節度使的重新出現，而將節度使作為最高榮譽官銜。除了宗室能獲得節度使頭銜外，大臣極少獲此殊榮。南宋之前才封出三個節度使，分別是張俊、韓世忠、劉光世。岳飛是第四個，也是最年輕的一個。

岳飛回軍後，登上了鄂州黃鶴樓，豪氣風發地寫下一首詞〈滿江紅・登黃鶴樓有感〉：

遙望中原，荒煙外、許多城郭。想當年、花遮柳護，鳳樓龍閣。萬歲山前珠翠繞，蓬壺殿裡笙歌作。到而今、鐵騎滿郊畿，風塵惡。
兵安在，膏鋒鍔。民安在，填溝壑。歎江山如故，千村寥落。保日請纓提銳旅，一鞭直渡清河洛。卻歸來、再續漢陽游，騎黃鶴。

樂觀必勝的精神與信念洋溢字裡行間。

當年的九月，趙構的皇位又經歷了一個小考驗。原來是金朝和劉豫不甘心在川陜和襄樊的連續失敗，聯合發兵，分別由宗弼和劉麟率領南侵。他們專門繞開岳飛的防區，從泗州和楚州一帶渡過淮河，指向東南地區。楚州知州樊序棄城而逃，致使韓世忠的軍隊門戶洞開，不得不退守鎮江。趙構十分強硬地命令韓世忠一定要守住揚州一帶，同時調劉光世、張俊分別率軍赴建康、當塗防守。宋軍將士奮勇殺敵，金齊聯軍的進攻很快就被擋住了。韓世忠奪回楚州。進入冬天後，宗弼率領金軍主力企圖在淮西打開缺口，攻陷滁州後進逼廬州（今安徽合肥）。廬州守軍堅守內城，向朝廷告急。趙構不得不將岳飛從湖廣東調。岳飛不負眾望，在廬州城外一舉擊敗金兵，還追出了三十餘里地。金齊聯軍最後灰溜溜地返回中原過年去了。

南宋朝廷終於可以自豪地宣布：金軍在江淮地區進退自如的日子一去不復返了！

三

紹興五年（一一三五年）過得相對比較平靜。

這一年，楊么被捉住砍了腦袋；這一年，宋徽宗死在了冰天雪地的金國五國城（今黑龍江依蘭）的監獄裡，享年五十三歲，這個消息在若干年後才傳到南宋；⑮這一年，金太宗死了，金熙宗完顏亶繼位。

日曆很快翻到了紹興六年（一一三六年）。

二月，張浚以宰相身分兼都督諸路軍馬事，把各路將領都叫到平江府（今江蘇蘇州）來討論北伐的事情。前幾年的形勢發展非常有利，有許多振奮人心的戰績。張浚和當時許多人都認為朝廷應該北伐了，不能光復前朝河山，起碼也能重挫金軍，奪回河南山東。平江會議就是在樂觀的氣氛中召開的，會議決定各部齊頭並進，其中韓世忠在淮東圖淮陽，劉光世屯合肥與北方對峙，張俊所部從建康進屯盱眙，岳飛北上襄陽俟機進攻中原，楊沂中領朝廷精兵為總預備隊。

在五部兵馬中，岳家軍最積極。八月，岳飛主動出征河南，很順利地攻占了盧氏、長水兩座縣城。在唐州大敗齊兵後，岳家軍年底進抵蔡州境內，都能聽到汴梁的方言了。劉豫很緊張，命令蔡州的駐軍死也要守住城池。岳飛一時攻不下蔡州，上奏朝廷請示行動。趙構想了想，說：「兵家不慮勝，惟慮敗，萬一敗了，到時候怎麼辦啊？」於是下詔要岳飛回師。岳飛就退兵了。

退兵前，岳飛料到劉豫會乘機追擊，就在唐州設下伏兵，成功圍殲了齊軍追兵，俘虜數千人，繳獲戰馬三千匹，取得本次軍事行動的最大勝利。撤軍途中，岳飛情緒很高，和部屬們討論起來什麼時候進攻金朝巢穴的問題，留下了「直抵黃龍，與諸君痛飲」的豪言壯語。他寫下了另一首膾炙人口的〈滿江紅〉：

怒髮衝冠，憑欄處、瀟瀟雨歇。抬望眼，仰天長嘯，壯懷激烈。三十功名塵與土，八千里路雲和月。莫等閒、白了少年頭，空悲切。

靖康恥，猶未雪；臣子恨，何時滅？駕長車、踏破賀蘭山缺。壯志飢餐胡虜肉，笑談渴飲匈奴血。待從頭、收拾舊山河，朝天闕。

那邊，劉豫見一會是張浚部署北伐，一會岳飛又來打自己了，多次向金朝求援。大齊國好歹是金朝扶持的傀儡，你大金朝不能眼看著它垮掉啊。可是金熙宗是個接受了漢族教育的新皇帝，即位後就改革金朝制度，一心想讓女真族向漢族靠近。他與金太宗和完顏宗翰等人一味武力進攻南宋的政策不同，主張對宋朝外交以政治手段為主、軍事手段為輔。以前，金朝在中原地區兩次扶持傀儡政權的重要原因是女真民族還沒有做好統治漢族為主體的中原地區的準備。現在，金熙宗想嘗試著去親自統治中原，撤銷與宋朝的「緩衝」。劉豫大齊國的命運可想而知了。劉豫的求援信函到了金熙宗的手裡，自然是石沉大海。

劉豫不得不自力救濟。最好的防守就是進攻。劉豫決定孤注一擲，調動「大齊國」所有能調動的軍隊南下攻宋。紹興六年秋，劉豫兵分三路：中路的劉麟主力經壽春，攻廬州；東路的劉猊兵鋒直指宣州和徽州；西路由孔彥舟率領叛軍攻六安。東路軍和西路軍不是遇阻後撤就是勞師無功，只有進攻廬州的劉麟中路軍全力推進到壽春、濠州之間。看來，上陣還是要看父子兵啊。

張浚滿懷信心地迎戰劉麟，還請趙構北上長江邊觀戰。誰想，負責防守廬州的劉光世竟然率軍放棄廬州，退卻到當塗。整個江淮戰線為此動搖。張浚吃驚之餘竭力補救。他請趙構御筆寫下軍令「有不用命，當依軍法從事」。張浚拿著皇帝的命令，快馬加鞭跑到長江下游的重要渡口采石，向聚集在此準備撤過長江的部隊宣布了死命令：有誰膽敢渡江，斬無赦！亂哄哄的前線這才安定下來。

劉光世硬著頭皮回軍廬州，正好和劉麟的齊軍主力迎頭相撞。狹路相逢勇者勝。劉光世部下王德、酈瓊等在淮河南岸的霍丘附近大敗劉麟。楊沂中的總預備隊同時在淮西打敗了劉猊率領的齊軍，再反過來和王德部合兵，把劉麟一直趕到壽春。孔彥舟聽說主力失敗了，撒開腿就往黃河跑。齊軍的許多部隊眼看著「大齊國」的壽命差不多了，乾脆不跑了，就地反正，投降南宋。

劉豫的豪賭把自己輸得精光。

四

戰爭過後，張浚面見趙構，奏請罷免劉光世兵權。

劉光世在戰鬥中的表現，的確夠得上罷官貶爵的標準。面對偽軍的進攻，劉光世臨陣退縮，棄城而逃，把江淮重地拱手送給敵人。這是一條大罪。再加上平時劉光世沉湎酒色，只要是寶貝什麼都要，只要是和軍隊有關的事情都不管。他的部隊的軍紀最差，常常出現將校士兵恣橫擾民，劫掠財物的事情來。因此，張浚現在要扳倒劉光世，得到了很多人的支持。

趙構還真不想馬上把劉光世撤掉。劉光世與張俊、韓世忠三個人是大元帥府時的舊將，資歷很深。他出身將門，在政府軍中人脈很旺，很吃得開，動他就牽一髮而動全身。更為重要的是，劉光世手下那五萬多人的部隊是趙構的嫡系部隊。下屬的王德、酈瓊等人都是悍將，士兵也都是老兵。趙構還真不知道要不要撤劉光世。

很多人羨慕權力所有者，羨慕他們想用誰就提拔誰，不想用誰就撤誰。實際上，人事是所有政治實踐中最難做、最危險的事情。任何管人事的人，也是最難做人的人。

另外一個宰相趙鼎反對罷免劉光世，而認為張浚作為最高指揮官應當對前線的失敗負責。趙鼎犯了眾怒，不得不辭職了。

劉光世非常識相，上了奏章說自己有病，請求辭職。估計他早已經給自己安排好了安樂窩，厭倦了戰爭，想徹底享受去了。趙構鬆了口氣，馬上批准了劉光世的辭職，大大誇獎了他，還賞賜許多珍寶古玩。據說，劉光世的晚年就在家裡津津有味地把玩皇帝的賞賜和自己先前貪汙的寶貝，經常自我陶醉到半夜。這樣的將領最討皇帝喜歡了。趙構知道後，乾脆賞賜給劉光世更多好玩的東西。

劉光世的辭職雖然解決了一個問題，卻又引發了另一個大問題：誰來接替他的職位？

劉光世的部隊在抗金前線，最簡單的方式是將它劃歸其他大將。那麼首選的候選人有三位：韓世忠、張俊和岳飛。劉光世和韓世忠兩部發生過摩擦，留下了血帳，積怨很深。把劉光世的部隊劃歸韓世忠的部隊顯然是不行的。而張俊因為能力所限，可能指揮不動劉光世的部隊。所以，趙構開始的意思是讓岳飛接管劉光世的部隊。也似乎只有岳飛才能鎮住酈瓊等悍將。之前，岳飛去見趙構，說湖廣新收復地區的地方政權不健全，請示怎麼辦。趙構只派了一個叫做李若虛的文官擔任京西南路提舉兼轉運、提刑，而知州級別以下的官員隨岳飛安置。岳飛變相擁有了直接統治湖北、襄陽府路的權力，這是前所未有的。君臣二人在紹興七年（一一三七年）春天又見了一面，趙構口頭表示：「愛卿，朝廷要重新調整劉光世部隊的歸屬了。你回去好好考慮一下接管的事情吧。」為了使岳飛能順利接收劉光世的部隊，趙構還提前準備，向劉部的主要將領頒發了手詔，要求他們在新主帥任命之前聽從岳飛的指揮，如有違反嚴懲不貸。

但是宰相張浚反對岳飛接管劉部兵馬。他的理由很簡單，如果岳飛接管了劉光世的部隊，他指揮的軍隊就超過了朝廷正規軍的一半，而且都是精銳。到那時候，岳飛有兵有地盤，權勢必將大大超越同僚，也超過了身為政府首腦的張浚。張浚對趙構說：「皇上，朝廷不僅要保持隊伍的穩定，更要保證朝廷的權威和穩定。」

趙構突然想起，帝國政治的一大傳統就是千萬別讓武將掌握過大的兵權。

於是，岳飛接管劉部兵馬的任命就耽擱下來了。

與此相反，朝廷明令「永不再用」的秦檜卻出任了樞密使。因為趙構想起秦檜在金國時和完顏昌的關係不錯，說得上話。而完顏昌正在金國掌權，起用秦檜方便對金外交。

紹興七年三月，朝廷提拔王德主帥淮西的劉世忠部隊，統制官酈瓊為副帥，文官呂祉以參謀身分去劉部做監軍。

那怎麼安撫岳飛呢？畢竟之前已經半公開地把部隊託付給岳飛了啊。趙構給岳飛下了一道措辭委婉的手詔後，就讓張浚去給自己擦屁股了。

張浚將岳飛叫到辦公室，想把這件出爾反爾的事情給解釋清楚了。張浚是反對岳飛接管劉部兵馬的，但又不想坦誠地說明自己的理由。他先是和岳飛打哈哈，佯裝不知道岳飛原本要接管劉光世的部隊，又裝模作樣地徵求岳飛對王德統率淮西軍隊的意見。

岳飛是老實人，不明白其中的「繞繞」。他從張浚嘴裡聽到這個消息，心裡肯定是不高興的。但是上級向自己徵詢意見，岳飛就實事求是地回答：「王德和酈瓊兩個人關係緊張，讓他們搭成領導班子，恐怕搞不好團結啊。而呂祉是個書生，空降到軍隊中，恐怕難以服眾。」

張浚又詢問如果讓張俊、楊沂中二人接管，結果會如何。岳飛又一一將他們二人的缺點列舉出來。實際上，王酈呂三人班子的組成是張浚的主意。現在岳飛直接指出了這樣安排的不妥，張浚就不高興了，說了句：「難道淮西的軍隊就離不開岳將軍你嗎？」

岳飛一切都是出於公心，聽了後憤慨地說：「張相您以軍情相詢，我據實回答，從沒有圖謀友軍！」說完，他拂袖而去。張浚和岳飛這對志同道合的戰友，就此分裂。

岳飛跑去見趙構，陳述了自己對淮西軍隊和抗金的想法。他念念不忘的還是抓住現在的有利形勢，抽調軍隊從河南南部出兵進攻關、陝地區的計畫。

趙構問：「按照你的計畫，恢復中原大概需要多少時間？」

岳飛說：「估計需要三年時間。」

趙構坦率地說：「朝廷的重心在東南。東南全靠淮西軍隊作為屏障。如果抽調劉光世的部隊北伐，能夠恢復中原，我當然捨得；但如果抽調了淮西軍隊，不但不能恢復中原，卻先把江淮給丟失了，那麼，勢必連建康和杭州也難保了。到時候，問題就嚴重了。」

岳飛還在朝廷的時候，張浚彈劾岳飛的奏章也到了。顯然張浚對直白樸實的岳飛產生了誤解。反過來，岳飛也對張浚有了誤解，同時在北伐建議不被採納的情況下，產生了委屈無助的心理。情緒無法排解的岳飛立即上了一道奏章請求辭職。沒等朝廷批覆，岳飛就找個藉口撂攤子了。

不久前，岳飛的母親逝世了，埋在廬山。岳飛這個人奉母至孝，發達後將留在淪陷區的姚太夫人接到軍中奉養。老母親生病，吃的藥岳飛都要親自試嘗。探望母親時，岳飛走路都躡手躡腳的，唯恐發出聲音來影響了母親的休息。岳飛原本強壓著的悲痛和現在不滿的情緒結合，他就扶著母親的靈柩，去廬山給母親掃墓守孝去了。官方的說法是「居母憂」。

湖廣前線的軍政大事，岳飛擅自交給了親信張憲。也真是不湊巧，張憲當時正在生病，不能代理司令官的指揮。岳家軍失去了岳飛，又無人指揮，軍情鬆動起來。情況回饋到趙構那裡的時候就「加工」成了另外的情形。趙構心想：「好你個岳飛啊，你這明明是在向我叫板，向我示威，告訴我岳家軍和湖廣前線離了你岳飛就不行啊！這軍隊和征戰計畫到底是你說了算還是我說了算啊？」趙構原來就對岳飛有憂慮和不滿，現在恨不得下詔：免去岳飛本兼各職，流放天涯海角。

但軍隊和前線還真離不開岳飛，趙構只好隱忍不發。

趙構派了一個叫做張宗元的官員去湖廣，安定一下人心，又派人去廬山召岳飛回來。

岳飛不理趙構，繼續留在廬山盡孝。

而淮西軍前的情況果然如岳飛所料，因為領導班子不團結，釀成了史稱「淮西兵變」的大事件。

事情經過是這樣的：王德一向鄙視強盜出身的酈瓊等將官，而且把這種鄙視時刻表現了出來，身為主帥，卻不撫恤部下將領。新班子成立後，王德與酈瓊的矛盾也激化了。張浚知道二人發生齟齬，就叫王德來述職，同時讓呂祉前往廬州安撫部隊，搞好團結，防止矛盾激化。八月，呂祉來到軍前，酈瓊等人把對王德的一肚子不滿都傾倒了出來。呂祉展開思想工作，說道：「張丞相喜歡奮戰向前的人，如果有人立了大功，即使有大過也會得到寬恕的。大家不必在一些小問題上糾纏了。我會把大家的意見傳達上去，請大家安心，不要有顧慮。」呂祉這話說得比較公允，軍隊的情緒也稍微安定了一點。可誰想，呂祉這個人是人前一套，背後一套，對酈瓊等人有很深的成見。他祕密上奏朝廷，要求罷免酈瓊和統制官靳賽的兵權。營中的書吏顯然不會站在呂祉一邊，偷偷把情況告訴了酈瓊。酈瓊忙派人截住呂祉發出去的信差，果然得到了要求罷免自己的奏章，對呂祉恨之入骨。剛好這時朝廷任命張俊為淮西宣撫使，進駐盱眙；楊沂中為淮西制置使，劉錡為副使，前往廬州；召酈瓊前往建康覲見趙構。酈瓊不得不多想，判斷這是朝廷軟硬兼施，解決自己的信號。八月初八，酈瓊等將領，一不做，二不休，殺死中軍統制張璟等人，擄走呂祉，帶領全軍四萬餘人，並裹脅前線百姓十餘萬投降了「大齊國」。

淮西兵變幾乎改寫了天下局勢。剛剛拚得血本無歸的劉豫因此而得到了大量生力軍和百姓的補充，頓時恢復了元氣；而南宋的淮西一帶突然變成了真空，政府軍白白損失了約四分之一的部隊，東南核心也暴露給了敵人。趙構和朝廷都震動了。

五

兵變後，趙構對前線將領更加猜忌了。勃然大怒之餘，他要處置相關責任人。坐鎮前線負責軍事的宰相張浚首當其衝，遭到了嚴厲的攻擊。有的人指責張浚不該罷免劉光世；有的人彈劾他剛愎自用，用人不當。張浚在強大的輿論壓力面前，自行辭職。兵變一個月後，張浚因為「處置不當」被免去職位，貶往永州（今屬湖南）居住。

當時張浚一人擔任宰相，被稱為「獨相」，而且年紀不過四十出頭，正處於有所作為的最佳時機，卻以不光彩的形式黯然謝幕。張浚有明顯的優點，但為人剛愎，缺點也很突出。他之前在江淮置防已經為北伐做了大量的準備工作。淮西兵變讓平江會議策畫的北伐復國戰略沒有實施就夭折了。

形勢大變的時候，岳飛還在廬山發脾氣，就是不出山復職。

趙構給湖廣的主要官員下了最嚴厲的命令，說：你們去請岳飛復職，請不來，你們也都別做官了，和岳飛一起為民吧！

於是，李若虛等人只好爬上廬山敦請岳飛下山。岳飛堅持不肯。僵持到第六天，李若虛也來了脾氣：「將軍，莫非您要造反嗎？將軍一再抗旨，如何讓朝廷再信任您？人們不得不懷疑，您是否因為手握兵權，就要和朝廷抗衡了？」頓了頓，他又說：「將軍堅持不復出，我們陪您免職。可您不覺得有愧於北伐大業嗎？」

岳飛歎了口氣，隨他們下山了。他為此三次向趙構謝罪。趙構對岳飛的成見已經根深柢固了，但表面上仍說：「我沒有生你的氣，不然我早就懲處你了。太祖皇帝說過：『犯吾法者，惟有劍耳。』朝廷繼續讓你統領部隊，託付給你中興大業，就是因為我不生你的氣。」

岳飛最後回到了大本營，厲兵秣馬，繼續北伐的準備。

六

張浚被罷免後，趙鼎重新做了宰相。趙構讓趙鼎和樞密使秦檜共同負責對金和談。

紹興七年九、十月間，岳飛再次被召見，前往建康見駕。在九江，他遇到了同時被召見的隨軍轉運薛弼。兩人於是相約同船而行。

薛弼很自然和岳飛談起了被召見的緣由和奏對。岳飛十分嚴肅地說：「我這次到朝廷去，還將奏陳一樁有關國本的大計。」薛弼就問他是什麼大計。

岳飛解釋說：「先帝（指宋欽宗）即位的時候，曾在靖康元年冊立皇子趙諶為太子。我軍情報說，敵人已經將趙諶送回了汴京，想用他來交換我方俘虜的耳目，實際是想擾亂朝廷的皇統。所以為朝廷計，不如將讀書於資善堂的建國公（指宗室趙伯琮）正式立為皇太子，這樣就使敵人無計可施了。」

薛弼聽說後，默然無語。在船上，他發現戎馬十數年的岳飛把大部分時間都用來練習小楷。岳飛用小楷親自撰寫請求將建國公趙伯琮立為太子的奏章。

薛弼善意地提醒岳飛：「您身為大將，似不應干預此事。」

岳飛正色說：「臣子一體，不應該顧慮形跡，不應該顧慮個人得失。」

到了建康後，趙構和岳飛談得興起。岳飛拿出早已準備好的奏章對趙構說：「皇上，後宮一直沒有太子。為了江山社稷，您應該早立一個太子才是。」對於他來說，趙宋皇室是國家和民族的象徵，也是他在前線浴血奮戰所效忠的那個對象的載體。現在宋朝的統治還算不上高枕無憂，萬一趙構哪天不幸「過去」了，趙宋王朝就沒辦法延續下去了。從這個角度來說，王朝的確是需要有個「預備皇帝」。

但從趙構的角度來說，岳飛這話簡直就是「哪壺不開提哪壺」。他想都沒想，就冷冰冰地說：「愛卿雖然出於忠心，但是在外手握重兵，這類事體並不是你所應當參預的。」

岳飛聽了這話，非常尷尬，只好匆忙告辭了。退下殿堂時，岳飛面色如死灰一般。他終於意識到自己觸犯的是皇家最大的忌諱，那就是手握重兵的武將對皇位傳承不能表露出興趣來。皇權繼承問題在歷朝歷代都是絕對核心的敏感問題，最容易讓人和那些手握重權、重兵的文臣武將的政治野心聯繫起來。當岳飛嚴肅地向不到三十歲、正千方百計鞏固皇位的趙構提出早立太子的請求的時候，趙構猛然發覺眼前這個人不僅僅是莽撞、自私、愛發脾氣，而是心術不正了。

薛弼接著得到召見。趙構對他說：「岳飛剛才請立建國公為太子，我告誡他說有些事情並不是外將可以干涉的。」

薛弼忙把自己在路上看到的事情全部告訴了趙構，並說：「臣雖然在他的屬下，但沒有預聞此事。岳飛的所有密奏，都是他親自撰寫的。」

第二天，宰相趙鼎入朝的時候，趙構依然對昨天的事情念念不忘，把心事和趙鼎說了：「岳飛參預的事情太多了！」趙鼎也表示：「想不到岳飛他竟然這樣不守本分。」退朝後，趙鼎對薛弼說：「岳飛這麼做，決不是保全功名、善始善終的辦法。」

七

趙構有心求和，金國的政策也在調整。

金熙宗決定取消傀儡「大齊國」。劉豫接連失敗，也拖累了金軍。剛好劉豫當初能當皇帝是完顏宗翰、高慶裔等人大力幫助的結果。劉豫當了皇帝後沒有忘記兩個人的好處，金銀珠寶美女駿馬孝敬個不停。可他偏偏把其他人給冷落了。完顏宗弼和曾經對劉豫有大恩的完顏昌等人都沒有得到好處，又眼紅又生氣。而且劉豫沒有擺正自我位置，老以為自己是根蔥。完顏昌進攻南宋，北歸的途中路過東平，劉豫硬是不出城與他見面。不見就罷了，劉豫還派人對完顏昌說：「現在朕已登基稱帝，再難與將軍行拜見之禮了，還是不見為好。」剛好，金熙宗上台後在國內搞政治鬥爭，先是高慶裔因「貪贓」被斬首，結果宗翰也被逮捕，死在獄中。靠山沒了，劉豫的日子自然不好過了。

岳飛對北方的變故探聽得一清二楚，決定來個「反間計」除掉劉豫。一天，軍中捉到一個宗弼部隊的奸細。岳飛大聲斥責說：「這不是我軍中的張斌嗎？我之前派你去齊國聯絡劉豫，一起把完顏宗弼這個狗賊引誘南下殺掉。誰知道你一去就不復返了。這些年，我已經派別人和劉豫商量好了。劉豫答應今年冬天以聯合金軍南下攻宋為藉口，約宗弼到清河來幹掉他。你流落金軍多年，想不到竟然做了漢奸。」說完，岳飛裝作可惜的樣子，搖了搖頭。

奸細十分識相，馬上裝出痛改前非的樣子，請求立功贖罪，不要殺自己。岳飛答應了，又給了他一封蠟書，讓他戴罪立功，去齊國商討誅殺宗弼的時間和細節。臨行前，岳飛親自囑咐要保密。奸細自然信以為真。

沒幾天，蠟書就到了宗弼的手裡。宗弼早就看劉豫這小子不順眼了，隨即拿著蠟書去見金熙宗。兩人商定了廢黜劉豫的行動計畫。

宗弼和完顏昌詐稱起兵南侵，率領軍隊大搖大擺地進駐汴梁。到達汴梁後，宗弼以議事為名，召齊國太子劉麟出城。劉麟不疑有詐，來了，被輕易拿下。之後，宗弼率大軍進城，守城的齊軍不敢阻攔。金軍迅速控制了全城。劉豫正在講武殿射箭，見宗弼率領騎兵飛速上來，沒來得及問就被擒拿起來。金軍把劉豫架上馬，一左一右用刀逼著他進入金明池，軟禁起來。第二天，宗弼先用鐵騎數千包圍皇宮，再召集齊國百官宣布廢掉劉豫。金軍部隊接管齊國疆域，直接統治中原；原來齊國的軍隊全部解散，命令官兵回鄉務農。

年底，劉豫被廢為蜀王，全家遷往臨潢府（今內蒙古巴林旗）安置。說是從皇帝降封為蜀王，好歹也還是個王爺，可金朝就將劉豫當作囚犯，拘押在上林苑。劉豫晚景淒涼，哀求有交情的完顏昌：「我父子無負大金，乞求元帥可憐可憐我們吧！」完顏昌冷冷地說：「昔日，宋朝皇帝（指宋欽宗）被押出汴梁的時候，汴京的百姓在道路兩旁相送，不少人持香跪拜。號泣之聲遠達數十里。今日我們廢了你，汴京四周沒有一人為你送行。這說明了什麼？你還不知道自己的罪過嗎？」

紹興十一年（一一四一年），金朝還是動了惻隱之心，給了劉豫一萬貫銅錢、五十頃田地和五十頭牛，讓他自食其力。五年後，劉豫死在了蒙古高原。

岳飛死了

一

紹興七年（一一三七年）十二月，金朝釋放了一名扣押的宋朝使節王倫。

王倫回到南方向趙構奏報了完顏昌的口信：「好報江南，自今道塗無壅，和議可以平達。」王倫還帶來了宋徽宗的死訊，說金朝答應在和談成功後送還「梓宮」（宋徽宗的靈柩）。趙構非常高興，重賞了王倫。他公開說：「若敵人能從朕所求，其餘一切非所較也。」到底滿足了趙構什麼樣的條件，其他條件他都可以不計較呢？就兩個條件：第一是宋金和談，不再處於戰爭狀態；第二是金朝得承認趙構在南方地區的統治權。

這樣的條件金朝可以接受。廢掉齊國，直接統治中原後，金朝本身矛盾多多，事務重重。它的北方，以會寧府為中心的老根據地實行的還是奴隸制度，游牧習氣深入骨髓；而中原地區是高度發達的封建經濟，對金朝的管理能力提出了嚴峻的考驗。有意漢化的金熙宗採納完顏宗磐、完顏昌等人的建議，將河南和陝西的部分地區還給宋朝，換取南宋像劉豫那樣稱臣進貢，定期撈取好處；同時金朝也能抽出人力和精力來強化對中原地區的統治，推動自身的漢化。

說白了，就是廢掉了一個劉豫，讓趙構成為第二個劉豫。只不過新的劉豫擁有更大的許可權，而且統治的地盤並非金朝「恩賜」。

在細節內容上，趙構和右相秦檜主張不要在具體領土上與金國糾纏，儘快締結和議。左相趙鼎認為宋欽宗和金國有過以黃河舊河（黃河故道自山東濱縣南入海）為界，南北分治的舊約，雖然現在黃河改道從清河縣奪淮入海，但也要堅持舊約。在這裡，秦檜與趙鼎意見產生了分歧。可千萬別小看了他們的分歧，因為黃河改道產生的領土差異包括今天山東的大部和河南、安徽、江蘇三省的部分地區。時任樞密副使的王庶也一再上書，反對倉卒和議。秦檜見拖下去對自己不利，對趙構說：「陛下如果想講和，希望陛下乾綱獨斷，只和臣商議和談的事情，不許群臣干預。」趙構拍拍他的肩膀說：「朕當與卿議。」於是倒楣的趙鼎第二次被免職，貶去當了紹興知府；秦檜從此獨攬相權近二十年。

紹興八年（一一三八年）十月，宋朝和金朝就和談內容達成一致。金朝派張通古、蕭哲為江南詔諭使來到臨安。因為宋朝在和議中向金朝稱臣，因此張通古和蕭哲要求趙構要跪拜接受金朝詔書。他們也不稱宋朝而稱「江南」，要對宋朝「詔諭」。這樣就把南宋作為了和「大楚」、「大齊」一樣的屬國。

臨安城一下子炸開了鍋。遭貶的張浚連續五次上書，激切反對和議；韓世忠奏請拒絕議和，立即決戰；岳飛奏稱「金人不可信，和好不可恃」，並直接罵秦檜「謀國不臧，恐貽後世譏」。樞密院編修胡銓上疏，請求將秦檜、王倫等人斬首示眾，然後拘拿無禮的張通古、蕭哲，再集合軍隊北伐金朝。他認為這樣可以激憤軍民士氣，如果朝廷不同意，「臣寧願跳入東海自殺，也不願處在小朝廷中苟活」。胡銓的奏疏獲得了一片讚揚，民間刻版傳誦，流布四方。趙構和秦檜對潮水般的反對聲音，又羞又怒。岳飛等人動不了，胡銓就成為了儆猴用的那隻「雞」。胡銓因為「狂妄上書，語言凶悖，仍多散副本，意在鼓眾劫持朝廷」而被罷官，送往昭州編管⓰。已經罷官編配的前任宰相李綱，聽說宋金議和，南宋要向金朝稱臣納貢，憂憤成疾，於紹興十年（一一四〇年）正月十五病逝。

也有一部分人附和接受和議，原宗正少卿馮檝就上疏讚頌和議是兼具孝、弟、仁、慈等優點的條約。秦檜見到有人支持，立即恢復馮檝宗正少卿的官職。中書舍人勾龍如淵⓱向秦檜建議，現在反對的輿論高漲，可以控制御史台，進而控制言路。秦檜大受啟發，罷免反和的御史台官員，提升勾龍如淵為御史中丞、施庭臣為侍御史，鉗制言論。朝廷聽到的反對聲音果然少多了。趙構則用「孝」「悌」之道來為和議辯解，說：「父皇靈柩未還，母后還在遠方，陵寢宮廟，久稽灑掃，兄弟宗族，未得會聚，南北軍民十餘年間不得休息，因此我不得不屈己求和。」

宋金和議拖了兩個月，最終在紹興八年十二月正式簽署。趙構還是不願意在金國人面前跪拜接受詔書，在條約簽訂前得了「急病」在宮中休養；宰相秦檜主持儀式，代表皇帝跪拜在金使張通古、蕭哲面前，在和約上簽字畫押。根據和議：宋朝向金朝稱臣；以黃河舊河為界，金朝把黃河以南的陝西、河南故地還給宋朝；宋朝每年進貢白銀二十五萬兩、絹二十五萬匹；金朝歸還宋徽宗和皇后的靈柩。至此，趙構作為金朝的臣屬鞏固了在東南地區的統治。

和談成功，朝廷大事慶祝，命百官進呈賀表，並加官晉爵。

吳玠等拒不上表。岳飛倒是上了一張表，在表裡說：「今日之事，可憂而不可賀；朝廷還是不要論功行賞了，免得貽笑敵人。」對於朝廷給他加官的詔書，岳飛也拒不接受。

二

和約雖然簽訂了，但是會不會得到金朝的遵守呢？

紹興九年（一一三九年）五月間，兵部侍郎張燾曾去洛陽朝謁北宋皇陵，回臨安後他提醒趙構說，前線的金軍依然在備戰，建議朝廷加強邊防。趙構和秦檜對警告置之不理。

實際上在紹興九年秋季，金朝又發生了一場激烈的權力鬥爭。主和的完顏昌等貴族因「謀反」而被誅殺。完顏宗弼等人掌握了大權。宗弼乃武將出身，堅決反對把陝西、河南等地交給宋朝，要求繼續南下侵宋。第二年五月初六，宗弼統率金軍兵分四路南侵。宋朝沒有任何防備。中原各地的地方官都是原來金朝和齊國的舊官僚，見金軍打來了，紛紛開門迎接老朋友。不到一月，完顏昌根據和議「賜」給宋朝的土地就被宗弼拿回去了。宗弼的前鋒還殺入了淮南。

武將劉錡剛剛被任命為東京副留守，去接收按照和議歸還宋朝的故都汴梁。他率領主要由原來太行山區八字軍組成的近兩萬軍隊、流落南方的汴梁居民和隨軍家屬三萬多人走到淮南的時候，才知道汴梁早就被金軍奪回去了。更嚴重的是，宗弼的十萬大軍正向他們衝過來！五月十五日，劉錡率軍民抵達順昌城（今安徽阜陽），金軍已經占領了前方的陳州（今河南淮陽）。

朝廷要求劉錡撤退的命令也到達了，但是劉錡看到順昌城池堅固，存糧數萬斛，決定率領本部兵馬與宗弼在此決戰。他下令鑿沉所有船隻，把自己的家屬安置在一寺廟中，門外堆滿柴草，對守衛的士兵說：「如果戰事不利，就請燒死我的家人，不要讓他們落入敵手受到侮辱。」順昌知府陳規也沒有撤退，和劉錡一起留下抵抗。

劉錡率領的軍民可能是南方抗金意識最強的群體。他們以必死的決心，「男子備戰守，婦女礪刀劍」，迎接金軍的到來。

最先抵達順昌城下的是宗弼的前鋒，劉錡結合強弩箭向金兵密集射擊。金兵紛紛中箭，在混亂中後退。劉錡乘機派步兵出城掩殺，殺得敵人措不及防，扔下數千屍體逃走了。

宗弼在汴梁聽到敗報，決定親自來會會劉錡，叫上十萬騎兵就奔順昌而去。劉錡這時能夠出擊的士兵不過五千人，只求智勝，不能硬拚。劉錡派出兩個探馬佯裝被俘。宗弼就向他們詢問順昌的情況。兩人都說劉錡是一個紈褲子弟，順昌城裡是一群急於回鄉的老百姓。宗弼心中大喜，下令全軍拋棄大型攻城器械，輕裝前往順昌。

宗弼到了順昌城下，先大罵前鋒無能。前鋒辯解說：「這裡的宋軍，戰鬥力比以前的要強。」結果又被宗弼臭罵了一頓。剛好，劉錡派人到金營下戰書，挑逗宗弼說：「金軍只要敢渡潁河決戰，劉將軍就願意為金軍代架浮橋五座，方便金軍作戰。」宗弼大怒說：「好，我明天一早就渡河，看我怎麼用靴尖踢倒順昌城！」

當天夜裡，順昌城裡突然敲鑼打鼓，人聲喧囂。宗弼以為宋軍要出戰，忙下令全軍裝備齊全，準備接戰。等金軍亂哄哄列好陣，順昌城又恢復了安靜。宗弼眼珠一轉，覺得劉錡夜裡極可能出戰，命令全軍整夜在馬上休息。結果劉錡沒有出城，十萬金軍眼睜睜白守了一夜。

天亮了，劉錡果然連夜在潁河上架了五座浮橋。他還命人在河水裡投擲了毒藥，毒遍潁河兩岸的水草。金軍氣勢洶洶地渡過河去，劉錡卻不接戰。金軍等累了，紛紛下馬喝水，給馬匹餵草。結果許多士兵和戰馬中毒倒地。剩下的人再不敢喝水了。正是盛夏時節，烈日曝曬，淮南又悶又熱。宗弼求戰心切，但劉錡整天都不出擊。傍晚，宗弼只好收兵回營。他前腳剛回營，順昌城裡就擂起了戰鼓。宗弼又慌張讓部隊上馬迎戰，等列陣完畢，那邊又偃旗息鼓，一片寂靜了。宗弼不敢怠慢，只好又讓金兵騎在馬上備戰。幾個時辰後，宗弼自己累了，回營帳休息了，命令親兵拿著蠟燭守護自己。

折騰來折騰去，金軍上下都疲憊不堪。

深夜，天下起了大雨，瞬間平地積水過尺深。守在露天的金軍苦不堪言。

突然，順昌西門大開，一支人馬大喊著衝殺出來。金軍連忙湧到西門去圍堵。劉錡卻挑選了幾千精銳，悄悄打開南門，向宗弼大營發動突襲。接近營壘後，宋軍猛放箭矢，壓制住金軍的反抗，然後一齊殺上去，刀斧亂砍。長途跋涉、兩夜未睡、又飢又渴的金軍戰鬥力下降到了令人難以置信的地步。十萬金軍面對幾千宋軍的挑戰，竟然無力還擊，一敗塗地。

宗弼畢竟久經沙場，在亂中派出俗稱「鐵浮屠」的三千侍衛親軍迎戰，企圖扭轉戰局。

什麼叫「鐵浮圖」呢？他們是宗弼訓練的一批身穿重鎧，頭戴鐵帽子的士兵。他們三人一組，用皮帶連起來，每進一步，便用拒馬木環衛，以個人戰鬥力和穩步前進來壓迫敵人。

但是從戰局來看，鐵浮圖離不開兩翼步兵的保護，不能在戰場上獨立作戰。劉錡迅速判斷出鐵浮圖的弱點，命令正面利用壕溝和拒馬木滯留鐵浮圖的前進，然後猛攻金軍兩翼護軍。鐵浮圖的左翼護軍最先崩潰，將鐵浮圖的側翼暴露了出來。宋軍就先用標槍挑掉鐵浮圖的鐵帽子，再啟用刀斧砍斷攻擊他們的臂膀和腦袋。鐵浮圖的優勢立刻喪失了，招架不住，想撤退又被自己的拒馬木封閉了退路，進退不得。這簡直是一場屠殺，宋軍殺累了就躲到拒馬木後面休息吃飯，輪番上陣。沒多久，宗弼的鐵浮屠就報銷得差不多了。

宗弼不甘失敗，又派出另一支精銳「拐子馬」反攻宋軍。所謂「拐子馬」，是由能騎善射的女真人組成的連排前進的騎兵。但是，戰鬥至此，大局已定，再加上金軍實在已經疲憊不堪，在宋軍敢死衝鋒下很快就敗下陣來。宗弼不得不接受現實，率殘軍撤回汴梁。

劉錡以少勝多，以步勝騎，創造了中國軍事史上的一個奇跡。

在劉錡取勝的同時，韓世忠、張俊部也打敗了對陣的金軍。在川陝戰線的金軍也損失慘重，不敢再戰。宗弼發動的大侵略失敗了。

三

順昌大捷後，岳飛乘勝大舉北伐。

趙構、秦檜則計畫乘勝和談，將勝利作為談判的籌碼。已經調任司農少卿的李若虛奉旨到岳飛軍中，命令「不得輕動，宜且班師」。李若虛來到駐地的時候，岳家軍已經北進了。李若虛趕到軍前，發現岳家軍前進順利，他對岳飛說：「將軍既已發兵，不應倉卒班師。您儘管北伐，我來承擔朝廷追究抗旨北伐的罪名。」岳飛謝過李若虛後，自率主力加緊北伐，派張憲、王貴、牛皋、徐慶、董先、楊再興等分路進攻，又命原太行山抗金民兵首領梁興渡河聯絡河北的抗金武裝，攻取河東、河北州縣。岳家軍一舉收復了潁昌府、陳州、鄭州、洛陽和永安軍。宗弼不得不出汴梁，集合中原地區的金軍主力迎戰。

七月初八，岳飛親率的主力在距郾城北二十公里處遭遇金軍，決戰開始。宗弼擺出了以「鐵浮圖」居中，「拐子馬」騎兵為兩翼的陣勢，凶猛又穩健地向前推進。岳飛命令兒子岳雲出戰，告誡說：「只許勝，不許敗。如果你不用心，我就先宰了你！」岳家軍每人拿三樣東西：痲扎刀、提刀和大斧，衝入陣中就「手拽廝劈」，上砍騎兵，下砍馬足。岳家軍的楊再興奮勇當先，單騎闖入敵陣，到處尋找宗弼單挑。宗弼沒有找到，楊再興隻身殺敵數百人，受傷數十處，仍堅持作戰。郾城戰鬥從中午一直戰到黃昏，金軍大敗，岳家軍取得大捷。

關於當日的戰況，岳飛的奏章稱：「今月初八日，探得有番賊酋首四太子（即完顏宗弼）、龍虎、蓋天大王、韓將軍親領馬軍一萬五千餘騎，例各鮮明衣甲，取徑路，離郾城縣北二十餘里。尋遣發背嵬、游奕馬軍，自申時後與賊戰鬥。將士各持麻扎刀、提刀、大斧與賊手拽廝劈，鏖戰數十合，殺死賊兵滿野，不計其數。至天色昏黑，方始賊兵退卻，奪到馬二百餘匹，委獲大捷。」

當月中旬，宗弼硬著頭皮，搜括了十二萬軍隊，反攻臨潁，再次與岳家軍決戰。楊再興率三百前哨騎兵在小商橋與宗弼大軍遭遇，英勇發動衝鋒，殺敵二千餘人。楊再興陣亡。岳飛率主力迎戰。岳雲前後十多次突入敵陣，戰後清點，受傷上百處；岳家軍的許多步兵和騎兵殺得「人為血人，馬為血馬」，沒有一個人後撤半步。在戰鬥高峰期，張憲率本部兵馬趕到，加入鏖戰。金軍不得不主動撤退。

岳家軍的輝煌勝利，極大推動了黃河南北的抗金形勢。太行山和黃河兩岸的民軍始終配合岳家軍的作戰。梁興聯絡豪傑義士，在敵後的垣曲、沁水、濟源接連取得勝利，收復了趙州、興仁、懷州、衛州等地，截斷了金軍的後方軍需通道。岳飛之前一直沒有放棄與敵後義軍的聯絡工作，現在終於綻放出了成果。敵後的義軍紛紛舉著「岳」字大旗歸附，中原老百姓紛紛拉車牽馬運送糧食支援。「岳」字大旗在中原上空飄揚。

而金軍聞風喪膽，蜷縮在城池中，不是收拾細軟準備偷跑，就是聯絡岳飛，準備獻城投降。金軍將領烏陵思謀控制不了部隊，只好公開宣布：「麻煩大家稍安毋躁，等岳家軍到了我們就投降。」金軍將領王鎮、崔慶、李覬、高勇等都接受岳飛的任命，率部脫離金軍。金軍大將韓常統率五萬金兵，這時也聯繫岳飛，願意反正。金朝對燕京以南地區都失去了控制。宗弼還想在漢族中大規模徵兵，負隅頑抗，結果不僅沒有徵來新兵，連派出去徵兵的人也跑了。宗弼哀歎道：「我自起兵以來，從沒有陷入今天這樣的窘境。」他把家屬送回了北方，準備率殘軍撤出汴梁，放棄中原。

形勢一片大好。岳飛按捺不住心中的狂喜，對部下說：「等直搗黃龍府，我與諸君痛飲！」岳飛向趙構報告：「陛下中興的時機已經到了，金賊必亡，請朝廷速命各路兵馬火急並進，發動總攻。」岳飛自己進軍到朱仙鎮，距東京開封府只有四十五里路。他的眼光已經超越了汴梁，在焦急地等待著渡河北伐的命令。

四

可歎的是，趙構和秦檜並不像岳飛那樣樂觀。

他們倒不是懷疑宋軍的勝利，只是懷疑眼前的勝利能夠持續多久。因此還不如見好就收，讓勝利增加談判桌上的籌碼，停戰求和。有人說趙構害怕宋軍全勝後迎回哥哥宋欽宗和其他宗室，威脅到自己的皇位。這樣的說法可能有一定的道理。但是趙構即位已經超過十年了，在內部的權威已相當鞏固了，不是遽然回歸的親戚能輕易撼動的。想知道趙構喪失鬥志的真正原因，還要從他的心病入手。經歷十多年風風雨雨的趙構，此時最需要的是一個穩定的皇位和一個和平的國家，不想再有任何變動了。秦檜贊同趙構，除了沒有必勝的信心外，取悅皇帝、鞏固相位可能是更大的考慮。

趙構、秦檜下達了全軍撤退的命令。他們知道最不聽話的肯定是岳飛，所以先急令聽話的張俊、楊沂中等人從淮河撤軍，接著命令韓世忠、劉錡等軍撤回，使岳家軍陷入孤立；再以「孤軍不可久留」為理由勒令岳飛退兵。岳飛上書力爭說：「金賊銳氣沮喪，內外震駭，已經準備放棄輜重，渡河逃跑了。而且現在豪傑雲集，士卒用命，天時人和，強弱已見，功及垂成。時不再來，機難輕失。」岳飛不說中原的喜人形勢還好，一說倒讓趙構想到了中原的軍民現在認的都是岳飛，而不是趙構。那些越聚越多的抗金武裝高舉的都是「岳」字大旗，而不是「宋」或者「趙」字大旗。趙構的胸中原本就積累著很多對岳飛的成見、猜忌和不滿。現在岳飛再一次抗旨，不僅功高震主，而且有成為「中原王」的趨勢。趙構怎麼能不勒令他撤軍呢？

於是乎，後人熟悉的情節出現了。趙構和秦檜一天之內連下十二道金牌[18]，迫令岳飛退兵。岳飛悲憤交集，慨歎道：「十年之功，廢於一旦！」對朝廷的忠誠最終戰勝了北伐的壯志，岳飛不得不準備撤退。他先佯言要渡河進攻，使金軍不敢亂動，再突然下令撤退。朱仙鎮的百姓攔住岳飛的馬說：「我們端茶運糧，迎接官兵，人人盡知。岳將軍走後，我們怎麼辦？」岳飛痛心地無言以對，不得不延遲五天撤退，保護願意南撤的百姓撤離。

那一邊宗弼聽到岳飛要渡河，也準備放棄汴梁撤退了。有人攔住他的馬。攔馬的是一個書生。他說：「元帥不要走，岳飛馬上就會撤退的。」宗弼說：「你這不是睜著眼睛說瞎話嗎？岳飛連破我的主力，已經近在咫尺了，怎麼會主動撤退？汴梁還怎麼守？」書生一語道破天機：「自古沒有權臣能夠長久居內的，同樣，沒有任何大將能夠在外獨占大功。岳飛也逃不出這個歷史規律，怎麼可能取得更大的成功呢？」宗弼猛然醒悟，決心留守汴梁。

岳家軍退守鄂州，鄭州、潁昌等大片土地重新落入金軍手中。岳飛回到鄂州後，情緒很差，上表請求辭職，得不到批准。岳飛又去覲見趙構。趙構很客氣地慰問了幾句話，君臣相對無言。

五

戰爭既然打贏了，那就要論功行賞。

紹興十一年（一一四一年）四月，趙構就把韓世忠、張俊、岳飛三人召到臨安，任命張俊、韓世忠為樞密使，岳飛為副使。這是典型的明升暗降，一舉解除了三人的兵權。早在張浚為相的時候，趙構就開始了收地方兵權、擴充禁軍的政策，對岳飛等人的擴軍請求一概不理。將岳韓張三人召到臨安後，趙構又下詔罷免了為抗金設置的宣撫司，將三人的軍隊收歸中央直轄。為了防止出現新的大將，朝廷還分割了三人統率的軍隊，任命中級軍官指揮分割後的小部隊，直接對皇帝負責。「重文抑武」的傳統又恢復了。

在張俊、韓世忠和岳飛三個人中間，趙構和秦檜覺得最容易擺平的就是張俊。

趙構對張俊說：「你讀過郭子儀傳麼？郭子儀功勳卓著，在外掌握重兵，但始終心尊朝廷，只要皇帝一有詔書頒布，他馬上就趕去見皇帝。郭子儀算得上是武將的表率。如果武將依仗兵權之重而輕視朝廷，有事情不稟報，不僅不能讓子孫享福，而且自身也可能有不測之禍。」

張俊馬上表示自己要學郭子儀，依附秦檜主和。

那麼處罰的矛頭就對準了主戰的韓世忠和岳飛。

在和議使魏良臣北上時，韓世忠說：「從此以後朝廷要大挫士氣，國勢萎靡，很難重振了？等北方來使後，我要和他們面議。」趙構自然不允許韓世忠插手對金外交。韓世忠又上書彈劾秦檜誤國誤民。韓世忠反對議和，自然被秦檜看作是大敵。秦檜發動對韓世忠的攻擊，趙構也將韓世忠的奏章留中不發。韓世忠看破紅塵，於是接連上書請求解除自己樞密使職務，接著又上表要求退休。當年十月，韓世忠就被免去了職務，頂著福國公的爵位，退休了。趙構沒有再為難他，批准韓世忠退休後待遇不變。韓世忠從此閉門謝客，絕口不談國事，整天在家誦讀佛經，自號「清涼居士」。有時為了活動活動筋骨，韓世忠就騎著毛驢，帶上幾壺酒和一兩個侍童遊覽西湖。昔日的部將、軍官求見，韓世忠一般都避而不見。

韓世忠避禍十年後，得了場重病。趙構派御醫去韓世忠家診治，朝廷將佐也紛紛前往探望。韓世忠臨終前說：「我是布衣百姓出身，經過百戰才得到王公的高位。全靠皇天保佑，我能夠保全腦袋，死在家裡，大家還為我感到悲哀嗎？」

六

重啟和談後，完顏宗弼對趙構和秦檜明確提出：「你們朝夕請和，岳飛卻正想圖謀河北，必殺岳飛，才可議和。」宗弼的要求實際上是對岳飛的極高評價。

紹興十一年七月間，秦檜開始了對岳飛的迫害。秦黨的右諫議大夫万俟卨首先上章彈劾岳飛，說他爵高祿厚，志得意滿，生活頹廢，不思進取。誰都知道岳飛根本就不是這樣的人。後來，秦黨又給岳飛強加上了「不戰」和「棄地」的罪名，彈劾堅持抗金的岳飛不抗金，要求罷免岳飛的樞密副使職務。秦檜控制的御史台官員何鑄、羅汝楫等是接連彈劾岳飛，要求儘快處分。岳飛因此被罷官。秦檜要置岳飛於死地，還需要尋找更大的罪名。「消極抗金」的罪名是「殺」不死岳飛的。於是，一場政治謀殺展開了。

岳飛有個部下叫做王俊。王俊在紹興五年（一一三五年）就擔任了湖南安撫司統制。岳飛進駐湖廣的時候，王俊調入岳家軍，只擔任前軍副統制。此後數年，王俊因為無功，岳飛一直沒有給他升官。秦檜看出王俊對岳飛有不滿心理，夥同張俊以觀察使的職位引誘王俊，指使王俊出面「告發」張憲與岳雲謀反。

謀反是大罪。現在有官員出面檢舉，張憲、岳雲立馬被逮捕入獄。岳飛隨即受到牽連。紹興十一年十月，朝廷張榜宣布張憲一案「其謀牽連岳飛，遂逮捕歸案，設召獄審問」，將岳飛逮捕入獄。岳飛入獄時長歎道：「皇天后土，可以證明我岳飛對朝廷的忠心。」

岳飛入獄後，趙構派大臣出使金朝，希望締結和約。宋朝使臣在宗弼面前再三叩頭，哀求議和。宗弼同意講和。

十一月，金朝使臣蕭毅、邢具瞻到江南冊封趙構為宋國皇帝，並帶來了最後的和議文本。宋朝向金稱臣，趙構向金熙宗發誓：「臣趙構蒙大金朝恩典，才能夠成為大金朝的藩屬，臣世世子孫都謹守臣節。」每年金帝生辰或元旦，南宋都向金朝遣使送禮祝賀；宋朝每年向金朝進貢的白銀和絹都增加到二十五萬兩、匹；邊界線從黃河南移，兩國以東起淮河中流、西至大散關一線為界，地跨邊界線南北的唐、鄧、商、秦四州的大部分土地被劃給金朝；南宋不得隨意更換宰相。

蕭毅還帶來了宗弼的一個「口信」：岳飛必須死！

趙構和秦檜加快了岳飛案件的「審理」進度。最開始負責審理工作的是大臣何鑄。開堂審理時，岳飛撕開自己的衣裳，露出背上「精忠報國」四大字給何鑄看。何鑄看到四個字深入膚理，又遍閱案宗沒有發現確實的證據，知道這是一個冤案，頂住不辦。秦檜馬上撤掉何鑄，改命万俟卨審理岳飛案件。万俟卨隨即整理出了岳飛的「罪狀」：岳飛和張憲等人虛報戰功，窺探朝廷虛實，意欲謀反。万俟卨還逼迫孫革等「證人」指證岳飛時常抗旨。但是岳飛一案始終缺乏確鑿的證據。

已被罷免樞密使的韓世忠跑去質問秦檜，岳飛到底是犯了什麼罪？秦檜敷衍說：「岳飛和兒子岳雲、部將張憲的罪過雖然尚未查明，但事體莫須有（或許有，也可能沒有的意思）。」韓世忠憤憤地說：「朝廷以『莫須有』三字處置岳飛，何以服天下？」

紹興十一年十二月二十九日，趙構下旨：「岳飛特賜死，張憲、岳雲並依軍法施行。」當天，大理寺執法官遵旨逼岳飛在供狀上畫押。一生光明磊落的岳飛在供狀上寫下八個字：「天日昭昭，天日昭昭！」岳飛服毒酒身亡，時年三十八歲。

民間傳說則有所不同：轉眼就到了寒冬臘月，秦檜一天獨自在書房裡吃橘子。他用手指劃劃橘子皮，若有所思。秦檜妻王氏看出秦檜想殺岳飛又不敢下決心的心思，訕笑著說：「老漢怎麼一直沒有決斷呢！捉虎容易，放虎難哪！」秦檜聽懂了王氏的意思，寫了一張小紙片交給獄吏。當日監獄就回報：岳飛、岳雲、張憲三人已死。

岳飛死後，岳家被抄，家屬流放嶺南。幕僚六人株連被殺，多名部將罷官，支持岳飛出兵的李若虛也被羈管。

和談終於成了，兵權也收了，內部基本穩了，趙構大大鬆了口氣。

七

單純從罪名和個人品行來說，岳飛是冤死的。

岳飛不僅精忠為國，而且人品毫無可批之處。岳飛出身寒微，飛黃騰達之後依然清廉自守。朝廷將岳家抄沒後，僅得到金玉犀帶數條及鎖鎧、兜鍪、南蠻銅弩、鑌刀、弓、箭、鞍轡等軍裝，家用財產只有布絹三千餘匹，粟麥五千斛，銀錢十餘萬貫，書數千卷而已。而地位相當的張俊擁有田產六七十萬畝，年收租米六十萬斛。有一次，趙構駕臨張家，張俊設宴接駕，飯桌上僅上等酒食果子等就有幾百種；張俊又進獻多種玉器，內有金器一千兩，珠子六萬九千餘顆，瑪瑙碗三十件，各種精細玉器四十餘件，綾羅緞綿等一千匹和大批名貴古玩、書畫等。另一個將領楊沂中，在西湖建造豪華住宅，竟然引西湖水環繞宅院四周，院裡有私人歌手和舞女。武將大臣們是競相奢靡，岳飛可謂是個醒目的特例。吳玠見岳飛生活樸素，連個像樣的女傭都沒有，就挑選了幾個漂亮的姑娘送到岳家，想結交岳飛。岳飛不接受姑娘，說：「現在難道是大將安樂享受的時候嗎？」他又對那幾個姑娘說：「我岳家生活清苦，你們如果生活不慣，可以自行離去。」吳玠聽說後，更加敬佩岳飛了。岳飛就是這麼一個人。

說完私人生活，我們再來看看岳飛的工作情況。岳飛從戎十餘年，大小數百戰，從未敗北。張俊曾嫉妒地詢問岳飛的用兵之術。岳飛說：「很簡單，五個字：仁、信、智、勇、嚴，五者不可缺一。」張俊問：「『嚴』字怎麼解？」岳飛說：「『嚴』，就是有功者重賞，無功者罰。」岳飛治軍，部下凡立有戰功的，即使是無名小卒，也論功行賞，從不遺漏。而對於兒子岳雲，岳飛卻違背了「嚴」字原則。平定楊么、收復襄樊的時候，岳雲功勞第一，但岳飛戰後卻把岳雲從上報請賞的名單中勾掉了。最後還是朝廷按照銓敘的規定，任命岳雲為武翼郎。後來，朝廷又特旨將岳雲連升三級。岳飛力辭說：「士卒們斬將陷陣，立奇功才提一級。岳雲只是我岳飛的兒子就得到高升，同軍不同賞，我將何以服眾？」因此，岳雲始終沒有得到提拔。

所以，如果從個人道德或者工作成績上攻擊岳飛，岳飛肯定會巍然不動；如果沒有金朝的強大壓力和趙構對他的猜忌，岳飛也會安然無恙。事實上，岳飛當時在政府軍中處於領跑地位，深得他人信服。早在岳飛被害前，万俟卨就提醒趙構、秦檜注意岳飛在軍界的影響，殺岳飛來鎮服諸將。岳飛死後，果然有多名將領受到迫害。

金軍聽說岳飛死了，擺酒祝賀。

岳飛死了，一個時代結束了！

注釋

❶本書所述人物，皆按實歲計齡。

❷燕雲十六州是以燕京（今北京）、雲州（今大同）為核心的十六個州。這是五代時候被後晉開國皇帝石敬瑭割讓給遼國的。百年來，中原君臣、軍民念念不忘收復燕雲十六州，北宋初期就發動過兩次北伐，都以失敗告終。

❸李綱是江蘇無錫人，進士及第，累官至太常少卿。

❹完顏宗望是金朝軍事統帥，金太祖完顏阿骨打的二兒子；完顏宗翰就是著名的「粘罕」。讀過《說岳全傳》的讀者一定對這個狗頭軍師似的人物不陌生。實際上，宗翰是和宗望齊名的軍事統帥，是宰相撒改的長子；完顏宗弼的別名也遠遠比他的本名厲害，他就是「兀朮」。兀朮是金太祖完顏阿骨打第四子，因此也被稱為「四太子」，是完顏宗望的四弟。這三個人再加上完顏昌，組成了金朝的軍政團隊。完顏昌，本名「撻懶」，金朝大將，不僅是開國功臣，而且輩分比較高。他是金太祖完顏阿骨打的堂弟。

❺宗澤是浙江義烏人，年過三十考中進士，因為個性剛強、正直不阿而仕途坎坷，在知縣、通判官職上停滯不前。之前已經退休，宋徽宗末年重新起用。靖康元年初，宗澤被授以宗正少卿身分，充任和議使。

有人認為宗澤剛直不屈，恐怕有害和議，宋欽宗就把宗澤轉任磁州知府。當時金軍猖狂，出任兩河地區的官員都藉故不到任。宗澤受命當日就獨自騎馬上路，到任後修繕城池、招募兵勇，與金軍接戰。

❻《靖康稗史》之六《呻吟語》附錄。

❼朝廷公布的罪狀似乎是說張邦昌和宋徽宗或者宋欽宗的李姓妃子有私情。但也有人說張邦昌做了皇帝，後宮女子為了前途命運，主動勾引張邦昌的。張邦昌沒有把持住，就留下了這個大逆不道的把柄。醜聞中的李氏被「杖脊配車營務」。

❽民間有關「泥馬渡康王」的傳說很盛。我記得戲劇中還有這齣戲，還有一個象棋殘局也叫做這個名字。我第一次聽說「泥馬渡康王」的傳說是在《說岳全傳》裡。

❾這場政變一般被稱為「苗劉之變」。同時因為趙旉即位後改元「明受」，所以也稱為「明受兵變」。

❿方臘不像《水滸傳》裡說的那樣，是打虎英雄武松捉住的，而是韓世忠捕獲的。方臘最後在山洞中拒不投降。韓世忠手拿長矛，單槍匹馬，挺身向前，渡險數里，在山洞中格殺數十人，把方臘給擒拿了出來。但是捉方臘的功績被歸在一個虛構的人物武松頭上了。我往返於故鄉與北京之間，需要在杭州中轉火車。時候尚早，我常常去西湖邊上打發時間，多次經過湖北岸的「宋義士武松之墓」。可見武松影響之深，之廣。

⓫在宜興期間，岳飛派人去老家湯陰縣尋找家人，最後在逃難的人群中找到了老母親和兩個兒子。岳飛的妻子劉氏因為丈夫參軍後沒有音信，已經改嫁他人了。岳飛就接回母親和兒子，與宜興當地的女子李氏結婚。

⓬《宋史》記載吳氏是開封人，沒有留下名字。她的父親吳近曾經夢見自己來到一個亭子，亭上有塊「侍康」的牌匾，亭旁遍植芍藥，獨放一花，妍麗可愛。不久就有了吳氏。吳氏十四歲時，家人送她去侍奉當時還是康王的趙構。時人認為應證了「侍康」之徵。

⓭也有論者認為曲端雖然有壓制他人的缺點，但卻是一位務實穩重的軍事家。他指揮的部隊扎實，戰鬥力強。曲端從宋金雙方的實力和氣勢比較來看，認為宋軍應該採取守勢。他的觀點不為採取積極抗金政策的張浚所接受，被貶往四川。曲端最後在四川被處斬。有人認為這是張浚等人操作的冤案。

⓮宗輔是完顏阿骨打的第五個兒子，是完顏宗弼的弟弟。

⓯七年後，也就是紹興十二年（一一四二年）的八月，根據宋金協定，太上皇趙佶遺骸運抵臨安，由宋高宗趙構主持葬在永祐陵，立廟號為「徽宗」。

⓰編管：宋代官吏因罪除去名籍貶謫州縣，編入該地戶籍，並由當地官吏管束。

⓱姓勾龍名如淵的人。

⓲所謂金牌可不是黃金做的牌子，而是朱漆黃金字的木牌。皇帝專用它傳送最緊急的軍令詔令。使者舉著牌疾馳而過，車馬行人見之，都得讓路，一天要走五百里。

第二章

王朝初定

屈辱的和約給南宋帶來了數十年的穩定局面和一個權勢熏天的宰相。秦檜身上集中了權臣所有的一切奸詐權勢。趙構離不開秦檜的全力支持，又不能完全接受他。好在秦檜死在了趙構的前面，避免了直接的權力衝突。趙構後半生的主要關注點是尋找繼承人。一個叫做趙伯琮的小孩入選了，並且在采石大戰的烽火中成為太子。

王朝初定，南宋迎來了南逃的李清照、失意的陸游和南歸的壯士辛棄疾。

紹興後期的一天，中書舍人程子山（程敦厚）突然接到宰相秦檜的請帖，請他去相府有要事相商。

宰相相請，就是天上下刀子，程子山也不能不去。程子山不敢有半點遲延，匆忙趕到了相府。下人客氣地把他引至一間幽雅僻靜的房間，端上茶飲，請他稍等。程子山想，相國公事繁忙，自己就等等吧。可是在房裡坐了半個時辰了，秦檜還是沒有來。程子山無聊至極，發現面前的桌上放著一本用紫綾裱糊的書札，就大著膽子拿起翻閱。書札末頁寫著「學士類貢進士秦暄呈」的字樣，正文內容文辭優美，言之有理。程子山讀了好幾遍，差不多能把書札背下來了。這時，下人又客氣地進來說秦相今日太忙，請程大人暫且回府。程子山只好客氣地告辭。

程子山回到家裡，丈二金剛摸不著頭腦。

幾天後，趙構下詔令程子山負責本年科舉。程子山翻看科考名單，赫然發現了秦暄的名字，頓時恍然大悟。結果本年科舉的題目就是當日相府中那書札的題目，而狀元就是秦檜家族的子弟秦暄。

秦檜遇刺案

一

紹興和議談成後，秦檜因功在第二年（紹興十二年，一一四二年）以左丞相身分加封太師、魏國公。

因為金朝規定南宋不得隨意更換宰相，秦檜的官實際上就成了「鐵飯碗」。大將張俊本以為抱住了秦檜的大腿，能夠長期獨掌樞密院。誰想，秦檜立即指使御史台彈劾張俊。張俊鬥不過，灰溜溜地去做寓公了。從此，秦檜獨攬南宋的軍政大權，直到死亡。

大凡權臣，上台之後都要為自己撈政績，樹豐碑，營造盛世景象。秦檜也不例外，親自披掛上陣，粉飾太平，為當朝歌功頌德。總有那麼一批讀書人，在官位利祿的誘惑面前，爭相獻諛。一時之間，文人們歌頌趙構「於皇睿明，運符中興，綿於肅清，乾夷坤寧」；迎合趙構生母、皇太后韋氏南歸，認為這是趙構「聖孝，感通神明，敵國歸仁」的結果，趙構「大功巍巍，超冠古昔」，比堯舜禹都要英明偉大。秦檜也得到了大量的「過譽」，先是有人說秦檜「心潛於聖，有孟軻命世之才；道致其君，負伊尹覺民之任」，再說秦檜「大節孤忠，奇謀遠識」，一直發展到把秦檜比作五百年才出現一個的聖賢，自盤古開天闢地以來就沒有幾個秦檜這樣的聖賢。鋪天蓋地的讚譽令趙構和秦檜應接不暇。

人間的讚譽不夠，秦檜還導演了許多次「天降祥瑞」。

紹興十三年（一一四三年）十二月，在皇帝即將郊祀時，臨安下了一場冬雪。浙江很少下雪，過兩三年也會下那麼一回。可是秦檜一口咬定這是一場應時的瑞雪，率領百官跑到宮裡向趙構拜表稱賀。秦檜上奏說：「冬候多陰，陛下至誠感通，天地響答，雪呈瑞於齋宮之先，日穿雲於朝獻之旦。暨升紫壇，星宿明爛；旋御端闕，雲霄廓清。」趙構對秦檜說：「此國家大典禮，及期而晴，誠可慶也。朕自即位以來，無如今次。如果沒有各位大臣鼎力相助，不會出現今日的景象。」他命令將冬雪祥瑞交到史館記載。從此每年下冬雪，朝廷都當作祥瑞來慶祝。

第二年四月，虔州知州薛弼上奏說江東鎮上窯保居人在劈柴的時候，在一根壞屋木柱中發現了「天下太平年」五個字，文理粲然。剛好當年是甲子年，秦檜認定這又是天降祥瑞。

趙構和秦檜搭檔的紹興年間，被豔稱為「紹興中興」。

二

一團和氣下面，隱藏著秦檜排斥異己、打擊政敵、獨攬朝政的真相。

秦檜當權後對以前同他不和的朝臣，大加報復。前宰相呂頤浩是秦檜的政敵，已經去世了，秦檜懷恨在心，將呂頤浩的兒子呂摭免官，除名編管。另一個和秦檜不和的前宰相趙鼎被貶到吉陽軍後仍遭到迫害。趙鼎對兒子趙汾說：「秦檜是一定要我的命。也好，我死了，你們就可以無事了。」趙鼎最後絕食自殺。

連宰相都遭到迫害，一般的大臣的日子就更不好過了。大臣李光曾與秦檜在政策上有分歧，爭論的時候慷慨激昂，觸犯了秦檜。秦檜也不搭話，等李光說完，只輕輕說了一句：「李光無大臣之禮。」李光因此被貶。秦檜就是這麼個陰險狡詐、常常一招置人於死地的奸臣。績溪人胡舜陟是個老資格的大臣，大觀三年（一一〇九年）就中了進士，北宋末年做到了監察御史，算是秦檜的老前輩和老上級。南逃後，胡舜陟陸續做過臨安知府和地方制置使等職位，但在地位上落到了秦檜的後面。紹興七年（一一三七年），他因為是三朝元老、政績出眾，晉封子爵。胡舜陟看不慣秦檜的言行，第二年上書彈劾秦檜十大罪狀，被秦檜指使御史上奏罷免。秦檜陷害岳飛後，已經復任的胡舜陟又上書為岳飛喊冤。秦檜指使胡舜陟的仇人向朝廷誣告胡舜陟貪汙金銀，盜竊馬匹，譏諷朝廷。秦檜乘機奏派大理寺審訊胡舜陟，終將他逼死在獄中。

先前，樞密院編修胡銓反對和議，要「斬秦檜以謝天下」，被貶往昭州編管。當時胡銓的小妾臨產，奏請緩幾天再走。秦檜不理，派人給他戴上刑具，立即押送嶺南。大臣陳剛中支持胡銓上書，也被發配贛州安遠縣。安遠縣地處贛南山區，烏煙瘴氣，條件惡劣，被諺語稱作「龍南安遠，一去不轉」。陳剛中到了安遠，果然一去不復返，不久就死在了那裡。這樣一來，胡銓臨行前，同情他的人都不敢相送。有人偷偷寫了詩送給胡銓贈別，結果被秦檜偵知，一起被發配外地編管。秦檜還覺得對胡銓處理太輕，不足以殺一儆百，又讓趙構專門發了一道詔令說胡銓放肆犯上，大逆不道，告誡天下讀書人不要效法。

原商州知州邵隆在商州十年，恢復生產，抵抗金兵。按照紹興和議，商州的大部分土地割給了金國，邵隆調任金州。他在金州曾出兵金朝，秦檜趕緊調他去川南的敘州。秦檜覺得仍不解恨，派殺手用毒酒害死了邵隆。

將領解潛因不同意和議被罷官閒居，流放南安而死。

大臣白鍔攻擊秦檜辦事反常，被刺配海南島萬安軍。

只有一個人，因為功高名重，沒被秦檜迫害致死。紹興和議談成後，朝廷大赦天下，張浚恢復官身，得了個閒職，後來還混了個福州知州。紹興十六年（一一四六年），張浚又奏請備戰抗金，秦檜大怒，罷去張浚官爵，將他貶往連州，四年後又移往永州居住，指使黨羽張柄坐鎮潭州與郡丞汪召錫監視張浚居住。

秦檜多年經營，基本上把朝廷大員都弄得俯首帖耳，惟命是從了。

三

紹興二十年（一一五〇年）正月，臨安城的寒意還沒有褪去。

秦檜每天進宮早朝，都要經過城內僻靜的望仙橋。一天清晨，望仙橋左右又響起了呼聲：「秦相趨朝，閒人躲閃！」只見秦檜不曾乘馬，坐在轎中，前擁後呼地過來了。宰相的轎子非常氣派，三面都用布板遮蔽住，前後都是氈簾圍繞；轎子前後的隨從不計其數。早起營生的百姓紛紛躲閃，能躲多遠就躲多遠。

轎子上了望仙橋後，忽然從橋下竄上一道黑影。只見黑影「嗖」地從腰間抽出一道明晃晃的白光。「有刺客！」隨從大喊。那刺客不是行伍出身，就是職業殺手，熟練地衝開秦檜的隨從，疾步拿刀向轎子砍去。刺客原本是瞄準轎子的窗口砍去的，誰想，抬轎的轎夫早已經驚得十分魂魄去了七八分，向一邊躲去。轎子也隨之晃動，使得刺客的利刃只斬斷秦檜轎子的一根立柱。秦檜躲過一劫。刺客還想再刺，被蜂擁上來的隨從捉住。

轟動一時的「秦檜遇刺案」就此發生。刺客名叫施全。

當晚，秦檜親自提審施全。秦檜喝問其姓名。施全面無懼色，說：「我是東平人氏，姓施名全，官授後軍之職。」想不到刺客竟然還是禁軍的軍官，秦檜大驚之餘，馬上下令查施全的「幹部檔案」。清查的結果是施全的確是禁軍後軍的校尉，十多年前曾經在岳家軍任職，擔任岳飛殿前小校。這個施全目睹了岳飛的北伐、征戰和付在其中的心血，也是岳飛冤案的見證者。他對岳飛的感情很深，對秦檜的所作所為深恨在心。

探明身分後，秦檜問施全：「誰教你來行刺本相的？說出幕後主使，我就饒了你。」施全凜然說道：「本朝和金朝是仇敵。天下臣民都恨死了金人，唯獨你要降金，人人都和你是仇人！我就是要殺你，為天下人報仇！」

秦檜原本還想通過施全打開缺口，構造一個更大的網絡，打擊政敵。現在見施全這樣，知道無法讓他屈服，乾脆用最殘酷的磔刑（千刀萬剮）當眾處死了施全。

臨安百姓紛紛為施全的義舉感動，後來在望仙橋修建了施公廟供奉他。❶

遇刺後，秦檜再不敢輕易出門了，即使外出也要列兵五十，全副武裝護衛自己。

臨安百姓得到施全的激勵，有大膽者張出榜帖說：「秦相公是細作！」反對秦檜的聲音甚囂塵上。秦檜覺得僅僅整治朝廷上的官員還不夠，還要控制民間輿論。於是，朝廷添置了名為「察事卒」的特務人員。每天都有數百名特務在臨安的街市上巡察，凡聽到有人對秦檜不滿，就逮捕處死。

中國在唐朝的時候就出現了官方印製的報紙，即進奏院編輯的邸報。宋朝為了控制新聞發布，規定進奏院要把編好的樣本送樞密院審查，通過的樣本叫「定本」。宋朝的邸報大多數是手抄的，其中的小部分可能使用雕板印刷。這就大大方便了報紙的傳播，影響也越來越大。當時還出現了一種非官方的報紙「小報」。小報起始於北宋末年，流行於南宋，被當時的讀者隱稱為「新聞」。南宋的小報的內容以邸報所不載的大臣章奏和官吏任免消息為主，也發表過一些要求抵禦金兵入侵的議論。小報的發行人是一部分進奏官，中央部門的中下級官員和書肆的主人。因為小報脫離朝廷和秦檜的控制之外，其中有許多攻擊秦檜和朝政的內容，所以它的出版受到了秦檜的查禁。以查禁小報為開始，秦檜大搞文字獄。

太學生張伯麟曾在牆壁上題詞：「夫差，爾忘越王之殺汝父乎？」這原本是春秋時期伍子胥激勵吳王夫差向越國復仇的原話。不想，這句話刺痛了秦檜敏感的神經。張伯麟被責罰幾十大板，刺配海南島南端的吉陽軍。宋朝開國法律規定要厚待讀書人，不能妄殺，於是，刺配海南島南端的「天涯海角」算是本朝對讀書人最嚴厲的懲罰了。詩人沈長卿與芮燁合寫了一首〈牡丹詩〉，其中有一句「寧令漢社稷，變作莽乾坤」。這句詩用了一個典故，說的是西漢的社稷被外戚王莽篡奪的事情。誰想，這句詩也刺痛了秦檜的權臣之痛。沈長卿、芮燁二人也遭到貶謫。

四

岳飛永遠是秦檜心中的隱痛。他唯恐人們懷念岳飛，竟然把帶有「岳」字的地名全都改掉，如岳州改稱純州，岳陽軍改稱華容軍。

秦檜這個人越老越凶殘。

紹興二十五年（一一五五年），秦檜已經病入膏肓，大修家廟宗祠，想給自己「沖喜」。一旦自己不行了，也可以澤及後世，子孫長享。一般在位有權或者富貴在身的人都這麼想，希望權勢富貴能夠世代相傳。有個叫做趙令衿的人看到了秦檜的〈家廟記〉後，發了一句感慨：「先人的恩惠，施及不了五代人。」秦檜認為趙令衿是在咒罵自己秦家後代不發達，尋機嚴懲趙令衿。有人告發，趙鼎的兒子趙汾和這個趙令衿關係不錯，兩個人在一起吃過飯，吃飯後還互贈厚禮，其中必有奸謀。秦檜乘機以「謀反」罪將趙令衿逮捕入獄。

秦檜曾在家裡寫下趙鼎、李光、胡銓三個人的姓名，必欲殺之而後快。當時趙鼎已死，秦檜仍也不願放過趙汾。秦檜將趙汾逮捕入獄，嚴刑拷打，逼迫他誣陷自己與張浚、李光、胡寅謀逆造反，羅織了又一起大冤案。此案株連五十三人。此時，秦檜已經奄奄一息了。

秦檜一輩子都在利用權位貪汙勒索，廣置家產。紹興十二年（一一四二年），劉光世病死，秦檜將他在建康的園第占為己有。張俊死後留下每天坐收二百貫的房地產，全部被秦檜奪去。劉光世和張俊都保不住自己的家產，更不用說其他官員了。還有一些地方官平時爭相向秦檜貢獻財物。每年秦檜生日的時候，送禮祝壽的人封閉了整條街道。民間傳說，秦家的財富比朝廷藏庫的還要多過數倍。秦檜又密令各路、府、州、縣用各種方式增加賦稅七八成。許多百姓不堪重負，活活餓死了。

翻開《宋史．秦檜傳》，幾乎滿篇都是秦檜血淋淋的害人帳。

亂世多文豪

一

秦檜雖然是個權相、奸相，南宋王朝畢竟進入了相對安定的時期。

傳說曾經是宋徽宗情婦的汴梁名妓李師師在紹興初年輾轉流落到湖廣一帶。時過境遷，這位絕代名妓在顛沛流離中已經容顏憔悴，不復有昔日的顏色。但因為無以謀生，生活艱難，李師師不得不重操舊業，重入歡場度日。李師師的名聲仍在，南渡的士大夫們仰慕其昔日盛名，時常邀她出席宴會獻唱。據說在宴席上，李師師唱得最多的一首歌是：

輦轂繁華事可傷，師師垂老過湖湘。
縷衫檀板無顏色，一曲當年動帝王。

在歌聲中，士大夫們和李師師一起回味昔日汴梁的繁華景象，回味歲月流逝，也一同迎來了王朝初定後的文化復蘇。歌重新唱起來了，文人也重新捧起書本，發表作品了。

初步安定的南宋為文化的繁榮提供了優越的客觀條件。

江南到南宋時期，已經不再是司馬遷所寫的蠻荒之地，其中的水田之利富於中原。北宋時，經濟發達的地區都在南方。戰爭迫使大批人口南遷，使南方經濟得到進一步的發展，為趙構在南方立國提供了物質基礎。以臨安、建康、成都等為中心，形成了一處又一處的城市群，人煙密集，經濟發達，文化昌盛。

朝廷對讀書的鼓勵，對讀書人的厚待，也便利了文化的繁榮。許多北方的讀書人在亂世中南渡逃亡。逃亡途中，士大夫和讀書人能夠用來證明自己身分的材料，如「告身」、「印紙」等屢有丟失。因此，他們南渡後因為缺少憑證，面臨證明身分和官職的困難。南宋政府非常慷慨地允許他們重建檔案。鑒於士大夫們「流落湮晦，散在諸路，尚多有之。其不願從仕者少，而困於無津不能自達者多」的困境，朝廷命地方州縣每個季度或者半年都將本地沒有出仕或者流寓的讀書人上報尚書省，提拔讀書人。南渡的文人紛紛又恢復了往日的身分地位。

物資繁榮，制度保障，文人們彷彿進入了一個暖房。

二

蘇湖熟，天下足！

這說的是平江（蘇州）和湖州兩地的糧食產量就能讓全天下的人都吃飽。當時平江府栽種的粳稻，出產玉粒香甜的粳米，被稱作天下最好的糧食。浙東、江東的農民還培育出好幾種抗澇、耐寒、耐旱的水稻良種。池州的農民還栽種從高麗傳來的黃粒稻，稻芒長，穀粒飽滿，是一種少見的良種。一直到現在，蘇州和湖州所在的太湖流域依然是中國的糧倉。

南方水田之利富於中原。南宋立國於此，在和平的環境下，很快就迎來了農業的豐收。

農業的豐收最直觀的現象就是滿眼望去，一望無際的農田。東南魚米之鄉給人的感覺似乎就是阡陌縱橫的農田，水網密布的河流和點綴其中的小船、農家和油菜花。這樣的情景在南宋的時候就出現了。當時浙西路「圍田相望」，孝宗淳熙十年（一一八三年），達一千四百八十九所，因為土質肥沃，灌溉便利，所以能常年保持豐收，糧食產量很高。人們還創造性地發明了「架田」。所謂的架田就是用木架裝上土壤肥料，再種上莊稼，漂浮在水面上。航行在江東、淮東、兩廣和長江江面上，人們時常看到隨水位高下浮沉的木架。陸游曾在長江蘄州江面上看到木筏上鋪土耕種出來的蔬圃。架田的出現是因為東南地區水熱條件優越，物產豐富，所以人們才利用陽光下的每寸土地種出作物來，不放過任何邊邊角角。比如粳米享譽天下，缺地少地的蘇州農民們就在彎彎曲曲的水面上種植粳稻。山區的農民也不放過致富的機會，開墾山壟為田，層起如階級，遠引溪谷水灌溉，種植水稻等農作物。開山而成的梯田在福建、江西、浙東、四川的山區很多。兩浙路沿海的農民則在海灘塗地上疊土石作堤，以攔住潮水，等塗泥乾後種植作物，開墾出「塗田」。

隨著農田面積的增加，濕潤南方特產的水稻開始成為人們常年食用的主要糧食。人們日常吃的稻穀有秈米、粳米一百四十多種，糯米五十多種。北宋時移植到中國南方的早秈稻品種——占城稻，南宋時在東南地區廣泛種植。各地農民又根據本地區的土壤和氣候特點，從占城稻原種培育出新的良種。因為占城稻的推廣和豐收，價格相對比較便宜，成為了下層勞動人民的主要食物。

南宋的農業取得了飛躍性的發展。農業技術不斷翻新，專業的農業書籍開始出現，各地極少出現饑饉。專門以農村勞作和生活為創作內容的「田園派」文人也開始出現。比如毛珝在〈吳門田家十詠〉之一中就細緻地描寫了農業生活：

竹罾兩兩夾河泥，近郭溝渠此最肥。
載得滿船歸插種，勝如賈販嶺南歸。

這首詩寫的是太湖一帶人們用肥料肥田的情況。兩浙路的農民幾乎家家戶戶都收蓄糞土。市井之間，掃拾無遺；村落中堆積著座座糞山。蘇州的農民還用河泥作肥料。注意施用肥料是兩浙一帶農田保持地力新壯和高產量的一大原因。明州（今浙江寧波）曾經有畝產穀六七石的好收成，創造了宋朝的最高紀錄。農夫勞作一年後的收入，甚至高過本地商人在長江和嶺南來往販貨的收益。毛珝〈吳門田家十詠〉其中還寫道：

今年田事謝蒼蒼，盡有瓶罌卒歲藏。
只恐主家增斛面，雙雞先把獻監莊。

這首詩寫的是豐收之後，佃客向地主交租的情景。地主想方設法要佃客多交租（增加斛面），佃客自然想少交，就給地主家監莊的下人「行賄」，送些農副產品之類的。糧食的豐收也帶動了雞、鴨、鵝、絲、食油、魚蝦、鱉等副產品的豐收。

三

橫亙在北宋和南宋之間的「靖康之變」改變了整個國家的命運，也改變了無數讀書人的命運。靖康之變發生後，難以計數的北方人背井離鄉，輾轉逃難在東南丘陵地帶。顛沛流離、餐風露宿的人群中就有日後被推崇為宋朝第一女詞人的李清照和她的丈夫、金石學家趙明誠。

李清照的前半生是錦衣玉食、吟詩誦詞的安逸人生。她的許多閨房詩詞以感情細膩、詞藻清麗而聞名一時。這一方面得自家傳。李清照的父親李格非就是當時齊、魯一帶知名學者，官至禮部員外郎。李清照自幼聰慧，在父親的培養薰陶之下，工詩詞，能文章，善畫墨竹，字也寫得非常好；另外一方面，美滿的愛情和家庭為李清照的創作提供了優越的環境。建中元年（一一〇一年），十八歲的李清照嫁給了趙明誠。婚後，夫妻恩愛，伉儷情深，一起致力於金石書畫的搜集和整理，共同見證了東京汴梁的繁華歲月。金兵入據中原，繁華頃刻破碎。李清照與趙明誠美好而寧靜的家庭生活也隨之破滅，開始了流寓南方的孤苦後半生。

建炎三年（一一二九年），四十九歲的趙明誠在流浪途中不幸病逝，只給四十六歲的李清照留下十五車古籍文物和半部沒有完成的《金石錄》。之後李清照孤獨一身，顛沛流離於江浙皖贛一帶。她的悲苦心情很自然地表現在了當時的作品中。比如〈聲聲慢〉：

尋尋覓覓，冷冷清清，淒淒慘慘戚戚。乍暖還寒時候，最難將息。三杯兩盞淡酒，怎敵他、晚來風急?雁過也,正傷心,卻是舊時相識。

滿地黃花堆積,憔悴損,如今有誰堪摘?守著窗兒,獨自怎生得黑!梧桐更兼細雨,到黃昏、點點滴滴。這次地,怎一個愁字了得!

忽寒忽暖的不適氣候,淡薄寡味的清酒,窗外呼嘯的秋風,似曾相識的北方過雁,滿地的黃花,庭院的梧桐和黃昏的細雨向我們描述了李清照的日常生活清靜。詞中透露的愁情遠遠超過了她前半生詞中那種輕淡的春愁、離愁可比,絕非〈如夢令‧昨夜雨疏風驟〉中的名句「知否?知否?應是綠肥柳瘦」可以相比。年近半百的李清照整日被孀居之苦、淪落之痛和經濟的窘迫所圍繞,掙扎在巨大的心理落差和理想與現實的殘酷對比之間。

家中沒了當家的男人,麻煩事接踵而至。李清照的丈夫趙明誠是著名的金石學家,家境殷實,生前收藏了很多古籍文物。他死後,李清照立志要保存丈夫遺物,並完成《金石錄》作為對丈夫最好的懷念。但很快就有人盯上了這些財富。宋高宗寵信的御醫王繼先登門,提出用三百兩黃金來收買李清照保存的古籍文物。李清照沒有答應。後來,社會上又流傳起來李清照「頒金通敵」的傳聞。原來有人指責李清照的作品中有對金國的讚頌之意,宣稱李清照通敵。當時金兵壓境,朝廷本身流離不定。李清照為了證明自己的清白,攜帶古籍文物追趕朝廷,希望通過向朝廷獻寶既為自己洗刷罪名,也保住文物不至流散。

李清照跨山越海,跟隨朝廷的蹤跡。紹興二年(一一三二年),南宋局勢略趨穩定。李清照決定將十五車藏品中的絕大部分寄託到隨皇室逃難到洪州的弟弟、敕局刪定官李迒那裡。然而，當年年底，金兵攻陷了洪州，藏品化為灰燼。

再次受到沉重打擊的李清照帶著隨身的最後一點藏品輾轉到了紹興，決定在紹興住下來。她租賃了一位鍾姓的讀書人的房子，把所剩的幾箱書畫古玩置於臥榻之下，閒時開箱把玩。不料，一天夜裡，竊賊挖牆而入，盜走了其中的五隻箱子。李清照傷心欲絕，為了重獲藏品，不得不公開懸賞尋物。沒幾天，那鍾姓房東拿著十八軸畫卷領賞來了。原來這一切都是姓鍾的讀書人主導的。他變賣了多數藏品，拿著剩下的畫卷來領賞。李清照雖然知道真相，但自己是流落異鄉的寡婦，無力抗爭，只好花錢贖回畫卷。為此，李清照還大病一場。

就在李清照最為無助、最為愁苦的時間裡，一個自稱是趙明誠同學、時任右承奉郎監諸軍審計司的張汝舟來拜訪李清照了。張汝舟對李清照噓寒問暖，關懷備至。李清照孤身一人漂零異鄉，也希望為自己的晚年尋找一個穩定的依靠，於是就被媒人「如簧之說」和「似錦之言」所打動，決定改嫁張汝舟。

李清照的改嫁決定鑄就了更大的人生悲劇。原來，張汝舟的出現是一場精心安排的陰謀。那個御醫王繼先廉價收買藏品不成，賊心不死，便串通張汝舟，要他去娶李清照，名正言順地得到趙明誠遺留下來的古玩書畫以及其他珍寶。那麼張汝舟為什麼同意幫助王繼先呢？因為張汝舟之前虛報軍員、侵吞軍餉軍糧，被王繼先抓住了把柄。王繼先答應得到藏品寶物後，幫助張汝州打通關節，消除罪行。所以張汝舟欺騙李清照，上演了求婚的醜劇。

婚後不久，張汝舟就暴露了本來面目。他向李清照索要寶物，遭到斷然拒絕。張汝舟發現李清照還保存在手中的寶物並不像自己想像的那樣豐富，也頗為後悔。他一計不成，又生一計，對李清照橫加虐待，希望將李清照折磨致死再輕易拿到寶物。李清照認清了張汝舟的醜惡面目，決定與他離異。當時李清照與張汝舟結婚僅有三個月，為了順利離婚，李清照同時檢舉張汝舟「妄增舉數入官」的違法行為。按照宋代《刑統》規定，妻告夫，雖屬實，亦應徒刑兩年。李清照為了早日擺脫惡夢，寧願坐牢，也堅持去朝廷告發了張汝州。結果張汝舟與李清照離婚成功。張汝舟被免職，貶為柳州編管；李清照被收監關押。

李清照的改嫁和迅速離婚事件很快成為了南宋朝野的頭號新聞，幾乎傳遍街頭巷尾。趙明誠的姻親、翰林學士兼兵部侍郎綦崇禮非常同情李清照的命運，仗義執言，毅然覲見宋高宗，代李清照陳述了冤屈。在最高層的直接干預下，李清照入獄九天後，即被無罪釋放。李清照出獄後，特意寫了一篇〈上內翰綦公啟〉，向他表示感謝。

李清照的晚年生活怎麼樣呢？因為缺乏資料記載，我們很難清楚地整理出她的生活軌跡。我們只知道李清照晚年寫了《打馬圖經》及自序，還曾攜米芾墨蹟拜訪米芾的兒子米友仁求題跋。據說李清照還完成了趙明誠未盡的著作《金石錄》，呈送給了朝廷。同時，李清照沒有停止詞的創作，在逆境中寫出了許多作品。比如〈武陵春〉：

風住塵香花已盡，日晚倦梳頭。物是人非事事休，欲語淚先流。

聞說雙溪春尚好，也擬泛輕舟。只恐雙溪舴艋舟，載不動、許多愁。

這首〈武陵春〉寫作於紹興四年（一一三四年）李清照避難金華期間。當時李清照的金石文物散失殆盡，孑然一身，而長江北岸金軍正聯合偽政權齊軍再次南侵。漂泊流寓的李清照歷盡崎嶇坎坷，發出了「物是人非事事休」的感歎。她有意泛舟雙溪，舒緩一下情緒，但老放不下那江水也載不動的愁苦。可見，李清照的最後歲月是極為悲苦的。

必須指出的是，有關「李清照晚年改嫁」事件是一個歷史懸案，並沒有一致的看法。有關李清照「改嫁」說與「辨誣」說的分歧一直存在。認定李清照改嫁的人主要以〈上內翰綦公啟〉和《建炎以來繫年要錄》的記載為根據，認為趙明誠去世後，李清照孤苦伶仃，顛沛流離，為了晚年有所依靠改嫁過張汝舟。反對的一派則從否定這兩個作品的真實性上入手，認為李清照沒有改嫁。現在一般認為李清照的確改嫁過。宋代對李清照改嫁張汝舟一事並沒有人提出疑問。對李清照改嫁史實的質疑聲音是明清時期提出的。明清兩代文人一再否定李清照改嫁和當時的社會觀念有關。《宋史》中治平、熙寧年間都有許多詔許宗女改嫁的記載，可見改嫁在宋代是被社會接受的。因此宋人對李清照改嫁一事也沒有人提出懷疑，大家更多的是糾結於李清照改嫁和迅速離婚的緣由和細節。而到了明朝以後，婦女守節成為社會普遍觀念，社會對婦女婚姻的控制也越來越緊。因此，當時的人更多的是從明、清朝的社會觀念出發，去考證，甚至是要求宋朝的李清照了。如果站在李清照的時代和她孤苦無助的立場上去考察，李清照晚年改嫁是合情合理的。

不管李清照改嫁成為了定論也好，還是筆墨官司一直打下去也好，這都絲毫不會有損於李清照在中國文學史上的地位和聲譽。我們從李清照晚年的風波中可以看出，正是時代的苦難與個人命運的不幸讓一個北宋時期的閨房詞人衝破了花間閨怨詞的樊籬，在逆境中寫出了絕大多數代表作，成為了宋朝第一女詞人。

四

說完兩宋之交的李清照，我們再來看看成名南宋之初的陸游。

筆者對紹興這座典型的南宋城市非常喜歡，多次前往紹興遊玩。我去過一次「沈園」，那是一處幽靜、精緻、清麗的去處。公園門口一塊橢圓形的巨石寫著碩大的「沈園」兩個字。巨石被劈成兩半，原本一氣呵成的「沈園」硬生生被分在兩處。這彷彿說的是近千年前發生在園裡的一樁愛情悲劇。

陸游和表妹唐婉就是這個悲劇的主角。

紹興十四年（一一四四年）的紹興城裡，十九歲的陸游迎娶唐婉為妻。兩人是「娃娃親」，陸家很早就用家傳鳳釵作信物，訂下了唐家這門親上加親的婚事。婚後小夫妻倆恩愛異常，魚水情深。誰料，第二年唐婉就被逐出陸家，據說是「不當母夫人意」，「二親恐其惰於學，數譴婦，放翁（陸游）不敢逆尊者意，與婦訣」。意思是說，唐婉在陸家和自己的姑姑兼婆婆不合；而且陸游的父母怕兒子和兒媳太過恩愛，可能會妨礙陸游的上進心，所以常常責罵唐婉。陸游此時已經蔭補登仕郎，但只走出了入仕為官的第一步，切不可懈怠。陸游是個孝子，在母親的壓力下，不得不將心愛的唐婉休掉了。陸游「因母休妻」的說法一直是他和唐婉分開的主流說法。直到父母雙親都過世了，陸游自己也到了風燭殘年，陸游在作品《劍南詩稿》中透露了自己與唐婉分手的真實原因。原來是唐婉和陸游結婚一年不孕，才被公婆逐出。在南宋的時候，生育是大事，結婚一年還沒有懷孕自然被父母看成是大過。

陸游與唐婉分手後，據說還悄悄另築別院安置唐婉，一有機會就前去與唐婉相會。無奈紙包不住火，陸母察覺了此事，嚴令二人斷絕來往，並為陸游另娶王氏女子為妻。唐婉也被改嫁給宗室趙士程為妻。

陸游從此一心苦讀，逐漸在東南文壇有了名聲。陸游在襁褓之中就經歷了宋金戰爭，隨在汴梁為官的父親南遷。他目睹亂世，立下了抗金復國的志向，小小年紀就書寫了「上馬擊狂胡，下馬草軍書」的志向。他早期的作品大多抒發抗金復國的志向。

紹興二十三年（一一五三年），陸游去臨安參加「鎖廳試」。所謂鎖廳試就是恩准大員子弟和宗室後裔參加的專門考試。開考前，秦檜特地把主考官陳之茂請到宰相府，暗示他定自己的孫子秦塤為第一。陳之茂在閱卷的時候發現陸游的卷子文筆流暢、見解不凡，頂住壓力取陸游為第一名，而定秦塤為第二。放榜後，秦檜大發雷霆，大罵陳之茂該殺。次年，陸游去參加禮部的複試。秦檜安排心腹魏師微、湯思退為主考官。儘管陸游的複試卷子答得最好，兩人還是將秦塤推為榜首。由於鎖廳試所有錄取者的考卷都要公布，秦檜等人乾脆不錄取陸游，免得陸游的卷子公開。

複試失利，原本滿懷信心的陸游回到家鄉，家鄉風景依舊，心中極感淒涼。第二年的一個春日，落第的陸游前往紹興城外的沈氏花園中賞春散心。在園中，陸游偶遇了同樣來遊春的趙士程和唐婉。兩人重逢，又無法當面互訴離情。唐婉派人以一些酒菜相送，默默地隨丈夫離去。陸游在傷心之餘，就在園子的壁上題下了一首〈釵頭鳳〉：

紅酥手，黃縢酒，滿城春色宮牆柳。東風惡，歡情薄，一懷愁緒，幾年離索。錯、錯、錯！春如舊，人空瘦，淚痕紅浥鮫綃透。桃花落，閒池閣。山盟雖在，錦書難托。莫、莫、莫！

傳說，唐婉見了這首〈釵頭鳳〉詞，感慨萬端，也提筆和了〈釵頭鳳．世情薄〉詞一首：

世情薄，人情惡，雨送黃昏花易落。曉風乾，淚痕殘，欲箋心事，獨語斜闌。難！難！難！人成各，今非昨，病魂常似秋千索。角聲寒，夜闌珊，怕人尋問，咽淚裝歡。瞞，瞞，瞞！

兩人重逢後沒有多久，唐婉就因心情憂鬱而死。現在這兩首〈釵頭鳳〉都刻在「沈園」中，成為紹興一景。常常有後人駐足壁前，感歎陸、唐二人的情思和無奈。

秦檜死後，又過了三年（紹興二十八年，一一五八年），陸游才出任了福州寧德縣主簿一職。當時陸游已經名聞天下，宋孝宗親自召見，賜陸游進士出身。陸游才終於得到了遲來的功名。遺憾的是，陸游始終在中級官位上徘徊。因為他抗金復國的志向和朝廷的指導思想格格不入。陸游歷任夔州、蜀州、嘉州、榮州等地的通判和知州等職。乾道八年（一一七二年）冬，陸游調任閒官，從南鄭（今陝西漢中）赴任成都，途經劍門，遭遇了小雨天氣。年近半百的陸游離家千里，又不得志，寫下了〈劍門道中遇微雨〉一詩：「衣上征塵雜酒痕，遠遊無處不消魂。此身合是詩人未？細雨騎驢入劍門。」三年後（淳熙二年，一一七五年），陸游在成都遭彈劾罷官，歸隱田畝。

陸游晚年，生活清貧，雖然仍不忘恢復的志向，還寫過〈病起書懷〉這樣的詩歌，感歎：「位卑未敢忘憂國，事定猶須待闔棺。」但他心態歸於平靜，常乘小舟出遊村野，觀賞山水：「一身報國有萬死，雙鬢向人無再青。記取江湖泊船處，臥聞新雁落寒汀。」此後，陸游陸續重新出山當官，依然是知州一級的地方官。不是因為開倉救濟遭水災的百姓，以「擅權」的罪名被罷職還鄉；就是因為上奏諫勸朝廷減輕賦稅，以「嘲詠風月」的罪名再被罷官。陸游從此蟄居農村，與官場絕緣。

陸游的晚年過著耕讀鄉下的田園生活，每天品茶、吃齋、種菜、讀書、作文、寫詩。他的一生留下了九千多首詩詞，被視為古代作品最多的作家。他的前期作品多為愛國詩，充斥「鐵馬橫戈」、「氣吞胡虜」的英雄氣概和「一身報國有萬死」的犧牲精神，決心「掃胡塵」、「靖國難」；後期多為田園詩，恬淡自然，風格清麗。備受打擊的陸游幾十年如一日，積累了像日曆一樣厚的詩稿。紹興農村的美麗風光、熱鬧的節日氣氛以及農家的純樸好客，使陸游對鄉村抱有深厚的情誼。

莫笑農家臘酒渾，豐年留客足雞豚。
山重水複疑無路，柳暗花明又一村。
簫鼓追隨春社近，衣冠簡樸古風存。
從今若許閒乘月，拄杖無時夜叩門。

在內心深處，陸游一日也沒忘記抗敵前線，報國信念至死不衰，愈老彌堅。寫於晚年的〈訴衷情〉成為陸游的代表作。

當年萬里覓封侯，匹馬戍梁州。關河夢斷何處？塵暗舊貂裘。
胡未滅，鬢先秋，淚空流。此生誰料，心在天山，身老滄州！

嘉定元年（一二〇八年）的一個春日裡，八十四歲的陸游原本想去鄉村採藥，結果走到沈園就感到體力不支，不得不折到園裡休憩。當時的沈園已經數易其手，熱鬧不再。陸游睹物思人，寫下了：

沈家園裡花如錦，半是當年識放翁。

也信美人終作土，不堪幽夢太匆匆。

已是子孫滿堂的陸游最終還是躲不過這相思之情。陸游的一生看似沒有波瀾，卻是壓抑的一生，心情並不舒暢。重遊沈園，陸游深受打擊，於嘉定二年十二月二十九日（西曆一二一〇年一月二十六日）與世長辭。臨終前，陸游留詩一首作為遺囑：

死去元知萬事空，但悲不見九州同。
王師北定中原日，家祭無忘告乃翁。

五

李清照和陸游為南宋文壇開了一個繁榮的好頭。

許多朝代都有昌盛繁榮的物質基礎，但並一定能有同樣繁榮的文壇。物資的繁榮和文化的繁榮並不是正相關的關係。有人說江南的秀麗山水和朝廷厚待讀書人的制度為南宋文化的繁榮提供了保障。但將一個文人成就為文豪，所必需的最重要條件斷斷不會是錢財供給和官爵俸祿。有的時候遭受貶謫的境遇和顛沛流離的生活對文豪的成長更為有利。如果李清照一直在汴梁過著大家閨秀的生活，她最多是一個婉麗的詞人，留下更多書寫閨苑生活的詞；如果陸游平步青雲、北伐復國，他的作品內容不會拓展，意境也不會深入。

南宋對文人表面的尊崇和思想的壓制貫穿始終，為中國文學史留下了一個瑰麗燦爛的時代。

皇帝選嗣

一

營造「紹興中興」的趙構雖然把皇位坐穩了，但他擔憂皇位的心病依然存在。

趙構始終是個即位不正的皇帝。當初是臣僚勸進，趙構就要即位。宋徽宗、宋欽宗兩位皇帝「北狩」，大元帥府的僚屬商議的時候，宗室趙仲瓊等多人引南北朝時晉安帝蒙塵，武陵王稱帝的歷史教訓，認為皇帝還在，趙構不應該即位，而應該穿著淡黃色的衣服代理皇帝職位，不能改元，不能以詔書命令天下。趙仲瓊的主張，得到了許多人的贊同，事實上否定了趙構建元即位的合法性。

那後來趙構遜辭再三，怎麼還是做了皇帝了呢？因為宗澤等人怕當時會有其他不當立為皇帝的人，比如亂臣賊子、地痞流氓自立為君，導致天下割據、政出多門、爭奪天下，亂得不可收拾。所以當時反對趙構登基的人從這一點考慮，還是擁護趙構做了皇帝。

趙構對此一直耿耿於懷。

近支皇室雖然被俘虜了，但全國各地依然流散著許多宗室成員。其中的若干宗室成員還參加了各地的抗金隊伍。這些人就成了趙構的警惕對象。趙構怕這些遠房親戚，偏偏有些地方勢力、軍事集團藉口「討逆復國」，竊踞州縣，擁立一些或真或假的宗室行割據之實。比如襄陽的郭京拉起兵馬，到處尋找皇室成員想擁立為皇帝；軍閥韓世清找到了一個宋太祖趙匡胤的後裔，撕下黃旗就披在他身上，立為皇帝。鑒於這類情況，趙構在即位之初就下詔，命令所有宗室，一律到朝廷登記備案，違令者重責。宗室趙叔向，在金軍撤退後，曾進入汴梁叱令張邦昌等人歸政。趙構竟然在當年六月，命令劉光世將趙叔向誅殺。趙構最怕這些宗室為人所用，所以他即位後對那些勤王軍隊和義軍一直抱有戒心，遣散的遣散，收編的收編。

趙構的弟弟，宋徽宗的第十八個兒子、信王趙榛在靖康之變中被金軍俘虜北上。這個信王還真不簡單，中途從金營中逃脫。河北馬擴、趙邦傑等抗金義軍遵奉趙榛為首領，黃河兩岸的許多州縣和百姓都聞風響應。趙榛曾經派人南下和九哥趙構聯絡。趙構是認也不是，不認又不行，最後只好封弟弟為「河北兵馬大元帥」。後來馬擴等人的義軍在北京（大名府）清平縣被金軍消滅，趙榛不知所終。趙構不禁鬆了一口氣。

隨著歲月流逝，趙構在皇帝位子上坐得越久，地位就越正。

先是有淮寧知府、宗室趙子崧上書趙構，認為：「王朝立國家以來從來沒有親王在外的舊例。先帝特地任命大王您為大元帥，居在河北，這是天意啊。」趙構即位後，有個叫做曹勳的人從北方逃脫歸來，帶來了所謂的太上皇宋徽宗「聖語」：「康王可便即皇帝位。」同時還有宋徽宗親自在絹背心領中寫的八個字：「可便即真，來救父母。」趙構曾經在小範圍內向大臣們宣示。如果曹勳帶來的口信和字跡都是真實的，趙構即位就完全具有了合法性，不再需要其他符瑞的輔助了。但是真假難辨，趙構和朝廷也未對此大肆宣揚。

宋金和議談成後，趙構生母韋氏在紹興十二年（一一四二年）初夏從黑龍江南歸。她離開時，宋欽宗挽住她的車輪，請她轉告趙構，如果弟弟能把自己迎回去，自己有座宅院棲身就知足了。遺憾的是，趙構從沒有向金朝提出迎回宋欽宗的要求。十四年後，宋欽宗在北方被金朝騎兵縱馬踩死，時年五十七歲。五年後，宋欽宗的死訊傳到南宋。趙構表面上悲傷不已，內心卻暗自高興，因為他胸中另外一塊大石頭又去掉了。

二

另一方面，「崔府君顯聖」、「泥馬渡康王」故事在南宋廣泛傳播並得到官方的積極扶持。紹興十九年（一一四九年），趙構親自下令於臨安包家山建觀供奉來自磁州的神仙崔府君。這一寺觀很快被秦檜派人拆除了。關於此事的始末，儒學大師朱熹詳細寫道：

> 想當年太上皇還是康王的時候，出使金軍，路過磁州。磁州百姓要阻攔他北去敵營。康王執意要走。知州宗澤就想假借神命攔下康王，他對大家說：「我們磁州有崔府君廟，非常靈驗，可以去問問崔府君的意思。」宗澤充分利用了廟中的泥馬、塑像，在康王等人入廟燒香的時候用馬、車等物堵塞了去路。宗澤乘機說：「可見這是神意啊！崔府君要留下康王。」康王於是就在磁州留了下來。太上皇後來認為馬、車等物是自己即

位的預兆，沒有知會中書省，直接命人在玉津園路口造崔府君廟，令文臣曹泳撰文紀念。一天，金朝的使臣到臨安來，秦檜出面接待。秦檜在玉津園看到了崔府君廟，回來稟奏太上皇：「臣看到太廟，不知道供奉著什麼神靈啊？」太上皇就把崔府君的事告訴了他。秦檜警告說：「金朝把本朝南北遷徙的歷史當作他們的歷史功績，現在皇上卻歸功於神靈保佑，恐怕金朝使臣看到了多有不便。」於是崔府君廟當天就被拆除了。秦檜這是假借金朝的威勢脅迫太上皇……

趙構原本想讓崔府君來證明自己即位的合法性，但在權臣秦檜和金朝勢力面前，卻不敢充分利用崔府君的意義，唯恐得罪了金人。畢竟在和約中規定，趙構的皇位是金朝恩賜的。

三

秦檜是幫助趙構鞏固皇權的幹臣，但趙構對秦檜是又愛又恨。隨著秦檜權勢日益熏天，逐漸發展到限制皇權的地步，趙構都開始害怕秦檜了。

對於秦檜的許多「把戲」，趙構深不以為然。比如，趙構就曾暗地說：「這幾年四方都奏報了許多祥瑞，文飾取悅。像信州的林機上奏說秦檜父親的祠堂中生出了靈芝，佞諛尤甚。」可見，趙構感歎祥瑞無用，對於屬於秦檜家的祥瑞更是反感。據說趙構很喜歡玩拆字遊戲。秦檜一次陪他微服出遊，在臨安街頭測字。趙構隨手寫了一個「春」字讓相士謝石測自己的命運。謝石說

：「『春』字雖好，可惜『秦』頭太重，壓『日』無光。」這樣的結果自然使秦檜十分惱火，隨即將謝石發配到偏遠山區。秦檜這些手段自然不能逃過趙構的眼睛，只能讓趙構開始猜忌秦檜。

說來也巧了，秦檜和趙構一樣，沒有子嗣。秦檜後來把小舅子王映的一個兒子收為養子，取名秦熺。紹興十二年（一一四二年）朝廷舉行王戌科科舉考試，秦熺也參加了。幾位考官迫於秦檜的權勢，選秦熺為狀元。秦檜對秦熺的能力文采自然很清楚，自己對「秦熺是狀元」的結果都覺得不太好意思，示意將秦熺降為榜眼。秦熺官運亨通，被秦檜安排負責「意識形態」方面的工作，鉗制言論，刪編史書，凡是對秦家不利的輿論和記載一概嚴懲。

秦檜此舉是為了自己的將來考慮，為秦家的未來考慮。秦熺的入仕，表明秦檜開始結黨營私，企圖讓富貴保留在他秦家。這就犯了趙構的忌諱。所以，紹興二十四年（一一五四年）的科舉，秦檜指令考官排除陸游錄取孫子秦塤為狀元的時候，趙構就採取了「狙擊」。通過禮部複試後，所有考生還要過趙構的殿試這一關。秦檜為了確保秦塤奪魁，安排親信把秦塤作為頭名推薦上去。趙構翻了卷子後，將名列第二的張孝祥列為狀元，而把秦塤降為第三名。殿試結果是趙構欽定的，秦檜不便反對，就把怒火發到了新科狀元張孝祥身上。張孝祥蒙冤入獄。秦塤卻官運亨通，先任禮部侍郎，起點極高，不久升任知樞密院事，掌管朝廷兵權。秦檜家族專權的形勢日益顯現。

紹興二十五年（一一五五年）孟冬，秦檜老病交加，命在旦夕。臨死前，秦檜把黨羽參知政事董德元、簽書樞密院事湯思退等人叫到床邊，各贈黃金千兩，託付後事；又向趙構上遺表說：

「願陛下益固鄰國之歡盟，深思宗社之大計，謹國是之搖動，杜邪黨之窺覦。」

秦檜死後，趙構開始有步驟地清除秦黨。秦檜的黨羽原本推舉秦熺繼任相位。趙構不採納，說秦熺孝心可嘉，賞賜給他金銀珠寶，讓他退休回家給養父秦檜守孝。對於死去的秦檜，趙構畢竟懷有感激之心，親自給秦檜題詞「決策元勳，精忠全德」，追封為申王，贈謚「忠獻」。謚議上是這樣評價秦檜的一生的：「光輔聖主，紹開中興。安宗社於阽危之中，恢太平於板蕩之後；道德光天地，勳業冠古今，雖備道全美，不可主一善名一功，而崇報之典，嚴於定謚……慮國忘家曰忠，文賢有成曰獻。宜賜謚曰『忠獻』。」第二年，趙構任命万俟卨為宰相，湯思退知樞密院事。一方面，他需要繼續秦檜的和平政策，另一方面是秦黨勢大，不能馬上清除乾淨。

變化還是在潛移默化中產生了。秦檜病重的時候，趙構就分臨安西子湖畔的靈芝佛剎的一半，重建了崔府君廟——顯應觀。趙構親筆寫了「顯應觀」的殿匾。崔府君作為南宋王朝佑護者，重新被供奉起來，對其靈異亦傳說越來越多，來參拜的百姓也越來越多。崔府君逐漸成為了南宋全社會崇拜的偶像。在來自北方的崔府君身上，寄寓著不同社會階層、政治勢力的不同心緒與期望。趙構等統治者借神設教，需要鞏固自己的統治；北方流亡的民眾在熟悉的神靈身上寄託重返故里的期待；相信政府宣傳的南方百姓，來參拜崔府君，傾訴辛勞疾苦，企盼夢想成真。崔府君成為了所有人的神，從北方擴展到了東南各地。所謂的「崔府君誕辰」（六月初六）也成為了南宋社會喜慶的民間節日。

六年後，秦熺死了。秦檜一家雖然還繼續在朝廷為官，但家道中落是不可避免的。歷史對他們的譴責也是不可避免的。近五百年後的明朝萬曆年間，傳說有京口人鄔某遊於杭州，見殺豬的屠夫將一頭豬去毛後，豬腹上有五個大字：「秦檜十世身」。近千年後，秦檜、王氏、張俊、万俟卨四人被鑄成銅像，袒臂反剪跪在岳飛墓地牆根的鐵柵欄裡。

四

趙構當了將近四十年皇帝。在位的後半期，他一直在苦苦思考繼承人的問題。

趙旉夭折後，趙宋王朝面臨著皇統危機。無後可是皇室的大事，皇室通常會從旁系宗室中尋找血緣最近的人選。靖康之變中，近支皇室成員都被金軍一鍋端了。趙構如果要找，只能從皇室疏宗家族中尋找合適的人選。

問題是趙構自己不說破，不動手，大臣們都不敢動。

隨著趙構的年紀越來越大，生兒子的可能性微乎其微了。大臣們就開始旁敲側擊了。同知樞密院事李回上書說：「自古為君的人，只有堯、舜二帝將天下讓給賢人，而太祖皇帝（指趙匡胤）也不以大位傳其子，聖明獨斷，發於至誠。陛下為天下遠慮，上合太祖遺風，實可昭格天命。」李回的旁敲側擊非常藝術，表面上是說宋朝的往事，實際上直指核心。宋朝開國皇帝宋太祖趙匡胤死後，繼位的不是兒子趙德昭等人，而是弟弟、宋太宗趙匡義。據說當初趙匡胤和趙匡義之間有過「兄終弟及」的「金匱之盟」。此後直到趙構諸位皇帝都是趙匡義的後裔，被金朝捉走的也是趙匡義的後代。趙匡胤的後裔沒有被捉走，流落在各地。趙構無子，皇位不能在趙匡義一脈中流傳下去了，只能轉回到趙匡胤一脈中。李回表面上稱讚趙構有趙匡胤的遺風，不就給趙構指出了一條路子嘛？這是明褒暗促。另一個大臣張守說得更直接：「太祖的子孫都沒有失德的言行，太祖捨子而傳位給太宗，高風亮節，勝過堯、舜數倍。」

真正把窗戶紙給挑破了的，是一個叫做婁寅亮的小官。趙構在紹興的時候，上虞縣的縣丞婁寅亮上書先說了一通皇統相傳的往事，然後指出：「從徽宗皇帝崇寧年間以來，太祖皇帝的後裔都不被朝廷認為是近屬宗室了。臣以為他們都是同姓宗室。但是因為奸臣的迫害，太祖的後代如今寂寂無聞，竟與庶民一般無二，於情於理均不相合。太祖皇帝的在天之靈不免顧歆惆悵。臣愚昧，不避忌諱，乞求陛下遴選太祖諸孫中有賢德的人，封為親王，作為皇嗣的候選人。這樣可以上慰在天之靈，下繫人心之望。」

婁寅亮上書後，惶惶不可終日。儘管奏章措辭委婉，但畢竟指出了青年趙構的生理疾病。生理上的變態，趙構自己說是可以的，但是大臣多嘴，弄不好不是撤職查辦，就是申斥。更大膽的是，婁寅亮竟然提出了將皇位傳回太祖皇帝一系的主張！誰都知道，當初太祖和太宗皇帝「兄終弟及」的時候，大臣們就議論紛紛，朝廷上下血雨腥風，沒少掉腦袋。此後一百多年來，婁寅亮還是第一個公開要求皇統循環的人。

趙構看到這道奏章之後，不但沒有生氣，反而是感慨萬千。他連說了好幾個「忠臣」，下令將婁寅亮擢升為監察御史，並立即派人把「敕牒」（委任狀）送往上虞縣。婁家突然聽說聖旨到，婁寅亮以為必是大難臨頭，不禁與家人抱頭痛哭，一一惜別後，再去接聖旨。結果來人取出的是升官的詔書，婁寅亮才破涕為笑。

紹興元年（一一三一年），婁寅亮被召覲見皇帝，和趙構一起就此問題進行專題研討。婁寅亮更直白地指出：「臣去年曾經狂妄地上奏章，請陛下取太祖子孫中有賢德者，封為親王，以備他日儲君之選，誤蒙采聽，赦而不誅。臣現在依然希望陛下能夠向大臣宣告此事，挑選『伯』字輩的宗室入住後宮。如果將來陛下有皇子誕生，可以將事先選定的這位皇子請出後宮，退處清暇職位。這樣對朝廷來說不過是增加一個節度使而已。陛下以太祖之心，行章聖之慮，自然孝弟能感動上天，使兩宮回蹕，澤流萬世。」

趙構徵求秦檜的意見。秦檜也表示同意：「此事可行，但挑選的標準要嚴格，要選擇那些有禮法的宗室之子。」這件事情就這麼定下來了。於是，朝廷正式下令由管理皇室事務的宗正官趙令曊為趙構選嗣。

挑選的標準其實就是兩條：一是輩分要恰當，總不能挑一個輩分和趙構一樣，甚至和趙構相差很多的吧；二是年齡要合適，不能和趙構的年紀相差懸殊。最後決定挑選建炎元年（一一二七年）出生的、「伯」字輩的宗室子孫。

符合標準的，屬趙匡胤一支的人選最多。趙令曊將初選選中的孩子都集中起來，由趙構自己決定。第一次挑選上來的四五個小孩子送到趙構跟前的時候，趙構一個都看不上，覺得全都資質平庸，命令打發回家。紹興二年（一一三二年）夏，趙令曊又挑選了一批孩子，送給趙構親自決定。

第二批孩子的名單中，列在第一的是一個叫做趙伯琮的孩子。趙伯琮來自於秀州（今浙江嘉興），建炎元年十月戊寅生，血緣出自趙匡胤次子秦王趙德芳一脈，是趙德芳的六世孫。趙構第一眼看到趙伯琮的時候，並不太喜歡這個孩子。趙伯琮長得很瘦小，相貌普通，沒有一點富貴相。其他候選人的相貌都比趙伯琮光鮮。趙構正想把趙伯琮剔除出去的時候，突然從宮中竄出一隻貓來。趙伯琮旁邊一個胖胖的孩子凶狠地踢了貓一腳；趙伯琮卻充滿愛心地抱起小貓，安撫起來。這一舉動使趙伯琮獲得了在場官員的稱讚。趙構對他的印象也有所改觀，決定將趙伯琮也留下撫養，收為養子，當作皇太子候選人之一。

第二年二月，進宮的趙伯琮被封為和州防禦使，皇帝賜名趙瑗。趙瑗的父親趙子偁也被封為秀王。

五

孩子是選好了，可馬上又面臨著由哪位娘娘來撫養趙瑗的問題。

誰來撫養皇太子候選人，誰就能在後宮權力結構中處於有利地位。大臣們事先就問趙構：「若選皇子養在宮中，可將皇子付託給誰養育呢？」趙構早就想好了人選。趙瑗被收進宮後，由正得寵的張婕妤負責養育。人雖然入宮了，但並不等於說只要趙構不生兒子，趙瑗就鐵定是皇位繼承人了。實際上，趙構後宮的情況也非常複雜，對於張婕妤得寵就有很多人妒嫉。因為宮中有齟齬，無奈的趙構只好再收養一個孩子，平息後宮的紛爭。就在張婕妤負責養育趙瑗之後不久，得寵的吳才人也力爭到養育一個宗室子弟的機會，以備將來挑選。於是，另一個叫做趙伯玖的孩子也成為了趙構的養子，收入宮中，由吳才人撫養，賜名趙璩。這樣一來，趙瑗和趙璩便就皇太子的地位展開了競爭。

趙瑗的優勢是他比趙璩大兩歲。紹興五年（一一三五年）夏，趙瑗因為年齡優勢先被封為建國公，送到當時宮中新建的書院——資善堂學習。趙瑗深知僅有年齡優勢是不能得到皇太子地位的，所以勤奮學習，言行精神。三年後，進宮覲見趙構的大將岳飛曾經去資善堂拜見過趙瑗。岳飛出宮後，高興地對人說：「社稷得人啊，中興基業難道不在這個孩子身上嗎？」儘管後來岳飛向趙構請求早立趙瑗為皇太子，受到了趙構的申斥，但這並沒有導致趙構對趙瑗的惡感。實際上，岳飛對趙瑗的極高評價代表了當時許多外臣的共同態度。

此後將近二十年時間，趙瑗被養在宮中而一直沒有確定名分。其間，生父秀王逝世，謚號為秀安僖王。趙瑗外出守制了三年。趙構遲遲沒選定趙瑗為繼承人的原因很多。首先趙構還幻想自己能夠再生育，萬一生出皇子來總比立一個血緣疏遠的姪子作接班人好。其次，趙構的生母韋太后和權相秦檜二人與趙瑗關係都不好，反對立趙瑗為皇太子。趙瑗在外給秀王守制期間，秦檜還計畫廢黜趙瑗；韋太后則更喜歡另一個養育在宮中的候選人趙璩。

其間，張賢妃病逝，趙瑗也改由已經晉封為皇后的吳氏一併撫養。這裡要插敘一下趙構的皇后問題。趙構的結髮妻子邢氏，在靖康之恥蒙難北去，在金國受盡屈辱而死。趙構對邢氏感情很深，雖然音信不通，還是在登基後以邢氏為皇后。韋太后南歸後，帶來了邢氏的死訊。趙構傷心地追尊邢氏為「憲節皇后」。南宋的皇后事實上空置十多年，秦檜等大臣屢次奏請以吳氏為皇后。韋太后回鑾後，和吳氏的婆媳關係處得非常好，也為吳氏說話。於是，趙構在紹興十三年（一一四三年），詔立吳氏為皇后。

話說吳皇后收養了趙瑗、趙璩兩位皇太子候選人，趙構分別封他們為普安郡王、恩平郡王。吳皇后雖然先撫養的是趙璩，並沒有厚此薄彼，對兩個孩子一視同仁。相比而言，吳皇后也認為趙瑗恭儉勤敏，聰慧好學，可當大任，勸趙構立趙瑗為皇太子。

韋太后死後，趙構決定在趙瑗和趙璩之間做一個決斷。趙構給他們兩人分別送去了美女十名，過了一陣又把她們召回。經過檢查，送到趙璩處的十個美女都不是處女，而給趙瑗的那十個都還是處女。趙構確信趙瑗的品行高尚，最終決定立趙瑗為皇太子。❷

不久，戰爭狂人完顏亮開始大規模準備南侵，趙構匆忙封趙瑗為建王。

采石大捷

一

金朝中總有那麼一些人老想著侵略南宋，謀取巨利。完顏亮就是其中的一位。

金熙宗晚年，暴戾殘殺。他推行漢化政策本就惹得一些人不滿，現在更是大失人心。在皇統九年（宋紹興十九年，一一四九年）十二月的一場宮廷政變中，在朝宗室、平章政事完顏亮殺死了金熙宗，奪取政權，登基做了皇帝。完顏亮是個流淌著先輩宗弼等人鮮血的貴族，一上台就策畫南侵，夢想吞併南宋。

秦檜死後，抗金的力量在南宋也有所恢復。秦檜死的那年（紹興二十五年）十二月，張浚被重新起用，恢復觀文殿大學士職銜及和國公爵位，去洪州（今江西南昌）做了知州。但張浚上奏請趙構備戰抗金，引起秦檜一黨的宰相万俟卨、知樞密院事湯思退不滿，被以「今復論兵，極為生事」的名義免職。只當了十個月官的張浚再次回到永州居住。

紹興二十八年（一一五八年），宋朝派往金朝祝賀正旦的使節孫道夫回國，報告說金朝有南侵的意圖。趙構以為宋金和平共處已久，而且金朝也沒有南侵的藉口。湯思退認為孫道夫要藉此引薦主戰派張浚，黨同伐異，將孫道夫貶為四川綿州知州。

第二年年底，金朝張榜禁止百姓妄傳即將起兵南侵。消息傳到南宋，趙構這才心裡一沉。

紹興三十年（一一六〇年），完顏亮幾乎是傾全國之力，發動女真和契丹、奚等民族士兵二十四萬，北方漢族軍隊十五萬，在第二年秋天兵分四路南侵：一路從海上直取臨安；一路出宿、亳，攻淮泗；一路出唐、鄧，取荊襄；一路出秦、鳳，入侵四川。

在金軍南侵的威脅下，秦檜餘黨湯思退遭到攻擊，被免官。趙構下令備戰。

既然備戰就不得不做出點樣子。張浚在戰爭一開始就被起用為潭州知州。次月改為建康知府。多年無戰事，南宋的軍備已經鬆弛，幾乎找不出可堪大任的主將。趙構只好請出身患重病的老將劉錡，任命為江淮浙西制置使，領兵抗敵。

金軍主力已經渡過淮河，長驅直入。劉錡迎戰，命令副帥王權先行。王權臨陣怯敵，在家裡抱著大小老婆哭泣告別，又以犒軍為名調動船隻將家中金帛運走，自己走到和州後賴著不走了。劉錡嚴令王權進軍，他不得已才進軍到廬州。一聽金軍將到，王權連夜逃走，導致宋軍全線潰退。後方的劉錡到了彌留之際，實在無力迎戰，只好率全軍退到鎮江。完顏亮率領金軍衝到了長江北岸。這是三十多年前完顏宗弼飲馬長江之後，金軍再一次打到長江邊上。

消息傳到臨安，京城亂作一團。文武官員紛紛把家屬送走，趙構聞訊，決計重演故技，再次漂洋入海。實際上，上一次漂泊海上之後，趙構一直在海邊給自己預備著御船，隨時做逃難東海的準備。宰相陳康伯竭力勸阻說，皇上，您不能跑，您一跑局勢就一發不可收拾了。趙構決定先留在臨安，觀望形勢再說。

南宋再一次走到了生死存亡的關頭。

二

紹興三十一年（一一六一年）十月，完顏亮率領金軍主力到達和州，搜集民船之餘趕造船隻，準備渡過長江。

之前，南宋派知樞密院事葉義問到鎮江督視江淮軍馬，中書舍人虞允文擔任督視江淮軍馬府參謀軍事，被派往和州對面的采石（今屬安徽馬鞍山市）犒師。葉義問到鎮江，見到了奄奄一息的劉錡，又聽說金軍造船的木屑成批地漂流到鎮江，立馬就要逃跑。鎮江的將士怒目而視，把他強留了下來。

十一月初八，虞允文到采石犒師。距采石還有好幾公里的時候，虞允文就聽到陣陣鼓聲。他下馬攔住路旁逃難的行人，問鼓聲從何而來。行人說對岸的金軍計畫在今天強渡長江，正在擂鼓列陣呢。虞允文隨行的人聽了，嚇得兩腿直哆嗦，都勸虞允文趕緊往回逃吧。虞允文正色拒絕，反而快馬趕到采石。

駐紮采石的是王權的部隊。王權已經被朝廷免職，新任的主將還沒有到來。王權所部殘軍不到兩萬人，擠在采石一地，進退兩難。整支部隊士氣低落，官兵們零散坐在路旁，各自做著逃跑躲避的打算。虞允文勇敢地來到軍中，亮出身分，召集將領們來開軍前會議。

這是一場特殊的軍前會議。敵人馬上就要進攻了，而宋軍卻毫無準備，連主持會議的都是一個新來的文官。虞允文其實並不懂軍事。他在會上只做了兩件事情，第一是用忠義榮譽相號召，鼓舞士氣，堅定了官兵們決戰之心；第二是開「諸葛亮會」，發動經驗豐富的將領們集思廣益，制定了沿江布防的方案。

采石是個地勢險要的兵家必爭之地。此地有座牛渚山三面環水，西南麓絕壁臨江，使得原本水勢平緩的長江到了此處水湍石奇。宋軍就埋伏在牛渚山的後頭。金軍從對面張望，只見采石方向毫無動靜，以為宋軍早就逃光了。金軍於是乘船渡江，完顏亮親自在岸邊指揮。開始都很順利，快到南岸的時候，原本空無一人的江邊突然冒出了許多宋軍，列陣以待；而且數不清的當地百姓都拿著傢伙趕到江邊助威，令金軍心驚膽戰。金軍士氣已經大落，虞允文馬上命令宋軍戰艦迎戰，當地民兵也駕著小船協同衝鋒。北人善於馬戰，南人善於水戰，這話一點都不假。宋軍的戰船就比金軍的要先進許多，既大又靈活，而金軍造的船不僅小，且造成平底的，行駛起來不穩。雙方船隊一衝擊到一起，金軍的隊形就被衝得四分五裂了。宋軍奮勇衝殺，取得了首戰大捷。

第二天，宋軍戰船主動進攻長江北岸的金軍。金軍出港迎戰，立即遭到嚴陣以待的強弩和霹靂砲的迎頭痛擊，金軍又一次大敗。宋軍乘勝放火燒毀其餘的金船，贏得全勝。完顏亮這下沒法過江了，只好移軍瓜洲。這就是帶有傳奇色彩的「采石大捷」。

其他幾路金軍的命運也沒好到什麼地方去。

企圖沿海南下進攻東南的金朝水軍遭到了李寶的痛擊，全軍覆沒。這個李寶，是岳飛的部下。他在岳家軍中統領義軍，屢立戰功，在岳飛死後做官做到了浙西路馬步軍副總管。完顏亮南侵的時候，步兵出身的李寶請求棄路入海，率領戰船一百二十隻，弓弩手三千人，航海北上狙擊金朝的水軍。朝廷同意了，任命李寶為沿海制置使北上，但並不對他抱有多大的期望。

李寶航海到海州（今江蘇連雲港）的時候，解救了被金軍圍困的抗金義兵魏勝的部隊，就此與山東義軍取得了聯繫。他在義軍的幫助下祕密前進到密州膠西縣的陳家島隱藏起來。當時金軍水師中有漢族的逃兵，來投靠他。李寶從他們那裡得知金軍不慣水戰的情報。金軍對水戰不習慣到什麼程度呢？水兵們在顛簸的海面上都不會正常睡覺了，只能匍匐而睡。李寶決定主動進攻。金軍水師剛出動的時候，李寶率南宋水軍突然襲擊，用火箭射擊金軍戰船的油帆。軍港頓時火焰沖天，宋軍勇敢地跳上少數沒著火的戰船，與金軍展開肉搏。這次南侵，完顏亮徵調了大批漢人，水軍中的漢人比例尤其高。這些漢人在宋軍進攻面前，紛紛卸下武裝投降。金朝艦隊就此全軍覆沒，水軍統帥上岸逃跑。

由河南進攻湖廣的金軍，從西北進犯川陝的金軍，也都受到了痛擊。金軍主動侵略的失敗標誌著南北均勢的格局已經穩固了下來，難以打破了。

可完顏亮不這麼認為，在失敗面前進一步加緊了從後方徵發軍隊，繼續在長江北岸準備新一輪的進攻。原本就不穩固的金朝高層再次動盪。東京留守完顏雍被後方貴族擁立為皇帝，宣布廢黜完顏亮。完顏亮進退無路的條件下，孤注一擲，喪失理智似地命令金軍三天內全部渡過江去，否則處死，結果反被部將殺死。金軍撤退，宋軍收復了江淮地區。

三

金軍撤走了，一月的江南又下了一場瑞雪，掩蓋了一切。朝廷重開歌舞昇平的慶宴。

張浚匆匆在年底趕到建康赴任，當時金軍已開始退兵，英雄沒趕上用武之時。戰後，趙構到建康慰問軍民。張浚迎駕，對趙構說：「秦檜勢力鼎盛時，如果不是陛下保全，臣恐怕早就沒命了。」經過多年的蟄伏，張浚依然在軍民中享有極高的聲望。隨行的禁軍官兵見到張浚，都自動行禮。當時劉錡病死了，大家都覺得朝廷應該會再次重用張浚。

趙構在長江邊轉了一圈，就回臨安去了。不久朝廷任命楊存中（楊沂中改名）為江淮荊襄路宣撫使，虞允文為副使。張浚被冷藏起來。友人就勸張浚乾脆辭官得了。張浚也有去意，但認為現在局勢還未最終安定，自己身為舊臣，被許多人關注。大家都把張浚的在與不在看作是局勢安危的風向標。張浚於是堅守在建康，事無巨細都親自處理。

東南局勢這才慢慢穩定下來。

四

紹興三十二年（一一六二年）正月，金朝重新打開了和平的大門。

新皇帝完顏雍以自己新登基為名，派使者來南方「通報一聲」。當時宋金兩國的戰爭狀態還沒有結束，所以南宋朝廷對是否迎接金朝使節的問題還展開了一場爭論。趙構說：「我們不知道金人的來意，如果貿然拒絕使者，恐怕有礙交好。」一些大臣乘機指出：「金朝南侵，原來宋金之間的盟約已經廢棄。現在我們可以平等的敵國禮接待金使，不再稱臣。」畢竟宋軍在戰場上獲得了全勝，可以提高外交要價了。趙構倒是對名分不太看重，他對大臣們說：「朕料此事終歸於和……至如以小事大，朕所不恥。」他希望以宋朝的勝利來換取河南的皇室陵寢地。於是就有許多官員附和趙構，說土地是實利，稱臣是虛名，主張繼續以藩屬對宗主的禮節接待金朝使節。

金使到了臨安，完全恢復了紹興和議的條款。和談過程中有個小波折，金朝使者仍然要求宋朝行臣禮。宰相陳康伯當面批駁，改用平等的國禮接待。之後，趙構派洪邁去金朝回禮。臨行前，趙構親自寫手札給洪邁，說：「如果金朝能將河南地區歸還宋朝，一定要居尊如故，朕再受一次委屈，也不算什麼。」洪邁到了燕京，金朝教他行臣禮。洪邁不聽，被鎖起來關了三天禁閉，然後放回南宋。河南的北宋皇陵最終還是沒有歸還南宋。

趙構不知道的是，北宋皇陵早已經經過多次盜劫，不堪入目了。紹興十八年（一一四八年），太常寺少卿方庭碩乘出使金朝的機會，到宋陵進行察看。只見陵區荒廢不堪，各陵均被掘得千孔百瘡，一片淒涼。宋哲宗趙煦的屍骨竟露擲陵墓之外，任憑風吹日曬，無人料理。方庭碩見先帝暴屍野外，悲從中來，脫下身上的袍服，將趙煦的屍骨包裹起來，重新置放陵中。

辛棄疾南歸

一

廣袤的金朝占領區一直活躍著抗金義軍。

這些抗金義軍主要是由農民組成，也有士兵、下級軍官、小商人和僧徒參加；原來反抗北宋王朝統治的許多農民起義軍這時也加入了抗金的行列；一部分被宋王朝責令解散的勤王兵，不肯散去，也在繼續進行抗金活動。山東就是抗金義民風起雲湧的地區。北宋末年，山東地區赫赫有名的梁山泊起義農民，遭到宋軍鎮壓後，並沒有消失。農民軍的殘部繼續以梁山泊為據點，堅持戰鬥。山東被金軍占領後，以張榮為首的梁山水軍，轉向抗金，形成一支強勁的抗金隊伍。

在完顏亮大舉南下的時候，掏空了後方的兵力，結果北方抗金武裝乘虛，紛紛起義。正隆六年（宋紹興三十一年，一一六一年），濟南府有農民耿京聚集幾十個人舉行起義，先後攻占了萊蕪、泰安兩縣，很快就發展到二十萬人的隊伍，成為北方義軍中最大的一支隊伍。有一個讀書人在鬥爭形勢一片大好的情況下，參加了耿京的隊伍。

這個讀書人就是辛棄疾。

二

辛棄疾於宋金和議談得熱火朝天的紹興十年（金天眷三年，一一四〇年）出生於山東歷城（今濟南）。

辛家屬於漢人，但是辛棄疾的爺爺辛贊憑藉能力，在金朝獲得了官職，擔任山東本地的縣令。這對於漢人來說，算得上是一個不大不小的奇跡。辛贊是個典型的「身在曹營心在漢」的人，一直希望有機會「投釁而起，以紓君父所不共戴天之憤」。辛棄疾從小跟在爺爺身邊。辛贊常常帶著小孫子辛棄疾「登高望遠，指畫山河」，向後輩講述靖康之變和北宋的歷史。辛棄疾也目睹了女真人統治下的民族矛盾，逐漸成長為了一個堅定的抗金主義者。

像辛棄疾這樣脫身於金朝內部的叛逆者，胸中恢復中原、報國雪恥的志向要遠遠大於那些從小在南宋的「愛國主義教育」下長大的人。

辛棄疾成年後被金朝的濟南官府推薦到燕京去參加進士考試。臨行前，辛贊叮囑孫子沿途要注意地理形勢和燕京的金朝政治情況。這一次科舉考試，辛棄疾沒有中舉，但是對祖父叮囑的事情倒很留心觀察。三年後，辛棄疾去燕京參加過第二次考試，依然沒有中舉，但是對北方地形和金朝內政卻成了一個專家。

辛贊在完顏亮南侵的前一年逝世，第二年，二十二歲的辛棄疾見山東地方空虛，傾家蕩產組織了一支二千多人的起義隊伍，投奔耿京。農民起義軍要發展壯大，正需要辛棄疾那樣有文才又有膽略的讀書人。耿京很高興地任命辛棄疾為農民軍的掌書記，掌管起義軍的大印和文書。

辛棄疾在起義軍中的表現可圈可點，體現出了一位一代名將的風範——如果未來給他機會的話。

三

辛棄疾希望耿京的部隊能夠發展壯大，剛好附近有一支起義軍，首領是一個叫做義端的和尚。辛棄疾起義前聯絡義士，和這個義端和尚認識，徵得耿京的同意就去說服義端帶領隊伍參加了耿京的起義軍。義端卻是一個忘恩負義，貪圖富貴的小人。一天晚上，他乘辛棄疾不備，偷走了耿京起義軍的大印，逃奔金軍。事情很快就被發現了。耿京就認為辛棄疾引來了奸細，居心叵測，要把辛棄疾處死。辛棄疾在痛恨自己輕信他人之餘，毅然懇求耿京：「義端偷印逃跑，我罪大當誅。但請您給我三天時間，讓我把義端捉回來。如果到了限期我不能把他捉到，您再將我處以極刑。」耿京同意了。辛棄疾快馬加鞭向金營追去，果然在路上追上了義端。辛棄疾也不答話，抽刀廝殺起來，很快就把義端撂倒在地。義端跪地求饒。辛棄疾當場砍下他的腦袋，拴在馬背上，回到耿京營裡。耿京不但不辦辛棄疾的罪，反而對他更加器重。

采石之戰後，金兵北撤。金世宗完顏雍與南宋講和，抽出軍隊來進攻北方的義軍。金軍招撫和鎮壓並用，北方抗金義軍受到了嚴重威脅。辛棄疾審時度勢，建議耿京聯絡南宋朝廷，進可以南北呼應，退可以渡過長江去。耿京果斷接受了辛棄疾的建議，派義軍總提領賈瑞前往建康覲見趙構，因為賈瑞目不識丁，加派辛棄疾一同前往。

紹興三十二年（一一六二年），賈瑞、辛棄疾帶著十幾個隨從到達建康。趙構聽說山東義軍主動歸附，自然欣然接受，在行在親自召見。辛棄疾陪同賈瑞上殿，從容不迫地宣讀了他為義軍起草的奏章，報告北方義軍的抗金情況。趙構連說山東義軍有人才，馬上任命耿京為天平軍節度使，命令賈瑞、辛棄疾回去要耿京堅持抗金。

當賈瑞和辛棄疾在建康的時候，義軍將領張安國在金朝的誘降活動下，貪圖榮華富貴，勾結意志薄弱分子，乘耿京不備將其殺害。張安國叛變後，被封為濟州州官。義軍經此大變，群龍無首，紛紛散去了。耿京的二十萬義軍不復存在了。辛棄疾等人是到海州才聽到這個噩耗的。辛棄疾當機立斷，問海州的南宋將領要了五十名勇士，決心深入虎穴除奸。

辛棄疾騎馬奔到濟州的時候，叛徒張安國正在官衙裡宴請賓客。張安國一時弄不清辛棄疾來意，就吩咐士兵們將辛棄疾等人帶進來。辛棄疾進入官衙，也不跟張安國搭話，帶著隨從一擁而上利索地把張安國捆綁起來，拉出衙門。官衙的士兵們紛紛圍上來，辛棄疾從容地邊將張安國縛在馬上，邊用威嚴的神色掃視四周，竟然將士兵們都給鎮住了。辛棄疾當場向他們宣布：「張安國叛國投敵，其罪當誅。朝廷的征討大軍馬上就要來了，願意抗金的人，可以跟我一起去迎接官軍。」張安國的部隊基本上是耿京起義軍的餘部，聽到辛棄疾一號召，數千人都願意跟隨辛棄疾。辛棄疾立刻帶著部隊，押著叛徒，策馬南下。南宋朝廷審清楚張安國的罪行，將他在建康斬首示眾。

辛棄疾深入金朝後方，不僅揪出了叛徒，還拉走了金軍部隊，驚得金朝山東地方官府目瞪口呆。

四

辛棄疾驚人的勇敢和果斷，使他名重一時，「壯聲英概，儒士為之興起，聖天子一見三歎息。」趙構給予辛棄疾很高的評價，任命他為江陰簽判的實職。這一年，辛棄疾二十三歲。

辛棄疾從此滯留江南，開始了在南宋的仕宦生涯。

但辛棄疾剛強果毅的思想品格和處事作風，與南宋頹靡不振的政風、士風不斷產生矛盾衝突。他念念不忘自己的政治理想和願望，只要一有就提出恢復方略。但他自北歸南的身分終究與南方的官僚們存在隔閡，其恢復之志也難以為多數人所理解，乃至屢遭讒言蜚語、猜疑詆毀和擯斥排擠。南宋迎接辛棄疾的只是不斷的挫折和大半生的不得志。

辛棄疾剛到建康的時候，沒有人能夠料到他最輝煌的政治生涯其實已經結束了。

注釋

❶一九三六年，杭州填河築路，望仙橋被廢，只有東側橋欄和施公廟被保留了下來。到了一九九二年杭州市政府拓建慶春路，施公廟最後的遺跡才被清除掉。南宋時有人建議，「現在的岳祠多鑄賊檜像，跪縛門外」，認為應該再鑄一個施全像，立在秦檜的左邊，持刀砍向秦檜。

❷另一個候選人趙璩遷往紹興安置，死後被封為信王。

第三章

德壽宮的太上皇

在舉國歡慶的大捷面前，趙構感到心力疲憊，搬進德壽宮做起了太上皇。那裡是他的世外桃源。新皇帝趙昚雖然不是親生兒子，卻比兒子還要孝順。但是趙昚在政治上與趙構背道而馳，也經歷了一個從有志作為到自甘平庸，又歸於平淡的過程，最後也做了太上皇。他的太上皇生活遭遇家庭危機，導致太上皇葬禮都無人主持，只能以內禪的形式實現政變。

早已湮沒在歲月中的德壽宮，見證了南宋三位太上皇的退休生活。

紹興三十二年（一一六二年）六月，天子行在——臨安城的百姓都沉浸在前方傳來的采石大捷的喜悅中。多少年來，富庶的南方一直受到北方女真人的壓迫和蹂躪。現在，官軍在長江邊的一場戰鬥中取得了斬首數以萬計，大敗入侵金軍的輝煌勝利，怎麼能不讓人振奮狂歡。

三個多月前就從前線返回臨安的趙構卻沒有喜悅之情。這位宋王朝的第十任皇帝，這位南宋王朝的開國君主，匆忙在本月的九日下詔宣布退位，將皇位讓給十天前剛剛被冊立為太子的趙昚（趙瑗改名）。

皇位是飛來橫財

一

臨安的臣民都震驚了。皇上為什麼在身體康健，形勢一片大好的情況下驟然退位？更有樂觀者正希望朝廷能以采石大捷為轉折，揮師北伐，恢復故土。而皇上不但沒有親臨前線的舉措，反而主動退位，大大傷了志士仁人們的心。的確，南宋王朝在紹興三十二年面臨的局面是相當優越的。一年前，金主完顏亮親自率領大軍，號稱六十萬之眾，水陸並進入侵南方。宋高宗詔諭全國軍隊抵抗。結果金軍水師全軍覆沒，西線部隊被狙擊在巴蜀的崇山峻嶺之中；完顏亮親率的主力先勝後敗，經過采石一戰潰不成軍。完顏亮本人被部將殺死；金國內亂，北方貴族在遼陽另立新君。形勢如此，就連南方婦孺老少都鬆了一口氣：金國鞭鞘所向，東南望風披靡的歷史終於一去不復返了！

但是人們不知道，早在四月分，宋高宗趙構就祕密向北方派遣了求和使團。雖然形勢對南方有利，雖然趙構很清楚南北方的均勢已然形成，他還是要以勝求和。臨行前，趙構給親信使臣洪邁一道手札：「若彼能以河南地見歸，必欲居尊如故，朕復屈己，亦何所惜。」可見趙構不論是外交姿態還是個人心態都沒有變，一如既往地委曲求全。

趙構又一次寒了天下志士仁人的心。後世也對趙構在外交上多有詬病。然而，如果回顧一下趙構的人生軌跡，我們會發現趙構的卑躬屈膝，主動退位都是自然的。早在五月二十八日正式下詔立皇子趙瑗為皇太子，並為他改名為趙眘時，趙構就已經表露出了禪讓的意思。

二

宋朝的皇位本來是輪不到趙構來坐的。

趙構並不是嫡子，更非長子，他只是徽宗的第九子。當年，父皇宋徽宗趙佶已經明確將皇位禪讓給了哥哥宋欽宗趙桓。與父兄相比，康王趙構相貌和能力都很平庸，文采和書畫更是差得一塌糊塗。皇室和趙構都以為康王將悠閒地過一輩子藩王生活。

命運在靖康元年（一一二六年）的春天發生了轉折。那一年正月，金人犯京師，兵臨城下，遣使入城要求北宋割讓河北三鎮，並要求宋王朝派遣一個親王級別的人去軍中議和。宋徽宗和宋欽宗不得不答應。一般情況下，朝廷會挑選一位無關緊要的王爺去擔任這個屈辱的、象徵性和有危險的角色。結果康王趙構中選了！當趙構還沒到金營的時候，汴梁城陷落，宋徽宗、宋欽宗被俘掠北去。齊聚在京師的宋王朝近支宗室都成為俘虜。趙構因為事先外出，反而成了碩果僅存的近支王爺，也就成為了金軍追擊的目標。在臣民的擁戴下，顛沛流離的趙構在商丘登基稱帝，延續了宋王朝的國祚。

一開始，帝位就沒有給趙構帶來任何利益。他沒有過上父兄那樣安逸浪漫的帝王生活，而始終處在金軍鐵騎的圍剿和國人抗金復國熱望的激蕩之中。趙構有心一雪靖康之恥，可無力恢復，首先要投入全身心去解決生存問題。趙構當政前期的主要任務就是逃難，活下去。建炎二年（一一二八年）九月，金軍對趙構小朝廷發動了追擊戰爭，勢如破竹，從中原直下東南。趙構從揚州、鎮江、杭州、越州、明州、定州，一路逃難入海。到第二年的十二月，趙構小朝廷就只能生存在海上了。建炎四年（一一三〇年）一月二十三日，金兀朮的水軍乾脆入海追擊趙構。金軍因不善水戰被和州防禦使、樞密院提領海船張公裕打敗。趙構這才倖免於難，走出了最危險的困境。十年後的紹興十年（一一四〇年）五月，金兀朮兵分四路，再次南侵。南宋軍隊拚死抵抗。趙構還發布檄文歷數金兀朮罪狀，以封節度使，賜銀帛各五萬、田千頃、住宅一處懸賞金兀朮首級。宋、金沿長江一線對峙了一段時日後，最終和談。趙構又舒了一口氣。他的這個皇帝位子這才算是坐穩了。

作為草創東南的南宋開國君主，命運注定趙構在解決了生存問題後，必須全力收拾一片空白、百廢待舉的亂局。帝王的安逸和享樂都已經被他的父兄透支完了，趙構要替他們還債，還要支付利息。他是一個能力平庸的君主，只能盡力而為。為了專心內政，為亂世的恢復和東南發展營造和平的環境，趙構對金國採取了委曲求和、謹慎侍奉的政策。他的這一外交政策遭到了朝野上下的巨大抨擊。對蠻夷卑躬屈膝顯然亂了儒家的「夷夏大義」。作為在「治國平天下」和「夷夏大防」的儒家教育中成長起來的帝王，偏安苟且的外交政策也並不是趙構所願意的。他何嘗不想馳騁雪恥，可南宋不具備那樣的實力。所以儘管南渡後屢遭譏評，趙構只能無奈地偏安江南。

當時翰林學士汪藻驚呼：「若夫理財，則民窮至骨，臣願陛下毋以生財為言也。今國家所有，不過數十州，所謂生者，必生於此數十州之民，何以堪之！」對於國家財政匱乏、涸澤而漁，趙構也承認：「國家財政匱乏，政務所花費過多。」曾經為相的呂頤浩說：「用兵作戰與營造宮室最費財力，深可為戒。」因此在紹興八年（一一三八年）十一月十九日，趙構詔令大臣：「南北軍民，十餘年間不得休息，欲屈己求和。」主戰將領韓世忠多次上疏，反對議和。趙構賜給他手札解釋說：「十餘年間，民兵不得休息，早夜念之，何以為心！所以屈己和戎，以圖所欲，賴卿同心其克有濟。卿其保護來使，無致疏虞。」誰讓趙構是個窮國弱朝的皇帝呢？

在執政的三十六年間，趙構沒有過過一天舒坦的日子。

三

趙構還有一些難以啟齒的苦衷。

長期的逃難生活剝奪了趙構的生育能力。他人生最美好的時光都耗費在逃難的路途中了，飲食無常，疲倦難得休息，甚至還蓬頭垢面、晝伏夜出。有的時候，趙構前腳剛躺下，金軍追兵後腳就到了。趙構在逃難途中得陽痿，喪失了生育能力。因此在勤於國事的同時，趙構還要為挑選百年後的繼承人憂慮。

當年統兵在外的大將岳飛公開上奏，建議趙構在朝政未定時早立嗣君人選，並進一步提議從皇室疏宗旁系中挑選年幼的孩子作為儲君。趙構知道岳飛是怕自己萬一出事後，趙宋王室無人繼承，也是為了國家好。但是他對岳飛的奏章抱有天然的反感，進而對岳飛這個人也沒有了好感。

趙構最隱祕的心病還是皇位的來源問題。皇位來得太偶然，太快了。往好了說，他身上承載著宋王朝雪恥復興的希望；往壞了說，他是唯一的皇帝候選人，臣民除了擁立他別無選擇。同時宋徽宗和宋欽宗都還在東北活得好好的。如果父兄回來，趙構的皇位就面臨著釜底抽薪的危險。趙構一方面有北伐中原，收復失地的心願，一方面卻又擔心真的收回失地後，父親和哥哥也都回來了。那時候，自己能不能再做皇帝就是大問題了。

趙構的心理備受煎熬。在朝堂上，他和大臣們一起呼喊「北伐雪恥，迎回二帝」；暗地裡，他時刻關注著父兄二人的消息，提防著他們的歸來。其實對於女真人來說，徽、欽二帝的利用價值隨著時間的推移越來越弱了。如果趙構強要，二帝南歸也不是不可能的事情。但南宋在與金國的外交交涉中，趙構從來就沒有提出過「迎回二帝」的要求。

紹興五年（一一三五年）四月，父親宋徽宗趙佶在冰天雪地的黑龍江五國城駕崩，享年五十三歲。兩年後這個消息傳到南方，趙構大慟，畢竟是骨肉情深啊！當時徽宗鄭皇后也已經死了，趙構就遙尊當時還被拘禁在北方的生母韋賢妃為皇太后。對於自己的生母，趙構很賣力地向金國交涉，要求歸還。終於在紹興十二年（一一四二年）四月，金國歸還了宋徽宗及其皇后的棺柩，允許韋太后南下。「帝親至臨平奉迎，普安郡王、宰執、兩省、三衙管軍皆從。帝初見太后，喜極而泣。八月，至臨安，入居慈寧宮。」對於趙構來說，生母是慈愛的，不會對自己的地位構成威脅，所以一定要交涉回來。

在父親死後二十七年（紹興三十一年），趙構在臨安得到哥哥宋欽宗趙桓死在北方的消息。他那顆被親情和政治交替攻擊的心既喜又悲，突然停歇了下來。那一刻，趙構累了。

四

當聽到采石大捷的時候，趙構的感覺是欣慰。自己辛苦三十多年，國力終於有所恢復，軍隊多少能夠維持守勢了。他可以放心地將這個偏安的小朝廷交給下一代了。

在趙構的禪讓詔書中，他直白地解釋退位的原因是「思欲釋去重負，以介壽臧」。對於已經執政三十六年的趙構來說，皇帝之位來得特別容易，也特別出乎意料。他沒有想到為了接受這筆「飛來橫財」，自己三十多年來要日日憂慮，疲於萬機，宵旰靡怠，在北方金人和朝野臣工的注視下不敢有絲毫倦懈。宣布解去重擔後，趙構默默對父兄說：「父親、哥哥，我把皇位重新交給列祖列宗了。」

六月十一日，禪讓典禮一結束，太上皇趙構隨即起駕前往德壽宮，沒有絲毫的留戀。

趙構的退休生活

趙構在位的時候就開始大規模地營造退位之後的安樂窩。那是他心目中的「世外桃源」。它就是南起望仙橋直街，北至祐聖觀路，西臨中河，東括吉祥巷、織造馬弄的「德壽宮」。德壽宮是在原宰相秦檜的府邸基礎上營造的，占地超過十七萬平方公尺。整座宮殿坐北朝南，布局仿照皇城，有德壽殿、後殿、靈芝殿、射廳、寢殿、食殿等十餘座殿院，還有中國歷史上最早的金魚家池、巨型太湖石假山「飛來峰」等大量園林景觀。亭台樓榭的精美程度比臨安皇城有過之無不及。對於這座美輪美奐的宮殿，任何文字描述都是蒼白的。要體會德壽宮的美麗，我們要閉上眼睛，想像中國古代盛行的寫意山水畫，將自己融入那一幅幅名作之中。那種感覺就是宋朝人置身德壽宮中的感覺。

文人們描述這個錢塘江邊西子湖畔的精美宏大工程是「一色樓台三十里，不知何處覓孤山」。新即位的宋孝宗為表孝敬，將德壽宮一再擴建。德壽宮規模越來越大，地位越來越重，成為了與皇宮並列的「北內」或「北宮」。

趙益在《西風凋碧樹》一書中對趙構的德壽宮太上皇生活有簡略卻精采的描述：

經歷過苦難的人，才能真正知道歡樂的可貴。太上皇高宗就是其中的一個。這位高壽的太上皇晚年喜靜好佛，在優遊閒淡的歲月中打發著餘生。早先的痛苦記憶隨著時間的流逝漸漸褪去，剩下的只有吟風弄月的瀟灑和恬適。上皇尤愛西湖，常常泛舟湖上樂而忘倦。平日居於北內，亦甚屬意器玩之物，嗣皇帝孝宗秉意承歡，時時網羅人間奇珍以供怡顏，遇得佳物，不復問價。每逢上皇生日，進奉尤甚，孝宗為承上意，曾一次進錢四十萬緡之數。宮廷靡奢之習影響甚大，貴近之家、北來豪客，仿效之風不絕，進而也傳染到民間。

二

趙構南渡後苦心經營的偏安王朝，是當時世界上最富裕的國家。它為太上皇趙構退休後的享樂生活提供了堅實的物質基礎。

單說德壽宮所在地臨安府的繁華景象。臨安府所屬的杭州本名錢塘，雖然歷史悠久，但大規模興起還是近代的事情。杭州在隋朝才開始設州，五代十國時期成為吳越國的首都。杭州的實質性崛起是在趙構手中完成的。

建炎三年（一一二九年），宋高宗趙構升避難地杭州為臨安府，屬浙江西路。自紹興二年（一一三二年）趙構自紹興府移駐臨安後，臨安成為了宋王朝的天子行營，成為了趙構後半生的家鄉。其間除了巡幸或者親征，天子行營有過短暫的遷移。一心恢復中原的文臣武將也反對將王朝的臨時首都定在距離中原甚遠，偏居錢塘江畔的一座二等城市。但自從紹興八年（一一三八年）二月，趙構從傳統上的南方首都建康返回臨安後，就拒絕再移往他處。

趙構喜歡臨安。臨安是一座典型的南方城市。她沒有舊都汴梁的雄壯深沉，卻飽含溫暖濕潤的東南孕育出來的特有的嫵媚秀麗。這可能更符合趙構的秉性和愛好。這裡有白居易、蘇東坡的文采和政績，這裡有西湖荷蕩、孤山美景和靈隱的鐘聲，這裡有錢塘濤聲、知了鳴叫和歌姬漫舞，這裡更有飽經動盪、力求偏安的趙構。經過三十多年的發展，臨安逐漸取代建康成為了江南的政治、經濟、文化中心，繁華不下舊京汴梁。

當朝詞人柳永的一闋〈望海潮〉把臨安的景觀著實鋪陳了一番：

> 東南形勝，三吳都會，錢塘自古繁華。煙柳畫橋，風簾翠幕，參差十萬人家。雲樹繞堤沙。怒濤卷霜雪，天塹無涯。市列珠璣，户盈羅綺，競豪奢。
>
> 重湖疊巘清嘉。有三秋桂子，十里荷花。羌管弄晴，菱歌泛夜，嬉嬉釣叟蓮娃。千騎擁高牙。乘醉聽簫鼓，吟賞煙霞。異日圖將好景，歸去鳳池誇。

三

趙構覺得臨安的美一半在西湖。他也酷愛遊西湖，退位後動輒就乘船在湖上遊樂。

西湖的確是臨安的眼睛，透過它可以看到臨安城的美。前朝的白居易說得好，「未能拋得杭州去，一半勾留是此湖。」當朝大臣楊萬里則寫道：「畢竟西湖六月中，風光不與四時同。接天蓮葉無窮碧，映日荷花別樣紅。」退休後的趙構就在西湖寬闊的湖面上流連忘返。

史書記載，高宗禪位後，曾經親臨拜謁顯應觀，並且賜金將觀內藻飾一新。淳熙十三年（一一八六年），他又以太上皇身分，封崔府君為「護國顯應興聖普祐真君」。其後，孝宗、寧宗、理宗或賜御書、或題碑額。觀中增道士、廣田畝，並開啟觀門，允許士庶前往祈禱。

突然有一天，趙構宣布自己「雅愛湖山之勝，恐數蹕煩民」，今後不再去遊湖打擾百姓了。他下令在德壽宮內造一個小西湖。《武林舊事》記載，德壽宮裡鑿了大龍池，引水注之，名曰小西湖。小西湖上有座萬壽橋，橋的中間有個四面亭；湖畔壘石為萬歲山，摹仿飛來峰，還取蘇東坡「賴有高樓能聚遠，一時收拾與閒人」的詩句造了一座聚遠樓。此外小西湖周邊還有香遠堂、清深堂、松菊三徑、梅坡、月榭、芙蓉岡、浣溪等景觀。小西湖的水來自中河，經過蜿蜒的水渠從西宮牆引進宮來。工匠們為了防止單調的水渠破壞整幅寫意山水，對引水路上疊山埋水，創造出小瀑布等景觀。不去西湖了，趙構就在宮中的小西湖自娛自樂。

趙構為什麼突然不遊西湖了呢？傳說這還與杭州的名菜「宋嫂魚羹」有關。

宋嫂魚羹是用鱖魚或鱸魚蒸熟取肉撥碎，添加配料燴製的羹菜。宋嫂魚羹起源於南宋淳熙❶年間的臨安。這道菜的發明人叫宋五嫂，東京汴梁人士，在汴梁經營魚羹菜館。靖康年間，宋五嫂隨著逃難的官民南遷到臨安，繼續在西湖邊上錢塘門外經營賣魚羹的小店，維持生計。她取材西湖產的大魚，創造了這道新菜。

《武林舊事》記載，淳熙六年（一一七九年）三月十五日，太上皇趙構像往常一樣泛舟閒遊西湖，興致濃厚以致忘了時間。船隻到錢塘門外時已近中午，趙構有點餓了。德壽宮的侍從就稟報說，附近有家菜館做的魚羹味道很好。趙構便命人買魚羹來嘗嘗。宋五嫂見湖中遊艇上下人來買魚羹，知道非官即貴，親自烹製了魚羹送到遊艇上。見是太上皇，宋五嫂也不驚慌，從容地獻上魚羹，述說了自己的經歷和魚羹的做法。趙構見她是汴梁的舊人，唏噓感慨，而魚羹又非常鮮美可口，就命人「賜金錢十文、銀錢一百文、絹十匹，仍令後苑供應泛索」。從此，宋五嫂的魚羹就被稱作「宋嫂魚羹」，定期供應皇宮，成為了杭州名菜。

浙江民間說法卻和《武林舊事》有很大的出入。從開始到宋五嫂獻魚羹這一部分都是一樣的。之後趙構問起魚羹的做法。宋五嫂回答說，這道菜的關鍵是把鱸魚的骨頭刺全都剔除乾淨。她邊說邊流淚。趙構就問她為什麼如此悲傷。宋五嫂說，她的這道菜就是看到天下人南北骨肉分離，才創作出來的。平日裡，魚羹賣得很好。她原本希望買的人能夠記住國家苦難，百姓骨肉不能團聚的現實，可惜人們都只關心魚羹的鮮美，卻忘記了她的苦心。趙構正在品嘗魚羹，聞聽宋五嫂的說法，大為掃興，不僅食欲全無，連遊玩的興致也沒有了。他揮揮手讓人把宋五嫂打發走，立即回宮。宋五嫂委婉的勸諫沒有起到效果，反而激起了趙構對退位前千頭萬緒、傷透腦筋的國事政務的回憶。

趙構早就累了，不想再過問世事了，沒想到百姓還是沒放過他。從此趙構不再去西湖，也極少出宮。他在德壽宮中營造了小西湖，自閉起來。

在德壽宮中，趙構開始醉心書畫，吟詩作樂。

四

趙構的書法原本與父兄兩人沒法相比，退休後他花了大量時間來練字、揣摩字帖。漸漸的，他的書法精湛，筆法端雅淳厚、涵泳雋秀。晚年，趙構自謂：「余自魏晉以來至六朝筆法，無不臨摹。或蕭散，或枯瘦，或遒勁而不回，或秀異而特立，眾體備於筆下，意簡猶存於取捨。至若《禊帖》，測之益深，擬之益嚴，姿態橫生，莫造其原，詳觀點畫，以至成誦，不少去懷也。」

趙構為了練習書法，需要搜羅古今名家字帖。上有所好，官員文人們紛紛進獻書畫作品。一天，宮人們獻了一幅宮外獻上來的巨幅圖畫。獻畫的人是張擇端，畫的名字叫做《清明上河圖》。趙構突然想起四十多年前，他在汴梁聽到過這個畫家和這幅畫的大名。當時張擇端將同樣名字的畫獻給了父親宋徽宗，得到了同樣是畫家的父親的稱讚。可惜汴梁失陷的時候，藏於內府的《清明上河圖》隨著六千件藝術品被金兵掠獲北去了。想必現在張擇端又重新繪製了一幅進獻給自己。

趙構小心地展開畫作。從看到內容的那一刻起，他就被這幅宏偉的寫實作品震驚了。多麼熟悉的汴梁風光啊，那河，那街，那城池，那酒肆，那清明時節的喧囂熱鬧。趙構彷彿回到了四十多年前。那時，他還是汴梁城裡的康王爺。他的王府就在主街道邊，他常常經過街道，高興或不高興地參加一個個的活動。趙構彷彿覺得這一切都還是昨天。

如果張擇端在四十年前將這幅《清明上河圖》獻給趙構，趙構會興奮異常，跑過去和張擇端稱兄道弟。但是現在他不會這樣了，他知道張擇端獻畫的目的，又是提醒他不忘復國大業。他厭倦了這樣的提醒。趙構狠狠心，讓宮人將這幅畫退回去，就說太上皇根本就不喜歡這幅畫。趙構撫摸長卷後，毅然將作品遞給了宮人。

又一天，宮人們獻上宮外正流行的一首詞。那是那個南歸的辛棄疾在登建康城賞心亭時所作的〈水龍吟〉：

> 楚天千里清秋，水隨天去秋無際。遙岑遠目，獻仇供恨，玉簪螺髻。落日樓頭，斷鴻聲裡，江南游子。把吳鉤看了，闌干拍遍，無人會，登臨意。
>
> 休說鱸魚堪鱠，盡西風，季鷹歸未？求田問舍，怕應羞見，劉郎才氣。可惜流年，憂愁風雨，樹猶如此。倩何人、喚取紅巾翠袖，搵英雄淚？

趙構又一次陷入回憶。他隱約記得自己做皇帝的時候接見過這個辛棄疾。當時年輕的辛棄疾從山東一路過關斬將，率領萬餘人歸降南方。趙構在寶座上對這個意氣風發，滿口北伐的年輕人褒獎了一番，分配到地方任職。後來他聽說這個年輕人不太合群，時而為官，時而罷官，斷斷續續，頻繁調動，也就不去關注他了。想不到，仕途不順的辛棄疾在文學上取得了耀眼的成就。

如今趙構還是不喜歡辛棄疾，更不欣賞他的這首〈水龍吟〉。他擺擺手讓人把詞給撤下去，又問起張擇端的近況。宮人回答說，張擇端幾天前剛死了。趙構長長歎了口氣，從此下令禁止再向德壽宮進獻詩詞書畫作品。

趙構想自閉於書畫，與世無爭的做法也沒有成功。

五

德壽宮中的太上皇越來越老，越來越少活動了。

趙構每一天的大部分時間都躺在德壽殿的榻上，安靜地看著庭院裡巨大的水車從早到晚地旋轉，緩緩地將清涼的河水舀起，又放下。水車輕輕扭動，河水低聲嗚濺，倒影在庭院中每天固定地移走。趙構覺得生活是如此的安寧，固定，與世無爭。這就是他追求半個多世紀的生活狀態。

晚年趙構最關心的事情就是在德壽宮中釀酒品酒。德壽宮配置了專門的釀酒師，用當時上好的惠山大米配合上等三白泉水釀酒。酒水裝在酒桶裡，泥封後印上「上品」的印記封存在宮中。年老的趙構幾乎一日都離不開德壽宮自釀的酒。

淳熙十一年（一一八四年）的一天，趙構和新皇帝趙眘一起品嘗自製的雪浸白酒。

趙構顯然對雪浸白酒很自豪。兒子趙眘勸諫道：「此物不宜多吃！」

趙構說：「不妨事，吃了反覺涼爽！」

那一夜，八十歲的趙構又是一場大醉。每一場大醉都能讓他忘記很多事情。

趙昚的孝道

一

太上皇趙構和新皇帝趙昚並不是親生父子，而是關係極其疏遠的遠房叔姪。趙構做了太上皇後，趙昚非常孝順。

德壽宮的物質供應充足，太上皇一有什麼要求，趙昚就儘量滿足。每個月，趙昚都起碼過來探望請安四次以上。每逢節日或出遊，趙昚都要恭請太上皇出席或同行。趙昚對待趙構就像親生兒子對待父親一樣。沒有兒子的趙構在德壽宮安享了天倫之樂。乾道三年（一一六七年）三月的一天，趙昚帶著皇后、太子一起到德壽宮拜見趙構並賞花。當日德壽宮小西湖畔鮮花怒放，內侍雜役來回奔忙。趙構子孫三代人先看拋彩球、盪秋千，再看百戲表演，然後登上御舟繞堤而行。趙昚安排數十條小舟，滿載酒食、水果和藝人跟隨在御舟後面，以備太上皇隨時召喚。湖上盡興後，一行人上岸繼續飲酒，欣賞歌舞，直到子孫三代都大醉為止。這樣的情景在德壽宮經常出現。

老年人喜歡安靜，趙構就喜歡讀讀「消遣文學」，尤其是那些市井雜文和筆記小說。趙昚派專人給太上皇搜集小說，竟然間接地推動了南宋民間文學的發展。趙昚「以太上享天下之養」為名，重金搜求話本。臨安城掀起了一股製造傳說的熱潮。後人熟知的白娘子的故事就是以這一時期為背景的，也是成型於此時的。

北宋的章炳文在《搜神祕覽》曾記載過「白蛇傳」的原型：

杭州雷峰庵廣慈大師，星霜八十有五，戒行清潔，時人所欽重。有孫來章秀才者，其妻素凌虐積惡，左右鞭箠無虛日。一夕卒，家人旦夕如事生。忽見一蛇，有雙眉類婦人，據椅盤屈，若有所歆饗之意。莫不驚懼，遂擲棄他所。孫君因夢其妻告曰：「我以平生不能遵守婦道，已化為蛇矣，何忍遽見棄耶？今為岐人所役，幸以青銅贖我，仍於雷峰庵廣慈大師處精修佛事，則我可以離此，免諸苦惱。」既醒，如所言。佛事將畢，遂放於雷峰道傍。一夕，因夢曰：「我已往生矣。」乃元豐五年之春也。

這則記載雖然簡單，但卻是目前所見唯一將雷峰與蛇女相聯繫的故事形態。其中蛇妻、丈夫、高僧也與白娘子、許仙、法海相應，所謂「青銅贖我」與後出的小青暗合。發展到南宋紹興年間，民間藝人將這則故事抽出來，演繹成了《白娘子永鎮雷峰塔》的話本。在朝廷為了太上皇「以怡天顏」的號召下，又有「金錢厚酬」的鞭策，民間藝人對故事又進行了精緻化加工，將原來「惡婦化蛇受罪」的故事改造為「蛇化美女迷惑男子」型故事，並為之增飾鋪衍，便形成了後人熟悉的白娘子的基本故事情節。

當時的民間藝人可能不會想到，這則進獻給太上皇，以博太上皇一笑的話本竟然成為了中國文學史上的一個經典故事。後世的許多人（包括筆者）在幼年時期都沉醉在它營造的江南柔情之中。

趙昚對趙構孝順備至。晚年趙構每每想起當初對趙昚的做法，總有一絲內疚。

二

趙昚雖然在盡孝道方面無懈可擊，在政治上卻和養父背道而馳。

趙昚是堅定的抗金主義者，積極主張抗戰。金主完顏亮南侵，大臣們紛紛要求退守，剛做太子的趙昚卻要上書請纓，親自作前鋒抗敵。給太子講儒學的教授史浩忙勸趙昚不要領兵，改向趙構請求陪同前往建康。

趙構退位只有一個月，連年號都還沒改的時候，趙昚就推翻了他的大政方針。六月十一日趙構退位，七月十三日趙昚就下詔為岳飛恢復名譽，尋找岳飛遺骨輝煌大葬。朝廷下詔尋找岳家後代，給予重賞重用。被秦檜以「妄議和好」的罪名貶斥的胡銓苦盡甘來，重新入朝。相對應的，趙昚開始降低對秦檜的評價調子。

趙構感到震驚。他在秦檜死後的第二天就下詔明示：「秦檜力贊和議，天下安寧。自中興以後，百度廢而復備，皆其輔相之力，誠有功於國。」現在他坐過的皇位還熱著，之前鐵定的案子就被推翻了。更接受不了的是，趙昚宣稱這是趙構的夙願，現在是幫著太上皇完成心願。實際上，趙構對岳飛沒有好感。殺岳飛是他定下的鐵案，是奉行對北方和平政策的重要組成部分。長此下去，趙構怕自己確定的對北方委曲求和政策會被推翻，朝廷驟起兵戎之舉。他覺得現在還遠遠不到南北對戰的時機。趙構擔心：萬一官軍打敗了，那以後可怎麼辦啊？

聽到朝廷公開為岳飛平反，太上皇坐不住了。猶豫了一陣，趙構決定從德壽宮趕去皇宮見趙昚，說個清楚。太上皇后吳氏拉住丈夫，苦苦勸道，你現在已經不是皇帝了，就安靜歇著吧，別再去管那些剪不斷理還亂的政務了。再說了，兒子都已經說過他給岳飛平反是為了完成你的心願，已經給你台階下了，你就順著台階下吧！

趙構仔細想想，也對，不在其位，不謀其政。趙昚既然有熱情，就由著他去做吧。

不出趙構的意料，朝廷以為岳飛平反作突破口，一改先前的對金委曲求全，防守自衛的政策，開始有計畫地進行著北伐準備。隆興元年（一一六三年）正月，趙昚任用主戰派頭號人物張浚為樞密使，掌握兵權。

趙構對張浚非常熟悉，從他登基的第一天起，張浚就一心恢復，聲聲北伐，但志大才疏，空費國家錢糧，罕有成就。尤其是在淮西兵變後，趙構對張浚失望至極，認為張浚這樣的主戰分子空談復國，拖垮了國家，混亂了朝政。張浚被擱置不用，貶往永州居住二十年。完顏亮南侵的時候，趙構不得不順應民意起用張浚。但趙構依然不能原諒張浚，只讓張浚判潭州，後又改判建康府，起象徵性作用。張浚到任時，宋軍已經取得采石大捷，完顏亮也已被部將殺死。此時趙構決意求和，再次擱置張浚。趙昚即位後，張浚升任樞密使、都督江淮東西路軍馬，封魏國公。趙昚還拉著張浚的手說：「朕久聞相公的大名，現在朝廷就依賴您了。」

當趙昚把國家兵權都託付給張浚後，趙構覺得自己有必要和趙昚深談一次了。

趙構趁趙昚來德壽宮請安的時候，語重心長地告訴他：國家尚未恢復元氣，北伐復國固然重要，但寬民富國更加緊迫。民不富則國弱，糧不足則兵弱。現在有些大臣高喊北伐復國，卻不知道是否符合國情，是危險的。

趙昚回答說：「太上皇請放心，國家現在兵強馬壯，足可一戰。待光復中原，還於舊都的時候，王師還等待著太上皇您去犒軍嘉獎呢！」

趙構見養子戰意已決，也不再勸說，只能調侃說，我等自己百年後再考慮這些事情吧。

趙昚堅定不移地在主戰的道路上走了下去。

二月二十九日，他下詔驅逐秦檜黨羽，禁止他們隨意來臨安；從各地往前線調配物資，準備戰爭。五月十二日，宋軍李顯忠部渡過淮河，南宋對金朝的第二次北伐正式開始。李顯忠和邵宏淵等人在戰爭前期迅速取得了靈璧、宿州戰鬥的勝利，收復失地。前線每天都有捷報傳來，趙昚樂觀地認為：「近日邊報，中外鼓舞，十年來無此克捷。」朝廷上下也緊跟著高唱凱歌，彈冠相慶。誰料到幾天之後，戰爭形勢就發生了逆轉。邵宏淵與李顯忠不和，消極作戰。五月二十二日，金軍十多萬步騎兵反擊，擊潰李顯忠部。兩天後，金軍追擊宋軍到符離集（今安徽宿縣北），又一次擊潰宋軍。宋軍死傷無數，南宋徵集的物資喪失殆盡。符離大敗表明，張浚等人認為的「天下民心士氣可用，官軍北伐將得到天下呼應，一舉恢復中原」的判斷完全是主觀臆斷，是不切實際的空想。

主戰派代表張浚面對戰敗，被排擠出朝去福州當官，途中還上書反對對金朝割地求和。有人就勸他不要再談時事。張浚反駁說：「我久居重任，現在雖然去朝，仍盼望皇帝感悟。見到的事，怎能不說。」走到餘干，張浚病死了。湯思退繼任宰相。

趙昚的北伐以損失億萬之巨物資和十萬生靈的代價失敗了。金朝乘機漫天要價，揚言要海、泗、唐、鄧四州。在湯思退等人的蠱惑下，朝廷一開始同意了割讓四州。但趙昚中途反悔了，態度強硬起來，說四州不可割，金朝一定要四州，宋就罷和議。湯思退怕和議不成，請趙昚奏稟太上皇，然後從事。趙昚呵斥說：「今天已不是秦檜的時候，你的議論比秦檜還不如！」湯思退默然無言。❷

同知樞密院事劉珙一次來德壽宮覲見太上皇。他認為：「復仇雪恥，誠乃當今之要務。但臣以為，若非積十年之功內修政事，恐怕未可輕動。」趙構深以為是。

趙昚還沒死心，雖然實現了與金國的和平，但沒有徹底放棄主戰立場。張浚去職後，早先取得采石大捷的指揮官虞允文被提拔為宰相。趙昚希望虞允文能夠修文習武，振興朝政，再次取得采石大捷那樣的勝利。虞允文似乎沒了早先在采石磯的神武和才能，一心埋頭內政，在執政期間沒有北伐之舉。後來，趙昚又讓虞允文主掌四川，盼望著虞允文能夠先從西線出擊，使北伐旗開得勝。虞允文遲遲不配合，一味回奏說軍需未備，不能出擊。趙昚非常不滿，又派人持手諭催虞允文儘早行動。使者剛到的時候，虞允文不幸病逝。趙昚得報，長長地歎了一口氣。

這一年，宋孝宗改年號為「淳熙」，出師北伐之議從此再也沒有被提起過。

趙昚之後來探望太上皇的時候，心態歸於平和，談書畫、談風景，沒有了開始時的意氣風發。趙構看到養子的變化，彷彿看到了自己退位前的樣子。政治就是這麼現實。趙構想，可能誰坐在金鑾殿的那個寶座上，都會回歸這樣的心態吧！

三

歸於平和後，趙昚來德壽宮的頻率大大增加了。有的時候，趙昚也帶皇太子趙惇同來。趙惇已經做了十幾年的太子，四十多歲了，鬚髮花白。趙構父子在一起的時候，喝酒、觀花、聊天。趙構的妻子、太上皇后吳氏則更喜歡和孫子趙惇閒聊。

一次，趙惇又來探望祖父母。趙構見他鬚髮皆白，不解地問：「孫兒，你為何不用藥染黑鬚髮啊？」

趙惇回答說：「前些日子還真有人給我送來了染鬚髮的特效藥，不過我沒有用。」

吳氏一旁追問：「有人送藥，你為什麼不用呢？」

趙惇輕描淡寫地說：「孫兒以為，白鬚白髮並沒有什麼不好，反而可以向天下顯示我的老成。」

趙構知道這不是孫子的本意，但也只能在心中暗暗歎氣。在立嗣問題上，趙構認為趙昚做得太急了。早早地確立趙惇的太子地位反而讓兒子和孫子之間失去了斡旋的餘地。這麼做也許是因為孫子是兒子親生的緣故吧？可是趙構作為太上皇管不了了，沒精力管，也就不想管了。

吳氏倒是慫恿著趙構干涉趙昚的家務事。趙構勸她說，兒子的家務事，我們做父母的就不要管了。

四

淳熙十四年（一一八七年）夏天開始，趙構的身體就越來越差了，後來竟至臥床不起。太醫雲集，趙昚、趙惇頻繁探望，可病情就是不見轉好。

趙構知道自己大限將到。他在病榻上又想起了辛棄疾的那首〈水龍吟〉。「可惜流年，憂愁風雨，樹猶如此。倩何人、喚取紅巾翠袖，揾英雄淚？」在心底裡，趙構還是需要辛棄疾這樣的詞人慷慨激昂的豪放作品的激勵的。他讓宮人們收集辛棄疾的近作來閱讀。辛棄疾的〈永遇樂・京口北固亭懷古〉很快就被呈送了上來：

> 千古江山，英雄無覓、孫仲謀處。舞榭歌台，風流總被、雨打風吹去。斜陽草樹，尋常巷陌，人道寄奴曾住。想當年，金戈鐵馬，氣吞萬里如虎。
>
> 元嘉草草，封狼居胥，贏得倉皇北顧。四十三年，望中猶記、烽火揚州路。可堪回首，佛狸祠下，一片神鴉社鼓。憑誰問，廉頗老矣，尚能飯否？❸

趙構將這首詞仔細品味了無數次，非常喜歡。他知道因為自己的緣故，辛棄疾的人生並不美滿，志向難以伸張。因為趙構雖喜歡辛棄疾的詞作，卻難以將作品中的思想付諸於政治實踐。也許，有些思想只能停留在紙張上，它們就是因為過於理想化，不切實際才吸引人的。

當時的辛棄疾因為文筆震動江南，受到了趙昚的親自接見。辛棄疾收到鼓舞，寫了〈美芹十論〉、〈九議〉等抗金名篇，進獻給朝廷。儘管這些建議書在當時深受朝野上下的稱讚，廣為傳誦，但已經不願再打仗的朝廷卻反應冷淡，只是對辛棄疾在建議書中所表現出的實際才幹很感興趣。辛棄疾的政治境遇沒有得到絲毫的改善，他又陸續擔任了江西、湖北、湖南等地的轉運使、安撫使一類地方官職，治理荒政、整頓治安。這顯然與辛棄疾的理想大相徑庭。雖然他幹得很出色，但由於深感歲月流馳、人生短暫而壯志難酬，內心卻越來越感到壓抑和痛苦。

辛棄疾漸漸也看淡了官場沉浮，開始做歸隱的準備。他在江西上饒的帶湖畔修建了園榭，以便離職後定居。果然，淳熙八年（一一八一年）冬，四十二歲的辛棄疾因受到彈劾而被免職，歸居上饒。此後二十年間，他除了有兩年一度出任福建提點刑獄和安撫使外，大部分時間都在鄉間居。「了卻君王天下事，贏得生前身後名，可憐白髮生」，「卻將萬字平戎策，換得東家種樹書」。晚年的辛棄疾只能把宏大的志向和抗金的感慨埋藏在這些詩篇之中。

比辛棄疾早步入晚年的趙構顯然也收到了他的作品的鼓舞。「想當年，金戈鐵馬，氣吞萬里如虎。」有沒有人會在千百年後也在作品中提到自己呢？趙構覺得自己會出現在後人的作品中，但肯定得不到劉裕那樣的高評價。趙構更多的是一個偏安君主的代名詞。

「這個皇位並不是我想要的，而是突然落在我身上的。」一旦成為皇帝後，很多事情就輪不到自己做主了。三十六年的帝王生涯讓趙構付出了巨大的代價，時刻壓力重重，備受煎熬。即使退位避居德壽宮後，他還要為自己做帝王時的所作所為而備受干擾，難以脫離國事家事。趙構病重期間常常假設：「如果我只是康王，那會是怎麼樣的一個人生啊？」

淳熙十四年十月乙亥，趙構在德壽殿駕崩，享年八十一歲。趙構被安葬在會稽（今浙江紹興）永思陵，趙昚給他上謚號為「聖神武文憲孝皇帝」，廟號「高宗」。

家庭危機

一

淳熙十六年（一一八九年），也就是趙構死後的第二年，宋孝宗趙昚也搬到了德壽宮，做起了太上皇。趙昚覺得自己各方面都比不上養父趙構，當不起德壽宮的德壽二字，所以將宮殿改名為「重華宮」。

趙昚退位時，素衣簡從地前往重華宮，開始退休生活。他終於能夠明白養父趙構二十七年來的心情了。那是一種長期志向受到壓制，壓力重重以致心力交瘁之後突然釋去重負的感覺。

趙昚的皇帝生涯經歷了從一心北伐，到勵精圖治，再到不堪重負的心理變化。他剛登基時定年號為「隆興」，立志光復河山，中興祖宗基業。他令人眼花撩亂地恢復名將岳飛謚號「武穆」，追封岳飛為鄂國公，剝奪秦檜的官爵，起用張浚北伐中原。結果官軍遭受了符離大敗，損失慘重，金軍乘勝進擊。趙昚被迫於隆興二年（一一六四年）和金國簽訂「隆興和議」。之後趙昚不得不勤政理財，本意是為了再戰，卻不想這一埋頭內政，就是二十多年，直到鬢髮雪白，雄心不再。歷史上將宋孝宗專心理政，百姓相對安寧富裕的局面稱為「乾淳之治」❹。但就趙昚本心來說，這是無心插柳的結果。每每想起自己也曾主持過對金國割地求和，妥協退讓的隆興議和，趙昚就覺得臉紅。在那次和議中，南宋割讓了唐、鄧、海、泗、秦、商六個州，承認金宋為叔姪之國，每年向金國進獻財物。趙昚這才體會到趙構的艱難，體會到實力差距造成的心理無奈。

兩年前，太上皇趙構駕崩的時候，趙昚突然覺得筋疲力竭了。他必須拖著疲倦的身軀為趙構行三年之喪。今年正月，北方的金世宗也駕崩了，繼位的金章宗只有二十二歲。按照和約，六十三歲的趙昚要稱金章宗為叔父。歲月尚未抹去的自尊讓趙昚接受不了如此的屈辱。他覺得，朝廷走了一位太上皇，應該再有一位新的太上皇。那就是他自己。

身心疲憊是趙昚退位做太上皇的一大原因，太子趙惇的逼位則讓他打定了內禪的決心。

太子趙惇是趙昚的親生子。趙昚當初認定這個兒子能力品行出眾，與自己一樣懷有恢復之心，「英武類己」。遺憾的是，歷史證明趙昚完全看走了眼。在父親趙昚面前，趙惇的表現四平八穩。在做太子的十幾年間，趙惇對祖父趙構、父親趙昚畢恭畢敬。趙昚高興的時候，趙惇也「喜動於色」；趙昚遇到煩惱的時候，趙惇也隨著「愀然憂見於色」。但他不是真的和父親心思一樣，與父親同喜同悲，而是揣摩上意的表演。表演得久了，趙惇的太子地位也就完全鞏固了，他的心理也起了變化。當趙惇邁過四十歲門檻的時候，他著急了。趙昚的身體一直很好，如果按照自然規律發展下去，趙惇即使如願登上了皇位，也做不了幾年皇帝了。

於是，趙惇經常有意無意地在趙昚面前露出自己的滿頭白髮。儘管侍從和官員們紛紛向趙惇進獻黑髮的特效藥，但趙惇都拒絕使用。他就是要讓父親知道，兒子也已經白髮上頭了，也應該做皇帝了。趙昚特別反感趙惇的做法。趙昚就是在將近四十歲的時候登基的，也做過大齡太子。而且趙昚還在後宮中度過了二十多年沒有名分，時刻可能被廢黜的皇子生涯。趙惇與自己相比，簡直就是嬌生慣養出來的孩子。終於在趙惇又一次展露自己的白髮後，趙昚忍不住發火了。他嚴肅地告訴太子，人多生幾根白髮，並不是什麼壞事，相反能證明一個人的老成穩重。

趙昚給趙惇潑了冷水後，趙惇不敢再向父親公然挑戰。他轉而討好祖母、太上皇后吳氏，夢想「曲線救國」。吳氏喜歡趙惇，也同情他的處境，曾經多次向太上皇趙構和皇帝趙昚暗示過。結果趙構責備她多管閒事，趙昚推說太子還需要歷練。這麼一來一去，趙昚、趙惇父子的心裡就留下了陰影，父子關係不那麼和諧了。趙惇對趙昚猜忌、恐懼，暗地裡吐露了怨言。

淳熙十四年（一一八七年）十一月，趙昚決定來個了斷。他宣布要為死去的太上皇趙構行三年喪，創議事堂，下詔由皇太子趙惇參決庶務，命令洪邁條具合行事宜以進。這是他公開表示要將皇位讓給趙惇了。趙惇喜出望外，立即開始總理朝政。當時大臣楊萬里上疏力諫趙昚，同時上書趙惇說：「天無二日，民無二王，一履危機，悔之何及！與其悔之而無及，孰若辭之而不居？」趙惇聞之悚然，但強烈的權力慾促使他毫不停留地接受了父親的安排。

一年以後，趙昚正式召集三省、樞密院執政大臣，告知欲行內禪之舉。群臣都交口贊同這意料中的結果。知樞密院事黃洽卻一言不發。趙昚奇怪地點名徵詢他的意見。黃洽回答說：「太子可負大任，但太子妃李氏不足以母儀天下，還望陛下三思。這本不是微臣應該說的，但既然陛下詢問，臣不敢不答。恐怕他日陛下想起臣的這番話時，卻沒有機會見到微臣了。」趙昚沉默不語。他不是不知道退位後的種種隱患，可他寧願選擇退位也不想繼續留在皇位上。黃洽話既已說出，便請求辭職。趙昚退位，趙惇登基，史稱宋光宗。

事態的發展被黃洽不幸言中了。

二

趙昚退位後最擔心的就是兒媳李氏作亂。

李氏名鳳娘，出生於節度使家庭。還在家的時候，道士皇甫坦就預言李鳳娘會成為皇后，要李家好好撫養。後來李鳳娘被選為恭王趙惇的王妃，在光宗朝順理成章地成為了皇后。但是李氏性情妒悍，嫁給趙惇後就徹底破壞了皇室的安寧與和睦。趙惇偏偏又是極端怕老婆的人，聽任李氏為所欲為。

舉兩個例子：趙惇曾經寵愛一個姓黃的妃子。李氏很嫉妒，趁趙惇外出祭祀天地的時候將黃氏打死，對外宣稱暴斃。趙惇貴為天子，回來後也無可奈何；又一次，趙惇洗漱時發現一位伺候宮女的雙手潔白可愛，非常喜愛，盯著看了幾眼。幾天後，李氏派人給趙惇送去一個食盒。趙惇打開一看，差點暈厥過去，原來食盒裡裝著當天那個宮女的雙手。久而久之，趙惇對李氏產生了不敢割離的恐懼感。史載：「帝疾由是益增劇，不視朝，政事多決於后矣。」

李鳳娘驕奢無比，卻沒有絲毫政治能力，只知道為自己李家牟利。她封祖宗三代為王，家廟規格逾制，衛兵比太廟還多。李鳳娘還風光地歸謁家廟，推恩親屬二十六人、使臣一百七十二人，即使李氏門客也都補了官職。史官們認為這是「中興以來未有也」。

趙構還在位的時候，就對孫媳婦李氏的所作所為很不滿。趙昚也不滿兒媳婦，曾嚴厲訓斥她說：「你應該學太上皇后的德行。如果你再插手東宮事務，朕就要廢掉你！」然而考慮到趙惇，趙昚在位期間都沒有廢黜李鳳娘。很自然的，李鳳娘那樣的人對公公趙昚懷恨在心。

退位後，趙昚沒有享受到天倫之樂。李氏很少去看望閒住的太上皇，即使去了重華宮，不是不冷不熱，就是傲慢無禮。趙昚的皇后、太上皇后謝氏好言規勸李鳳娘要注意皇后身分，要謙恭懂禮。李鳳娘當場翻臉，諷刺謝氏說：「我可是皇上的元配妻子，是明媒正娶的皇后！」謝氏是侍女出身，早年侍奉宋高宗吳皇后，後來才被賞給趙昚。謝氏因為書法騎射出眾而得到趙昚的寵愛，晉封為皇后。李鳳娘當眾譏諷太上皇后謝氏的身分卑微，激起了重華宮的大亂。謝氏大怒，繼而大哭不止。趙昚震怒之餘，決定廢黜李鳳娘。他召來老臣史浩商議廢后之事。史浩勸諫道，新皇帝趙惇即位尚短，驟行皇后廢立大事，恐怕會引起天下非議，不利社稷江山的安穩。他堅決不同意廢后。趙昚只能再物色其他大臣作為幫手。可惜他已經退位當了太上皇，除了幾個老臣，再也找不到有力的支持者了。趙惇則退避三舍。廢后一事最後只得不了了之。

太上皇趙昚和兒媳婦的關係算是徹底破裂了。他討厭李鳳娘來到重華宮，但有的時候他又盼著李鳳娘的到來。因為只有那時候，兒子趙惇才敢跟著來看退休的趙昚。

三

趙昚退休後有更多的時間來思考自己和幾個兒子的關係問題。

趙昚的元配妻子不是謝氏，而是郭氏。郭氏出身名門，為宋真宗郭皇后外家的六世孫。她是宋高宗皇帝給趙昚選定的妻子。可惜郭氏在趙昚即位之前就病死了，在趙昚登基之後才被追封為皇后。郭氏給趙昚留下了四個嫡子，分別是：長子趙愭，封鄧王；次子趙愷，封慶王；三子趙惇，封恭王；第四子早夭。

有感於自己二十多年沒有名分的宮廷生活，趙昚登基之初就冊立了太子。鄧王趙愭因為是嫡長子，很自然地被立為太子。不幸的是，趙愭不久之後就病死了，追謚為莊文太子。按照出生順序，慶王趙愷應該被冊立為太子。但是趙昚看好趙惇，偏愛趙惇。相反，他認為次子趙愷寬厚仁慈，缺乏君王的果敢幹練，成不了大事。於是，趙惇越過哥哥趙愷被立為太子。

趙惇之後的表現很窩囊，這我們都看到了。趙愷則寬宏厚道，雍容大度，即使與一步之遙的皇位失之交臂，也依然保持著謙恭謹慎的姿態。他對父母兄弟、達官顯貴以及宦官宮女都以禮相持，舉止得當。乾道七年（一一七一年）二月，趙愷被改封魏王，兼判寧國府，開始離開臨安，獨當一面。淳熙元年（一一七四年）十月，趙愷又改判明州。擔任地方官期間，趙愷心繫黎民，做了很多實事、好事。南宋初年的南北戰爭嚴重破壞了南方的農業。趙愷在任上重視圩田的修復，推廣種植小麥，成效顯著，得到朝廷的嘉獎。在明州期間，趙愷重視教育，興辦了許多學校。淳熙七年（一一八〇年）二月，趙愷卒於明州任上，死在了趙昚前面。趙昚素服發哀於別殿，追贈趙愷為淮南武寧軍節度使、揚州牧兼徐州牧，謚號惠寧。千百年後，地方志上還記錄著趙愷當年的政績，尊稱他為「魏惠憲王」。趙昚又一次看錯了人。

就像趙構退休後對趙昚抱有愧疚之情一樣，趙昚也對趙愷感到內疚。他總覺得自己對不住二兒子趙愷。

四

另一邊，趙惇也想過要改變被老婆控制的局面。他想釜底抽薪，將李鳳娘的親信宦官全部殺死。古代皇后不僅衣食住行離不開太監的伺候，弄權干政更是需要太監的協助。趙惇就想從太監入手，解決受制於妻子李氏的窘境。

關鍵時刻，性格懦弱的趙惇當斷不斷、猶豫不定。太監們也不是省油的燈，他們探聽到趙惇的祕密計畫後，更加依附於李鳳娘以求自保。每當趙惇流露出憎惡太監的言行，李鳳娘就加以包庇。因為母老虎的保護，趙惇最終沒能剷除哪怕是一個小太監。太監們認定只有維持甚至加強皇帝的家庭矛盾，他們才能長久平安。於是，太監們險惡地在趙惇和李鳳娘之間，趙昚和李鳳娘之間，趙昚和趙惇之間挑撥離間，唯恐天下不亂。

夫妻齟齬、父子隔閡使得趙惇承受了巨大的心理壓力，身心勞頓，患上了一種「怔忡病」。趙昚在重華宮聽說兒子生病了，愛子心切，將太醫們都叫到重華宮來，給趙惇配藥抓藥。因為他不願意主動去皇宮見那凶惡的兒媳，就坐等趙惇前來請安時，將藥給兒子服用。太監們乘機在趙惇和李鳳娘面前搬弄是非，說：「太上官家（指太上皇趙昚）合藥，欲待皇上前去問安，即令服飲。倘有不測，豈不貽宗社之憂麼？」意思是說太上皇私自在重華宮配藥，等著皇上去服用，是別有用心。趙惇自然不肯前往重華宮服藥。

當時重華宮和皇宮之間還有禮尚往來，間接的常規聯繫還比較密切。恰好，趙昚看到一個玉杯很好玩，就讓太監送給趙惇。趙惇一時沒有拿穩，玉杯落地摔碎了。太監們回到重華宮後，向趙昚造謠說：「皇上一見太上皇賞賜的玉杯，不知道為什麼非常氣憤，把玉杯摔碎了。」趙昚一片好心，換來這樣的結果，不免對兒子不滿且猜忌起來。慢慢的，重華宮和皇宮之間的器物饋贈和常規禮節聯繫也都斷絕了。

趙昚父子之間嫌隙越來越深，交往日少。寂寞的趙昚在重華宮中常常幾個月都見不到趙惇一面。趙構營造的美景，碧波蕩漾的小西湖在他眼裡都失去了光彩。

五

在宣稱以孝道治天下的古代政治中，趙昚父子之間的隔閡注定要成為王朝大事件。

宋朝是個重文抑武的王朝，文官集團的力量異常強大。文官集團首先對太上皇和皇上之間的矛盾發難，矛頭都是對準趙惇的。一次，趙惇率領後宮嬪妃遊覽聚景園，而沒有邀請太上皇趙昚一起流覽。趙構還在世的時候，趙昚每次出遊都要恭請作為太上皇的趙構同行。現在趙惇獨立遊玩的行為遭到了文官們的猛烈非議。群臣紛紛上書，有的旁徵博引，有的春秋筆法，有的指桑罵槐，都是批判趙惇的。趙惇本來心裡就不痛快，精神壓力大，現在見到雪片般飛來的指責奏章，更不高興了，與趙眘的感情又少了一分。

不久之後，趙眘出遊東園。按照趙構在世時的做法，趙惇應該前往侍奉。趙眘也盼著兒子前來一同遊玩。可直到夜幕低垂，家宴開始之時，趙惇還是難覓蹤影。充滿期待的趙眘的失望和不快就可想而知了。當晚，年老的趙眘大發雷霆，感歎時過境遷，人心叵測。最後，近臣們好不容易才將趙眘勸回宮去。隨行的太監們很快就將這一幕宣揚了出去。太上皇和皇帝的矛盾衝突開始公開化了，在臨安城裡越傳越廣，版本也越來越多。

現在，趙眘只能是有淚倒向肚子裡流。

過宮事件

一

重華宮和皇宮的矛盾終於在宋光宗趙惇立嗣問題上爆發了出來。

因為悍婦李鳳娘把持後宮，趙惇只有一個兒子。那就是他和李鳳娘所生的趙擴。皇位穩定後，趙惇計畫冊立趙擴為太子。或許這背後有李鳳娘干政的身影。太上皇趙眘堅決不同意立趙擴為太子。他厭惡李鳳娘，進而也就對她的兒子沒有了好感；同時趙惇窩窩囊囊的樣子也讓趙眘對趙擴的能力沒有信心。而太上皇趙眘屬意的人選是趙惇兄長、魏王趙愷的兒子趙抦。趙愷生前的優異表現讓趙眘覺得趙抦也會有上佳的政治表現。

一提到趙愷的名字，趙惇的神經就敏感起來。當初趙愷是更有資格做太子的人，趙惇取代兄長成為太子，出乎自己的意料，因此要防備著東宮之位重新被趙愷奪走。好在二哥死得早，趙惇的擔心也就不會成為現實。現在太上皇突然提出捨棄自己的獨子，改立趙愷的兒子為太子，這無疑讓趙惇感到恐懼與猜疑。父親為什麼要這麼做？他是對我公開表示不滿，還是要對死去的二哥做一個補償？

趙眘也知道兒子的疑懼，於是就在幾天後舉辦家宴，召趙惇來重華宮面談。他想把自己的意見和擔心都擺出來，父子一起商量。重華宮的宴會邀請發到皇宮後，李鳳娘根本就沒讓趙惇知道。她獨自去了重華宮，當面向趙眘提出要立嘉王趙擴為儲君。趙眘沒有意料到會出現這樣的情況，沉吟不答。李鳳娘按捺不住，公然責問公公說：「立嫡以長是自古鐵律。我是六禮所聘的皇后，趙擴是我親生的皇子，為什麼不能立為太子？」我們知道趙眘並不是宋高宗趙構的兒子，而是從皇室疏宗旁系中挑選來的養子。李鳳娘的話公然揭露了趙眘的出身，氣得太上皇渾身發抖。趙眘當即拂袖而去。

李鳳娘沒有實現目的，眉頭一皺，回皇宮後對著趙惇哭哭啼啼，把太上皇從私自配藥到強硬要立姪子為太子等事情添油加醋地哭喊了出來。她的結論是太上皇趙眘根本就不喜歡趙惇，直到現在還對皇帝有廢立之意。否則，趙眘為什麼對趙惇夫婦這麼不好啊？

趙惇對父親的疑懼被妻子這麼一激，將李鳳娘的結論信以為真了。他對趙眘的感情由怨到恨。此後一年多時間裡，趙惇沒有踏進過重華宮一次。立趙擴為太子一事因為太上皇趙昚的堅決反對，拖而不決。

父子雙方都為此付出了慘痛的代價。

二

宋光宗不給宋孝宗請安的事件就是宋史上著名的「過宮事件」。

趙惇有明顯不孝的表現，引得群臣紛紛進諫。但他就是不聽。文臣們只好來最後一招，那就是「伏闕泣諫」。也就是一大幫文官顯貴齊刷刷地跪在皇宮裡，哭得稀里嘩啦地請皇帝答應他們的要求。這一次，群臣們的要求很簡單，就是讓趙惇抽空去看看重華宮裡寂寞的太上皇。紹熙三年（一一九二年）十一月，趙惇有一次面對群臣的苦諫後推辭不過，當場勉強答應去向趙昚請安。拖了幾天，趙惇還沒有實際行動。群臣又要苦諫，趙惇這才去了重華宮，象徵性地探望趙昚一次。之後的長至節（冬至）和元旦，趙惇先後到重華宮給趙昚問安。

這是趙惇最後一次前往重華宮，之後他再也沒有踏進重華宮半步。其間，在「母老虎」李鳳娘的凶殘霸道下，趙惇還抑鬱成疾，病情相當嚴重。趙昚聽說後，愛子心切，從重華宮趕過來探視。

病榻上的趙惇已經不省人事了。趙昚新仇舊恨湧上心頭，訓斥李鳳娘說：「皇帝病得如此嚴重，都是你這個皇后沒有照顧好丈夫。如果皇帝有什麼不測，我就族誅了你們李家！」李鳳娘害怕了。不久，趙惇病情有所起色，她就在丈夫面前造謠說太上皇在皇上生病期間有所異動，會對皇上不利。她進一步勸趙惇千萬不要去重華宮，如果去了，沒準就被太上皇給扣留了。趙惇也不仔細思考，輕信了李鳳娘的話，更加不敢見太上皇了。

皇帝和太上皇長期互不相見，使得「過宮事件」繼續膨脹。朝野上下議論紛紛，臨安內外沸沸揚揚。史載：「帝久不朝太上，中外疑駭。」不僅朝廷大臣紛紛勸諫趙惇，臨安的太學生們也都集會呼籲。學生一向是最激情的人群。他們動輒聯絡上百人聯名上書，要求皇帝過宮，給整件事情加薪澆油。趙惇對待勸諫的態度是，奏章我看，但就是不聽。

紹熙四年（一一九三年）九月初四是重明節（宋光宗生日），臨安的宰執、侍從和太學生們決定在這一天聯合發動大規模勸諫活動，逼皇帝去重華宮向太上皇請安，以解決困擾朝廷多時的「過宮事件」。當天早朝的時候，大臣們當朝死諫，侍從們傳遞進來數以百計要求皇帝向太上皇請安的奏章。書寫奏章的幾乎包括了臨安城所有的太學生。

臣工們的要求就是請趙惇在自己出生的這一天，念及父母的生育之恩，去重華宮向太上皇請安。趙惇藉口自己帶病不宜出行，拒絕了臣下的請求。丞相以下至於太學諸生再次力諫。給事中謝深甫說：「父子至親，天理昭然，太上之愛陛下，亦猶陛下之愛嘉王。太上春秋高，千秋萬歲後，陛下何以見天下？」謝深甫將話說得很重，也很實在。太上皇趙昚的年紀已經很大了，萬一哪天死了，趙惇就再也見不到父親了。到時候，趙惇怎麼向天下交代啊？趙惇顯然被打動，當場答應當天前往重華宮向太上皇問安。群臣們山呼萬歲，連忙擺好儀仗，列好隊，等待趙惇出行。

趙惇換了衣服後，正要出發，走到隔斷大臣和後宮的御屏的時候，被李鳳娘給拉住了。

李鳳娘挽著趙惇的胳膊，嬌滴滴地說：「天氣這麼寒冷，皇上還是先回宮飲酒吧。」

趙惇本來就不是特別堅定要去重華宮請安，現在被李鳳娘一挽留，馬上改變了主意，轉身要回後宮去。

恭候多時的百官和侍從們見到這幅景象，面面相覷，驚訝得說不出話來。這時，中書舍人陳傅良上前厲聲說道：「陛下之不過宮者，特誤有所疑而積憂成疾，以至此爾。臣嘗即陛下之心反覆論之，竊自謂深切，陛下亦既許之矣。未幾中變，以誤為實，而開無端之釁；以疑為真，而成不療之疾。是陛下自貽禍也。」陳傅良不僅公開指責趙惇，還衝上前去拉住皇帝的龍袍，不讓他回後宮。皇帝、皇后和陳傅良三個人拉拉扯扯起來，兩個人要往回走，一個人要向外走，結果僵持在御屏後面。

李鳳娘急中生智，呵斥陳傅良說：「此何地，爾秀才欲斫頭邪？」朝廷嚴令，外臣沒有宣詔不得進入後宮。現在陳傅良越過了御屏，從嚴格意義上說，是犯了朝廷的嚴令。

陳傅良只好放手，大哭，踉踉蹌蹌地退出宮去。

李鳳娘覺得很奇怪，讓貼身太監去問陳傅良為什麼哭泣。陳傅良說：「臣猶子，君猶父，力諫不從，怎得不泣？」在儒家思想中，君是父，臣是子。父親明顯做錯了，兒子又勸不了他，除了痛哭之外，還能做什麼呢？

李鳳娘得到回報，更加生氣，竟然傳旨，今後永不再見太上皇。

三

紹熙五年（一一九四年）春，太上皇趙昚的生命開始走向盡頭。

太上皇病重的三個月間，皇帝趙惇沒有去探望過一次。相反，他天天在宮中與李鳳娘遊宴。趙惇如此行徑，完全喪失了人心。朝廷大臣見政局至此，紛紛上疏自己彈劾自己，請求罷黜。在奏章中，大臣們指出朝廷出現了道德危機，一向提倡的孝道沒有得到執行，感到自己列位朝堂對此負有不可推卸的責任，應該受到懲處。奏章上去後，官員們按慣例都居家待罪，不去辦公了。這是基於儒家思想和現實考慮的行為。皇帝不孝，又不聽勸諫，群臣們只能將此歸咎於個人沒有做好大臣職分。既然沒有盡職，就要受到處罰。但另一方面，所有大臣都「待罪在家」，荒廢了朝政，也是變相地勸諫皇帝。類似於今天的集體罷工。於是，朝廷上出現了「舉朝求去，如出一口」、朝政無人打理的現象。趙惇依然對此置若罔聞。

六月，趙昚已經到了彌留之際。臨死前，他特別想見兒子趙惇一面，顧視左右，淚流滿面，卻說不出話來。消息傳出重華宮後，輿論大譁。宰相留正、兵部尚書羅點、中書舍人陳傅良、起居舍人彭龜年等人不得不再次進諫，力勸趙惇過宮去與太上皇訣別。其中，彭龜年跪在地上不斷地磕頭，頭破血流，滿身滿地都是鮮血。留正則拉住皇帝的衣裾不放，哭著懇請趙惇一定要去見太上皇最後一面。趙惇只反覆說我知道了、我知道了，一點沒有起駕去重華宮的跡象。最後拗不過大臣的死勸，趙惇讓兒子、嘉王趙擴代為前往探視。

六月戊戌，過了五年寂寞、無奈、傷心的太上皇生活的趙昚逝世，享年六十八歲。死前，趙昚一直深情地注視著宮門，希望兒子的身影能夠出現。重華宮那遺憾的長瞥，深深投射到了帝國政界中，隨即掀起了洶湧的波濤。

四

太上皇死後，重華宮的內侍沒有首先向皇帝趙惇報告，而是先去找了朝廷的重臣們。他們先去了宰相留正的私第和知樞密院趙汝愚的官邸，通知噩耗。趙汝愚得知噩耗後，制止了內侍去皇宮報告。他擔心李鳳娘萬一知道消息了，可能阻攔趙惇上朝，甚至是封鎖消息。趙汝愚要求重華宮當天祕不發喪，隱瞞太上皇崩逝的消息。

第二天入朝，趙汝愚當著趙惇和滿朝文武的面，將太上皇駕崩的消息稟告給了皇帝，公諸於眾。大臣們邊哭邊請趙惇速去重華宮主持太上皇安葬的事宜。對於喪事，趙惇沒有任何理由推託，不得不答應下來。這一次，群臣覺得趙惇怎麼也得去重華宮主持父親的喪事了吧。大家在宮門外列隊等候了多時，直等到中午，還不見皇帝的影子。原來趙惇懷疑這是大臣們為了要讓自己去見父親，偽造了父親的死訊，下套讓自己去重華宮。他心底裡還是不願意去那並不太遠的地方。就當群臣望眼欲穿之時，後宮傳來消息說，皇上生病了，最近不處理政務。也就是說，趙惇不出宮了，太上皇的喪事沒人主持了。

宋王朝的政界就出現了危險的一幕：太上皇停屍重華宮，因為沒人主事而無法入殮；原本應該主持一切的宋光宗趙惇稱病不出宮門半步。我們不知道趙惇到底是不相信父親真的死了，還是被李鳳娘所脅迫，或者兩者都有。相反，北方的金國得到趙昚的死訊後，馬上派遣使者前來弔唁。趙惇作為家屬和君王，應該出面接待。但尷尬的是，因為趙惇躲在深宮中，金國的使團竟然無人接待。一兩天之內，東南騷動。「時中外訛言洶洶，或言某將輒奔赴，或言某輩私聚哭。朝士有潛遁者。近倖富人，競匿重器，都人皇皇。」臨安城裡謠傳滿天飛，人心惶惶，有的人還收拾細軟離開了臨安。恐慌情緒開始傳播到軍隊中。「京口諸軍訛言洶洶，襄陽歸正人陳應祥亦謀為變。」

宰相留正和知樞密院事趙汝愚無可奈何，只好跑去請八十一歲高齡的宋高宗皇后、太皇太后吳氏出面主持喪禮。吳氏是駕崩的太上皇趙昚名義上的母親。由母親給皇帝兒子來操作喪事，這是聞所未聞的事情。吳氏一口拒絕。后妃走到前台，發號施令，是王朝大忌。吳氏不敢冒此大忌。這難不倒趙汝愚等人。他們從書堆裡搬出了之前太后便宜從事，拯救危局的故事來。吳氏禁不住留正和趙汝愚兩人苦苦哀求，也考慮到局面已經到了無法收拾的地步，只好勉為其難，掙扎著出面主持了太上皇趙昚的喪禮。

趙昚停屍的尷尬終於解決了，但朝政的困局依然存在。朝廷政務不能沒有人決斷，太上皇入葬時不能沒有後代出席，這些都怎麼辦呢？

尚書左選郎官葉適向宰相留正提出了一個大膽的建議：擁立嘉王趙擴為太子，監國代理皇帝職務。葉適說：「上（指趙惇）疾而不執喪，將何辭以謝天下？今嘉王長，若預建參決，則疑謗釋矣。」留正採納了這個建議，由他領銜、朝廷宰執多人附署，上奏說：「皇子嘉王，仁孝夙成，宜早正儲位，以安人心。」大臣們對趙惇已經失望了，他們現在希望他能夠允許趙擴以太子的身分出現在朝堂和葬禮上，緩解政治危機。

奏章遞進宮去六天，沒有任何回應。群臣們都急了。六天後，那份奏章帶著趙惇的批示從宮中出來了。上面多了八個字：「歷事歲久，念欲退閒。」

這是一句文不對題的回答。趙惇沒有說是否同意立趙擴為太子，反而透露出了自己退位的意思。在這樣的時刻，趙惇是萬萬不能退位的。因為太上皇還沒有入葬，朝廷還沒有太子，皇帝在這個時候退位算是怎麼回事啊？從趙惇的角度來說，他真的是筋疲力竭了。短短的四年皇帝生涯中，家庭不幸，政務荒蕪，民怨沸騰。趙惇卻沒得到一絲的寬慰和休憩。他怎麼能不渴望退閒隱居呢？

宰相留正本來是希望趙惇早定太子，以安人心，緩解政治危機，卻不料引出了皇帝退位的意思。這時候，留正身上暴露出了讀書人的弱點：懦弱，不肯承擔責任。他不敢再在臨安的政治亂局中堅持下去了，他更不敢在沒有太子的前提下主持皇帝退位儀式，怕惹禍上身。留正已經隱約感覺到現在的困局，除非來一場宮廷政變，否則是難以破除的了。從皇宮裡出來，留正假裝摔倒，扭了自己的腳脖子。一瘸一拐地回到家後，留正馬上以受傷為由，上書請求辭去宰相職務。不等朝廷回覆，留正就在第二日的五更天，「肩輿出城去」，潛逃出了臨安城。宰相辭官，臨安人心更加浮動，朝政運轉完全停滯。時人指責留正開溜是「擅去相位」。

趙昚與趙惇的家庭危機終於擴展成了整個宋王朝的政治危機。

紹熙內禪

一

趙昚身後亂局被打破的關鍵人物還是趙汝愚。

趙汝愚走上宋王朝的政治舞台，是一個例外。趙汝愚，字子直，號東山，生於今江西上饒餘干縣，是宋太宗之子漢恭憲王趙元佐的七世孫。他是趙昚的遠房姪子，趙惇的遠房堂兄弟。北宋開國的時候就規定宗室成員不能出任朝廷的宰執。帝國為宗室確立了優厚的待遇，用以交換他們手中的權力，壓制他們的政治欲望。宋朝的宗室貴冑在享受美輪美奐的物質同時，被委婉地排斥在政治之外，只起著儀式性的作用。但趙汝愚憑著真才實學和突出政績，考中了狀元，還逐步升遷到了掌握兵權的知樞密院。儘管有人對他的升遷提出質疑，但皇室和多數大臣都支持趙汝愚擔任這個職務。

正因為如此，趙汝愚兢兢業業、如履薄冰，避免成為他人彈劾甚至是議論的靶子。面對趙昚死後的危險亂象，趙汝愚覺得自己有必要出面解決皇室家務事，一來他是朝廷重臣，二來他是皇室遠親。

趙汝愚判定政局亂象非下猛藥不能治癒。他和幾位大臣密謀後，認為皇帝趙惇已經失去人心，只有推舉皇子、嘉王趙擴即皇帝位，才能打破混亂，更新朝政。問題在於趙惇自己不會出來禪位給趙擴，而趙擴又不是太子，這一套程序沒法完成。趙汝愚決定以政變的方式，請出太皇太后吳氏，直接下詔宣布趙惇退位，趙擴即位。

趙汝愚的政變計畫得到了多位大臣的贊同。

二

趙汝愚畢竟掌握兵權，知道但凡成功的政變都需要事先配置好軍隊。

發動宮廷政變離不開守衛宮廷的將領的配合。當時指揮禁軍的是殿帥郭杲。趙汝愚儘管掌握著天下兵權，也需要聯合他解決危機。但趙、郭二人彼此並不熟悉，關係更談不上親近了。趙汝愚怕郭杲到時不配合，很發愁。

恰好工部尚書趙彥逾來訪。趙汝愚和他談論國事，談到傷心處，相對而泣。趙汝愚想起平日裡趙彥逾和郭杲關係不錯，就向他透露了一點政變的意思。想不到，趙彥逾非常贊同發動政變。趙汝愚故意憂愁地說：「只怕到時候郭杲不同意，率軍反對，怎麼辦？」趙彥逾拍拍胸膛說：「我願意去勸說他，知院大人就等著好消息吧。」他決定晚點去找郭杲，第二天再來向趙汝愚復命。趙汝愚著急地說：「此等大事既然已經說出了口，豈容有所耽擱？」的確，政變是流血殺頭的大事，哪還容得你過一天再去辦。片刻的遲誤都可能威脅身家性命。

趙彥逾走後，趙汝愚緊張得都不敢退回私室，而是坐在大廳的屏風後，焦急地注視著大門，等待趙彥逾的身影出現。好一會，趙彥逾急匆匆地趕來了。看到他那興高采烈的樣子，趙汝愚明白政變是箭在弦上，不得不發了。

趙汝愚正想去拉留正一起發動政變，誰料沒來得及說，當天留正就在朝堂上摔跤「受傷」了。第二天，留正五更天就溜出城去，沒法參與整個政變。留正逃跑後，臨安城裡人心浮動。趙汝愚主動承擔起了宰相的角色。儘管心底裡七上八下，趙汝愚表面上仍泰然處之。

現在政變的關鍵工作就只剩下老太皇太后吳氏這一關了。政變的成功，不僅需要吳氏的首肯，還需要她出面宣布政變的結果，需要她按照祖制出面垂簾聽政、廢黜皇帝、新立趙擴。但是吳氏深居慈福宮中，極少與外臣交往，怎麼才能讓她贊成並配合政變呢？趙汝愚與徐誼、葉適等人商量，判斷吳氏也對趙惇不滿，極有可能贊同外臣的安排。問題是找誰去慈福宮裡爭取吳氏？

徐誼推薦了知閤門事韓侂胄。知閤門事是宮中管理宮門的中級官員，是皇室近臣，通常是由外戚擔任。韓侂胄就是當朝著名的外戚。他是名臣韓琦的曾孫，母親是太皇太后吳氏的妹妹。因此韓侂胄隨便出入宮廷，在吳氏面前走動。由他去做說客的確是再合適不過了。

韓侂胄爽快地接受了外臣們的囑託。他也對皇帝趙惇的所作所為不滿，更重要的是他一直希望能夠和外臣一起參與朝廷大事，建功立業，贏得權勢，恢復祖先的光榮。這麼說吧，韓侂胄是一個盼望有所作為的外戚。他不敢怠慢，馬上進入慈福宮，將外臣們的計畫一五一十地告訴了吳氏，勸吳氏答應。太皇太后吳氏當初答應主持趙昚的喪禮就已經是勉為其難了，現在聽說要她出面「主持」廢黜皇帝的政變，一口拒絕掉：「既然皇帝不答應，這件事情還能說什麼呢？」

韓侂冑不死心，第二天又到慈福宮再次勸說姨媽吳氏。老太太還是不同意。

正當韓侂冑焦躁無奈地在慈福宮門口團團轉，無計可施的時候，重華宮提舉關禮正好經過，詢問起來。韓侂冑支支吾吾，閃爍其詞。關禮指天發誓說：「韓公儘管直言不諱，關禮如果能夠效力，一定幫忙。如果力不能及，也決不會洩露出去！」韓侂冑就把政變計畫和遇到的困難講了一遍。關禮當即表示要入宮勸說太皇太后。

關禮拜見吳氏後，二話不說，先淚流滿面。吳氏慌忙問道：「你這是怎麼啦？」關禮哭著回答：「我是在哭現在朝廷的亂象。即使是聖人在世，也不會料到會出現如此混亂的局面啊。」吳氏生氣地說：「這不是你們這些小臣應該知道的。」關禮力爭說：「此事天下婦孺皆知。今日宰相去位，朝廷所依賴的就只有趙知院了。趙知院早晚也會掛冠而去，到時候朝廷可怎麼辦啊？」吳氏聞聽大驚說：「趙知院本是宗室同姓，怎麼會同普通大臣一樣逃跑呢？」關禮就說：「趙知院之所以沒有離開，就是因為還仰恃太皇太后您啊。如果您今日不出來主持大計，趙知院無所適從，也只有請去了。知院一去，天下復將如何，請太皇太后三思！」

吳氏被深深觸動了。她想到韓侂冑兩次勸她出面支持內禪，決定配合群臣的計畫。她詢問左右韓侂冑在什麼地方。關禮回答說：「臣已留其候命。」吳氏歎氣說：「這件事情是大事，事順則可。你傳諭韓侂冑，要好自為之，務必仔細。」吳氏決定，明日她將上朝垂簾頒旨。

關禮趕緊傳旨韓侂冑。韓侂冑立即告訴了望眼欲穿的趙汝愚。

當時，星星已經慢慢爬上天空，臨安城中炊煙四起。趙汝愚迅速發動所有力量，完成剩餘的政變準備工作。他派人告訴殿帥郭杲和步帥閻仲，讓他們連夜召集所部兵士分別守住南北內宮，以防不測；又通過關禮布置宣贊舍人傳昌朝等摸黑趕製龍袍。現在，趙汝愚反而擔心趙惇突然出現在朝堂上了。

至此，政變準備工作全部完成了。

三

第二天是禫祭，皇室貴胄和文武百官都聚集到太上皇趙昚的靈柩前。趙惇和李鳳娘依然沒有出現，趙汝愚鬆了口氣。

事情變得非常簡單了。趙汝愚率領百官恭請太皇太后吳氏垂簾聽政。吳氏同意。趙汝愚再拜跪在地，啟奏說：「皇帝疾，不能執喪，臣等乞立皇子嘉王為太子，以安人心。」剛剛垂簾的吳氏現在已經有了處理朝政的權力，批准立趙擴為太子。

趙汝愚第三步是將趙惇幾天前御批的「歷事歲久，念欲退閒」八個字公布於眾，並上奏吳氏：「皇上決意退位，請太皇太后恩准。太子當為新皇。」吳氏說：「既有御筆，卿當奉行。」趙汝愚說：「內禪事重，須議一指揮。」吳氏說，好，大臣們擬定詔書吧。趙汝愚不慌不忙地從袖子裡抽出早已擬定好的詔書呈上。吳氏接過來一看，詔書上寫著：「皇帝以疾，未能執喪，曾有御筆，欲自退閒，皇子嘉王擴可即皇帝位。尊皇帝為太上皇，皇后為太上皇后。」閱畢，吳氏說：「甚善。」趙汝愚隨即傳令將詔書內容公布天下。

至此，趙惇在毫不知情的情況下被廢黜，成為了太上皇。宋王朝的皇位實現了更替。

趙汝愚捧著詔書和龍袍去見皇子趙擴，迎接他登基稱帝。這時候發生了一點小狀況，也是整個政變過程中唯一的一處意外：趙擴堅決推辭，不願意當皇帝。趙汝愚等人也不答應，簇擁著趙擴來到大殿。趙擴掙扎起來，最後以至於繞著大殿的柱子逃跑。他一邊躲避，一邊大喊：「兒臣做不得，恐負不孝名。」趙汝愚在後面邊追邊勸說：「天子當以安社稷、定國家為孝，今中外憂亂，萬一變生，置太上皇何地！」最後，又是吳氏出面，呵斥了趙擴這個曾孫子。趙擴才極不情願地停止了不成體統的奔跑。

眾臣將趙擴扶入素幄，披上龍袍。趙汝愚率領文武大臣，列隊再拜。趙擴正式登基，改元慶元，史稱宋寧宗。太皇太后吳氏隨即宣布撤簾歸政，結束了只有一天時間的垂簾聽政生涯❺。趙擴登基後，宋朝的政治亂局迎刃而解。趙昚的喪禮由新皇帝、孫子趙擴出面主持，朝政也得以繼續運轉。趙昚謚號為「哲文神武成孝皇帝」，廟號「孝宗」，於當年十一月乙卯葬於永阜陵。宰相留正被召回朝中，臨安城又回復了往日的繁華喧囂。

這次政變史稱「紹熙內禪」。

四

當趙惇在宮中聽到外朝皇帝朝會的鐘鼓聲響起，他非常清楚那不是自己吩咐下去的。到底是誰，敢大膽地動用天子禮樂呢？

不多時，有幾個大臣過來拜見趙惇。他們使用的稱謂是「太上皇」。趙惇這才明白：哦，原來我已經不是皇帝了啊！這幾個大臣是遵照新皇帝趙擴的意思，「恭請」太上皇出宮的。趙惇沒有進行權力反抗，也沒有大吵大鬧，只是平淡地說了一句：「怎麼事先也不告訴我一聲啊？」

趙惇無可奈何地收拾起行囊，搬出皇宮去。李鳳娘也隨丈夫一起出宮，稱為太上皇后。即位前，趙惇對皇位充滿了期待，甚至有些急不可耐。但在位的五年間，他毫無作為，白白浪費了天下五年時間。而趙惇本人也沒有從皇位中得到絲毫的享受或是快慰，只有無聊的辛苦和疲倦。當車駕緩緩離開皇宮的那一刻，趙惇有了祖父趙構、父親趙昚當年那種如釋重負的感覺。

因為原來安置太上皇的重華宮已經改名為慈福宮。吳氏從德壽宮時期就一直居住在那裡。經過「紹熙內禪」後，吳氏和趙惇夫婦顯然不能同住一地。於是朝廷決定將趙惇夫婦移居泰安宮。

在泰安宮中，趙惇得出一個結論：自己不適合做皇帝。他的太上皇生活單調沒有色彩，只是在反覆地回憶皇帝生涯。近侍們總能聽見趙惇一個人在房間裡自言自語，有的時候會出現罵聲甚至是哭聲。慶元元年（一一九五年）十一月戊戌，趙惇被上尊號為「聖安壽仁太上皇帝」，情況也沒有好轉。那李鳳娘說來也怪，褪去皇后的光環被安置在泰安宮後，居然安靜了下來。慶元六年（一二〇〇年）春，做了五年多太上皇后的李鳳娘病死。

兩個月後的一天，太上皇趙惇難得走到庭院中，默默地看著草長鶯飛的院子。他聽到有恢宏的鼓樂之聲由遠及近，傳入耳中。那是兒子、皇帝趙擴從郊外祭禮歸來時宮中奏的樂。

趙惇問近侍們樂聲何來？

左右怕實話實說惹得太上皇觸景傷情，撒謊說是街上百姓奏樂遊戲。

趙惇大怒道：「就連你們這些奴才，都來欺騙我！」

多年的閒居沒能讓趙惇修身養性。他竟然揮拳要去打左右侍從，結果沒使好力，跌倒在地。趙惇就此得了一場大病，熬到當年八月辛卯，病死在壽康宮，享年五十四歲。趙惇諡號為「憲仁聖哲慈孝皇帝」，廟號「光宗」，葬在永崇陵（今浙江省紹興縣東南三十五里處寶山）。

五

在故事的結尾，我們來介紹一下與南宋太上皇密切相關的德壽宮的情況。

德壽宮先是改名重華宮。趙昚死後，這裡還先後住過憲聖皇太后吳氏（高宗皇后）和壽成皇太后謝氏（孝宗皇后），並先後改名為慈福宮和壽慈宮。嘉泰三年（一二〇三年），謝氏去世，壽慈宮閒置。咸淳四年（一二六八年），宋度宗將其地一半改建為道宮，名宗陽宮，一半廢為民居。此時距南宋滅亡只有十一年。南宋滅亡後，德壽宮地區迅速衰敗，禁受歷史滄桑的無情洗禮。到清朝初年，德壽宮故址所存風貌不及十分之二三。解放後的杭州只有梅花碑和新宮橋這兩個地名見證了德壽宮的存在。

一九八五年，杭州疏浚中河時發現了一條兩公尺多長的磚砌道路。從此，被掩埋在五公尺深的地下的德壽宮遺址才逐漸重見了天日。

注釋

❶宋孝宗年號，從一一七四年到一一八九年，距離宋高宗退位已經十多年了。

❷湯思退在宋金和議期間表現軟弱，並且有通敵的嫌疑，因此遭到了許多人的彈劾與攻擊，不久即被免官，押往永州居住。太學生張觀等七十二人上書，說湯思退為首的主和派奸邪誤國，勾結敵人，應當斬首。湯思退路過信州，聽到消息，心驚膽戰，憂嚇而死。

宋金最後達成和議：宋朝原許割讓四州外，再割讓商、秦兩州地；宋朝獲得的利益是金朝和宋朝不再是「君臣之國」，而變成了「叔姪之國」，也就是說趙構不用尊稱完顏雍為君上，叫聲「大叔」就可以了；原來的「歲貢」改稱「歲幣」，每年減少十萬，即交銀絹各二十萬。

❸辛棄疾的這首詞寫於開禧年間。這裡將它向前移了二十年左右，是出於塑造趙構和辛棄疾兩個人物的需要。請讀者諸君原諒。

❹「乾」是指乾道，「淳」是指淳熙。這兩個是趙昚的第二個和第三個年號。

❺高宗皇后吳氏，十四歲被選入宮侍奉康王趙構。即位之初，趙構處於內憂外患的境況中，外有追兵，內有兵變，吳氏常常身穿戎裝，跟隨趙構左右，獲得趙構的喜愛與信任。趙構漂洋入海的時候，吳氏一直跟隨左右，被封為和義郡夫人，回到越州又進封才人。局勢安定後，吳氏脫去戎裝，博覽群書，勤習翰墨，又進封為貴妃。韋太后由金國還朝後，吳貴妃侍奉太后起居得當，於紹興十三年（一一四三年）被正式冊封為皇后。高宗禪位後，孝宗皇帝尊吳皇后為壽聖太上皇后。光宗皇帝尊吳太后為壽聖皇太后。寧宗即位第三年，吳氏病逝，享年八十三歲。吳太后一生，經歷徽、欽、高、孝、光、寧六朝，在位長

達五十五年，是歷史上在位時間最長的皇后之一。她也是宋朝極少數曾經垂簾聽政的后妃之一。

第四章

政治的門外漢

這一章的主角無疑是朱熹。朱熹的出現意味著中國人對之前的文化做了一個成功的總結，並開啟了後世文化的大門。他和他的理學只有在南宋的繁華背景下才能出現。可惜啊，朱熹的理學需要與政治結合才能實現入世的目標，而朱熹本人卻是一個政治的門外漢。推崇理學的趙汝愚也是，反對理學的韓侂胄也是，他們都是政治的門外漢。

於是，慶元黨禁、開禧北伐上演了，史彌遠在一場政變後登場了。

徽州婺源縣永平鄉松巖里有個叫做朱松的讀書人，曾經拜名儒羅從彥為師，可惜學業一般。朱松後來當了官，職位也一般，最高只做到了南宋朝廷的吏部員外郎。朱松對權相秦檜的許多作為不滿，被排擠到福建北部山區作縣尉，管管治安，年紀輕輕的就死在了那裡。

朱松的一生沒有什麼可以讓歷史記住他的閃光點。我們後人之所以常常提到這個人物，完全是因為朱松生了一個好兒子。他被貶外任福建的時候，於南劍州尤溪縣生下一個兒子。可惜的是，朱松沒有看到兒子長大，就逝世了。臨死前，他把年僅十四歲的兒子叫到床前囑咐說：「籍溪（今福建武夷山五夫鎮）的胡憲、白水的劉勉之、屏山的劉子翬三個人，是我的老朋友。他們學問深厚，讓我很敬佩。我就要死了，你去投靠他們三人吧。記住，你一定要聽他們的話，像對待我一樣對待他們，那麼我就死而無憾了。」❶

這個孩子就是朱熹。

朱熹進了武夷山

一

紹興十四年（一一四四年）前後，年幼的朱熹來到了煙霧濛濛的武夷山，開始了與武夷山超過五十年的不解之緣。

朱熹此行是來投靠父親的老朋友劉子羽（劉子翬之兄）的。劉子羽在川陝前線被調回東南後，擔任過沿江安撫使、鎮江知府。在鎮江任上，劉子羽團結軍民，致力抗金。一次，金朝出使南宋的使團順流而下，在大船上打出「江南撫諭」的旗幟。經過鎮江時，劉子羽毫不猶豫地派兵把大旗拔掉，出鎮江境後才把旗幟還給金人。他的行為顯然不合乎朝廷的議和風氣，四十五歲的時候就被安上一個「奉祠歸里」❷的名義給罷官了。

退休回建州崇安縣五夫里後，劉子羽淡泊功名，興辦學館，寄情武夷山水。隱居故鄉籍溪的劉子羽，慷慨地接納了少年朱熹，極盡撫養教育之責，視朱熹如己出。他為朱熹建造了紫陽樓，作為朱熹起居、修學之所。朱熹就在武夷山定居下來。

紹興十六年（一一四六年），劉子羽病逝，朱熹寫輓詩哀悼說：「天界經綸業，家傳忠文心，謀謨經國遠，勳烈到人深，廊廟風雲斷，江湖歲月侵，一朝成殄瘁，九牧共沾襟。」「久矣身無用，前思願莫償。豈期今老大，復此重悲傷。淚向遺書盡，心隨宿草荒。諸君那不死，慟絕鬢成霜！」

劉子羽死後，朱熹向胡憲、劉勉之、劉子翬三人虛心學習。劉勉之還將女兒嫁給朱熹為妻。胡、劉三人秉承了北宋二程的學問，皆是外在學問與內在修養都很出色的一代大儒。朱熹幸運地在衣食無憂的環境中，獲得了當時可能得到的最好的教育。

二

武夷山是一個極適合研究學問和修身養性的地方。

福建人常形容自己家鄉是「八山一水一分田」。這樣的地形環境賦予了武夷山秀美的風光、豐富的物產和恬靜的生活。我曾經在武夷山區住過一段時間，感覺當地溫暖濕潤，滿目旖旎山水，很有樂不思蜀的味道。山區中遍布地質學上的「崩積洞」。所謂的崩積洞，就是山體、石塊因為地質運動對壘形成的洞穴。大大小小的崩積洞深淺不一，多數都能擺下一張桌子，供三四個人小聚。一些景點的崩積洞還有說明，列舉了歷朝歷代在此埋頭苦讀的文人學士。當年，年輕的朱熹就是這些崩積洞的常客。

風光雖然不錯，埋頭苦讀一兩天也許還很有那麼點附庸風雅的感覺。但是如果讓你長年累月在武夷山中研究學問，還真是一件「苦」讀的事情。

穩定適宜的環境和並不豐富的物質生活是古代讀書人夢寐以求的生活。書生是「苦書生」，但書生只有經過「苦讀」才能在日後平步青雲。朱熹和以後的讀書人就是多年埋首其中，苦讀不倦，為武夷山留下了難以計數的碑文石刻。現在的紫陽樓四周古樹參天，修竹成林，屋前有一方荷花池塘。相傳朱熹著名的〈觀書有感〉就是在池塘邊苦讀時，信手拈來的：

> 半畝方塘一鑒開，天光雲影共徘徊。
> 問渠哪得清如許，為有源頭活水來。

這首詩很能反映一個年輕的書生，讀書有心得，靈感大發的喜悅。苦中作樂，樂的就是學業有成。南宋朝廷在武夷山建造了沖佑觀。在這個道觀擔任過閒職的名人一大串，陸游、辛棄疾、葉適等人都曾入山多年。一條九曲溪貫穿了武夷山的山水。若在九曲溪乘著竹筏順流而下，你能感受到一股濃濃的文化氣。導遊也極力突出這股文化氣，連艄公都唱著當年朱熹寫的〈九曲棹歌〉：

> 武夷山上有仙靈，山下寒流曲曲清。欲識箇中奇絕處，棹歌閒聽兩三聲。
> 一曲溪邊上釣船，幔亭峰影蘸晴川。虹橋一斷無消息，萬壑千巖鎖翠煙。
> 二曲亭亭玉女峰，插花臨水為誰容？……

旅人在山間峽谷長途跋涉，前往「大紅袍」景區的路上有一座「慧苑寺」。這是一個開放的寺廟，不大，多數旅客將它作為休憩點。當年朱熹在山間訪客遊學的時候，多次在慧苑寺休息。他寫的「靜我神」的牌匾至今仍懸掛在寺中。在勤學苦讀的同時，一句「靜我神」貼切表達了朱熹注重自身修養，反省靜神的狀態。

那麼朱熹在武夷山學的是什麼內容呢？

漢魏以來，經學、佛學、道教作為三大知識系統，為讀書人們提供了既龐雜又缺乏梳理的學習內容。朱熹學習的也是這三大系統的知識，既廣博又深入。知識體系發展到南宋，就好像是山溪彙聚到山谷，正在尋找河道形成固定的流向。年輕的朱熹不會料到，他在歷史的關鍵時刻找到了中國知識日後的流向。

紹興十八年（一一四八年），十八歲的朱熹第一次走出武夷山，一舉考中進士，名列王佐榜第五甲第九十名。

三

朱熹的鄉貢主考官蔡茲事後對人說：「我錄取了一個後生，三策都討論朝廷措置大事。這個人將來肯定不一般。」四年多後，朱熹被授予福建路泉州同安縣主簿的實職。但是朱熹此時的心思還是撲在學業上，任滿後，又向程頤的三傳弟子、父親朱松的同學李侗學習程學。這個李侗是個「樂道不仕」的人物，名聲很高，但就是不願意當官。他把個人修為看作比當官發財要重要的多。李侗非常欣賞朱熹這個學生，替他取字「元晦」。三十一歲時，朱熹正式拜李侗為師，專心精修儒學。李侗向友人誇獎朱熹說，「元晦進學甚力，樂善畏義，吾黨鮮有」，把他看作是發揚自己學問的希望所在。

朱熹就是在這一時期完成了自身思想體系的建設過程。他在繼承程顥、程頤儒學的基礎上，吸收佛教禪宗和道教的理論，獨立發揮，建立起自己的一套客觀唯心主義思想——理學。後人並稱為「程朱理學」。長久以來，世代儒家讀書人都認為天地有正氣、萬物有始源，但它是什麼呢？沒有人能夠用一個理論框架解釋清楚。朱熹也認為在超現實、超社會之上存在一種標準，它是人們一切行為的標準。他稱之為「理」。「理」是客觀存在的事物起源，是一切真、善、美的起源。人們只要格物窮理，就能發現和遵循天理。但是人們心中和世間的種種欲望總要破壞這種真、善、美。因此，朱熹提出了「存天理，滅人欲」的口號，號召人們遵從理學，達到萬物和諧。

這就是朱熹哲學思想的核心。

朱熹儼然成為了一代宗師。

巧合的是，同時期的南宋還發展出了陸九淵的「心學」。陸九淵認為主觀的「人心」才是萬物的起源，人們要發現並遵照「本心」，邁向真、善、美，達到自我完善。「理學」和「心學」在萬物本源上就存在根本衝突，在個人修為和社會實踐上的主張更是截然相反。淳熙二年（一一七五年），朱熹與陸九淵在江西上饒的鵝湖寺相會，爆發了中國思想史上有名的「鵝湖會」論戰。結果兩大派別的領袖誰都沒能說服誰。必須指出的是，儘管朱熹一再強調個人修為，但他個人派系思想比較嚴重，不自覺地陷入了「黨同伐異」的思維之中。他和陸九淵的爭鬥只是一系列爭鬥的開始。

儘管「理學」的現實影響要遠遠大於「心學」，但兩派的理論論戰一直持續了下去。也只有在南宋這樣一個物質昌盛、文化繁榮的時代才能產生兩大儒家學派。

四

朱熹在完成理論建設後，積極入世，要去救世濟民了。

孝宗趙昚剛即位的時候，要朝野上下陳述政見。趙構後期的昏暗言路大開。朱熹認定這是一個實踐主張的好基礎，就上書建策三事。他在給趙昚的奏章中主張朝廷：一要熟講「格物致知」、「正心誠意」之學，建議皇帝博訪名儒，講明理學，以修身為本；二要停止議和及遣使索地，認為朝廷的中心工作是內政。只有勤修內政，數年以後南宋才能國富兵強，再慢慢計畫收復失地；三要任用賢能，刷新政事。對於對金朝外交問題，朱熹說：「現在朝野內外的議論，都說要整頓邊防、充實倉庫、訓練士卒，臣以為這些都不值得考慮。應該考慮的就是修德業，正朝廷，立紀綱，只有這樣，金朝害怕，而宋朝的道德形勢也會慢慢轉化為綜合實力的優勢。」

朱熹的這三條建議充滿道德色彩，將理學思想和講求個人修養擴大到了國家大政方針之中。修身養性與功利作為是存在天然衝突的。既然和諧的狀態要通過滅絕人世間的「欲望」，那麼現實的戰爭與和談都是功利的「欲望」，是不值一提的。但是在理學之外的人看來，朱熹既然反對議和，高喊遲早要復國報仇，又反對備戰，而把希望都寄託在籠統的「勤政修身」上。因此，他的建議被許多人看作是「腐儒之見」。

趙眘本人開始聽朱熹建議的時候，覺得立論很正，很高興。他一度召見朱熹問話，但越聽越覺得與實際不符，最後乾脆在朱熹面前一言不發。看來，朱熹的主張在趙眘時期是實行不了了。趙眘對朱熹也很客氣，要他留在臨安國子監做個博士，但不是給學生講理學，而是教學生兵馬武藝。這樣的安排與朱熹的心理預期相差實在太遠，朱熹辭官不做。

隆興和議後，宋金關係迎來了緩和期。之後十幾年中，朱熹埋頭整理和完善自己的理學體系，完成了自己的主要論著。他在故里修起「寒泉精舍」，一意著書講學，逐步形成了以他為首的理學勢力。而現實的不如意乃至黑暗，更加堅定了朱熹對自己學說的堅持，越發認定只有理學才是破解現實亂局，走向政通人和局面的鑰匙。

乾道三年（一一六七年），武夷山所在的崇安縣發大水。朱熹作為官員，巡視災情，並與州縣長官商議撫恤的事情。他在群山之中奔波了十多天，事後失望地說：「現在大多數當官的人，對老百姓漠然無意，直是很難與他們一起共事！」朱熹並且尖銳地指出南宋賦役繁重，「古者刻剝之法，本朝皆備」。而這一切都是理學的成果沒有在現實中施行的結果。

淳熙五年（一一七八年），朱熹出任「知南康軍（今江西星子）」的實職，重新入仕。他開始有意識地施行理學學說。當時南康遭遇了旱災，朱熹辦理救荒之事，政績斐然；又立周敦頤祠於學宮，以二程配享，公開進行理學譜系的建設；還修復唐代的白鹿洞書院，提倡講學之風，使之成為中國四大書院之一。當了兩年父母官後，朱熹應詔上書言事，詳細呈報了南康地區百姓的實際處境：

臣謹案：南康為郡，土地瘠薄，生物不暢，水源乾淺，易得枯涸，人民稀少，穀賤傷農，固已為貧國矣！而其賦稅偏重，比之他處，或相倍蓰。民間雖復盡力耕種，所收之利或不足以了納稅賦，須至別作營求，乃可陪貼輸官。是以人無固志，生無定業，不肯盡力農桑，以為子孫久遠之計。幸遇豐年，則賤糶禾穀，以苟目前之安；一有水旱，則扶老攜幼，流移四出，視其田廬無異逆旅之舍。蓋出郊而四望，則荒疇敗屋，在處有之！

他認為，造成這種慘狀的原因是地方政府的稅收都被朝廷拿走充作軍需了。地方政府要生存，要出政績，只好巧立名目，向百姓收取苛捐雜稅，結果賦重民貧。因此，朱熹指出國家要愛民恤民，根本措施就在減稅省賦，而減稅省賦的根本又在治軍。說到底，朱熹還是認為國家要放棄戰爭與和談的爭論，埋頭搞內政。

正當朱熹在南康軍的任期快要結束的時候，發生了一件案子。有一個人在市集上騎馬，踏傷一個小孩子。小孩子的傷勢很嚴重，生命垂危。朱熹隨即派官吏將肇事者押送衙門處罰。不久，衙役稟報說，肇事者已經按照法律拷問治罪。朱熹將信將疑，親自去察看，結果發現肇事者冠履儼然，好好地坐在官府裡，並沒有受到刑訊。朱熹大怒，嚴令法辦肇事者，並將衙役杖責後開除出官府。這時有熟人前來說情：「肇事者是人家子弟，何苦辱之？」朱熹答道：「人命所繫，豈可寬弛？如果連子弟躍馬踏人都得到原諒，將來還不知道能做出什麼事情來呢！況且州郡本來就是朝廷行法之地，保佑善良、抑挫豪橫是官府的職責所在，怎麼能放縱不管呢？」

朱熹對個別不良現象的糾正和贏得的百姓讚譽，更激起了他全盤實施理學學說的雄心。

五

淳熙十六年（一一八九年），朱熹又一次上書給趙昚，講「正心術，立紀綱」的問題。

朱熹先指出當皇帝的要心術公平正大，無偏黨反側之私，又指責朝中官員，包括宰相台省師傅賓友諫諍之臣等都沒有盡到自己的職責，因此才會出現財政不能清理，軍政不能修正，故土不能恢復的結果。趙昚大怒，要當時的右相趙雄逐條批駁朱熹。趙雄勸道：「朱熹是個沽名釣譽的儒生，皇上您越罵他，反而越抬高他。不如讓他去地方做官，看他有什麼本領。」趙昚一想，讓朱熹去地方上看看實際情況也好。第二年，朱熹在南康軍任滿，剛好當年盛夏浙東地區發生饑荒。朱熹由宰相王淮推薦出任提舉兩浙東路常平茶鹽公事。

朱熹到職後，不改耿直本色，微服下訪，調查時弊和貪官汙吏的劣跡，彈劾了一批貪官以及大戶豪右。被朱熹彈劾免職的浙東官員包括紹興府指使密克勤，衢州知州李嶧，江山縣知縣王執中，寧海縣知縣王辟綱等多人。永嘉縣學有秦檜祠，朱熹下令拆毀，順便還痛斥秦檜「內忍事讎之恥，外張震主之威，以恣睢戮善良，銷沮人心忠義剛直之氣；以喜怒為進退，崇獎天下佞諛偷惰之風」。由此看來，朱熹很有雷厲風行的風格，算得上是一個「另類」書生。

在被彈劾去職的官員中，有一位台州知州唐仲友。唐仲友也算得上是一代名儒，但被百姓控告違法。朱熹隨即彈劾唐仲友。唐仲友與王淮是親家，當時已經被吏部尚書鄭丙、侍御史張大經推薦，即將升任江西提刑。朱熹趕到台州，攔住了這項任命，連續三次上表彈劾。王淮將朱熹的奏章壓下不報。朱熹一再上表，唐仲友也上表自我辯護，王淮將雙方的奏章都進呈趙昚。趙昚讓大家討論，都司陳庸等人奏請令浙西提刑查辦此事，將朱熹調往受災的州郡巡視。但朱熹在台州收到詔書後，拒不執行，又先後上了六道奏章。唐仲友在強大的攻勢面前被免職。

唐仲友的罪名是否是真的，在這裡已經不重要了。梅毅在《刀鋒上的文明》一書中認為唐仲友一案是朱熹主導的，打擊學術異己的陰謀。唐仲友並非理學的同道中人，既然有把柄在手，朱熹沒有放過打擊的機會。據說案中還夾雜著「桃色新聞」：

朱熹知道天台營官妓嚴蕊與唐仲友相交甚厚，便誣稱嚴姑娘與唐仲友違法私通，瓜分官財，把姑娘抓入大牢裡嚴刑逼供。美貌如花的嚴姑娘受盡折磨，就是不攀誣唐仲友，結果被打得死去活來。有獄吏看不下去，好言勸誘嚴蕊：「你就認罪吧，如果畫押，你的罪不過是受杖，幹嘛在此忍受如此慘毒的拷打！」嚴蕊嚴辭拒絕：「我身為賤妓，即使與唐太守有濫私之情，罪也不會至死，但確實沒有此等事，我怎能胡編認罪誣衊士大夫！即使被打死，我也不會枉害別人。」這樣一來，嚴姑娘的聲名卻愈來愈高，連皇帝都有所耳聞。朱熹彈奏唐仲友上達帝聽後，幸虧時為宰執的王淮與唐仲友有姻親關係，就對皇帝講：「這案子不過是秀才之間爭閒氣引起的。」和事佬一作，「遂兩平其事」，不了了之。不久，朱熹改除他官，岳霖（岳飛的兒子）被委任為地方官。岳爺深知嚴蕊冤枉，把已經被折磨得不成人樣的美女從獄中提出，讓她作詞自陳。嚴蕊口占一首〈卜算子〉：「不是愛風塵，似被前緣誤。花落花開自有時，總賴東君主。去也終須去，住也如何住。若得山花插滿頭，莫問奴歸處。」岳霖感動，立判嚴蕊出獄從良。姑娘還算命好，被宋宗室某人納為妾，安度後半生。❸

唐仲友被罷免後，朱熹得罪了一大批人。王淮作為親家，暗令御史陳賈出面彈劾朱熹，抨擊理學，斥其為「偽學」。朱熹很快就被解職還鄉。

朱熹回到武夷山後，修建了「武夷精舍」，廣收門徒，宣傳理學。為了通過學習儒家經典來傳播理學，朱熹在儒家經典中精心節選出《大學》、《中庸》、《論語》、《孟子》，命名為「四書」刊刻印刷發行。這是教育史上的一件大事。四書日後成為了傳統學堂的教科書。武夷精舍彙聚四方讀書人多達數百人，還引來了許多知名學者聚集到武夷山創辦書院、學堂。

武夷山成為了東南的文化名山。

六

理學產生之初，社會上就湧動著堅持抗金和反對理學的聲音。

永康人陳亮就是其中的代表。陳亮在文學史上占據有一席之地，但是一心研究軍事出身。朱熹上書後，陳亮也上書指責一些讀書人阻止抗戰。他還建議遷都長江邊的建康，同時守備荊襄，積極謀畫北伐復國。最後陳亮說現在的朝廷要遵從王霸之道，而現在的一些儒士自以為正心誠意，不知現實痛癢。「陛下……百代之英主也。今乃委任庸人，籠絡小儒，以遷延大有為之歲月，臣不勝憤悱，是以忘其賤而獻其愚。」

陳亮和朱熹的分歧是王霸與義理。兩者的分歧從春秋時就流淌在中國的政治思想血液中。陳亮傾向於管仲和商鞅的帝王之術，推崇以現實力量完成現實的政治目的；而朱熹繼承的是孔子與孟子的思想一脈，推崇以道德力量，以內政修為達到充滿道德色彩的政治目的。

陳亮的上書很符合即位之初的趙昚的口味。趙昚讚賞之餘要把陳亮的上疏張貼在朝堂，激勵群臣，並打算破格任用陳亮。但是陳亮的激烈言辭是和南宋的政治風格嚴重不符的，一些大臣紛紛反對提拔陳亮。陳亮待命多日，都沒有得到回信。他又接連兩次上書，說本朝以儒立國，但現在的讀書人熟爛委靡，令人厭惡。上書後，陳亮回家去了。

被陳亮痛罵的儒生們心胸卻狹窄得很，一心報復。陳亮也真是不小心，常在家喝過酒後談論國事。一個儒生就以「醉中戲為大言」的罪名向刑部告發陳亮。陳亮遭到緝拿，受嚴刑毒打，體無完膚。大理寺要按圖謀造反的名義嚴辦陳亮，給皇帝做主。趙昚淡淡地說：「一個秀才醉後妄言，何罪之有啊？」陳亮這才被釋放回家。

幾年後，陳亮又被捕入獄。這一次是有書生指控陳亮請鄉人宴會的時候，使用了有毒的胡椒。陳亮這一回在監獄中度過了兩個多月。也許是罪名過於荒唐，辦案人員死活找不到絲毫罪狀，只好宣布陳亮無罪釋放。

陳亮贏得了同樣失意的辛棄疾的友誼。在臨安時，辛棄疾就與陳亮相識。陳亮曾說天下最有名望的人物，文的是朱熹，武的是辛棄疾，可惜朱、辛兩人合不起來。辛棄疾退居上饒後，把新建的房舍取名「稼軒」，並用來作為自己的別號。淳熙十五年（一一八八年）正月，陳亮來拜訪辛棄疾，留住十日，談論時事。兩人興致盎然，又同遊樂鵝湖，並約朱熹在鉛山縣紫溪相會。陳、辛兩人談得盡興，可惜朱熹到期不來。

辛棄疾和陳亮二人在抗金上取得了一致。送別陳亮後，辛棄疾興奮異常，夜半起身撫劍，彷彿重上戰場。他提筆寫下了〈破陣子・為陳同父賦壯語以寄〉：

醉裡挑燈看劍，夢回吹角連營。八百里分麾下炙，五十弦翻塞外聲，沙場秋點兵。
馬作的盧飛快，弓如霹靂弦驚。了卻君王天下事，贏得生前身後名。可憐白髮生！

門外漢的政治秀

一

淳熙十五年（一一八八年），王淮罷相，周必大接替相位。

周必大上奏舉薦朱熹為江西提刑官。六月，朱熹又一次來到臨安。有朋友就勸他說：「你的正心誠意之論，皇上並不喜歡聽。你就不要再講了，向皇上謝恩後去江西上任就可以了。」

朱熹說：「我這一輩子研究的就是正心誠意。不講這四個字，斷不可行。」

趙昚再次見到朱熹。朱熹照例又說了一通理學的大道理，趙昚照例是默然無語。末了，趙昚感歎說：「朕和愛卿多年沒見了，朕已經老了，愛卿也老了。前幾年台州的事情，朕都知道了。今後，愛卿就擔任一些清要的官職，不要再去地方州縣奔波勞累了。」

趙昚也不讓朱熹去江西當什麼提刑了，而是任命他為兵部郎官。

誰料到幾天之後，朱熹的頂頭上司、兵部侍郎林栗就怒氣沖沖地彈劾朱熹。原來，朱熹被任命為兵部郎官後，又在臨安和文官集團討論起理學來。林栗並不認同理學的學說，和朱熹辯論多日。兩人的關係最後走向崩潰。林栗彈劾說：「朱熹本無學術，只是偷竊程頤、張載學說的片段，冠以理學之名，私自推尊。他帶領學生數十人，學作春秋戰國時先儒的姿態，到處遊蕩。任命之後，朱熹幾天不到兵部報到，心懷不滿。我作為兵部侍郎，請將朱熹停罷。」周必大、薛叔似等紛紛上疏說朱熹這幾天腳有病，因此沒有到任。葉適也上書支持朱熹，攻擊林栗說：「林栗彈劾朱熹的話，沒有一句是真的。他借『理學』之名，學習往日王淮打擊異己的方法，欺壓良善，何所不有！」侍御史胡晉臣也彈劾林栗「執拗不通，喜同惡異，無事而指學者為黨」。胡晉臣雖然否定有讀書人結黨的事實，但針對林栗彈劾朱熹一事爆發出來的奏章交上，表明黨爭已經出現了。

趙昚採取的措施是將雙方各打五十大板，林栗被罷官，貶為泉州知州。朱熹也被免官。同年十一月，趙昚想再次召見朱熹。朱熹心裡不爽，拒不赴朝，只寫了封長達萬餘言的奏章進呈，再次申述「正心誠意」之論，大談天子的個人修養。一年後，趙昚心灰意冷，退位做了太上皇。

光宗即位，任命朱熹為漳州知州。朱熹到任後，把古代的喪葬、嫁娶的禮儀，教給當地子弟；又奏請在漳、泉、汀三州核實田畝，畫圖造帳。但他的主張就是在漳州也沒能施行，只好辭官。紹熙五年（一一九四年），朱熹改知湖南潭州。

光宗即位的第一年，陳亮卻再次被誣陷入獄，再次遭到嚴刑拷問，送大理寺治罪。兩年後在友人的援救下才被釋放。就在朱熹改任潭州知州的前一年，辛棄疾被起用為福建安撫使兼福州知州。辛棄疾在福州整頓吏治，理財備戰，政績卓著。福州設立「備安庫」，豐收時收購百姓糧米，有備無患，積累錢幣超過五十萬貫。辛棄疾又嚴格以法治下，官吏惴慄。但就在朱熹前往潭州的同時，任職不到一年的辛棄疾便因朝中諫官彈劾他「殘酷貪饕，姦贓狼籍」而被罷免，重新回到上饒閒居。

二

光宗朝很快就過去了，朱熹迎來了自己的政治春天。

寧宗即位後，趙汝愚參與政變有功，擔任樞密使，又任右丞相，掌握朝政。趙汝愚是朱熹理學思想的支持者，之前就和朱熹書信往來。趙汝愚主政後，推薦朱熹擔任煥章閣待制兼侍講，為新皇帝趙擴講授理學。朱熹在潭州得到詔命，當天就興沖沖地起程上路。到臨安後，朱熹和趙汝愚握手相慶，一心光大理學。

在「紹熙內禪」之後的權力格局中，韓侂胄是與趙汝愚鼎足相對的一極。

在這裡，我們有必要插敘介紹一下韓侂胄這個人。

韓侂胄是北方的相州安陽（今河南安陽）人，是北宋名相韓琦的四世孫。韓侂胄母親是高宗吳皇后的妹妹，韓侂胄本人也娶了吳皇后的姪女。新皇帝趙擴即位後，新皇后韓氏是韓侂胄的族孫女。因此，韓侂胄算得上是老牌功勳後裔、老牌外戚和新科貴戚，又有政變擁立的大功勞。

韓侂胄以恩蔭入仕。寧宗稱帝後，韓侂胄自認為定策擁立有功，應該在事後的利益分配中拿那份比較大的「蛋糕」。具體來說，韓侂胄的要求並不高，只希望獲得節度使的虛銜，同時得到地方州縣的實職。但是趙汝愚打破了韓侂胄的期望，只是給予他一個宜州觀察使兼樞密都承旨的小官。而郭杲等負責執行的武將都獲得節鉞，升官拜將。

韓侂胄鬧情緒，當面找趙汝愚「理論」：「為什麼給我韓侂胄的官小，難道我的功勞不夠大嗎？」趙汝愚卻另有一套想法：我是宋皇宗室，您是后族外戚，我們都是皇親國戚。定策擁立新君既是我們的分內事，何以言功呢？而具體辦事的爪牙之臣才應當推恩受賞。

趙汝愚的說法顯得那麼的大公無私，讓韓侂胄都不知道怎麼反駁。的確，韓侂胄是皇家的親戚，怎麼好意思因為幫忙解決了家事而伸手向皇帝親戚要官呢？

實際上，趙汝愚內心是反感韓侂胄的。他飽讀詩書，中過狀元，而韓侂胄是因為出身好才進入仕途的。趙汝愚接觸了理學後，開始修身養性，對韓侂胄公然要官的行為也非常不齒。

那邊的韓侂胄自然就恨起趙汝愚來了。他沒學過什麼理學，不能通過反省和參悟來消解滿腹的怨氣，所以就老琢磨著怎麼幹掉趙汝愚。巧的是，新即位的宋寧宗，也就是韓侂胄的族孫女婿趙擴對政治沒有興趣，反而醉心於詩詞書畫。趙擴希望能從朝廷的案牘如山中擺脫出來，找一個信得過的人幫他處理每天送到內廷的成百上千件奏章、文書。這樣的角色只能從近臣中去尋找，不能從朝廷的袞袞諸公中物色。為什麼呢？因為高官大員，一派正人君子的樣子，如果聽到皇帝要找個「代理人」，肯定會跪倒一片死諫的，說不定連皇朝列祖列宗的遺訓都會搬出來。所以趙擴千挑萬選，找到了一個出身貴戚，有輔弼大功，辦事聰明得體的人。這個人就是老婆韓氏本家的叔祖韓侂胄。趙擴對韓侂胄委以腹心，甩手將政務都交給了韓侂胄。韓侂胄自然是樂得合不攏嘴。

朱熹到臨安之初，就敏銳地感覺到韓侂胄是趙汝愚與自己潛在的危險。韓侂胄是那麼地和文官集團的眾人不同，不處於同一個話語體系之中。朱熹向趙汝愚建議說，韓侂胄所追求的無非是高官厚祿，趙相公不如多給他些錢，多提拔他的職位，「用厚賞酬其勞」，只是千萬不要讓韓侂胄這樣的人參預朝政。趙汝愚聽了微微一笑，他沒把韓侂胄放在心裡，自然也不把朱熹的建議放在心裡。

朱熹只好直接啟奏趙擴，彈劾韓侂胄是個奸臣，不可重用。奏章被韓侂胄看到後，韓侂胄大怒。一次，朱熹在給趙擴講學的時候，韓侂胄指使宮中的優人裝成峨冠闊袖的大儒模樣，在皇帝面前嬉戲取樂，諷刺朱熹的迂腐可笑。朱熹已經年過花甲了，是個老夫子，哪受得了這樣的侮辱，當即拂袖而去。回家後，朱熹就寫了封辭官信，要掛冠而去。同道中人忙拉住朱熹，這個說我們犯不著和韓侂胄這樣的人嘔氣，那個說我們聯合起來，一定要絆倒韓侂胄。朱熹這才沒有自動辭官。

三

韓侂胄感到，只有幹掉趙汝愚，才能解決一切問題。

可是趙汝愚的地位看起來是巍然不動的。首先，趙汝愚是皇室宗親，比起韓侂胄來，和皇帝的關係還要近一層；其次，趙汝愚是發動政變、擁戴趙擴即位的第一大功臣，正得到趙擴的信任；最後，趙汝愚兢兢業業，清廉正派，獲得了多數大臣的支持。韓侂胄是冥思苦想都不知道怎麼向趙汝愚發起進攻。

有一個叫做劉弼的人給韓侂胄出了主意。這個劉弼是韓侂胄的同事，二人都曾擔任過知閤門事。他的自我感覺很好，老覺得自己日後能夠發達。誰想，當年趙汝愚發動政變，要和內廷聯繫的時候，單單去找韓侂胄商量，冷落了同在內廷的劉弼。劉弼認為趙汝愚小看自己，懷恨在心。他見韓侂胄對趙汝愚槓上了，就從中挑撥說：「趙丞相現在是獨領定策大功，你非但做不了節度使，只怕將來難免有嶺海之行啊！」所謂的嶺海之行，指的是被發配到嶺南和海角天涯去。宋朝不輕易殺戮大臣，一般情況下，發配嶺南就算是對一個大臣最嚴厲的懲處了。韓侂胄就問他有什麼好主意能夠絆倒趙汝愚，保自己平安。劉弼輕描淡寫地說：「只有台諫可用了。」所謂的台諫，是御史台和宮廷諫官的合成，但卻掌握在文官集團的手中。韓侂胄不以為然地說：「台諫之人豈會聽從於我？」劉弼又輕描淡寫地說：「你用御筆批出一批台諫之人，不就完了嗎？」韓侂胄茅塞頓開，立即以「內批」的形式罷免監察御史吳獵，任命自己親信劉德秀、劉三傑、楊大法等人，充斥監察御史、殿中侍御史的職位。這樣一來，韓侂胄就掌握了朝廷的言路。

現在就只剩下用什麼樣的砲彈進攻趙汝愚的問題了。

趙汝愚這樣的重要角色，不用重磅炸彈是打不倒的。韓侂胄等人給他扣上的是「圖謀不軌，危害社稷」的罪名。這罪名可是大得嚇人，細細想想，它的出台卻是意料之中。宋朝一直有防範皇權旁落的傳統，皇帝們最擔心的就是有人威脅皇權，即使是宗室成員也都在他們防範的「黑名單」中。趙汝愚做的宗室宰相是本朝歷史絕無僅有的。這種大違祖宗成法之事，自然成了政敵攻擊的口實。慶元元年（一一九五年）二月，也就是趙擴正式登基後不久，右正言李沐上奏趙擴，彈劾趙汝愚「以同姓居相位，將不利於社稷」。這個李沐曾有求於趙汝愚，結果趙汝愚沒給他辦，心生忌恨，就在韓侂冑的授意下上了彈劾奏章。趙擴還真不知道怎麼處理趙汝愚這位宗室長輩，也不太相信趙汝愚會陰謀造反。站在一旁的韓侂冑適時說了一句話：「這個趙相公在先帝禪位，選擇新君的時候，並不看好皇上您。他說什麼，只要是趙家的一塊肉，誰當皇帝都一樣。現在想想，他當時就有不軌之心了啊。」趙擴一聽，這還了得，趙汝愚簡直是不把自己放在眼裡啊。

於是，趙汝愚以擅權之名被罷相出朝，發配永州安置。

韓侂冑擠走了趙汝愚，把持了詔令的上傳下達，日益得到皇室的信任，也因為對金朝的強硬態度得到了主戰官員的支持。他說趙汝愚擅權，實際上自己開始了擅權的進程。

四

趙汝愚失勢，朱熹離開的時間也就到了。

朱熹在臨安，擔任的原本就是個給皇帝講學的虛職。如果皇帝接受了、奉行了理學思想，理學就能付諸實踐了。朱熹給皇帝講學很積極，第一次見到年輕的趙擴就大講正心誠意、人欲天理的學說，任侍講後專講《大學》。原先給皇帝講學的舊制是大臣單日早晚進講，雙日休息。但朱熹奏請不分單雙日和節假日，每天早晚都堅持給趙擴講課。朱熹的講課還不是單純的講課，而是在給皇帝講書的同時對朝廷政務多加論議。自然，朱熹對朝野的許多現實都看不慣，議論的時候對朝政多有批評。趙擴原來就對政治不感興趣，見老夫子對朝政批評多了，心裡逐漸對朱熹不滿起來。朱熹一點眼力見兒都沒有，繼續結合時事大談特談理學。最後，趙擴覺得朱熹想干預朝政了。

而且朱熹還真有干預朝政的舉動。韓侂冑掌權後，朱熹和吏部侍郎彭龜年彈劾韓侂冑。朱熹還在講課時，言辭激烈地說趙擴被左右的人竊取權柄了。

紹熙五年（一一九四年）閏十月，趙擴下詔免去朱熹侍講之職。他對聽了多日的理學不屑一顧，評價說：「朱熹說的理論，都是沒用的話！」當時趙汝愚還在位，親自為朱熹力諫，樓鑰、陳傅良、劉光祖、鄧馹等多人也奏請留朱熹在朝，都被趙擴拒絕。彭龜年則上書攻擊韓侂冑：「陛下近日逐得朱熹太暴，故欲陛下亦亟去此小人。」趙擴乾脆將彭龜年貶官，趕出臨安。

朱熹認為自己不應該沉默，要上書自我申辯，就寫了洋洋灑灑的數萬言奏章，說奸臣蒙蔽聖上。弟子們都認為這麼做會招來禍害，勸老師三思。朱熹不聽。朱熹的得意弟子蔡元定鄭重其事地進來，說：「老師您上表也行，但要不要事先與家人訣別啊。」朱熹歎了口氣，焚燒了奏稿。

粗粗算來，朱熹與權力核心親密接觸的日子只有四十六天。

陳舊的黨禁

一

韓侂胄成了繼秦檜之後的南宋第二位權臣。

當時是徐誼向趙汝愚大力舉薦韓侂胄的。說來，徐誼還是韓侂胄的恩人。但徐誼也是趙汝愚一黨。趙汝愚被罷相後，韓侂胄找了個理由將徐誼也一併逐出朝廷。為了解除後顧之憂，韓侂胄對貶居外地的趙汝愚也不放心，一不做，二不休，密令衡州守臣錢鍪等趙汝愚經過衡州時動手害死他。不久，趙汝愚經過衡州。一路的顛簸動盪，加之驟易水土，趙汝愚在衡州大病不起。錢鍪卻百般刁難，逼趙汝愚上路。最後，趙汝愚於慶元二年（一一九六年）正月在永州暴病身亡。還有一種說法是，趙汝愚是被錢鍪下毒害死的。不管怎麼樣，趙汝愚是死了。

此時的臨安組成了新的主政班子。其中京鏜任宰相，韓侂胄拜少傅，封豫國公，加開府儀同三司，權位重於宰相。開禧年間，經過黨羽的多次奏請，韓侂胄升任平章軍國事，被允許每三日一上朝，在朝堂上位列丞相之上。韓侂胄還將尚書、門下、中書三省的官印都收在個人府邸內。這樣一來，韓家就成為了一個變相的朝堂。既然趙擴做了甩手掌櫃，韓侂胄就乾脆連聖旨也自己寫了。無論是官吏的陟黜任免，還是事關國家大政方針，韓侂胄經常不上奏趙擴，就在家裡處理了。大臣們敢怒而不敢言，皇帝也被蒙在鼓裡。

韓侂冑主政後，始終面臨著鞏固權力的問題。最好的防守就是進攻。鞏固權力最好的方法是不等潛在的敵手出擊，持續地對敵手發動進攻。韓侂冑就想著，找一個什麼樣的名義將已經垮台的和潛在的敵手都網羅進來。他想到了朱熹口口聲聲宣揚的理學來。

理學原來就沒有獲得朝野上下的多數支持。韓侂冑口風一透露，朝野上下看不慣理學的官員紛紛上書指責朱熹和理學。太常少卿胡紘上書說：「比年以來，偽學猖獗，圖為不軌，動搖上皇，詆誣聖德，幾至大亂。」大理寺司直邵褒上書說：「三十年來，偽學顯行。場屋之權，盡歸其黨。」趙擴下詔禁止皇宮內差學習信奉理學。

監察御史沈繼祖等人繼續彈劾，這一次他們彈劾朱熹的個人品行。比如，「朱熹引誘兩個尼姑做寵妾，出去做官都要帶著。」「朱熹在長沙，藏匿朝廷赦書不執行，很多人被判徒刑。知漳州，請行經界，引起騷亂。任浙東提舉，向朝廷要大量賑濟錢米，都分給門徒而不給百姓。霸占范染祖業的山丘蓋房子，還把人家治罪。發掘崇安弓手父母的墳墓來葬自己的母親。男女婚嫁，只看得上有錢人，貪圖大批奩聘。開門授徒，專收富家子弟，收取高額學費。加上收受各處的賄賂，朱熹一年就得錢好幾萬。什麼廉潔、寬恕、修身、齊家、治民等等，都是朱熹平日講《中庸》、《大學》的話，用來欺騙世人。他說的是那樣，行為又是這樣，豈不是大姦大慝！」

沈繼祖等人的彈劾指出了高喊修身養性的朱熹言行不一的地方。相關事實的真假，歷來都有爭論。趙擴於是下旨剝奪朱熹職位，蔡元定發配湖南道州編管。蔡元定死在了烏煙瘴氣的道州。

不久，葉翥負責科舉取士。他和劉德秀等人上書請求禁止考生運用理學作答，並奏請將理學語錄全部銷毀。考試的時候，凡是考卷講到程朱理學的，葉翥一律不取。《論語》、《孟子》、《大學》、《中庸》四書被列為天下讀書人的大禁。學習理學的讀書人完全斷了仕途。一張以反理學為名的大網徐徐張開了。

二

慶元三年（一一九七年），反理學的風潮演變成了南宋歷史上的「黨禁」。

當年閏六月，朝散大夫劉三傑上書說：「朱熹專於謀利，借《大學》、《中庸》作文飾，對他下一拜就以為是顏（回）閔（子騫）；得到他一句話就以為是孔孟。得利越多，越肆無忌憚，但還沒有上邊有權勢的人給他支持。後來周必大做右相，想奪左相王淮的權，引用這幫人說大話，顛倒黑白，排擠走王淮。以後留正來，又藉他們的黨羽做心腹。至於趙汝愚，素懷不軌之心。這幫人知道他的用心，垂涎利祿，甘為鷹犬，妄想得到什麼意外的好處。以前的偽學，至此就變成了逆黨。」

劉三傑將趙汝愚、朱熹等人上升到了「逆黨」的高度，並且說：「那些習偽太深，附逆頑固的人，自知罪不容誅，終不肯報效國家。其他能夠革心易慮的人，則不必都廢斥，可以讓他們去偽從正，以觀後效。」十二月，綿州知州王沇上書，要求編輯「偽學之籍」，也就是逆黨的黑名單。

趙擴一聽，自己的天下竟然出了逆黨，不鎮壓怎麼能行，於是下詔訂立「偽學逆黨」名籍。黑名單馬上編寫完成，其中宰相四人，分別是趙汝愚、留正、王藺、周必大；核心官員十三人，包括朱熹、彭龜年、薛叔似等；一般官員三十一人，有劉光祖、葉適等；武臣和士人十一人，總共五十九人。這些人身為亂黨、逆黨，自然不能入仕，而要接受看管。

列入偽學逆黨名籍的人並非都是信奉理學，但大多數都站在韓侂胄的對立面。明眼人仔細一看，韓侂胄的黨禁，禁的不是理學——那些讀書人沒有什麼可以擔憂的，如果全部信奉理學去修身養性了，怎麼會對韓侂胄的權力構成挑戰呢？——而是清除朱熹所依附的趙汝愚一黨。韓侂胄將理學和政治反對派結合起來，除了二者的確有一些關係外，更主要的是自己與文官集團的格格不入。據說文人群體鄙視外戚出身的韓侂胄。沒有發達前，韓侂胄常常喜歡指點江山，老往朝臣議事的廳堂跑。大臣留正特煩他，就指示門吏轉告：「宰相部堂不是你來來往往之處。」韓侂胄恨得牙癢癢。

兩年多後，遭到黨禁的朱熹病死。死前幾個月，朱熹堅信自己的理論，寫信給辛棄疾，勸他「克己復禮」，放棄功利主義，向理學靠近。

朱熹死後，門生好友沒有一個人敢來送葬。其他人忙著和朱熹及理學撇清關係還來不及，哪還敢來參加朱熹的葬禮啊。朱熹的葬禮辦得冷冷清清的。出人意料的是，被朱熹看不起、常常寫信勸導的辛棄疾卻趕來弔唁。辛棄疾在葬禮上給予朱熹極高的評價：「所不朽者，垂萬世名。孰謂公死，凜凜猶生！」他哭的不是朱熹的理學，而是朱熹在中國思想文化史上的地位。

朱熹一生能得到辛棄疾這麼一位真心的朋友，九泉之下，也應該瞑目了。

多年以後，朱熹和他的理論苦盡甘來，地位一升再升。理學成為了明、清朝的主流思想，朱熹成為了儒學權威，並獲得了「致廣大，盡精微，綜羅百代」的評價。這些都是後話了。

三

開禧元年（一二〇五年），韓侂胄被封為王，叫做平原郡王，成為名副其實的天下第一臣。

但是在表面的風光之下，韓侂胄清醒地意識到自己的權力並不牢固。首先，韓侂胄一手搞的「慶元黨禁」不得人心。之前，黨禁在歷史上屢見不鮮。漢朝有，唐朝也有，而且激烈程度並不亞於南宋。但是這種極端的政治手段從來就不能完全達到效果。宋朝號稱與士大夫共治天下，士人階層是宋朝統治基礎。「慶元黨禁」對反對派的壓制是顯而易見的，對士大夫的傷害是顯而易見的，對韓侂胄權力的潛在威脅也是顯而易見的。黨禁遭到了朝野內外多數人的反對。多數讀書人將韓侂胄看作是書生的對頭，暗地裡表達對黨禁受害者，尤其是對趙汝愚、朱熹等人的禮敬，變相地反對韓侂胄。因此，理學一派雖然政治上遭到了重創，卻撈足了社會輿論的同情。一次，金朝來訪的使臣也向南宋的禮賓官員打聽朱熹的情況，表示慰問。並不是理學中人的陸游還寫文遙祭朱熹：「某有捐百身起九原之心，傾長河注東海之淚，路修齒耄，神往形留。公歿不忘，庶其歆饗。」

慶元六年（一二〇〇年），韓侂胄的族孫女韓皇后死了。兩年後，趙擴立楊氏為新皇后。韓侂胄和這個新皇后楊氏素來不和。在討論新皇后人選的時候，韓侂胄就極力反對立楊氏為皇后。可趙擴喜歡人家，堅持冊立了。韓侂胄也沒辦法。但他知道，楊皇后主掌後宮後，自己肯定不能像以前一樣順利地進出宮廷、接近皇帝了。皇后畢竟是最接近皇帝的人，不管韓侂胄的地位多麼高，權勢多麼大，他在直接影響皇帝方面都比不上楊皇后。而楊皇后是個極有心機的女人——畢竟是在後宮的激烈競爭中勝出的人，心裡恨死了韓侂胄，老在皇帝趙擴耳朵邊說韓侂胄的壞話。不多久，韓侂胄不再像之前那樣受趙擴的寵信了。

韓侂胄明白，自己得尋找新的政治資源。如果按照現在的形勢發展下去，自己遲早會走到罷官流放、甚至身首異地的下場。去哪兒尋找新的政治資源來依靠呢？韓侂胄想到了建立殊功。只要成就了絕世的功績，他韓侂胄不就可以繼續在南宋的政治舞台上呼風喚雨了嗎？

要想建立政績，無外乎內政外交兩大方面。與外交行為相比，內政見效慢。說實話，南宋內部發展得好好的，沒什麼大問題。如果一定要找出什麼問題來，那就是權臣當道。這個自然是不能改革的，要改就是要革韓侂胄的命。

剩下來的試驗田就只有外交了。

北伐是味好藥

而南宋的外交，基本上就是對金政策的代名詞。

不知道各位讀者是否記得，「復國」的思想一直貫穿在南宋政治之中。

韓侂胄打小就有抗金復國的念頭，現在很自然地把建立功勳的目光投向了北方的金朝。

韓侂胄主政後就開始了「崇岳飛、貶秦檜」的過程。時隔三四十年以後，當年的「鐵案」現在已經成為了對金政策問題的風向標。對岳飛、秦檜這兩個歷史人物的評價，成為了主戰主和與否的爭論焦點。孝宗皇帝即位之初，追復岳飛的官爵，表明自己北伐的志向。淳熙六年（一一七九年），朝廷給岳飛加謚號「武穆」。岳飛從此被人尊稱為「岳武穆」。現在，韓侂胄奏請趙擴追封岳飛為王。因為岳飛長期鎮守鄂州，所以稱「鄂王」，達到了皇室之外的人能夠獲得的最高政治地位。而秦檜的遭遇截然相反。他死後，高宗趙構加封他申王，謚「忠獻」。孝宗趙昚則通過揭露秦檜的奸惡來表明自己的志向，但還沒有進一步的行動。韓侂胄在追封岳飛之後，禮部侍郎李壁奏請追貶秦檜，稱：「自秦檜首倡和議，迫使天下臣子都不敢說父兄百世之讎。朝廷應該迅速追貶秦檜，示天下以雠恥必復之志。」趙擴於是削去秦檜的王爵，並把謚號改為「繆醜」。朝廷貶秦的制詞對秦檜做出了新的評價：「一日縱敵，遂貽數世之憂。百年為墟，誰任諸人之責？」

韓侂胄的這些行動一時間傳遍天下，大快人心。

北方的金朝已經過了皇朝的巔峰，不可避免地走向了下滑。在更加遙遠的北方，原先被女真人統治的各族正在陸續發動戰爭，試圖擺脫女真人的支配，並且騷擾金朝的北部地方。金朝內部也陸續出現了農民起義。宋金邊境的漢人不斷有人「跳河子」（逃過淮河，投奔南宋），向南宋官府報告金國苦於北方戰事和人民飢困的情況。金朝正日益陷於內外交困的局面之中，看起來也是個南宋北伐復國的有利條件。

韓侂胄做好了拿金朝開刀的輿論準備和情報搜集工作，但遇到了一個瓶頸：缺人。

南宋和平日久，縱然有恢復故土之心，卻找不出幾個能執行的幹臣。韓侂胄身邊可以拿出來和金朝真刀真槍幹的人就更少了。他是拿著放大鏡和望遠鏡在臨安內外、全國各地搜索了好幾遍，才網羅了一批人。我們來看看都是些什麼樣的人。首先出場的是蘇師旦，韓侂胄的親信，平江書吏出身，因為阿附韓侂胄得以步步高升。蘇師旦積極附和韓侂胄北伐的主張，因此，在嘉泰二年（一二〇二年）以知閤門事兼樞密都承旨，三年後（開禧元年，一二〇五年）升為安遠軍節度使、領閤門事，成為韓侂胄北伐攻金的主要助手。其次，韓侂胄起用了許多光宗朝被排斥的主戰官員，比如原兵部侍郎陳賈。吳璘和哥哥吳玠有功於朝廷，是守住四川的大功臣。他們死後，朝廷為了防止吳氏家族在四川做大，免了吳璘兒子吳挺的軍職，調往內地。現在，韓侂胄讓吳挺的兒子吳曦回四川，任四川宣撫副使，籌畫北伐。居家的辛棄疾也被起用為紹興知府兼浙東安撫使。興奮的辛棄疾作〈鷓鴣天〉詞，歷述他自壯年渡江以來的抱負：

壯歲旌旗擁萬夫，錦襜突騎渡江初。燕兵夜娖銀胡䩮，漢箭朝飛金僕姑。
追往事，歎今吾，春風不染白髭鬚。卻將萬字平戎策，換得東家種樹書。

辛棄疾堅持抗金、南歸已經四十二年，自身已是六十四歲的高齡。他覲見宋寧宗趙擴，激昂慷慨地力陳「金國必亂必亡」，請朝廷委付元老大臣，抓住良機，準備出兵北伐。不久，朝廷任命辛棄疾為前線的鎮江知府，年邁的辛棄疾毅然北上赴任。遺憾的是，韓侂胄聚攏的軍事人才中，除了辛棄疾是經驗豐富的抗金老將外，其他人都難以與辛棄疾相比。

開禧元年，韓侂胄加封平章軍國事，總攬軍政大權，向各軍祕密下達了準備行軍北伐的命令。他的計畫是這樣的：吳曦出兵西蜀；趙淳、皇甫斌進攻河南地區的唐、鄧二州；殿前副都指揮使郭倪率領主力渡過淮河北上。韓侂胄為什麼選中郭倪為主將，而不用辛棄疾呢？因為郭倪比辛棄疾更接近韓侂胄，而且韓侂胄也覺得辛棄疾已經垂垂老矣。韓侂胄起用辛棄疾，借重的是他的聲望，卻不想把大軍託付給他。郭倪是韓侂胄找到的被認為是罕見的軍事人才。郭倪還的確是飽讀兵書的人，平日裡以諸葛亮自詡，拿著一把羽扇到處招搖，談論三國人物，滔滔不絕。在領軍出發之前，郭倪還仿效諸葛亮的樣子，要給屬下將領留下「錦囊妙計」，如此這般，如此那般的都給安排好了。他還吩咐負責後勤的將領說：「木牛流馬，靠你支持。」

韓侂胄和郭倪似乎都盲目地認為，彷彿這麼做就能真的像諸葛亮那樣建立「檣櫓灰飛煙滅」的曠世奇功了。

二

韓侂胄出兵伐金，政治上、思想上的準備都是充分的，唯有軍事準備很不足。

嘉泰四年（一二〇四年）十二月，韓侂胄奏請趙擴改明年的年號為「開禧」。這個年號從本朝太祖皇帝的「開寶」、真宗皇帝的「天禧」年號中各取一字。開寶年間是宋太祖趙匡胤武力統一中國的時期，開禧年間是宋真宗與契丹人作戰的時期。韓侂胄此舉的用意，反映出對前人大作為時代的懷念，透露了北伐壯志。

金朝早就得到了宋朝要興兵的消息。當時的金章宗集結大臣討論怎麼辦。幾乎所有的大臣都不相信南宋會撕毀和約，進攻金朝。唯獨宗室完顏匡表示：「宋朝在邊界新設置了『忠義保捷軍』。他們增兵決不會是宣稱的『防盜』那麼簡單。我們的那位姪皇帝取先世開寶、天禧紀元，他們是一日都沒有忘記恢復中原啊！」為了穩妥起見，金章宗派遣平章政事僕散揆率領生力軍進駐汴梁，以防萬一。

開禧二年（一二〇六年）四月，郭倪派武義大夫畢再遇（岳飛部將畢進的兒子）、鎮江都統制陳孝慶大舉進攻泗州，揭開了北伐抗金的序幕。

北伐軍還沒來，金朝守軍就早早地關上城門，不敢迎戰，只等援軍到來。畢再遇建議全軍加快行軍，出其不意，攻其不備，提前發動總攻。戰鬥打響後，陳孝慶領兵假攻西城，吸引了守軍主力。畢再遇從東邊殺入城中，金兵敗潰。畢再遇在進攻途中，樹起大旗，讓人喊話說：「我是大宋畢將軍也，中原遺民可速速投降。」在城中任職的漢族官員紛紛投降，金軍中的漢人也放下了武器。宋軍收復泗州。郭倪趕來犒軍，提拔畢再遇為刺史。畢再遇慨然說：「國家河南地區淪陷了八十一州，現在只攻下一個泗州兩座城，就得到一個刺史，以後元帥還怎麼賞官啊？」他辭官不受。旗開得勝後，北伐軍乘勝進攻。陳孝慶進兵攻下虹縣，江州統制許進攻下新息縣，光州的民兵也光復了褒信縣，形勢一片大好。

在大捷面前，趙擴正式下詔，撕毀和約，向金朝宣戰，史稱「開禧北伐」。

北伐詔書頒布後，群情振奮，朝野沸騰。八十二歲的陸游聞訊寫了一首〈老馬行〉，也抖擻著要奔赴戰場：

中原蝗旱胡運衰，王師北伐方傳詔。
一聞戰鼓意氣生，猶能為國平燕趙。

三

江淮取得大捷後，北伐的另一個重心四川卻形勢逆轉，差點陷入敵手。

在朝廷正式北伐之前，被韓侂胄寄予厚望的吳曦就在四川裡通金朝，圖謀叛變割據。吳曦此舉真是令人大跌眼鏡。他的祖輩和父輩都是堅定的主戰者，與金軍浴血奮戰才保全了四川地區和陝西南部的部分州縣。吳曦在這樣的家庭裡長大，竟然賣國求榮，做了漢奸，聽來真是令人難以置信。這也表明那些「苗正根紅」的人未必就能夠繼續正下去，紅下去。吳曦看中的四川地盤既對南宋東南主體地區有君臨之勢，更是一夫當關、萬夫莫開的險要富庶之地，歷來被野心家所覬覦。四川地區的割據勢力層出不窮，吳曦相信自己會成為新的割據者。吳曦暗中派遣門客去金軍，密約獻出北部的階、成、和、鳳四州；金朝答應就地封他為蜀王，頒發給他詔書、金印。

南宋正式下詔北伐後，金朝指令吳曦按兵不動，使金軍能夠集中主力東下，免除西顧之憂。韓侂胄一再催促四川方面出兵，吳曦一概不理。

戰鬥開始後，金軍蒲察貞的部隊主動進攻和尚原。吳曦下令守將王喜撤退。王喜很聽話，撤退了，結果遭到金軍追擊，導致宋軍潰敗。金軍占領和尚原後，進攻河池。吳曦焚燒河池，主動撤退。興元都統制毌丘思領重兵防守，吳曦也命令他撤防。金軍很順利地就占領了川陝邊緣地區。

「獻地」成功後，吳曦召集幕僚開會，大談特談局勢的嚴峻。他欺騙屬下說東南失守，皇帝已經逃奔四明，自己準備「從權濟事」，向金國投降。屬下王翼、楊騤之就厲聲反對說：「如做此事，相公您吳家忠孝八十年的名聲就一朝掃地了啊！」吳曦不聽，向金朝獻上了四川的地圖和吳氏譜牒，公然稱臣於金。吳曦其實是副使，他的上面還有四川宣撫使程松。程松聽說吳曦降金了，首先想到的是自己的身家性命問題，竟然放棄官職，星夜兼程逃跑。半道，程松被吳曦信使截住。他以為吳曦要殺自己，神魂顛倒。想不到，吳曦還很講交情，派人截住他是讓人送來了一箱金銀，作為程松東歸的盤纏。程松大大鬆了一口氣，帶上盤纏繼續逃跑。逃過劍門後，程松淚流滿面，歎道：「現在我終於保住了腦袋。」

吳曦叛變，程松逃跑，韓侂胄伐金的部署受到了重創。

金朝在吳曦的配合下，集中兵力趕赴東線作戰。郭倪的北伐主力進攻宿州時，被金兵打敗，撤退到蘄州。戰況開始逆轉。除了畢再遇部繼續推進外，其他各軍都被打敗。六月，韓侂胄罷免主要軍事助手蘇師旦和鄧友龍，讓他們承擔北伐無功的責任。蘇師旦被除名抄家，發配韶州（今廣東韶關）安置。同時起用丘崈為兩淮宣撫使，葉適為建康知府兼沿江制置使。

丘崈上任後，以保全淮東兵力為名，放棄已收復的土地，讓全軍撤退到盱眙。宋軍撤退後，金軍分兵九路追擊。韓侂胄的北伐已經變成了金朝南侵了。十一月，金軍繼續攻陷光化、棗陽、江陵，又攻破信陽、襄陽、隨州，進圍德安府。僕散揆軍偷渡淮水，大敗宋兵，進圍和州。不久，滁州、真州也淪陷了。到開禧二年的年底，整個淮西地區就此都被金軍占領。

已經漢化的金人早沒有了半個多世紀前祖先直入江南的氣概，決定以巨大的勝利換取談判桌上的豐厚利益。金軍祕密派人與江淮前線宋軍主帥丘崈講和。丘崈暗示可以和談，並禮貌地將金使送了回去。從此，丘崈多次遣使與金軍談和。江淮休戰。

西線吳曦叛變，東線丘崈主和，開禧北伐已經在事實上失敗了。

韓侂胄已經將政治生命押在了北伐了，因此北伐必須勝利，不能失敗。開禧三年（一二〇七年）正月，他採取一切手段拯救自己的北伐。先是罷免丘崈，改命張巖督視江淮兵馬；又自出家財二十萬，充作軍需；並派遣使臣方信孺到汴梁同金朝談判，整頓亂局。

四

四川的形勢又一次發生了戲劇性的變化。

叛徒吳曦在開禧三年正月，公然建行宮，稱蜀王，置百官，建立了蜀國。他請金兵進入鳳州，維持自己的傀儡政權。為了表示忠心，吳曦還準備削髮，繫成女真人的辮子。

川陝地區的官民對吳曦的投降行為進行了激烈的抵制。吳曦要建立政權，就要網羅一批文武百官，可沒有人願意出任偽政權的官職。吳曦召大安軍的楊震仲出來做官，楊震仲乾脆服毒自殺；史次秦也被傀儡政權徵召出來做官，他就用桐油石灰膏、生附子粉末（有毒性）敷雙目，弄瞎自己，拒不出仕；金軍來了，要百姓削髮，陳咸等人就剃去頭髮，拒絕臣服。原來宋朝的地方官員又紛紛棄官而去。因此整個偽蜀國除了吳曦這個皇帝外，基本上是一個空架子。

只有一個南宋的官員例外。隨軍轉運使安丙卻接受了偽政權的任命，出任了吳曦的丞相長史。據說吳曦之前做過一個夢，說安丙是輔佐蜀國的賢臣。清醒之後，吳曦就逼安丙出來服務自己。安丙一介書生，難以反抗，就做了偽政權的重臣。

安丙擔任要職後，忠於南宋的部分力量決定從他那裡打開缺口，擒拿叛徒吳曦。這些人領頭的是一個南宋小官、監四川總領所興州合江倉楊巨源，成員包括吳曦的部將李好義、張林、朱邦寧，義士楊君玉、李貴、朱福等人。楊巨源與李好義等商議，覺得殺吳曦後需要推出一個有威望的人鎮撫各地，準備推舉安丙出來主事。楊巨源就去找安丙，質問道：「安相公為什麼做了逆賊的丞相長史？」安丙委屈地號啕大哭說：「我沒兵沒將，又手無縛雞之力，有反抗之心卻無其力啊。」他同意幫助楊巨源等人除掉吳曦。

於是，楊君玉偽造了皇帝趙擴的詔書，任命安丙為招撫使，討伐叛賊吳曦。

一天夜裡，楊巨源、李好義等七十多人衝入偽蜀國王宮。楊巨源騎馬馳騁，右手舉著一紙詔書，高呼：「我是皇使！」一直衝入內宮，無人敢阻攔。只見他宣讀詔書：「奉朝廷密詔，以安長史為宣撫，令我誅反賊，敢抗者，夷其族！」吳曦身邊的護衛有上千人之多，但都是原來南宋的官兵，沒有一個人是真心降金的。現在護衛們聽說南宋皇帝下了討伐吳曦的詔書，放下武器，一哄而散了。吳曦瞬間就真的成了「孤家寡人」。吳曦沒有料到會有這場變故，倉卒間從床上起來，環顧四周，內宮的護衛宮人逃得一個不剩，自己的臥室裡連水果刀都沒有。他只得倉皇推門而出，想乘亂逃跑。說來也巧，吳曦剛出門，李貴就趕到了門口。見吳曦要跑，李貴立馬揮刀撲了上去。吳曦出身將門世家，自幼習武，不是一般人能夠擒拿住的。他躲過李貴的刀，用力反撲，反而把李貴壓在身下。危急間，李好義帶著人也趕到了，忙令軍士王換上去幫李貴。王換舉起大斧上前，對著吳曦的後腰背就是兩斧。吳曦吼叫著從李貴身上翻落下來。不等吳曦掙扎，李貴迅速起身，對著吳曦的脖子就是一刀砍下去，將他的項上人頭砍落在地。事後，李貴拿著人頭馳告安丙。

吳曦的偽蜀國只存在四十一天，就此滅亡。

吳曦被殺，川陝邊區光復，大快人心。得知吳曦叛變後，韓侂冑曾給安丙寫了一封密信，許願說如果安丙能夠殺死吳曦，收復失地，不僅不會追究安丙的叛國投敵之罪，反而會論功行賞。書信沒送到安丙的手裡，安丙向臨安朝廷說明誅滅吳曦情況的奏疏就已經發出了。韓侂冑隨即任命安丙為四川宣撫副使，代替吳曦。

金朝原本對吳曦寄予了很大希望，在西部幾乎沒有戰備，都指望著傀儡政權蜀國。偽蜀國的迅速滅亡完全打亂了金朝的部署。楊巨源、李好義等人乘勢反攻金朝，收復西和州、成州、階州、鳳州和大散關。李好義還進兵至獨頭嶺，會合當地義軍大敗金軍。金軍倉皇逃走。李好義又要求乘勝進取秦隴，一來恢復故土，二來牽制東部的金軍。

安丙本質上的確是一個書生，而且是習慣了和平環境的書生。他在形勢大好的情況下，只求保境安民，無心恢復故土。他不許前線的軍隊追擊金軍，導致士氣大挫，大散關得而復失。同時，安丙與都統制孫忠銳不和，命令楊巨源伏兵殺死孫忠銳。之後，安丙又殺人滅口，給楊巨源扣上謀亂的罪名，捉入監獄害死，向朝廷報告說「楊巨源自盡身亡」。另一邊，吳曦的殘餘王喜、劉昌國等人則在酒中下毒，害死了李好義。

川陝的情況又回到了開禧北伐前南北對峙的局面。

五

在此情況下，南北和談的氣氛越來越濃。

這時的金朝，的確如辛棄疾所說，處於「必亂必亡」的前夕。就在南宋發動開禧北伐的同一年，蒙古大漠上的成吉思汗在斡難河邊正式統一了蒙古民族，吹響了擴張的號角。

金朝雖然戰勝了北伐軍，但卻花費了九牛二虎之力，而且還是在南宋出了叛徒和倉卒部署的情況下戰勝的。金軍雖然侵入淮南，但已是強弩之末，喪失了繼續作戰的能力。方信孺到達金朝後，金人二話沒說，先把他關到監獄裡，恫嚇一番，再把他放出來。九月初，方信孺帶著金朝給張巖的覆信回到了南方。金朝開出了兩個供南宋選擇的條件：如果南宋向金朝稱臣，南北在長江和淮河之間取中線作為邊界；如果南宋向金朝稱子，那麼南北邊界可以推到長江。但不管南宋做出什麼樣的選擇，都要「斬元謀奸臣」，意思是韓侂胄必須要死，而且要把腦袋裝進盒子送到金朝。

韓侂胄自然不能接受這樣的議和條件，只能再度整兵出戰。

趙擴於是下詔堅持抗金。朝廷招募新兵，並起用辛棄疾為樞密院都承旨，接替蘇師旦負責軍事指揮。年近古稀的辛棄疾來回奔波，接到這封遲到的任命書的時候已經重病在身。他抖擻精神，要去赴任，未能成行就在家中病死了，享年六十七歲。

辛棄疾走完了悲劇性的一生，就在夢寐以求的歷史機遇向他招手的那一刻。

史彌遠殺人有功

一

韓侂胄硬著頭皮，要與金軍赤膊再戰。而朝中的主和風潮已經在暗中湧動了。

主和派的首領是禮部侍郎史彌遠。他是宋孝宗趙昚的老師史浩的兒子。史浩在光宗朝就病死，留下兒子史彌遠。史彌遠是明州鄞縣（今浙江寧波）人。淳熙十四年（一一八七年）考中進士，進入仕途。與韓侂胄不同，史彌遠對靖康之變和宋高宗早期的宋金戰爭沒有直觀的經歷。作為南宋建立後出生的那一代人，史彌遠是個主和的政治野心家。另一個主和的野心家是後宮的楊皇后。楊皇后對韓侂胄深懷怨恨，這一點，我們已經說過了。這個女人和哥哥楊次山聯合起來，在後宮堅決主張對金妥協媾和。史彌遠和楊皇后很自然就聯合了起來，形成了皇宮內外的反韓力量。

史楊集團離皇帝趙擴很近。很早的時候，史彌遠就祕密上書，奏請誅殺韓侂胄。楊皇后也鼓動皇子趙詢上書，指責韓侂胄再啟兵端，於國家不利。趙擴此時還是相信韓侂胄的，對這些攻擊都置之不理。

史彌遠、楊皇后和楊次山等人意識到按照正常的政治途徑是誅殺不了韓侂胄的。他們決定用陰謀手段，殺掉韓侂胄。史彌遠暗地聯絡了韓侂胄的兩名黨羽——副相錢象祖和李壁，一起謀畫絆倒韓侂胄。表面平安無事的韓侂胄其實已經到了樹倒猢猻散的危險邊緣。慶元黨禁將真正有才學、品行堅定的讀書人都推向了韓侂胄的對立面，依附韓侂胄的大多是趨炎附勢之徒。他們是因為利益聚攏在韓侂胄身邊，而不是信仰和道義。韓侂胄的政治賭注失敗了，自身成為了金朝必殺的對象，韓侂胄已經不能再聚攏眾人了。許多黨羽馬上轉投史楊集團。史彌遠、楊次山決定再向皇帝趙擴上奏一次，說韓侂胄「平日恣橫，目無君上；今復輕啟兵端，以危社稷」，「宜速正法，以謝天下」。趙擴在史楊集團的一再奏請下，對韓侂胄的信任也動搖了。他對是否要誅殺韓侂胄再與金朝媾和，猶豫不決。但他也不對史彌遠等人暴露出來的殺戮韓侂胄的苗頭不聞不問。趙擴的舉動堅定了史彌遠等人暗殺韓侂胄的決心。最後還是楊皇后拿定了主意，安排中軍統制、權主管殿前司公事夏震等人在韓侂胄上朝時，擒殺他。

刀已舉起，只有當事人韓侂胄還被蒙在鼓裡。

二

開禧三年（一二〇七年）十一月初三，那天清晨上朝的時候，憂心忡忡的韓侂胄低著頭，急匆匆地向朝堂走去。

突然間，韓侂胄和一個武將撞了個滿懷。韓侂胄本來心裡就不爽，現在被人撞了，更是火上澆油，開口就要罵。他抬頭一看，撞他的人是中軍統制夏震。不等韓侂胄罵出口，夏震走近，嚴肅地說：「韓侂胄接旨。」韓侂胄一聽皇帝有旨，只好把罵人的話給嚥了回去。夏震宣布的是趙擴的口諭，皇帝請韓大人到玉津園見面。

韓侂胄半信半疑地跟隨夏震走向玉津園。他入園後，見裡面空無一人，大驚失色。旁邊的夏震抽出刀來，上演了一場血濺宮牆的凶殺案。還有傳說，玉津園裡並非空無一人，而是有史彌遠安排的多名武士，他們集體將韓侂胄用棍子打死了。又有傳說，韓侂胄也算是一代梟雄，直覺告訴他有人要害他，所以出門都穿著貼身厚甲，以防萬一。因此玉津園裡還上演了一場搏鬥，最後韓侂胄寡不敵眾，被殺死了。還有人考證出韓侂胄不是被殺死在玉津園的，而是被截至玉津園夾牆內害死的。事後，史彌遠才將結果奏報趙擴。

韓侂胄可謂是南宋歷代權臣中死得最慘的一位。

事實上，宮中人多嘴雜，很早就有人將韓侂胄被截的消息報告了趙擴。趙擴意識到史彌遠等人瞞著自己動手了，急忙寫手諭赦免韓侂胄。關鍵時刻，楊皇后拉住趙擴的手，哭泣道：「陛下若下諭旨，臣妾就死在這裡！」趙擴只好半推半就地作罷。最後還是負責治安的臨安知府向皇帝趙擴稟報韓侂胄「伏誅」的消息。趙擴默然無語，精神受到了相當大的刺激，一時接受不了韓侂胄被殺的事實。事情過去了三天，趙擴還堅持說韓侂胄沒有死，下旨將韓侂胄除名，送吉陽軍安置。

趙擴的舉動讓朝野上下都知道韓侂胄之死並非皇帝的意思，而是史彌遠的陰謀。

三

韓侂胄被暗殺後，宋金和議的一大障礙被掃除了。

史彌遠繼韓侂胄之後成為了南宋的第三位權臣。掌握政權後，史彌遠又將蘇師旦處死，割下韓侂胄、蘇師旦的腦袋，派使臣王柟送到金朝乞和。南宋政府願意以淮河為界，並全部接受金朝提出的附加條件，即金宋改稱伯姪之國，原來南宋皇帝叫金朝皇帝叔叔，現在要改叫伯伯了；南宋每年給金朝歲幣三十萬，並一次性賠款軍費三百萬兩。金軍按約從侵占地撤回。宋金又一次完成了和議。

在是否要將韓侂胄的腦袋送到金朝的問題上，南宋朝廷還爆發了一場爭論。

把前宰相的首級作為媾和的條件送給敵人，對南宋來說是顏面全失的事情。樞密使林大中、吏部尚書樓鑰、兵部尚書倪思都認為和議是壓倒一切的中心工作，韓侂胄屍體上的首級與和平相比，又何足惜。倪思高喊「與其亡國，寧若辱國」，力主割下韓侂胄的腦袋。但也有多位大臣認為這麼做事關國體，極力反對。大臣王介抗議將韓侂胄的腦袋送往金國，義正辭嚴地說：「韓侂胄的頭顱固不足惜，而國體為可惜。今天敵人要韓侂胄的頭顱，我們一點都不珍惜，明天敵人就會要我們這些人的頭顱，到時候別人也會不珍惜的。」爭論來爭論去，整個朝廷在「誅韓賊以謝天下」、「侂胄臭頭顱，何必諸公爭」的呼聲中做出了決定。趙擴於是派遣臨安府副將尹明，將韓侂胄開棺戮屍，割下腦袋，由王柟按照金朝的要求裝在盒子裡送往北方。

金朝要韓侂胄的腦袋，其實並不奢望南宋能夠把他的腦袋送來，更多的是對南宋君臣進行離間分化。金人的目的不僅達到了，而且真的看到了韓侂胄的腦袋，真是喜出望外。當時蒙古人已經成為了北方的嚴重威脅，金朝巴不得早些和南宋達成和議，抽出力量來對付北方的新敵人。

所以，金朝非常善待死後的韓侂胄。韓侂胄的腦袋送到金國後，金朝完全漢化的御史和諫官們紛紛上書，說起韓侂胄的好來。韓侂胄對金人來說，好在什麼地方呢？好在忠君報國上面。最後，金朝封韓侂胄為「忠繆侯」，按禮將他的首級葬於他的先祖韓琦墓旁。中原失陷後，韓琦墓在金國轄境內，還保全完好。日後，南宋有使節出使金朝。金朝常安排南宋的使節參觀韓侂胄的墓地，並給他們解釋為什麼封韓侂胄為「忠繆侯」。金朝認為韓侂胄「忠於為國，繆於為身」。

四

在政治上失敗的趙汝愚也好，朱熹也好，韓侂胄也好，都是政治的門外漢。

政治是世界上最複雜的東西。我上大學的時候，有位教授講授自己對政治的理解，我至今記在心裡。現在的政治學歸於社會科學門下，被看作是一門綜合科學。許多政治學者用力追求精確化的政治理論和政治過程。我的這位老師就曾經認為政治不應該被歸屬於科學，而是一門高難度的藝術，結果遭到更老的老師的批評。也許，象牙塔裡的政治是嚴肅的科學，但現實操作中的政治絕對是一門藝術。它有太多的不確定性難以預料，它有太多的細節需要掌握，它有太多的只有中國人才能理解的人情世故。

韓侂胄等人的失敗原因就是將政治看得太簡單了。他們都或多或少地擁有某種政治優勢，都照顧到了政治全局，但是他們都多多少少將政治實踐簡單地看作一門科學，而沒有當作一門藝術來細細品味，運籌全局。

五

韓侂胄被殺後，史楊集團的成員都來「排排座，分果果」。

皇子趙詢被立為太子，楊次山加開府儀同三司，史彌遠知樞密院事，又進封為右丞相。史彌遠為首的派別一舉奪取了全部軍政大權。

新官上任三把火。史彌遠馬上恢復秦檜的王爵和諡號，顯示出鮮明的對金主和姿態。對於支持韓侂胄北伐的官員和將領，史彌遠是不遺餘力地加以打擊。鄧友龍被貶南雄州安置；郭倪、張巖等人罷官。已經死去的辛棄疾，仍被加上「迎合開邊」的罪名，追削爵秩。韓侂胄北伐前，為了積聚力量，曾放鬆黨禁。被列入偽學「逆黨」名籍的葉適因此恢復官職，並在北伐前任吏部侍郎，向韓侂胄提出了諸多江防建議。開禧二年（一二〇六年），葉適任建康知府兼沿江制置使，次年又兼江淮制置使，節制江北諸州。在建康任上，葉適曾輕兵夜襲金軍營寨，大勝而回。史彌遠當政後，葉適因而被御史官彈劾附會韓侂胄用兵，罷官奪職。主戰的官員相繼遭到貶謫後，主和的丘崈升任江淮制置使，又進為同知樞密院事。可惜他命不好，沒到任就病死了。

六

史彌遠一上台，就如此黨同伐異，引起了包括主戰分子在內的許多人的反對。臨安的一個普通軍官羅日愿，聯絡宮內外下級軍官、學生以及一些民眾，祕密策畫誅殺史彌遠。

羅日愿，江西人，因積極支持開禧北伐，充任了忠義軍統制。韓侂胄被殺後，史彌遠打壓韓侂胄黨羽，牽連甚眾。牽連來，牽連去，羅日愿很自然就被拖了下去。羅日愿早就不滿史彌遠的言行，現在決定趁自己沒有被下獄之前，暴力推翻史彌遠。而打出的旗號就是「清君側」。

羅日愿先是與殿前司申軍訓練官楊明，楊明的徒弟徐濟、趙銀等人合謀，以征討黑風峒叛亂為名，調動各自掌握的部隊，準備起事。

嘉定二年（一二〇九年），史彌遠的母親死了。五月，史彌遠料理完母親的喪事要回臨安。羅日愿等人計畫就在史彌遠渡過錢塘江、百官在浙江亭拜迎的時候動手。羅日愿等人事先在江中的船隻上密藏一千人，只等舉火為號，三路齊上，盡殺宰執以下官員，然後派兵進入大內，脅迫趙擴降詔賞軍。政變成功後，羅日愿擔任樞密使，徐濟為參知政事。羅日愿的政變計畫非常宏偉，在理論上也行得通。但是羅日愿計畫不密，出了一個叛徒——守闕進勇副尉景德常。景德常向史彌遠告發了整個計畫。史彌遠隨即大肆搜捕政變參與者。結果，羅日愿被凌遲處死，徐濟、趙鋹等也被處斬。政變夭折。

史彌遠經歷了權臣生涯的第一次考驗。

注釋

❶這句話在民國年間修的《崇安縣新志》中有記載。

❷奉祠：宋朝在首都和各地建設了許多廟宇和宮觀。為了表示對祖輩神靈的尊敬，為了表示對佛教和道教的尊崇，這些廟宇和宮觀設立了專門的官員管理。這些祠祿官主管祭祀，因此充任祠祿官稱為「奉祠」。奉祠是宋朝讓龐大的文官隊伍都有事情做的，有官當的重要手段。祠祿官是閒官散職，閒散得不能再閒散了。奉祠的官員不是冗官雜員，就是犯官罪員。

歸里：退休回家。

❸見該書第十三章〈太師飛頭去和戎——韓侂胄「開禧北伐」前後事〉。

第五章

西湖暖風熏人醉

南宋王朝的中年期是在權臣史彌遠的主政下度過的。與他搭檔的宋寧宗又是一個死時沒有子嗣的南宋皇帝，史彌遠成功地廢黜了內定的繼承人，從紹興鄉間找了一位來歷不明的孩子繼承了皇位。上層的政治紛爭不能阻止社會經濟的繁榮。作為南宋經濟的明珠，臨安成為了令人歎為觀止的天堂。這是中國傳統經濟的黃金時期，阡陌縱橫的魚米之鄉彷彿是中國經典的水墨畫作。

大金帝國在南宋繁華的巔峰轟轟烈烈地走向了死亡。敵人的滅亡能給南宋帶來什麼啟示呢？

宋理宗時，有位大富豪要在東南某縣收買農田另作他用。自古以來，徵地是最麻煩的事情，最容易得罪人。但是富豪來頭大，該縣的陸縣令不敢不辦。富豪要徵地六千畝，願意每畝出一萬文銅錢從農民手中購買。陸縣令「雁過拔毛」，每畝農田只發給農民五百文地價。宋律：官府徵用私田而不給補償，或者補償低於市價，屬侵奪私田，一畝以內，杖六十；超過一畝，杖七十；三畝以內，杖一百；超過五畝，罷官入獄。這位陸縣令的膽子真是太大了，就差沒把「大雁」給拔死了，也給自己惹上了大麻煩。

農民紛紛告官鳴冤，越級告到了宰相史彌遠那裡。史彌遠非常震驚，說：「胡鬧，這簡直是胡鬧嘛！這個陸縣令也太不像樣了。我給大家做主，馬上命令縣裡改正！」農民們千恩萬謝地回到縣裡。誰知，陸縣令二話不說，就把告官的、沒告官的農民全都關到監獄裡，抄家的抄家，沒收土地的沒收土地。最後，連五百文每畝的地價也被官府侵吞了。

陸縣令為什麼會這麼大膽呢？因為史彌遠就是那個買地的大富豪。

來歷不明的宋理宗

一

史彌遠是南宋的第三位權相，同樣是一個複雜的政治人物。

史彌遠當了十幾年宰相後，遇到了權力危機。和他關係密切、參與暗殺韓侂胄的太子趙詢年紀輕輕就夭折了。宋寧宗趙擴還「真是」宋高宗趙構的後代，將不育症「發揚光大」，乾脆就生不出兒子來。死去的太子原本就是趙擴收養的宗室子弟，預備為繼承人的。現在沒辦法了，皇室只好又「恢復傳統」，從旁系宗室中挑選子嗣，以養子身分繼承皇位。

史彌遠就開始擔心了，萬一挑選出來的皇子與自己過不去，等他登基後，自己的權相地位就會受到威脅，甚至可能發生翻天覆地的變化。當務之急，他要和新太子搞好關係，把太子也拉入自己的陣營。

挑選皇嗣的候選人畢竟要皇帝本人點頭才行。權相的權力再大，史彌遠也心有餘而力不足。趙擴早已經有了中意的人選。他的堂弟沂王趙抦也沒有子嗣，趙擴非常喜歡堂弟，就替他挑選了宋太祖趙匡胤一系、秦王趙德芳的九世孫趙均作為子嗣，賜名趙貴和，認作了姪子，成為新的沂王。現在太子死了，沂王趙貴和作為趙擴的「姪子」，按順序入嗣趙擴，名正言順。趙擴就把趙貴和收養入宮，改名趙竑，封為濟國公。

趙貴和成為了內定的太子人選，朝野都心知肚明。

這個趙貴和，是個很有正義感的年輕人，恰恰對史彌遠極看不慣。同時，趙貴和又是個血氣方剛的年輕人，完全不懂韜晦之術，把心中的想法和政治主張絲毫不剩地都展現了出來。

楊皇后為了日後地位著想，也想拉攏趙貴和，主持為他迎娶了前太皇太后吳氏的姪孫女為妻。趙貴和不喜歡這個女孩子，冷落她，順便也冷落了楊皇后。楊皇后自然對趙貴和有意見了。史彌遠之前對趙貴和沒有什麼了解，如今趕緊「惡補」。一次，他聽說趙貴和喜好古琴，連忙從民間搜羅了一把好琴和一個擅長彈琴的美女，獻給趙貴和，拉拉關係。暗地裡，他又將那位美女的全家好好供養著，扣為人質，命令她監視趙貴和的一舉一動。這位琴女知書慧黠，很快就獲得了趙貴和的寵愛，對她毫無防備。史彌遠常給趙貴和送一些奇技淫巧的珍寶，趙貴和都把這些玩物拋擲在地。平日裡，趙貴和在桌几上將史彌遠擅權禍國的種種行為都記錄下來，說：「史彌遠當流配八千里」。書房的牆壁上有地圖，趙貴和一次指著海南島對琴女說：「我當皇帝以後，就要把史彌遠流放到海角天涯。」史彌遠得到琴女的密報，為了自保，他要扳倒趙貴和。

趙貴和的老師真德秀將學生的言行看在眼裡，急在心裡。他多次勸趙貴和多讀書，埋頭學問，不要過問朝堂上的事。趙貴和沒有照做。真德秀就把話挑明了：「殿下若是孝順慈母，禮敬大臣，天命自然來歸，不然就恐有危險之事了。」趙貴和依然我行我素。

史彌遠計畫採取的方法是，既然皇帝挑選出來的太子和自己過不去，那我就讓和我過得去的人頂替趙貴和擔任太子。他很快就逮著了機會。趙貴和進宮後，沂王的後嗣又出現了空缺，需要再挑選繼承人。趙擴下令再挑選宋太祖十世孫、年過十五歲的宗室養育宮內。史彌遠乘機給趙貴和樹立了對立面。史彌遠的門客余天錫（余天錫的祖父就是史彌遠父親史浩的門客，他打小在史府長大）剛好外放紹興主持秋試，來史府辭行。史彌遠就暗中囑咐他找一個可靠的孩子來。

讓余天錫一個人去找所謂的「宗室子」，說明史彌遠根本就沒想要找一個真正的趙氏後裔。你想，余天錫的能耐再大，也不可能獨力完成為朝廷選擇繼承人的重任。

考試完後，余天錫空著手回來了，但是帶回來一個消息。他說紹興西門外有一個姓全的保長，收養了兩個外孫。這兩個孩子的面相都是大貴之人。史彌遠也不問全保長家的來歷，就說，那就帶來看看吧。紹興的全保長聽說臨安的大官們要自己的兩個外孫，高興得了不得。他也實在不懂事，將這件事情大吹大擂，還變賣家產，請親戚朋友們吃飯祝賀。冥冥中，全保長認為孫子們大富大貴的面相馬上就要變成現實了。當他傾家蕩產將兩個外孫打扮得漂漂亮亮送到臨安的時候，史彌遠顯然對這樣的高調行為非常不滿，只見了一面，就揮揮手把他們都給打發回去了。全保長是敗興而歸，顏面全失。

但是一段時間後，史彌遠祕密派人來到紹興，將全保長兩個外孫中年長的那個十七歲的趙與莒偷偷接到臨安。史彌遠也不鑒定，就將他改名趙貴誠，公開宣布為宗室子弟。

怎麼把一個平民子弟，迅速包裝成皇子龍孫呢？史彌遠還有工作要做。

二

不久，史彌遠在淨慈寺為老父親史浩做佛事。

史家有個世代姻親，叫做鄭清之。鄭清之把女兒嫁入了史家，兒子也娶了史家的女兒。他剛從峽州調回臨安任國子學錄，聽說史家做佛事，不請自來。為了控制趙貴誠，也為了使他具備較高的素質，史彌遠正在為趙貴誠挑選老師。這個老師必須是自己的親信、親戚，同時官位又不能太高，而且又得有真才實學。鄭清之是史彌遠認為最合適的人選。

就在這時，一個史彌遠太熟悉的身影突然躍進他的視野，這個人就是鄭清之。史彌遠把鄭清之叫到暗處，讓鄭清之為趙貴誠講授儒學，同時在宮中伺機擁立趙貴誠為新皇帝。他鄭重相告：「事成，史彌遠現在的地位就是你的。但這話出於我的口，入於你的耳。如果有一語洩露，你我都是要被族誅的。」鄭清之應允入宮，為趙貴誠教授程朱理學。

為了使孩子更符合宗室身分，史彌遠讓鄭清之每天教趙貴誠學文識字，學習禮儀，在短短時間內把趙貴誠從普通百姓包裝成皇族，驟然提高了身分。趙擴認可了這個「姪子」，賜名趙昀，承襲空缺出來的沂王爵位。

嘉定十七年（一二二四年）閏八月，宋寧宗趙擴病危。史彌遠謊稱皇上有密旨，立宗室之子趙貴誠為皇子。趙擴駕崩的當晚，史彌遠與楊皇后商議廢黜趙貴和，召趙貴誠入宮。楊皇后雖然對趙貴和不滿，但對於私行廢立這樣大逆不道的事，還是不敢做。楊次山的兩個兒子楊谷、楊石受史彌遠的囑託，一夜之間七次去勸姑姑與史彌遠合作。楊皇后還是搖頭，反對假傳聖旨，立來歷不明的趙貴誠為新皇帝。兩個外甥最後跪下了，一把鼻涕一把淚地勸道：「姑姑，事已至此，如果不立沂王，恐怕日後楊氏滿門都危險了啊！」

楊皇后這才點頭同意，配合史彌遠的政變。史彌遠連忙假傳聖旨，讓宮人去傳沂王趙貴誠進宮。臨行前，史彌遠反覆叮囑出宮宣旨的人：「記住，你所宣者是沂王，而不是太子。如果叫錯了人，小心你全家人的腦袋！」

在這關鍵時刻，趙貴誠的態度反而有些微妙了。之前，史彌遠、鄭清之從來沒有告知要推他繼位登基。趙貴誠對矯詔繼位一事，態度怎麼樣呢？當鄭清之告訴趙貴誠，史相國要擁立他為皇帝的時候，趙貴誠低頭不說話了。鄭清之再三言之，趙貴誠都默然不應。最後，鄭清之把話挑明了：「丞相讓我跟從王爺很久了，在足下身邊安插了很多心腹眼線。現在，足下不答一語，你讓我怎麼復命於丞相？」鄭清之的潛台詞是：這件事情，你如果不幹，你就有危險！趙貴誠這才抬頭，拱手慢慢說了一句：「紹興老母在。」趙貴誠回答得非常巧妙，他沒有也不方便直接表達自己做皇帝的意願，而是委婉地服從了史彌遠的安排，把自己和家人的命運交付給了史彌遠。鄭清之向史彌遠彙報後，史彌遠吃驚地說了一句：「沂王不凡啊！」

趙貴誠服從安排入宮後，史彌遠、鄭清之公布趙擴駕崩的消息，並以「遺詔」的名義強行擁立趙貴誠為新皇帝。趙貴和本以為輪到自己繼位了，誰知道迎來的是被廢為濟王，出居湖州的詔書。正當他茫然若失的時候，禁軍將領夏震強迫他接旨。

趙貴誠就是宋理宗。

歷代囂張的權臣不少，但像史彌遠這樣生生「造」出一個皇帝的人還真是絕無僅有。史彌遠的政變陰謀，激起了朝野上下的憤慨。一些大臣上書說濟王趙貴和冤枉，都被罷官出朝。

臨安的太學生潘壬和弟弟潘丙，都是湖州人。他們知道宮廷換皇帝的內幕，反對史彌遠，趕回湖州，聚集部分力量，圖謀擁立趙貴和登基為帝。為了增加勝利的把握，潘壬約長江北岸掌握軍隊的將領李全領兵接應，建立大功。約定的日子到了以後，潘壬和潘丙兄弟倆帶領由漁民、巡尉兵卒數十人組成的隊伍，連夜闖入王府，要擁立趙貴和稱帝。從趙貴和的心理來說，他眼睜睜看著皇位飛走，不能不有所眷戀與不滿。深夜，他看到有人群湧進來擁戴自己為皇帝，雖然知道這是叛亂，但也沒有表示反對，配合潘王等人的行動，等於是默認了。

第二天，天亮的時候，潘王等人在湖州街頭到處張榜揭露史彌遠的廢立罪行，宣告政變。一行人擁著濟王趙竑到州衙，就要黃袍加身。當時，江北的李全到期不至，沒有帶軍隊前來響應。趙竑在光天化日之下，看清了原來支持自己的人不過幾十個人。這不是瞎胡鬧嗎？趙竑對政變的前景失去了信心，慌忙派人向臨安告變，同時徵調湖州的官兵對潘王等人舉起了屠刀。史彌遠聽說湖州叛亂，趕緊派出軍隊鎮壓。在軍隊到來之前，湖州的叛亂就被趙竑給澆滅了。潘王隱姓埋名逃往楚州，被官府捉獲斬首。

經過叛亂後，趙昀和史彌遠都意識到，只要趙竑活著，就是對兩人權力的威脅。史彌遠乾脆祕密派人到湖州逼濟王趙竑上吊自殺，對外稱病死。

濟王死後，宋理宗原本想以王禮安葬。史彌遠不同意，宋理宗收回成命，褫奪濟王的王爵，追貶為巴陵縣公。他們二位的本意，可能是想貶抑濟王，避免人們對宋理宗即位合法性做不恰當的聯想。但他們的做法是一著「臭棋」，反而激起朝野人士的關注與憤慨。「濟王冤案」成為了纏繞南宋後期的一大敏感事件、政治要案。❶

紹定四年（一二三一年）九月，臨安一場特大火災把太廟裡列祖列宗的御像與靈位燒為灰燼，朝野無不視為「天譴」，宋理宗不得不下詔求言。有人就將此事和濟王聯繫起來，認為是皇室有傷和氣而招來災異。宋理宗置若罔聞。紹定六年（一二三三年）六月，有朝臣舊案重提，要求為趙竑和追復王爵，以王禮改葬。宋理宗雖然同意「復爵塋墳」，卻還是給濟王安上「脅狂陷逆」的罪名。他還丟下過一句話：「留以遺後人。」也就是說，宋理宗至死也不打算給濟王昭雪冤案，以免威脅到自己即位的合法性。他鐵了心要把難題扔給後代。終理宗朝，「群臣泛議，一語及此，搖手吐舌，指為深諱。」

理宗死後，就有人又舊案重提。繼位的宋度宗追復濟王太師、保靜鎮潼軍節度使，增修了陵墓。至於平反、立嗣等問題，因為宋理宗有御筆意見，宋度宗「遵照實行」，拒絕給濟王徹底昭雪。宋度宗死後，宋恭帝即位。當時，蒙古軍隊已突破長江防線，南宋政權朝不保夕。吏部尚書常楙上書，把時局與濟王冤案掛上了鉤，認為邊事告急可能與濟王的冤情有關，應乘機挽回天意。朝廷這才頒詔，給趙貴和恢復了王爵，特封其為鎮王，並賜謚「昭肅」，選擇嗣子延續血脈。這樁南宋皇室的最大冤案，歷時半個世紀最終平反昭雪。

三

擁戴濟王的湖州諸人中，只有一個參與者逃脫了。他就是李全。正是這個逃脫的李全給史彌遠帶來了巨大的麻煩。

這個李全又是誰呢？

李全是個善使鐵槍的山東大漢，人稱「李鐵槍」。十三世紀初期的山東地區，處於金朝的橫徵暴斂和蒙古軍隊的掃蕩之下。李全帶領農民兄弟發動起義，隊伍迅速發展，成為北方紅襖軍的主力之一。在金朝軍隊的殘酷鎮壓下，李全險些被金軍捉獲，退據東海（今江蘇連雲港東南）一帶，並在嘉定十一年（一二一八年）正月向南宋稱臣，受楚州（今江蘇淮安）節制。

在宋金邊界地區，存在許多像李全這樣南下的北方起義軍隊。南宋朝廷就利用這些軍隊抵禦金軍。李全南歸後，歷經多次宋金戰鬥，因功升為了節度使。但是朝廷對這些軍隊並不完全信任，將他們稱為「北軍」，羈縻利用而已。史彌遠當政後，因害怕這些軍隊造反，下令封鎖淮河，不許北軍南下。事實上，這些北方南下的軍隊慢慢變成了兩不管的部隊，占據邊界各地，形成地方割據勢力。李全也從一個農民將領蛻變為軍閥，逐漸襲擊友軍，攻占地盤，成為邊界一患。朝廷決定對這些「北軍」下手。嘉定十三年（一二二〇年）六月，北軍領袖季先入朝，半路上被淮東制置副使賈涉殺死。這下子可麻煩了。季先的部隊推舉石珪為首與賈涉對峙。賈涉下令李全進攻石珪，讓北軍自相殘殺。李全出於壯大自己的目的，發動猛攻，迫使石珪逃到北方投降蒙古人去了。從此，宋金邊界進入了多事之秋。

潘壬要求李全共同舉事的時候，李全並沒有放在心上。但事情失敗後，李全不能不放在心上，為了避禍，在寶慶元年（一二二五年）年初殺死楚州知州許國，自己占據青州叛亂。次年，蒙古軍隊進攻青州，李全打不過，只能困守。青州被圍困一年之後，僅剩數千人，矢盡糧絕。李全投降了蒙古，得到成吉思汗的賞識，受命專制山東的大權。李全從此喜氣洋洋地穿著蒙古衣冠，在自己軍隊中引入蒙古官員。

為了消滅李全，宋朝命令北軍時青等部進攻李全。時青卻派人密告李全。李全向蒙古人提出了一個大膽的計畫，請求領兵南下消滅南宋，得到批准。李全率軍大舉南下，首先誘殺時青，吞併其他起義軍。紹定三年（一二三〇）年初，李全占據楚州，表面上重新歸附於宋朝，實際上聽命於蒙古。史彌遠對李全採取了姑息養奸的政策，提供糧餉，還希望他能替朝廷阻擋金軍。前線官員要求討伐李全，史彌遠都不允許。而李全呢，以豐厚的待遇募兵，又大量建造船隻，自淮河到東海，此起彼伏，計畫進攻東南地區。當李全又占領鹽城後，南宋不得不下決心討伐李全。李全也就撕破臉皮，公然占領泰州，又進攻通州、揚州。宋軍進駐揚州，與李全展開了長達半年多的對峙戰。次年正月十五，宋將趙范、趙葵等乘李全不備，用計騙李全出營，半路伏擊。李全倉皇逃竄，在新塘這個地方陷入數尺深的泥淖，被南宋的追兵用亂槍刺死。宋軍乘勝進駐淮安，李全在淮安、淮陰的餘部有的被宋朝消滅，其餘的投降了金朝。

李全的兒子李璮在亂軍中逃過淮河，返回山東老家。蒙古人讓他世襲了李全的職位，在山東設立行省，專制獨斷。

四

這時候的天下局勢已經大變。南宋與金朝維持數十年的和平局面又走到了懸崖邊緣。

北方成吉思汗的蒙古鐵騎已經越過陰山，掃蕩華北各地，打得金朝軍隊狼狽不堪。嘉定六年（金至寧元年，一二一三年），蒙古軍隊兵分三路，攻掠山東、河北州縣，從北、西、南三面圍攻了金朝的中都（今北京）。金朝早已經沒有了一百年前的雄風，在強大壓力下發生了政變。金宣宗被擁戴為新皇帝，向蒙古求降，貢獻大批金寶、馬匹，並把公主獻給成吉思汗，這才送走了蒙古兵。金朝在長城內外是待不下去了，金宣宗帶頭逃跑，將首都南遷到北宋的舊都汴梁。蒙古軍退後，金宣宗就率領宗室百官，運載珠玉財寶遷往汴梁。第二年，遼東、河北、山東就全被蒙古人占了。

金朝南遷後，內憂外患。外患就不說了，單單說金朝僅餘黃河中下游和淮河以北的國土，人沒多少人，錢沒多少錢，卻要供養龐大的官僚機構和數目驚人的軍隊，不堪重負。王朝走向何處去？金朝內部出現了兩種聲音，一部分人認為應該聯合南宋對抗蒙古人；但更多的人認為南宋是個軟柿子，打不過蒙古可以打南宋。被蒙古人奪走的土地和財富可以通過掠奪南宋來補償。難道不是嗎？金朝之前在對南宋的歷次戰爭中雖然沒有全部取得勝利，但都獲得了可觀的收益。

嘉定十年（金興定元年，一二一七年），金宣宗發兵渡淮，開始向南方進行擴地立國的戰爭。西邊，金朝軍隊入大散關，進攻西和州、階州、成州；東邊，金軍入侵樊城，圍棗陽。

南方的有識之士早就看到金朝已經不可避免地走向了衰落，不再是早年活躍在白山黑水的精銳了。南宋眼見金朝江河日下，「看人下菜單」，在嘉定七年（金貞祐二年，一二一四年）停止了向金朝交納嘉定年間和約規定的歲幣。宋寧宗趙擴還給名義上的北方臣民下詔書，號召大家同仇敵愾，陷敵人於「人民戰爭的汪洋大海」之中。皇帝承諾：「如果有人能建立非常的功勳，朝廷肯定會破格獎賞。」

進攻棗陽的金兵遭到了南宋守軍的頑強抵抗。京湖制置使趙方派孟宗政的軍隊增援棗陽，內外夾攻大敗金兵。湖廣全線都增加守備，宋金兩軍大小戰鬥數百次。嘉定十二年（金興定三年，一二一九年），金軍傾巢而出，再次大舉圍攻棗陽，希望扭轉戰局。趙方分兵進攻唐、鄧二州，攻打金兵的後路；孟宗政在棗陽死守。棗陽戰鬥極其慘烈，宋軍充分發揮火器的技術優勢，用大砲轟擊金軍，一砲可殺金兵數人。金軍不甘失敗，選弩子手二千用雲梯攻城，沒成功；又向棗陽挖地道，宋軍用毒煙烈火猛熏地道。棗陽禁受住了金軍八十餘日的猛攻，巍然不動。南宋援軍趕到，又一次內外夾攻金軍，金兵全線崩潰，從此不敢再來侵犯棗陽和湖廣。孟宗政還把抗金民兵組織起來，深入敵後。金軍也曾反攻，又增加諸多損失，卻不能前進一步。

進攻四川的金軍開頭非常順利，南宋的天水軍守將黃炎孫逃跑，大散關守將劉雄、王立先後棄關逃跑，沔陽都統制劉昌祖焚城逃跑，西和、成、階等州的南宋守臣也都棄城逃走。金兵順利占領各地，得到了南宋積累的大量錢幣和軍需物資。進攻興元的時候，南宋都統制吳政奮起抗敵，西線金軍的好運這才被終止了。吳政還乘機收復大散關，將逃跑的王立斬首，奏報朝廷。劉昌祖等人也被奪官流放。吳政不久戰死，宋軍和金軍開始僵持膠著。嘉定十三年（金興定四年，一二二〇年），已經由四川上調臨安同知樞密院事的安丙回任四川，擔任宣撫使。安丙成功地爭取到了西夏的聯合。這個西夏還真是夠朋友，一下子出兵二十萬從側面進攻金軍。西邊的金軍也撤退了。

在東邊，江淮制置使李珏扼守淮河。宋金的戰線一直維持在邊界地區。只有一次，有一支金軍遊騎數百人南下到東采石的楊林渡口，對南方造成了巨大的心理打擊。建康城都一度陷入騷動。但這只是特例。金軍在抗金民兵，包括當時還活著的李全、石珪、夏全、時青等人的打擊下，沒成功。

這裡有個小故事，需要提一下：嘉定十四年（金興定五年，一二二一年），金軍南下攻打蘄州。秦檜的曾孫秦鉅在當地擔任通判。秦鉅與知州李誠之一道死守城池。他們率領全體軍民苦戰月餘，殺敵無數。金軍聽說守城的是秦檜的後人，想當然地認為秦鉅繼承了秦檜的基因，高興地派人來勸降。秦鉅怒斬來使，堅決抵抗，讓金軍空歡喜一場。後來金軍攻破了城池，秦鉅又和李誠之一道堅持巷戰。李誠之最後自殺，他的家人也都自殺殉國。秦鉅拚死與金軍周旋，筋疲力盡，退回官邸自焚。部下發現後，趕緊要把他拽出來。秦鉅厲聲喝止部下，在烈火中坦然而死。秦鉅的兒子秦浚聞訊，毅然跳入火中，追隨父親而去。秦檜的後人總算是為秦家大大地爭了一口氣。

從嘉定十年以後的六年間，金兵多次分兵南侵，都遭到頑強的抵抗，失敗連連，痛定思痛，反思宋金政策。嘉定十七年（金正大元年，一二二四年）三月，金朝派遣使臣到宋朝「通好」，並在邊地張榜宣布軍民不再南侵。金宣宗拓地江南的計畫徹底失敗了。

金宣宗伐宋最大的失敗可能不是軍事上的，而是外交上的。在宋金戰爭最慘烈的嘉定十四年四月，南宋派遣苟夢玉出使蒙古，作為抗擊金軍的預備選項。不久，蒙古的使臣來到臨安，南宋與蒙古政權開啟外交往來。雙方開始醞釀聯合滅金事宜。

金朝把一個潛在的盟友（南宋）推向了凶猛的敵人（蒙古）一邊。

除了一條不穩定的邊界之外，史彌遠在後方的權力是相當穩固的。

五

宋理宗趙貴誠興於民間，從入選宮廷、立為皇子、登上帝位，全是借助史彌遠的力量，生活被動拘謹，養成了「凝重寡言」的性格。他又在民間生活了十七年，有一定的社會閱歷，知道人情世故。年輕的趙貴誠對史彌遠的「定策」之功深懷感激，也知道他的勢力不能驟然去除，所以對史彌遠的掌權干政，睜一隻眼閉一隻眼，政務任由史彌遠操縱。君臣二人相安無事。

史彌遠和趙貴誠都接受了程朱理學的教育，兩人在尊崇理學，凝聚人心士氣方面有高度一致。史彌遠主政，凡是韓侂胄反對的，他都支持。於是，理學迅速興盛。整個宋理宗時期也都沉浸在濃郁的理學氣氛中。嘉定年間，朝廷先後給理學家朱熹、張栻、呂祖謙賜諡，又給北宋的理學家周敦頤、程顥、程頤、張載等人追賜諡號。理學正式脫去「偽學」惡名，稱為「正學」。趙貴誠還在寶慶三年（一二二七年）召見了朱熹的兒子朱在，說自己熟讀朱熹的四書注解，愛不釋手，只可惜不能和朱熹生在同一個時代。召見後，趙貴誠下詔追贈朱熹太師，封信國公。也就是從這個時候開始，朱熹和他的理學學說在儒家思想中成為權威，占據了社會思想的主流地位。紹定三年（一二三〇年），趙貴誠親自撰寫《道統十三贊》，將理學放到儒家思想傳承的高度，大加讚頌。國子監刊印朱熹的《通鑑綱目》；皇帝親自到太學聽講《大學》；朝廷下詔學宮祭祀周敦頤、程顥、程頤、張載、朱熹五人，從祀孔子。一時間，書生們又人人都以理學弟子自居。

理宗朝的前期都籠罩在權臣史彌遠的陰影之下。早在史彌遠崛起的時候，兵部尚書倪思就曾建議宋寧宗趙擴收歸權柄，不要將內外大權都歸於一個人。他提醒中央權力歸於某個宰相是不正常的。可惜趙擴沒有聽。從此，史彌遠歷經兩朝，擅權接近三十年。他在朝廷中安插耳目和鷹犬，權傾中外。薛極、胡榘、聶子述、趙汝述四人依附史彌遠，是史彌遠的親信，人稱「四木」；李知孝、梁成大、莫澤充當史彌遠排斥異己，衝鋒陷陣的爪牙，人稱「三凶」。因此，史彌遠當權時南宋相對平穩的政治發展似乎是一種帶有「恐怖壓抑」色彩的平穩。

一次宮中宴會，有一個伶人手執一塊拳石，努力用大鑽去鑽，鑽了很久也鑽不進去。那個伶人就歎息道：「鑽之彌堅（越鑽越堅硬，『彌堅』是史彌遠弟弟的名字）。」另一個伶人就打了一下第一個伶人的頭說：「你不去鑽彌遠，卻來鑽彌堅，終於知道鑽不進去了吧。」這句話極大地揭露了當時官場上人人鑽營史彌遠的醜態。話一出口，在場的人都驚呆了，史彌遠反而是淡然一笑。不過在第二天，宮中的伶人都被史彌遠趕出臨安城去了。

史彌遠的外甥陳塤對舅舅霸居相位非常不滿，天真地寫信對史彌遠說：「舅舅您應該痛加警悔，以回群心。早正典型，以肅權綱。大明黜陟，以飭政體。」他不知道權臣是不會也不能自動放棄權力的，不然可能連身家性命都保不住。史彌遠自然是對外甥的信件置之不理。陳塤就自己給自己貶官，去做嘉興的通判也拒絕與史彌遠合作。黃師雍是史彌遠最得意的門生，也對老師的所作所為很憤慨，毅然斷絕了與史彌遠的師生關係。黃師雍不僅和史彌遠脫離關係，還到處抨擊史彌遠，並說為自己投入這樣的師門感到羞恥。史彌遠十分尷尬，拿黃師雍這個曾經的學生沒辦法。

從另一方面來看，史彌遠又是一個比較特別的權臣，不能臉譜化。史彌遠信佛又崇道，在南宋境內大修佛寺與道觀，並給這些宗教場所評定高低等級。南宋時候，各地的道長和方丈都經過嚴格挑選，由品行端正的人擔任。史彌遠還大興盛世修書工程，指導或親自參與編撰了多部政府文獻，為南宋的文化盛事推波助瀾。據說，史彌遠他老爸史浩發達之前，曾經受到紹興城裡一個賣燒餅的老太婆的恩惠。史浩後來擔任過紹興知府，專門將老婆婆接來，恭敬接待，待遇優厚。史浩還要舉薦她兒子去做官，賣餅的老婆婆千恩萬謝，卻沒有接受史浩的好意。她只希望史浩的子孫以後不要忘記自己的子孫，能給與接濟。史彌遠發達起來後，真的沒忘記紹興賣餅的老婆婆。當時老婆婆已經死了，史彌遠去紹興的時候，還去她的像前跪拜，與她的兒子一起在家裡聊家常。我們後人可能沒法想像，一個宰相和一個貧民並排而坐聊天的情景。

六

趙貴誠即位後，朝政聽由史彌遠把持。

紹定六年（一二三三年）十月，史彌遠終於病死了。

史彌遠身為宰輔二十六年，沒有絲毫建樹，尤其是在對外政策和戰事方面舉棋不定。史彌遠做的最多的似乎就是編書，獻書。如果說他是一介書生，這是值得稱讚的，但可惜他是宰相，不是書生。也許是深受升平年代，東南濃郁的文人氣氛的影響，史彌遠身上始終保持著文人氣。這也是時代在一個政治家身上烙下的印記。百無一用是書生，這句話不一定正確。但它指出了書生弱於辦事，缺乏魅力的一面。史彌遠就在國家大政上沒有做出任何重大的決策——如果說有也只是簡單的「凡是韓侂胄反對的我支持，凡是韓侂胄支持的我反對」的政策而已。他的本意可能是用無所作為來避免了由於國事處理不當而受到外界的批評指責。在史彌遠前面的兩個權臣——秦檜和韓侂胄都是做事高調，在政策主張上積極果斷的人，結果誰也沒有好下場。史彌遠似乎不想重蹈前輩們的覆轍，在很大程度上他做到了。

史彌遠也就成為南宋王朝唯一善始善終的權相。

史彌遠死後，宋理宗趙貴誠開始親政。趙貴誠是一個「先天不足」的皇帝。這個「不足」說的不是他的智力和政治基礎，而是「身分」。趙貴誠是一個來歷不明的皇帝，離不開史彌遠的支持。因此，他基本上是一個甩手掌櫃，躲藏在幕後，深深保護著自己。史彌遠死後，趙貴誠可以相對放心地走到前台了。

宋理宗親政後，改年號為端平。他驅逐史彌遠黨羽，召回了遭到史彌遠排斥的大臣，並整頓吏治，整飭軍備，頗有一番振作朝綱的熱情。沉寂已久的朝野，也的確收穫了一些新成績。

接替史彌遠的人是鄭清之。這是史彌遠很多年前就答應鄭清之的。鄭清之是依附史彌遠才最後熬成宰相的。從心底裡，鄭清之並不完全贊同史彌遠，加上史彌遠的所作所為留下了許多怨言，所以他擔任宰相後，沒有門戶之見，支持趙貴誠更新人事，任用天下名士。君臣二人便也相安無事。倒是趙貴誠感念史彌遠的擁戴之恩，追封他為衛王，還親自書寫了史彌遠墓地的道碑額：

「公忠翊運，定策元勳之碑」。鄭清之的改變讓朝野開始出現了否定史彌遠的聲音，趙貴誠特意下詔，肯定史彌遠的大功，強硬制止了撥亂反正的苗頭。

朝廷中那些同樣出身書生的大臣們給史彌遠擬了一個諡號「忠獻」。「忠獻」本來是一個很好的諡號，但是被用到秦檜頭上了之後，變成了一個實褒暗貶的諡號。大臣們用在其中的春秋筆法，相信天下人都看出來了。

臨安忘卻許多愁

一

臨安是南宋繁華培育出來的明珠。

徜徉在現代的杭州城，我們已然能看到古臨安的身影。現在的中山中路是南宋臨安的御街，中山中路南端的鼓樓是南宋時進入皇宮朝見天子的第一重大門。走過鼓樓，我們就可以觸摸南宋臨安的精華部分了。

現在的吳山廣場一帶是南宋達官顯貴們的居住區，廣場北面的太廟遺址是南宋王朝供奉列祖列宗的地方。二〇〇七年，杭州的考古人員在廣場往南不到二百公尺的嚴官巷進行考古挖掘的時候，清理出一處南宋回廊：青色的糯米磚包邊，精緻的鵝卵石鋪底，圓圓的大石柱……這裡就是最新發現的南宋朝廷——三省六部官署的所在地。在石板旁邊，有一口青磚砌的用來蓄水的池，可能是當時官署應對火災的消防池。巷子裡的居民不知不覺地就和南宋遺物相處了數十年。雖然隨著城市建設的發展，許多老房子、文物已經消失了。但是居民依然風俗古樸，他們在幾口古井邊洗衣服、洗菜，就如八百年前的南宋前輩一樣。考古人員在嚴家巷的南面又發現一段石板路面，石板非常大，製作相對粗糙。

吳山廣場東面不遠有一座單孔拱形橋，長十五公尺，寬五公尺，橫跨中河之上。因為是六部官員上下班必經之地，所以得名「六部橋」。一九八四年，杭州在治理中東河時，按清代原樣重建了此橋。當年，有多少讀書人寒窗苦讀，就是希望自己日後也能成為這橋上的一位過客。

吳山廣場西面的鳳山景區原是南宋朝廷皇帝與大臣議事所在，殿堂密布；月岩景區曾是杭人遊覽與賞月的勝地。八百年前，這裡鄰近南宋皇城後園；將台山景區有一組形狀怪異卻排列整齊的石林，是南宋時候六宮嬪妃習武之地，所以也叫做「御教場」或「女教場」。

杭州城有太多的記憶與南宋相關。

其實杭州在南宋是第二次成為首都。第一次成為首都是在五代十國時期的吳越國，當時杭州還叫做錢塘。吳越國後來投降了宋朝，地名也改成了杭州；文豪蘇東坡來了，又走了，留下一座蘇堤。可錢塘的名字永遠留了下來。老杭州人依然自稱是錢塘人，在城南流過的大江也還叫做錢塘江。宋高宗趙構將臨時首都選在了杭州，升它為臨安府，治所就在錢塘。南宋的臨安府轄錢塘、仁和、臨安、餘杭、於潛、昌化、富陽、新城、鹽官九個縣。大批人口湧入錢塘、仁和等核心地區，臨安城垣因而大事擴展，形成內城和外城。內城即皇城，方圓九里，環繞著鳳凰山，北起鳳山門，南達江干，西至萬松嶺，東抵候潮門。在皇城之內，殿、堂、樓、閣與行宮、御花園，一應俱全。外城南跨吳山，北截武林門，右連西湖，左靠錢塘江，氣勢宏偉。全城設城門十三座，城外有護城河，駐紮禁軍。

南宋開啟了杭州的鼎盛時期。

二

南宋的臨安，到底是一幅什麼樣的繁華景象呢？

我們還是先來看一組資料。宋理宗寶慶二年（一二二六年），臨安城縱貫南北的大街（現在的中山路）全長約為六十至七十里。宋寧宗嘉定十三年（一二二〇年）前後，臨安進入城市規模的頂峰，總人口也接近最高峰。《都城紀勝》說：「今中興行都（指臨安）已百餘年，其戶口蕃息僅（近）百萬餘家者，城之南西北三處各數十里，人煙生聚，市井坊陌，數日經行不盡，各可比外路一小小州郡，足見行都繁盛。」南宋大臨安的高峰人口是二百五十萬，其中城區占地六十五平方公里，有一百萬居民；郊區一百八十平方公里，有一百五十萬居民。折合成戶數，城廂合計約有四十五萬戶，占南宋嘉定十六年（一二二三年）總戶數一千二百六十七萬戶的百分之三點五五。人們對《清明上河圖》描繪的汴梁印象深刻，卻很少有人知道臨安城的規模遠遠超過了北宋的汴梁。

這麼大的一座城市，每天消耗的物資難以計算，本地自然是供應不了，多數只能從外地運來。從這個角度來說，臨安是整個南宋經濟繁華的產物。比如臨安居民每天吃掉的米超過一萬石，主要來自周邊的蘇、湖、常、秀四州，甚至要從淮南、江西、湖南、兩廣等地調運；消耗的柴炭、竹木、水果從嚴、婺、衢、徽等州運來；海鮮、水產則從明、越、溫、台等州運來。其他需要的蔬菜、布匹、食鹽和各種雜貨也都從外地運來。人們在臨安城能看過國內幾乎所有的商品。臨安的市場也逐漸轉變為貨物的中轉站。錢塘江兩岸船隻雲集，南抵閩廣，北通兩淮，西連四川，客販往來，不絕於道。

漫步臨安城內，大街坊巷中大小店鋪鱗次櫛比。同行業的店鋪往往聚集在同一街市。據說當時城中有四百一十四行，如布行、帽子行、銷金行、魚行、蟹行等。大街上買賣晝夜不絕。每天早晨五更，賣早市者開店營業。夕陽西下，夜市又開張。直到三、四更後，店鋪、酒樓、歌館才慢慢靜下來。人們交易的時候使用紙幣，包括交子、會子、川引、淮交等多種。一些財大氣粗的臨安富商以自己的信譽擔保，印造「便錢會子」，也被一定範圍的市場所接受。

南宋發達的手工業為臨安的商業繁榮源源不斷地提供商品。其中後人最津津樂道的是宋瓷。中國陶瓷在南宋時期到達了一個高峰。南宋瓷窯之多，瓷窯的規模之大，留傳作品之豐都令人驚歎。現代考古挖掘發現的南宋古瓷窯，為我們展現了當時的規模。比如四川廣元瓷窯，堆積的殘瓷區域長二百五十公尺。這還只是普通的規模。有的南宋窯址堆積的殘瓷廣達二十畝，高到二十公尺，簡直是蔚為壯觀的山陵。江西的景德鎮窯在南宋時取得了較大的發展，奠定了「瓷都」的地位。吉州窯、龍泉窯以及廣東、福建沿海地區的瓷窯也都發展迅速，和景德鎮一起構成了南宋主要的瓷器產地。與瓷器並列為中國特產的絲綢的發展也不遜色。南宋雖然只有半壁江山，但每年徵收的絲、麻等紡織品的數量超過了北宋時期的總額，達到了一千萬匹以上。兩浙地區和四川東西呼應，是南宋絲織業的中心，盛產江南絲綢和蜀錦。四川同時也盛產麻布，運銷各地。南方的廣西也盛產麻布。那麼老百姓們穿什麼呢？並不是所有人都穿得起絲綢的，而穿麻布既不舒服，又顯得有點「寒磣」。大家穿的是棉布。棉紡織業在南宋的出現長期影響了中國人的穿著。棉布現在仍然是中國人的主要衣料。據說棉布的推廣，還是南宋朝廷「一時疏忽」的結果。由於棉紡織業剛剛興起，之前棉布並不在官府的賦稅專案之內，棉布有這樣的「政策支持」，不取得大發展才怪呢。

支撐臨安的，是許多被稱為「工役之人」的下層勞動者。他們屬於不同的行業，聽命於不同的老闆，絕大多數都是外地來臨安的「打工仔」。他們分別被叫做碾玉作、油作（油漆）、木作、磚瓦作、泥水作、石作、竹作、打紙作等等。他們是臨安城最辛苦的人。隨時有失業的危險。比如酒樓食店裡的夥計，送菜稍遲，客人不滿，就要被店主人趕走。此外，大街小巷還有許多「修舊人」尋找主雇，等待生意，做的是補鍋、箍桶、修帽子、修鞋、修磨刀剪、修扇子、磨鏡子等活。更有一些「掃街盤垃圾者」，淘糞的「出糞人」。他們都地位低下，大多數是出身卑賤的下層勞動者，或者是外地來臨安的貧寒打工者。稍有些積蓄後，打工仔們往往轉化為小商人，挑著擔子沿街叫賣。這些小商販往往要遭受官府和富商的敲剝，很難提升地位。歷史上很少有從城市平民上升到上流社會的記載。

任何繁榮的城市都有乞丐。臨安城中也有許多乞丐。盛世之中，極少有真正的忍飢挨餓、奄奄一息的可憐乞丐。臨安的乞丐多數是有組織的，定期集會，有固定的地盤。南宋的話本中就有他們的身影。乞丐組織的上層人物，生活相當富裕，表面上過著與上流階層一模一樣的生活。他們要處理好乞丐組織和官府、其他行業的關係，更要調和組織內部的諸多矛盾和利益分配。話本中的乞丐領袖生活在富人區，住著豪華的庭院，悉心教導著子女。他們知道，不管他們多麼富裕，社會主流都不會認同他們。有一位讀書人，愛上了一位富家的漂亮小姐，恩愛非常。但是他們的婚姻遭到了雙方家族的反對，就因為那個小姐的父親是乞丐組織的長老。

不過，丐幫的首領們的生活畢竟是富裕安穩的，畢竟有著自己的庭院和家庭。對於多數下層勞動者來說，臨安的物質生活水準之高，不是他們所能承擔的。

三

臨安的消費高到什麼程度呢？我們可以從富裕階層的日常生活中找到答案。

皇輿久駐武林宮，汴雒當時未易同。
廣陌有風塵不起，長河無凍水常通。
樓台飛舞祥煙外，鼓笛喧呼明月中。
六十年間幾來往，都人誰解記衰翁？

陸游的〈武林〉詩可以引領著我們進入臨安的上層生活。皇室貴族們建造了大量富麗堂皇的宮室，日夜酣宴歌舞。官員、地主和商人們一般進不了皇宮，就在街上的瓦舍勾欄，看雜劇，看百戲雜技，看說書講史。他們都在享受南宋的繁華。

臨安彙聚著南宋的文化精銳。朝廷是重文的朝廷，臨安是天下的文化中心。皇室也好，官吏也好，都是飽讀詩書之士。南宋的商業也是充滿書卷氣的，商人們也都是品讀詩書的人，和後世許多只盯著銅板的商人完全不同。而且臨安還彙聚著天下最優秀的學生。臨安除了天下最高學府——太學外，還有武學、醫學、算學、史學等各類國立學校，此外還有臨安府學、錢塘縣學和仁和縣學。單單在縣學註冊的學生就有近千人，整個臨安的學生數量可見一斑。

讀書人聚在一起，所做的都是「雅事」。比如對美景進行品評。西湖是臨安的美麗中心，也是文化人們流連忘返的地方。他們將西湖周邊的景色評比出了個「西湖十景」。這十處景色，聽名字就特雅：蘇堤春曉、曲苑風荷、平湖秋月、斷橋殘雪、柳浪聞鶯、花港觀魚、雷峰夕照、雙峰插雲、南屏晚鐘、三潭印月。這「西湖十景」評得特權威，被之後幾千年的人都接受了。現在，它們還是杭州對外宣傳的名片。人們再評，也只能評「新西湖十景」，對南宋文人的評斷表示尊敬。又比如文人聚會「腐敗」。我找到一張南宋朝廷在集英殿宴請金國使節的菜單：㈠肉、鹹豉，㈡爆肉、雙下角子，㈢蓮花肉油餅、骨頭，㈣白肉、胡餅，㈤群仙炙、太平畢羅，㈥假圓（黿）魚，㈦柰花、索粉，㈧假沙魚，㈨水飯、鹹豉、旋鮓、瓜薑。看看這張菜單，我們大概就能知道臨安的文人為什麼喜歡三天兩頭聚會「腐敗」了。

沉浸在風雅歡宴中的讀書人，最容易滑向風流，需要妓女來豐富生活。臨安城中就有許多妓女。當時的妓女可不是現代人觀念中的妓女，而是嚴格地「賣藝不賣身」的「演藝界人士」。其中的高檔妓女，更是「明星大腕」，不是一般人想見就能見得到的。高級妓女們琴棋書畫、吹彈歌舞，無所不能，無所不曉。越是高級的妓女，個人素質越高，出席的宴會的檔次就越高，結交的文人的層次也越高。只有那些達官顯貴、富商大賈或是名動天下的大文豪才有觀看頂級妓女表演的入場券。妓女極少與顧客發生肉體關係。只有那些妓女真心喜歡的公子，或者花費極多金錢的追求者，才有可能與妓女共度良宵。一旦某位妓女與某位公子保持了穩定的性關係，她就會慢慢淡出這一行，「從良」去了。

《賣油郎獨占花魁》是一部描寫南宋妓女愛情、婚姻題材的作品。它說的是汴梁人秦重流落到臨安，小本經營，做了名賣油郎。秦重看到臨安名妓王美娘的漂亮容顏後，不惜花了一年多時間，辛苦積攢得十兩銀子，作為一夜「花柳之費」。當夜，王美娘酒醉臥床，結果秦重就在院中伺候了王美娘一夜。這原本是一個很尋常的「尋歡」故事。但當秦重了解到王美娘也是從汴梁流落到臨安的人，觸動了同鄉之情，並為王美娘落入歡場而惋惜，就對王美娘展開了追求。作品在描寫秦重對王美娘傾心愛慕、盡心體貼的同時，還寫了吳八公子對王美娘的垂涎欺壓。秦重與王美娘兩人相互愛慕。王美娘最終拿出私房錢，讓秦重給自己贖身後，與愛人一起在臨安過起了平淡生活。所謂「堪愛豪家多子弟，風流不及賣油人」。從中，我們可以對臨安的妓女生存情況有個基本了解。

評美景、吃美食、戀美色，這些生活在任何一座繁華的都市都可能發生。但有一件好事卻只可能發生在臨安。那就是品好茶。

《夢粱錄》說臨安「四時賣奇茶異湯」，講的就是南宋時臨安茶風之盛。據說，臨安早年有酒館無茶坊。所謂品茶，不過是富人們聚會宴飲時叫些茶博士來來往往，煮茶熱鬧一下。宋室南遷，汴梁開茶坊的風俗也傳播到了臨安。城裡的茶坊越開越多，最後在茶湯巷一帶形成了茶坊一條街。這些茶坊不單單可以品茶，還可以吃到特色點心，約見朋友客戶，把私事和公事一起辦了。南宋後期的著名詞人張炎有一首〈春從天上來〉，上闋是：「海上回槎。認舊時鷗鷺，猶戀蒹葭。影散香消，水流雲在，疏樹十里寒沙。難問錢塘蘇小，都不見、擘竹分茶。更堪嗟。似荻花江上，誰弄琵琶。」詞裡的「錢塘蘇小」和「擘竹分茶」句可見南宋時的人品茶多有歌女相隨。臨安的很多茶坊同時也是歌館，有妓女「靚妝迎門，爭妍賣笑，朝歌暮弦，搖蕩人心」。茶坊裡的歌妓除了一般妓女為客人唱曲的本事外，還有一項特殊的本領——分茶。分茶是指在沖茶的過程中，運用一定的技巧，使茶水形成各種諸如花鳥蟲魚之類的物象。分茶一方面可以提高客人的興致，另一方面也可以拉近客人和歌妓之間的關係，是品評歌妓和茶坊高低的重要標準。

南宋咸淳年間，日本高僧大應禪師來到餘杭縣徑山寺深研佛學。學習之餘，大應禪師還將臨安流行的抹茶做法、吃法一併學會帶回了日本。這位禪師一不小心，成為了日本「茶道」的始祖；臨安的品茶風俗也一不小心，成為了日本「茶道」的淵源。

當時，就有人把臨安比喻作是「銷金鍋兒」。臨安的繁榮和居民的生活給歷史留下了深刻印象。

四

我們還通過印書業這個微觀的行業，來觀察臨安的輝煌歷史。

活字印刷術是北宋時的發明，很快就應用於印書，並在南宋得到了長足發展。南宋是一個文化氣息濃重的王朝，消耗了大量的紙張和書本，為出版相關的上下產業提供了廣闊的市場。當時官刻、私刻（家族出書）和坊刻（商業出書）三大刻書出版系統發達，同時又有寺院刻書、道觀刻書和祠堂刻書。刻書和賣書成為了社會上的一個新興行業。臨安、福建和四川是印刷業的中心。臨安國子監的印本，號稱「監本」，內容和印刷的品質都很高。福建建陽縣的麻沙、崇仁兩鎮印書極多，並銷行到海外。而成都和徽州、池州、平江府等地造紙業的發展，則講求紙張的精美。製造的箋紙精緻無比，本身就是藝術品，讓人不忍下筆。當時的讀書人就好這一口，要的就是這樣的產品。

臨安是南宋印書業最發達的地方，四川和福建都難以與之相比。臨安街頭書鋪林立，名稱為「經鋪」、「經坊」、「經籍鋪」、「經書鋪」不一。至今有鋪名可考的尚有十六處。其中最有名的書鋪是陳起所開的臨安府棚北大街睦親坊南陳宅書籍鋪。陳起其實就是一個「書商」。他操作最成功的一套書是《江湖集》。陳起將當時一大批詩人的詩作陸續以《江湖集》的名義刊行，其中的創作主體大都是功名不遂、浪跡江湖的下層文人。這套書銷售量很大，後人將《江湖集》

所搜羅的詩人和詩歌風格稱為「江湖詩派」。該派的詩歌題材以平民生活和世俗人情為主，風格率真自然，感情直露，在中國文學史上留下了濃墨重彩的一筆。讀書人都尊稱陳起為「武林陳學士」。陳起的兒子陳思也開了一家書鋪：臨安府棚北大街陳解元書籍鋪。這也是臨安著名的「文化公司」。陳起父子平日裡還刻印出版了唐宋人筆記小說和詩文集將近一百種，叫做「書棚本」。這一版本在編輯過程中主要以唐人本為準，又經過周密的校勘，最為接近原書的本來面目，錯誤率極少。再加上刻印技術高明，紙墨工料選用上等，所以深受藏書家所珍愛，形成了中國雕板印刷的黃金時代。清人孫慶增在《藏書紀要》中說：「南北宋刻本，紙質羅紋不同，字畫刻手古勁而雅，墨氣香淡，紙色蒼潤，展卷便有驚人之處。所謂墨香紙潤，秀雅古勁，宋刻之妙盡之矣。」由此可見宋版書籍的珍貴，而臨安刊刻的版本又居其首。

那麼當時最有號召力的作者是誰呢？人們都在讀誰的書呢？

李清照、陸游、辛棄疾等人的作品自然有不少的讀者。但他們的讀者群比較固定，人數並不是最多的。畢竟在繁榮期，人們對哭哭啼啼的哀怨、雄心勃勃的忠烈作品缺乏認同感。讀者們更喜歡日後名聲遠不如前三人的范成大、戴復古等人的作品。

范成大，家境貧寒，早年也曾是口口聲聲恢復中原的青年官員。他最「露臉」的事情就是出使金朝，不畏強暴，冒著殺頭的危險不辱使命而歸。淳熙時，范成大短期出任了宰相，因為與孝宗皇帝意見相左，兩個月後就被免職了。晚年的范成大隱居故鄉石湖，心情歸於平淡。他與尤袤、楊萬里、陸游四人並稱為「中興四大詩人」。范成大的作品題材廣泛，其中以反映農村社會生活內容的作品成就最高。他晚年所作〈四時田園雜興〉六十首，描繪了農村景物、風俗人情和農民生活，風格清新明快，優美流暢，富有韻味，有民歌之特色，是古代田園詩的集大成者。他的作品在臨安的書市中最先受到歡迎。我們一起來看看范成大的作品。比如其中〈夏日〉寫道：

晝出耘田夜績麻，村莊兒女各當家。
童孫未解供耕織，也傍桑陰學種瓜。

語言平淡近人，迎面襲來鄉土氣息。即使沒有農村生活體驗的讀者也能從中看到一個辛勞的農家的勞作情景。又比如〈秋日〉描繪的農忙生活：

新築場泥鏡面平，家家打稻趁霜晴。
笑歌聲裡輕雷動，一夜連枷響到明。

〈橫塘〉描繪的農家生活，帶有濃重的山水畫味道：

南浦春來綠一川，石橋朱塔兩依然。
年年送客橫塘路，細雨垂楊繫畫船。

范成大的詞作〈卜算子〉寫的則是自己晚年的退休生活：

涼夜竹堂虛，小睡匆匆醒。銀漏無聲月上階，滿地闌干影。
何處最知秋，風在梧桐井。不惜驂鸞弄玉簫，露濕衣裳冷。

比范成大出名要晚的是戴復古。戴復古是陳起挖掘出來的江湖詩派的代表人物。他是台州黃巖人，一生都沒混上個一官半職，貧困潦倒，浪跡江湖。在長期的底層生活中，戴復古寫了許多遊記類作品，了解普通讀者的喜好。宋寧宗嘉定十二年（一二一九年）左右，戴復古在鄂州、黃州一帶漫遊，遊覽了黃州城外的赤壁磯。蘇軾曾在此寫過〈赤壁賦〉，之後有人考證出這裡並非赤壁之戰的戰場，但戴復古到此仍寫出了〈滿江紅．赤壁懷古〉：

赤壁磯頭，一番過、一番懷古。想當時、周郎年少，氣吞區宇。萬騎臨江貔虎噪，千艘列炬魚龍怒。卷長波、一鼓困曹瞞，今如許？
江上渡，江邊路。形勝地，興亡處。覽遺蹤，勝讀史書言語。幾度東風吹世換，千年往事隨潮去。問道傍、楊柳為誰春，搖金縷。

這首詞骨骼有力，語言豪邁。清代的紀曉嵐給與了它極高的評價，認為它的豪壯之氣並不遜於蘇東坡。後來，戴復古流落到武寧縣。有個富家翁愛惜戴復古的才華，將女兒許配給他。誰知道二三年後，戴復古突然計畫返回黃巖。妻子奇怪地問他，既然你都已經在武寧安家了，為什麼還要回家？戴復古只好如實相告，自己在老家已經結過婚了。老丈人知道後，大發雷霆。但是妻子還是安撫住了父親，給戴復古說好話，還提供了返回黃巖的盤纏。戴復古回家後，妻子投水自殺了。十年後，浪蕩天下的戴復古又來到了武寧。又是一年春暖花開時，武寧處處鶯啼燕語，但戴復古面對大好春光，反而悲痛欲絕，寫下了一首〈木蘭花慢〉：

鶯啼啼不盡，任燕語、語難通。這一點閒愁，十年不斷，惱亂春風。重來故人不見，但依然、楊柳小樓東。記得同題粉壁，而今壁破無蹤。

蘭皋新漲綠溶溶。流恨落花紅。念著破春衫，當時送別，燈下裁縫。相思謾然自苦，算雲煙、過眼總成空。落日楚天無際，憑欄目送飛鴻。

飽嘗江湖冷暖後，戴復古拖著疲倦的身軀回到了故鄉黃巖。他隱居多年，然後逝世，享年八十多歲。與范成大一樣，戴復古最受歡迎的作品也不是豪邁的詩歌，而是帶有「小文人」味道的江湖、田園和居家作品。比如他的〈月夜舟中〉：

滿船明月浸虛空，綠水無痕夜氣沖。
詩思浮沉檣影裡，夢魂搖曳櫓聲中。
星辰冷落碧潭水，鴻雁悲鳴紅蓼風。
數點漁燈依古岸，斷橋垂露滴梧桐。

范成大和戴復古放在宏觀歷史上看，可能並不是什麼大作家。但是他們的作品體現南宋讀書人的喜好，進而折射出當時社會的心理和價值取向。人們就是喜歡吟誦范成大的田園和戴復古的江湖山水，從中他們可以獵奇、可以附庸文雅、可以構造各自腦海中的文學天地。

我更願意將這些作品看作是南宋的「成人童話」。溫飽後的讀書人就是需要帶有濃郁文氣的童話世界。

五

相傳，發動南侵的完顏亮在聽到對臨安「三秋桂子，十里荷花」的讚譽以後，極其羨慕杭州的繁華，很想到西湖遍覽美景，因此堅定了南侵的決心。當時南宋的文人謝驛還根據這個傳說寫了一首詩：

> 莫把杭州曲子謳，荷花十里桂三秋。
> 豈知草木無情物，牽動長江萬里愁。

楊金梅在〈宋詞中的南宋都城杭州盛景〉一文中這麼描繪臨安的盛景：

> 南宋偏安江南之後，統治者不思進取，耽於聲色之樂比之北宋有過之而無不及。對於像元宵節這樣重要的節日尤其重視，淳祐時還將正月十三定為預放元宵日，節日的狂歡氣氛愈加濃厚。臨安不僅完整地沿襲了北宋時期汴京元宵節玩燈、賞燈的各種習俗，

而且又有發展。每年的這個時候，臨安的街道兩旁張燈結彩，燭光輝映，辛棄疾詞中「花千樹」、「星如雨」指的都是各種造型精巧別緻的花燈。南宋的另一位都城詞人朱淑真更以「燈如晝」來形容臨安元夕的燈景。臨安所掛的燈籠種類繁多，有「珠子燈」、「羊皮燈」、「戲馬燈」、「無骨燈」，「又有以絹燈翦寫詩詞，時寓譏笑，及畫人物，藏頭隱語，及舊京諢語，戲弄人。」不僅燈種類繁多，而且由於絲織業、造紙以及印刷業的發展，臨安的燈大多製作精美，「燈之品極多……其後福州所進則純用白玉，晃耀奪目，如清冰玉壺，爽徹心目。」周密對福州燈的描述正是辛詞中「玉壺光轉」句的最佳注腳。各種精緻的花燈競相開放，耀人眼目，竟使人誤以為一夜之間春風吹開了萬樹繁花，又或是天上的星星落入人間。燈多人更多，到處車馬交馳，人山人海，甚至堵塞了道路。由於遊人甚多，以致常有擠落所佩飾物者，「至夜闌則有持小燈照路拾遺者，謂之『掃街』。遺鈿墜珥，往往得之，亦東都遺風也。」不僅市民階層徹夜流連，連皇帝也不例外，「宮漏既深，始宣放煙火百餘架，於是樂聲四起，燭影縱橫，而駕始還矣。大率效宣和盛際，愈加精妙。」臨安的元夜除了觀燈活動外，還有各種文藝演出，如歌舞、傀儡、皮影、雜技，所謂「鳳簫聲動，玉壺光轉，一夜魚龍舞」即是。這些文藝活動中，有不少都是從北方流傳進來的，典型的如划旱船。划旱船原是缺水的北方人的娛樂活動，在多水的南方地區，本來沒有這種文藝形式。但在南宋時期，臨安人也開始玩這種遊戲了，《武林舊事・舞隊》中就記載有「划旱船」這一條。

幾十年後，臨安城內漂亮的街道兩邊，深宅大院和花園連成一片。每幢住宅都建築華麗，雕梁畫棟；主人們滿身綾羅，遍體錦繡。當馬可・波羅漫步其中的時候，這些深宅大院完全征服了這個威尼斯人。馬可・波羅用兩個字來形容臨安：「天堂」。

六

臨安所有的繁華都指向同一類特性：追求奢華、自我陶醉和充滿藝術的想像。

汴梁淪陷後，北宋遺民寫了一部《東京夢華錄》，回憶舊京汴梁的繁華。南宋末年的文人，模仿該書的風格，跟風寫了一部《夢粱錄》，將臨安比作汴梁，寫盡了臨安的繁華。題目雖然和「夢梁」同音，實際上讀者們感興趣的都是臨安的繁榮昌盛，沒有誰再去回憶遙遠的汴梁了。這第二本書真可謂是「名不副實」。詩人林升曾在臨安官驛的牆壁上題了一首詩：

山外青山樓外樓，西湖歌舞幾時休？
暖風熏得遊人醉，直把杭州作汴州。

臨安就是南宋人的汴梁。北宋在汴梁的生活和陋習都搬遷到了臨安。居民們在虛擬的汴梁中過起似曾相識的奢侈生活，同樣的醉生夢死。觥籌交錯之中，有人還真以為臨安就是汴梁了！❷

繁榮與危機

一

也就是在史彌遠掌權時期，南宋步入了社會經濟繁榮的頂峰。

根據紹興二十九年（一一五九年）的官方統計材料，朝廷統治的人口只有一千六百八十四萬，經過高宗、孝宗兩朝到宋光宗改元紹熙的時候（一一九〇年），朝廷統治的人口數量超過二千八百五十萬人。這個數字已經接近於北宋神宗時全國人口的統計。在農業社會中，人口是王朝鼎盛與否的標誌物。南宋能夠在失去人口和經濟中心的情況下，將人口恢復到北宋的水準，真是令人驚歎。這還僅僅是帳面上的資料，肯定存在為了逃避賦役和其他原因而沒有被列入官府戶籍的人口。所以，南宋人口肯定高於這個數字。

人還是大約北宋那麼多人，南宋的賦稅收入卻超過了北宋。北宋時候朝廷一年收入的賦稅最高值是在宋神宗時出現的，達到六千多萬貫。宋高宗趙構剛逃到東南的時候，朝廷一年的收入東拼西湊，合在一起也不滿一千萬；但僅僅到紹興二十七年（一一五七年）時，趙構每年年末看到的朝廷收入數值就猛增到了六千餘萬，達到北宋的水準。又過了三十年，宋孝宗淳熙十四年（一一八七年），朝廷的年收入增加到八千萬，已經超過了北宋。

資料是枯燥的，卻能直觀地說明一個問題：南宋的繁榮是沒人可以否定的。

交通的繁忙和商業的昌盛最能體現南宋國民經濟的迅速發展。

二

南宋核心地區河網交錯，水上交通最發達。當時以臨安和建康為樞紐，向西沿著長江經鄂州將東南和四川連接在一起，又向南直通泉州、廣州直到海南的瓊州。又有蛛網一樣的道路貫穿東西南北。商人們就往來其中，尋找各自的財富夢想。

宋金對立，但南北商業往來仍然頻繁。按照條約的規定，雙方都在淮河沿岸及西部邊地設立貿易的市場，稱「榷場」。最大的榷場是南宋的盱眙軍榷場和隔河相望的金朝的泗州榷場。南宋商人攜帶貨物到達盱眙後，榷場官吏根據攜帶貨物價值的多少，區分為「大客」和「小客」。標準是什麼呢？一百貫。帶的貨物價值在一百貫以下的人被稱為小客。朝廷允許他們十人為保，登記姓名，集體去泗州與金朝貿易。而大客一律不准過河，只准留在盱眙等候金朝商人前來交易。官府怕這些「大客」的財富「資敵」，所以限制貿易。交易時，宋金商人各在一廊，把貨物交給南宋的主管官員或者掮客，往來議價，彼此不得見面——官府怕他們相互串通，或者傳遞情況。達成交易後，官府每貫收稅五十文，後來增加到二百文，掮客還要收「好處費」二十文左右。就是這樣受到嚴格限制的間接交易，南宋的商人們都趨之若鶩。並不是所有的商人都有資格能入榷場交易的。

那麼沒能進入榷場的商人，就只能「走私」了。沒人對走私的具體數額做過統計。據說光州西邊的走私據點鄭莊每年進入金朝的貨物，就計有茶幾十萬斤，牛七八萬頭，以及大量的金銀、銅錢。還有一些南宋商人乾脆繞過防備嚴密的宋金邊界，從海上走私貨物到金朝的山東。那些邊境的官員和出使金朝的大臣、隨員們則利用職權，與金朝商人私相貿易，牟取「灰色收入」。之前，熱播的電視劇《大宋提刑官》就有朝廷高官向金朝走私糧食的案件。南北貿易中，金朝出售的有北珠、毛皮、食鹽、麥麴、綾羅、人參等，南宋出售的商品則是糧食、茶葉、布帛、耕牛、書籍、乾薑等。

三

一九八七年，廣州救撈局與英國海洋探測公司在陽江海域尋找東印度公司沉船時，意外在一艘宋代商船中打撈出二百多件瓷器。該船是中國發現的最大最完整的一條宋朝沉船，被命名為「南海一號」。

「南海一號」的文物價值據估計可能超過千億美金，但因為技術原因，沉船的整體打撈工程直到二〇〇七年三月才啟動。這條沉船很大，僅定位的碇石就長達三公尺。到四月下旬，清理出文物數百件，鎏金龍紋手鐲、耳環、小粉盒、銅鏡、銅珠、白瓷、青瓷、青白瓷等製作精美；此外還有約四千枚銅錢。在清理出的銅錢中最晚的是南宋年間所產。據此推斷，「南海一號」大概沉沒於南宋初年，極可能為宋高宗時期。

專家表示，大致可以推斷這艘商船當時應該是前往新加坡、印度等東南亞及中東地區，進行海外貿易。因為文物中還有大量東南亞及中東地區特色的花紋，以及鍍鉛仿銀的瓷片。

時任廣東省文化廳廳長的曹淳亮判斷：「南宋的中國其實也是『海上馬車夫』，好比近代的荷蘭。」專家還判斷南宋可能存在「來料加工」的海外貿易，因為南宋極少使用鍍鉛仿銀的瓷品，而「南海一號」中就有這樣的瓷品以及眼鏡蛇頭骨和東南亞特色的金戒指、金腰帶等。

好一個「海上馬車夫」！北方淪陷，使南宋朝廷失去了一半左右的稅收。而巨大的戰爭開支和行政成本，迫使南宋統治者要開拓稅源，將目光投向了大海。南宋統治中心是江蘇和浙江的古吳越之地。自古以來，吳越「以舟為車，以楫為馬，往若飄風，去則難從」，「不能一日無舟楫之用」，有著悠久的航海傳統。南宋官府因勢利導，鼓勵臣民開展海外貿易，視為國家財政的重要來源。紹興七年（一一三七年），宋高宗趙構下詔稱：「市舶之利最厚，若措置合宜，所得動以百萬計，豈不勝取之於民？朕所以留意於此，庶幾可以少寬民力耳。」政府鼓勵百姓走出去，不僅減免稅收，還獎勵貿易，對利稅大戶獎勵官職。在朝廷的鼓勵下，在利益的驅動下，龐大的商船隊揚帆出海。南宋的商船很快遍布東亞海域，並擴散到印度洋，遠至非洲。據《嶺外代答》、《諸蕃志》等書記載，當時和南宋通商的國家有五十多個，南宋商人泛海去貿易的，也有二十多個國家。

當時東西海上貿易的過程是這樣的：外國商人乘本國的海船，每年夏至後前往南宋的各個貿易港口；十月以後，陸續滿載而歸。因為印度洋和南海一線季風盛行，夏天刮西南風，冬天刮東北風。西邊的船隊就利用了這兩個季節的順風、順水。而南宋船隊貿易的時間剛好相反，每年十一月至十二月從廣州、泉州等地出海，經過南海走麻六甲海峽，經過四十多天到達蘇門答臘西北部的藍里。藍里是宋朝商隊的過冬據點，也順便和現在的印尼等地做點生意。過冬後，第二年趁東北風再次吹起的時候，南宋船隊相約橫渡印度洋，大約一個月後到達印度南端的固臨；從固臨出發，再過一個多月的時間就可以越過阿拉伯海，到達波斯灣沿岸的阿拉伯各國。他們到夏天的時候再和外國來華的船隊一起返回。

南宋時候，勤勞的沿海商隊在東南和阿拉伯港口往返一次大約需要兩年的時間。

廣州、泉州和明州是南宋的三大貿易港口。三個地方都外商雲集，是當時世界上有名的商港，貿易繁盛。僅廣州一地，紹興十年（一一四〇年）的關稅收入就有一百一十萬貫。而泉州是規模更大的港口，許多阿拉伯商人乾脆就在泉州住下，專心料理商務。而明州主要是和日本、高麗等東邊的商人貿易。秀州華亭縣的上海鎮因為對外貿易往來的緣故，鎮上設有朝廷的市舶司。上海市舶司徵稅的對象有來自日本的沙金、木材、珠子、手工藝品和來自高麗的人參、藥材、扇子、筆紙等。而南亞和阿拉伯各國輸入的商品，主要是藥材、香料、象牙、珠寶。而南宋出口的商品，主要是瓷器和絲綢，其次是體現南宋「軟實力」的書籍。中國的瓷器在東南亞和非洲的銷量相當可觀。

海外貿易讓金銀、錢幣源源不斷地流入南宋，引起了朝廷的極大興趣。南宋在王朝初定的時候就徵收市舶收入（類似現代關稅）達二百萬貫，超過北宋最高額的兩倍多。中國的王朝政治歷來是重農抑商的，南宋朝廷則把外貿提到了崇高的地位，注重海關關稅。南宋的市舶收入在朝廷財政收入中占有重要地位。有學者統計，南宋王朝剛建立的時候，總收入少，市舶收入多，占總收入的百分之十五左右。到高宗末年，朝廷的總收入增加了很多，但關稅收入依然占總收入的百分之四以上。

相比實實在在的商品貿易，隱形的進步和「軟商品」貿易更不容忽視。

航海、外貿的活躍，推動了南宋造船航海科技的發達。南宋船隻比之前代，更大更穩固，功能更完備，載人上千，生活如平地的巨型船舶也出現了。此外，南宋的水手掌握了領先世界的航海技術，其中就有羅盤導航。羅盤隨著南宋船隊漂洋過海後，印度和阿拉伯的航海家們如獲至寶，接著傳播到歐洲。羅盤打開了世界市場。憑藉無可比擬的科技實力，南宋船隊開啟了古代中國少有的「航海時代」。南宋的國防也得益於航海良多。強大的科技，使得南宋水師傲視金軍及之後的元軍水師，保證了水路的安全。航海時代的到來，促進江浙一帶的手工業發展。該地原本就發達的紡織業，因為外貿需求，不斷專業化。專業的機戶產生，聚居城市，出現了「孤城秋枕水，千室夜鳴機」的盛況。景德鎮、越州、龍泉等地的大批瓷器，也源源不斷地運往海外。

跨過南宋，古代中國下一輪的航海外貿熱潮和內部手工業發達，要等待近代的東西方碰撞之後了。

中國的航海時代，輻射亞洲。高麗引進了南宋先進的活字印刷技術，並加以改進和創新，仿陶製活字鑄成銅活字，使印刷技術取得了突破性的進展。日本印刷業的萌芽完全歸功於宋代印刷技術的啟迪。宋代佛教和儒家文獻典籍的輸入，使日本禪林得以仿效宋代板樣和形體而刻印各種書籍。越南在十三世紀出現了印刷術，同樣是對宋代印刷技術的移植。在建築技術上，宋代流行的「天竺式」和「禪宗式」建築技術在日僧重源和榮西的引進下傳入日本。日本現存的東大寺南大門、播磨淨土寺的淨土堂、山城醍醐寺的經藏等，仍然向人們展示著宋代江南地區的建築風格。在火藥技術上，一三七七年，高麗政府在中央「設火蛹都監，煎取焰硝」，不僅大量生產火藥，還製造出火箭、火筒、火砲等十七種火藥武器，在抗擊倭寇的戰爭中發揮了巨大的威力。此外，宋朝的紡織技術、造船技術、製瓷技術、醫療技術、天文曆法等也相繼傳入朝鮮、日本和越南。❸南宋的海外貿易為整體中華文化圈的形成居功至偉。

作為時代見證人的陸游曾用詩描述了中外交流的黃金時期。他的〈感昔〉詩寫道：

行年三十憶南游，穩駕滄溟萬斛舟。
常記早秋雷雨霽，柁師指點説流求。

陸游的〈步出萬里橋門至江上〉詩寫道：

常憶航巨海，銀山卷濤頭。
一日新雨霽，微茫見流求。

為了安置出水後的「南海一號」，廣東方面還專門造了一個巨大的博物館（廣東海上絲綢之路博物館，二〇〇九年已落成啟用）。為一艘船建造一個博物館，那船得大到什麼程度啊？實際上，「南海一號」只是南宋造船業的一個縮影而已。南宋的巨船大到了令人難以置信的地步。據當時海外遊歷的文人記載，在南中國海航行的大船，舵長數丈，一船載幾百人。這船上還要裝載一年的糧食。為了調劑飲食，船上還養豬和釀酒。❹這樣巨型的船隻在當時世界上是罕見的，也驚得我們後人瞠目結舌。倚仗難以想像的航海基礎，南宋的遠洋船隊最遠到達了波斯灣。船上裝備的指南針，保證了南宋的船隻在從東亞到波斯灣之間廣闊洋面上的航行安全。

四

南宋的財政政策經歷了從財政緊縮到通貨膨脹的變化。

宋孝宗的時候，朝廷財政收支還是花錢的地方多，來錢的門道少。再加上宋孝宗在即位早期，又有志作為。為了積蓄北伐的軍費，朝廷恢復了北宋初年「封樁庫」的制度。所謂的「封樁庫」就是北宋建立之初，朝廷把州縣的積餘錢物集中到中央，逐年儲備，作為與契丹備戰的軍需。朝廷恢復這樣的制度，是逼著自己每年都要有所盈餘。淳熙六年（一一七九年），中央的封樁庫只有現錢五百三十萬貫，但到淳熙十年（一一八三年）就增加到了三千多萬貫；加上地方封樁庫積累的財富，短短四年中，南宋共達積累了四千七百餘萬貫。趙昚本人對財政緊縮政策非常支持，並且認為當時的儒生尚清談，反對把理財當成俗務，而應該作為朝廷運作的根本。輔助趙昚理財的主要是大臣王淮。他們的緊縮政策只是把地方的財權更多地集中到朝廷而已，並沒有從制度上做深層次的改革。

南宋很快就進入了平穩的繁榮時期。寧宗、理宗等皇帝對祖輩緊巴巴的日子並沒有直觀的認識，他們都是在天下稻花飄香、魚蝦滿艙的環境下成長起來的。因此，他們花起錢來也是大手大腳的。北宋時期就已出現的世界上最早的紙幣——交子，在南宋得到了推廣。隨著朝廷開支缺口越來越大，官府想出了發行紙幣彌補虧空的方法。宋理宗面對府庫空竭的局面，增設了「撩紙局」，顧名思義就是夜以繼日印鈔票的機關。臨安的東南會子（紙幣的一種）在淳熙年間（一一七四～一一八九年）發行了二千四百萬貫，開禧年間（一二〇五～一二〇七年）增加到一億四千萬貫的發行量，紹定五年（一二三二年）時達到了三億二千九百萬貫，淳祐六年（一二四六年）竟突破了六億五千萬貫。紙幣的發行完全脫離了商品經濟發展的實際，而南宋官府又沒有儲備足夠的銅錢和鐵錢作為本錢以供紙幣兌換，南宋不可避免地進入了通貨膨脹階段。

南宋後期的通貨膨脹成為了惡性循環。中國式王朝還是第一次遇到通貨膨脹的情況，實在想不出解決的辦法，結果官府只能依靠發行紙幣來維持財政，加劇了膨脹。為了防止百姓用紙幣兌換本錢，南宋政府不斷延長紙幣流通的期限。不斷湧入市場的紙幣實際上就成為了不可兌現的紙幣。嘉定三年（一二一〇年）的時候，金額為一貫的東南會子實際價值是銅錢三四百文，三十年後相同金額的會子只值銅錢五十文。濫發紙幣，通貨膨脹，使實際繁榮的南宋經濟反而走到了崩潰的邊緣。

有人說二〇〇七年股市和基金的全線高漲，讓中國百姓開始懂得了資本運作和「投資」。類似的，南宋對貨幣市場的把控失敗也讓中國的傳統王朝認識到了資本市場的複雜性。

表面上的繁榮掩蓋了許多問題。我們且不去說「生於憂患，死於安樂」的大道理，也不去批評那些玩物喪志、自甘平庸的上層人物，只說說普通百姓的不易。

按照一般的理解，整體社會經濟的發展，會產生「溢出效應」，多多少少會惠及下層的小老百姓們。按照現代說法，就是讓盡可能廣大的人群分享積極發展的成果。南宋就遇到了這種情況，下層老百姓並沒有得到好處，是被隔離在繁華之外的過客而已。

五

太湖流域到處都是豐腴的農田，但都不是普通老百姓所有。皇室、貴族、高官、將領等所謂「權貴之家」，或倚仗雄厚的財富，或倚仗權勢，早就將天下最富庶的土地瓜分了。兩宋之交，戰亂頻仍，許多農民在兵荒馬亂中喪失了田契憑證。權貴和地主們就紛紛乘亂搶占農民的田地。南方土地好就好在到處都可以開墾為農田，沒地或少地的農民辛苦開闢了大量新田。比如紹興府鑒湖周圍的農民，就開闢湖田二千三百多頃，都是良田。可惜這些新農田也全都被「奸民豪族」侵占了。南宋的土地兼併在宋理宗時發展到了高峰。權貴侵奪民田，有的擁有數千萬畝田地，有的田地甚至綿亙數百里，難以計數。淳祐六年，御史謝方叔憂心忡忡地警告宋理宗說：「豪強兼併土地的憂慮，在本朝達到了極致。弱肉強食，兼併寖盛，普通百姓幾乎都找不到生路了。」

為了遏制土地兼併，宋理宗時朝廷專門設立「田事所」，在浙西路「括公田」，希望通過在浙西的實踐尋找解決之道。當時各州縣鄉鎮都設專人檢查圩田、湖蕩田等歸屬不明的田地，徵用為公田，也就是收歸國有。括田的對象也涉及到絕戶田和廢棄寺廟的田產。朝廷希望藉此擴大官田，同兼併土地的大地主競爭。但田事所一成立，就遭到了浙西路地主們的集體反對。政策推行不下去，「田事所」隨即被「精簡」掉了。土地兼併依然在繼續。

中國的農民是最有忍耐性的。只要有地方睡覺，能填飽肚子，再有禦寒的稻草，他們決不會鋌而走險，揭竿而起。南宋一朝，因為整體經濟是持續發展的，沒有發生大範圍的饑饉和災害，所以才沒有出現對王朝統治構成威脅的大起義。但是小規模的農民起義貫穿了南宋歷史的始末。先前我們提到過的許多大人物，都有過鎮壓農民起義的經歷，若干人甚至就是靠鎮壓農民起義發達起來的。汀州曾爆發了姜大老領導的起義。時任福建路安撫提刑司的趙汝愚撲滅這場民變，因此獲得了朝廷的獎賞。辛棄疾在擔任江西提刑的時候，主要工作之一就是清剿茶販起義軍。當時賴文政領導的起義軍活躍在廣東、江西交界處。辛棄疾成功地鎮壓了起事者，將賴文政引誘到江州後殺害了。但有民間傳說被殺的人只是賴文政的替身，真正的賴文政早已逃脫了。傳說體現出了普通百姓的人心向背。

宋理宗執政四十年，是南宋在位時間最長的皇帝，就是放在中國歷史上也是少見的。權相史彌遠死後，宋理宗親政，推行「端平更化」，頗有一番要「中興大宋」的豪情和志向。他的革新人事也好，整頓軍備也好，都只收到了有限的效果。南宋軍事壓力、財政透支、土地兼併等深層次的問題並沒有得到解決。宋理宗是看在眼裡，苦在心裡。

隨著宋理宗邁入老年行列，他逐漸顯露出「世事無奈」的消極情緒來，滑向無所作為、追求享受的皇帝老路。寶祐四年（一二五六年），宋理宗在一份元旦詔書中，清楚表露了無可奈何的晚年心境：「朕儀圖治功，宵旰在念，適時多艱，未稱朕意。威令玩而不肅，紀綱翕而不張。財計匱而生財之道蔑聞，民力窮而剝民之吏自若。敵非果強，特自未有以振國勢；兵非不多，特莫知所以計軍實。捨法用例已非矣，有元無例而旁引，以遂其干請之私，其何以窒幸門、塞蠹穴乎？望治雖勤，課功愈邈，毋怪也。」於是，宋理宗對政事越來越不上心，對美女、器玩越來越上心，南宋政治日非。

一個王朝和一個君王，一同邁向了遲暮時光。

大金帝國的黃昏

一

每一個王朝興盛的表現令人眼花撩亂，但它們衰亡的情形卻都有幾分相似。

搬到汴梁後的金朝是江河日下，軍隊死的死，散的散，完全不是剛剛崛起的蒙古人的對手。汴梁也真是一個不吉利的首都，眼看就要成為金朝的葬身之地了。

天興元年（宋紹定五年，一二三二年）正月❺，蒙古兵就開始合圍汴梁，敲響了金朝的喪鐘。金朝管事的大臣們想不出什麼好的辦法來退敵，就想出了一個「餿主意」：派出一萬人左右的軍民突出重圍，想掘開黃河的河堤，讓決堤的洪水消滅攻城的蒙古人。結果河堤沒挖開，蒙古騎兵已到，執行任務的金朝人只逃回不到二百人。

這樣的情景與北宋滅亡時是如何的相似啊！

汴梁告急，城防空虛。城內的金軍不到四萬人。汴梁城周長一百二十里，這麼點士兵派出去守衛城牆都不一定夠。金朝只能讓在京的軍官和有防城經驗的人，統統上去守城；又結集周圍屯田的人口和外地潰散進來的散兵游勇，共募集了大約六萬人，分守四城。

城內的金朝末代皇帝金哀宗[6]，比北宋的末代皇帝宋徽宗和宋欽宗要強很多。他不是一個昏庸的皇帝，在即位前有著豐富的從政經驗，而且志向高遠，一心中興金朝。怎奈何，朝廷處處是衰亡之象，金哀宗是巧婦難為無米之炊，一籌莫展。沒辦法，他只好封荊王完顏守純的兒子完顏訛可為曹王，把他送到蒙古軍營作為人質，向蒙古求和。當年宋欽宗做這一套的時候，金哀宗的祖先就沒答應；現在金哀宗求和，蒙古人也不答應，繼續攻城，都推進到了護城河邊了。守城的軍民要求反擊殺敵，官僚們卻因為皇帝正在與蒙古人議和，坐視蒙古人備戰，不敢反抗。城內軍民一片譁然，喧呼聲震天。

金哀宗親自走出皇宮，慰勞軍民。有五六十個士兵圍著他訴苦：「蒙古兵負土填壕，已過一半。宰相們不准放一箭，說是怕壞了和議大事。」金哀宗安慰說：「曹王已經去蒙古軍營了，如果蒙古兵再不退，你們再死戰也不遲。」士兵們哭泣說：「局勢已經很危急了，皇上不能只盼望講和！」有一個千戶還拉住金哀宗的馬，哭喊道：「皇上不要相信賊臣們的話。只有殺盡賊臣，才能退敵兵。」禁軍使勁打他，要把他趕走。金哀宗擺擺手說：「這個軍官喝醉了，不要理他就是！」天空下起了雨，金哀宗冒雨堅持慰勞軍民。百姓們要下跪叩拜，金哀宗勸阻說：「別拜，別因為禮節而弄髒了大家的衣服。」隨從給金哀宗披上蓑衣，他不用，說：「軍士們暴露在雨中，我也不用遮擋。」皇帝的這句話感動了不少軍民，甚至有人當場流淚，表示要死守汴梁。

王朝末日的時候，能夠上演這麼一場令人感動的悲劇，金朝的祖先地下有知，多少也會得到一些安慰了。

二

蒙古軍向汴梁發動了總攻。

負責防守西北角的金朝樞密使赤盞合喜在蒙古人進攻面前，嚇得語無倫次，面無血色。負責防守西南角的宰相白撒招募了敢死的壯士上千人，從地道出城，企圖襲擊蒙軍的砲兵陣地，扭轉戰局，結果被敵人發覺，遭到慘敗。白撒又下令放風箏，風箏攜帶招降文書，落入蒙古軍營中，號召蒙古軍隊中的女真人起義。結果也沒有成功。目睹這一切的汴梁軍民感歎道：「前天點紙燈，今天放紙鳶，宰相只靠這個，要退敵兵難矣。」

真正守住汴梁的還要靠普通軍民的無畏抵抗。一百多年前，宋徽宗和蔡京等人在汴梁大造假山，營建宮室，留下了許多奇形怪狀的石頭。靖康之變時，北宋的守城軍民拿它們抵抗金軍的圍城，用掉了不少。剩下的石頭就成為金朝軍民擊退蒙古人進攻的武器。他們將這些各地彙聚而來的石頭製造成圓球狀的砲彈，每個約重一斤。堆積的石頭砲彈幾乎與城牆一樣高——可見當年宋徽宗是多麼的奢華和濫用民力。女真人早已經掌握了高超的火器技術，憑藉火器給蒙古軍隊造成了極大殺傷。有一種叫做「震天雷」的火砲，響聲如雷，砲彈可以燒透鐵甲；又有一種飛火槍，注入火藥點火後，火焰噴射可將子彈推出十餘步遠。攻城蒙古兵紛紛倒在火器面前。汴梁軍民，合力守城，在城牆上到處放置砲彈火藥，上下穿梭，晝夜不停。

蒙古軍隊猛攻汴梁十六個晝夜，汴梁城巍然不動。蒙古撤軍，汴梁保全了。

蒙古軍隊掃蕩河南的時候，各地軍民紛紛遷入汴梁避難。蒙古撤軍後，城中疾病流行，五十天內奪去了幾十萬人的性命。府庫中一粒存糧也沒有了，周邊地區又滿目瘡痍，汴梁的糧食供應出現了問題。八月初，金朝設置「括粟局」，向城中居民強徵糧食，規定：每家自報存糧；壯年人每人只許存糧一石三斗，年幼者減半。各家必須把存糧寫在門口，如有隱匿，即按隱匿的升斗數治罪。這樣的任務總是最難落實的，極易引發騷亂，可沒辦法啊，金哀宗只好挑選最嚴酷的官吏主持，向百姓搜括糧食。

城裡有個寡婦，與婆婆相依為命。她交出了六斗豆子，被發現其中夾著約三升蓬子。括粟局的官吏要捉她去示眾。寡婦哭訴說：「我丈夫戰死了，婆婆年老，家裡實在缺糧，所以平時就在大豆中夾雜蓬子來充飢，並不是故意混雜用來充公的。」官吏不聽她的申訴，竟然將她當眾亂棍打死。城內居民為之戰慄。有人把情況反映給重臣完顏合周。完顏合周說：「京師危急，是保存國家呢，還是保存百姓？」將近八百年後，我們聽到這句話，還能感受到絲絲寒意，當時的人們聽到後更是不敢說話，趕緊把存糧如數交出。但是老百姓都沒有糧食了，只能坐以待斃，紛紛餓死。金哀宗又不得不從府庫中拿出一些米來熬成粥，救濟飢民。可惜效果不大，汴梁城內的屍體越來越多。最後出現了人吃人的慘劇。

城外，蒙古軍隊並沒有退遠。河南各地還分布著多支蒙古軍隊。汴梁依然是外無援兵，內缺糧餉，形勢危如累卵。金哀宗原本寄希望於完顏思烈，思烈所部軍隊又被殲滅，金朝已經沒有主力部隊了。

照此下去，不用蒙古軍隊來進攻，汴梁也要不攻自破了。

三

其實早在七月，蒙古就派了一個叫做唐慶的使節來到汴梁，命令金哀宗去掉帝號稱臣，投降蒙古。守城官兵群情激昂，將唐慶及其隨從人員群毆致死。

金哀宗萬般無奈，決定逃出汴梁，希望能夠保命，延續金王朝的皇統，如果能闖出一番新氣象，就謝天謝地了。有人主張逃到歸德府（即應天府，就是趙構登基稱帝的那個地方，金朝改名為歸德），有人主張去鄧州。大臣白華認為：「歸德的城池雖然堅固，但沒多少糧食，這麼多人去歸德只能坐以待斃。現在的形勢就如同賭徒下孤注。我們的孤注就是背城一戰。汝州有蒙古軍隊，不如直赴汝州，與蒙古軍隊決一死戰。如果我們能夠與蒙古人展開事關存亡的關鍵一戰，外可以激三軍之氣，內可以慰汴梁民心。我們的糧食太少，如果出京太遠，軍糧不夠，事情就難了；如果軍糧能支撐到遭遇蒙古軍隊的那一刻，我們就賭一把。但如果皇上只為逃避遷移，軍民顧戀家業，未必都肯從行。請皇上三思。」

金哀宗採納白華的意見，前往汝州。他的逃跑還真不是攜帶家眷細軟的逃命，而是尋找金王朝的一線生機。金哀宗將皇太后、皇后和諸妃都留在了汴梁，率主要大臣和殘餘軍隊出逃。十二月二十五日，金哀宗與家人告別後，向西前往汝州去了。

四

金哀宗剛逃出汴梁不久，就遇到了從鞏昌趕過來的將領完顏忽斜虎。

完顏忽斜虎報告金哀宗，汴梁以西三百里都荒無人煙，根本無法獲得給養。金哀宗臨時改變計畫，決定來個一百八十度的大掉頭，向東經過陳留、杞縣，一路逃到黃陵岡。這時，軍官蒲察官奴報告說不遠處的衛州有囤糧，主張攻取衛州。金哀宗就決定北上攻占衛州。

天興二年（宋紹定六年，一二三三年）的元旦，進軍途中的金哀宗多少獲得了一點安慰。歸德知府石盞女魯歡運來了三百餘船糧食，讓逃亡過程中的皇帝一行吃上了飽飯。進攻衛州需要渡過黃河，金哀宗就用運糧船渡河北上。也真是天不佑金，殘軍正在渡河的時候，突然北風大作，金軍陣形大亂。大約有上萬人的軍隊殿後，擠在南岸。附近有一支蒙古部隊聞訊，趕到岸邊襲擊，金軍戰死的戰死，投降的投降。金哀宗僥倖守住殘部，逃了出來。

完顏仲德拉著金哀宗的馬苦苦勸諫說：「存亡在此一舉，衛州決不可攻。」金哀宗不聽，堅持要進攻衛州。一行人稀稀拉拉，拖延了八天才到達衛州城下。蒙古出動三千騎兵主動進攻，被蒲察官奴等人擊退。蒙古人只好退入衛州固守待援，但金哀宗逃出汴梁本來就沒準備攻城，未攜帶任何攻城器具，連攻三日，都不能攻破衛州。時不我待，蒙古大軍趕來支援了，金哀宗大敗。白撒就勸金哀宗說：「現在我軍已潰，蒙古兵近在咫尺，請皇上趕快去歸德。」金哀宗不置可否，卻在當夜四更逃往歸德。他逃得實在匆忙，不知道是有意的還是無意的，皇帝逃了侍衛們都不知道。第二天，大家一看，皇帝逃了，一哄而散。白撒知道皇帝的去向，也向歸德逃去了，沿途集合了兩萬殘兵敗將。

幸好歸德還在金朝的手中。一行人在歸德緩過神來後，開始追究衛州失敗的責任。白撒被當成了替罪羊，關進監獄裡。七天後，白撒餓死了。

衛州大敗的消息傳到汴梁後，留在城裡的人們知道金朝天數已盡了，徹底失去了抵抗的決心。元月二十三日，將領崔立發動兵變，殺死留守的完顏奴申、完顏斜撚阿不二相及其他官員，開城向蒙古人投降。

五

金哀宗駐紮歸德，標誌著金王朝的繼續存在。各地忠於金朝的零星軍隊陸續趕來。

歸德沒有多少糧食，很快就被吃完了。歸德知府石盞女魯歡請求讓一部分軍隊去徐、宿、陳等州縣解決吃飯問題。三月，女魯歡再次請求金哀宗允許朝廷親軍出城找糧。金哀宗勉強聽從。這樣，歸德城中的軍隊就主要是蒲察官奴統率的忠孝軍四百五十人和馬用率領的七百人了。蒲察官奴掌握兵權，與馬用不和。

蒲察官奴年少時曾被蒙古軍俘虜，後來越獄逃回金朝，但老母親仍在蒙古軍中做俘虜。

蒲察官奴的這個情況自然寫在了檔案裡。金哀宗知道後，就教蒲察官奴以此為緣由與蒙古軍隊展開和談。蒙古人勝券在握，哪裡願意在這個時候和金朝和談。他們倒是放回了蒲察官奴的母親，但要求蒲察官奴投降。蒲察官奴開始動搖了。忠孝軍張姓都統察覺蒲察官奴有劫金哀宗投降的念頭，就率一百五十名官兵圍住蒲察官奴的住宅，質問說：「你可以投降，但我們都是蒙古軍不能赦的人，該怎麼辦呢？」蒲察官奴驚惶失措，交出母親作為亂軍的人質，拍著胸脯說：「大家如果因為我母親被放回來而對我有所懷疑，就把我母親殺掉吧，我決不怨恨。」官兵這才散去。蒲察官奴又把軍隊聚集到北草場，發誓自己決不降蒙。

金哀宗在歸德，為蒙古諸軍樹立了好大的一塊靶子。歸德很快就被蒙古大軍包圍。

金朝殘留在歸德的軍隊都是亡命之徒，也是金軍最後的精銳。忠孝軍官兵推動金哀宗、蒲察官奴大造火槍戰具，積極備戰。蒲察官奴還率忠孝軍四百五十人在夜間主動出擊，襲擊城北王家寺的蒙古軍營。金哀宗在歸德的北門觀戰，決定如果劫營失敗，就乘船逃往徐州。深夜四更時，襲擊開始了。金軍奮勇殺敵，用火槍對著蒙古人就是一陣猛射。蒙古軍隊措不及防，大潰而逃。亂軍渡河的時候，蒙古軍隊又溺水死了三千五百餘人。蒲察官奴取得了劫營的重大勝利。

打退蒙古兵後，蒲察官奴聲勢日盛。金哀宗任命蒲察官奴為參知政事兼左副元帥。

金哀宗在這個節骨眼上，犯了一個天大的錯誤，加速了金王朝的滅亡。這個錯誤就是出於對出現權臣的恐懼，金哀宗密謀殺掉蒲察官奴。蒲察官奴知道密謀後，還算仁慈，僅僅是將金哀宗軟禁而已。金哀宗失去了對政務的掌控，蒲察官奴成為了實際上的主事人。金哀宗慨歎說：「自古無不亡之國、不死之君，但恨我不知用人，故為此奴所囚耳。」好在蒲察官奴也犯了一個錯誤，一度領兵去亳州辦事，露出了破綻。女真人早已經將漢族那一套爾虞我詐的宮廷陰謀學得滾瓜爛熟，金哀宗抓緊機會，聯合侍從設計，六月間把蒲察官奴召還。蒲察官奴畢竟出身低微，不懂宮廷陰晴，不加防備，在覲見時被金哀宗和近侍當場殺死。

內訌之後，歸德也不能再待了。那還能去哪裡呢？剛到歸德時，蒲察官奴曾建議向東遷往被李全餘部占據的海州，有的大臣奏請逃亡更南邊的蔡州（今河南汝南）。蒲察官奴卻認為蔡州不利防守，蠻橫地宣布「敢言南遷者斬」。蒲察官奴被殺後，六月十八日金哀宗率領餘部逃出歸德，八天後進入蔡州。

錦上添花的勝利？

一

蔡州地處淮河支流汝水上面，與南宋接壤。這一地區地勢平坦，無險可守，而且面臨南宋的直接軍事威脅。

南宋很早就被動捲入了金朝的滅亡過程，而不是一個看客。

金哀宗逃到歸德時，金朝的鄧州節度使移剌瑗、重臣白華等紛紛投降南宋。甚至金朝的臨淄郡王王義深也在遙遠的黃河北岸的靈璧宣布降宋，經漣水千里迢迢逃入南宋境內。形勢如此大好，繼承北宋祖先隨性亂動、混水摸魚品格的南宋統治階層怎麼可能放過趁火打劫的大好機會呢？移剌瑗投降後，南宋就曾出兵襲擊順陽的金軍，誰知道反而被金軍殘部打敗，大大丟了一回臉。而部分金軍殘部也動了進攻南宋、尋找棲身之地的想法，曾進攻南宋的金州。因為軍隊缺糧，金軍在途中紛紛散去，潰不成軍。雖然勝負相當，但宋金邊界又重新進入了多事之秋。

南宋統治者從歷次戰爭中得出一個經驗。那就是朝廷軍隊的戰鬥力實在不敢恭維，所以要仰仗外交的作用。戰場上得不到的，可以從談判桌上得到——當年宋徽宗收復燕雲十六州的時候也是這麼想的。

那一邊，金哀宗逃到蔡州後，將徐州的完顏仲德調來主持軍事工作。完顏仲德能力真不錯，竟然在蔡州整頓出一支一萬人左右的軍隊，又修繕器甲，勤加訓練。蔡州稍微有了些樣子。金哀宗順便也想修繕一下行宮，招幾個侍女。完顏仲德趕緊死諫阻止。金哀宗想想也對，就放棄了享受的念頭，與軍民共同奮鬥。完顏仲德的政治主張是避敵鋒芒，主張金朝西遷秦、鞏，剛好金哀宗也對死守蔡州沒有信心，兩人一合計，計畫等秋天糧食收穫後，收拾所有殘餘軍隊，向西與秦州的金朝殘餘會師，進攻南宋的興元，打通向南宋的四川進軍的道路。金朝君臣把復國的希望寄託在南宋的虛弱和在四川能夠征服的新的土地之上了。

金哀宗以蠟丸的形式向殘餘的各支部隊發出了密令。

可惜可歎，南宋在當年七月就出動大軍，來滅亡金朝了。

二

南宋滅金是執行與蒙古人達成的條約義務。

蒙古進攻金朝的時候，軍事與外交手段並舉，早早地就派使臣約南宋出兵夾攻，共同滅亡金朝。南宋和蒙古約定，滅金以後，金哀宗現在控制的金朝的最後領土（主要是現在河南中部、南部和東部的各州縣）劃歸南宋。七月，集結在襄陽的南宋大軍大舉進入金朝，首先在馬蹬山大敗金兵。

八月，宋軍圍攻唐州（今河南唐河）。唐州守將烏古論黑漢向金哀宗求援。金哀宗叫苦不迭，一來他根本就抽不出援軍來，二來南宋出乎意料的主動進攻完全打亂了金朝的復國計畫。在萬般無奈之下，蔡州還是向唐州派出了一百名忠孝軍勇士，去迎戰南宋的北伐大軍。這是一場力量極其懸殊的戰鬥，只有三十名金兵逃回蔡州。唐州城中很快就矢盡糧絕，金軍把妻子和孩子都殺了，作為軍糧充飢。最後，部分人打開西門投降，烏古論黑漢率領拒不投降的士兵與宋軍巷戰，力盡被俘。唐州被南宋占領。烏古論黑漢被殺。

攻下唐州後，宋軍進兵息州。這一次，依然有一百名忠孝軍騎兵勇敢地出蔡州，救援息州。他們沒有正面迎戰，而是在中渡店對宋軍發動襲擊。宋軍慌亂之中，誤以為是蒙古大軍來襲，潰散南逃。金軍撿到一次大勝利後，金哀宗決定以勝求和，派宗室完顏阿虎帶來南宋和談。完顏阿虎帶對南宋說：「蒙古人已經滅亡了四十餘國以及勢力強大的西夏。西夏滅亡後，蒙古人又要滅亡我大金；大金滅亡以後，就該輪到你們宋朝了。脣亡齒寒，這是顯而易見的道理。南宋不如與大金聯合，我們現在艱苦抵抗蒙古軍隊，也是為了你們南宋的利益啊。」他說的話，句句都有道理。可南宋沒和蒙古打過交道，只知道和蒙古合作可以收回大片領土，斷然拒絕了金朝的橄欖枝，繼續進攻金朝。

最先對蔡州發動進攻的是蒙古軍隊。九月，蒙古兵四面進攻蔡州這座金朝最後的據點。九月九日，是重陽登高，期盼闔家團聚的日子。金哀宗在這一天舉行了拜天儀式，向群臣賜酒。他悲涼地對群臣說：「國家自開創以來，一百多年了。朝廷養著你們，你們有的因為祖先的功勞，有的因為自己的努力，獲得官爵，都是老臣了。現在國家到了存亡關頭，你們和我在孤城中共生死同患難，我謝謝你們。蒙古兵遲早要破城的，這正是你們立功報國的時候。要死，也要做一個忠孝之鬼。」在座的金朝最後的大臣有：完顏仲德、孛朮魯婁室、完顏承麟、完顏斜烈、烏古論鎬、元志、烏林答胡土、紇石烈柏壽、蔡八兒、王山兒等。金哀宗的一番話，聽得城中軍民滄然淚下。剛好探馬來報，有數百蒙古兵已經衝到了城門口，官兵們踴躍請戰。第二天，忠孝軍的蔡八兒率百餘騎兵潛出城門，渡過汝水，對蒙古軍營發動突襲。蒙古軍隊看一時難以攻占蔡州，就在蔡州四周築起長壘，打算耗死金哀宗。金哀宗可憐城中的百姓，破例允許城內飢民和婦孺老弱出城逃命，並提供船隻讓飢民在城壕中採菱芡水草充飢。

十月，徐州守將郭恩與郭野驢等人打開城門投降蒙古。老將完顏賽不自殺，拒不投降。金朝東邊的領土全部失去了。

十一月，由孟珙率領的南宋兩萬部隊到達蔡州，與蒙古軍隊會師。南宋帶來了三十萬石糧食作為兩軍的軍需。金軍的俘虜透露蔡州城中早已糧盡。聯軍決定對蔡州發動總攻。宋兵攻南面。蒙古蕭乃台、史天澤部攻北面。東西兩面則由蒙古兵圍住，防止金軍逃脫。蔡州南邊有一處柴潭，潭外就是汝水。金軍在柴潭築樓，埋伏巨弩等著宋軍的到來。宋軍進攻的時候，挖開柴潭，將潭水引向汝水，再用薪草雜物將柴潭填為平地，最後攻城。蕭乃台、史天澤則從城北偷渡，經過血戰，在十二月初九日攻破蔡州的外城。守衛外城的金軍戰死。十九日，蒙軍又攻破西城。完顏仲德在城中加築柵欄、挖壕溝，阻止蒙古軍的推進。完顏仲德又挑選了三批精銳，晝夜抵抗。蒙古軍隊始終被阻攔在城牆上，不能踏入城內。

二十四日，金哀宗率領一隊精兵，在深夜出東城逃跑，但在城柵處被蒙古軍隊擋住，沒有成功。

至此，蔡州被圍有三個月了，粒米不剩。金哀宗下令將剩下的兩百戰馬都殺了，作為軍糧。而居民只能將人畜的骨頭磨成粉，和著芹泥充飢。轉眼到了南宋端平元年，金朝的天興三年（一二三四年）正月元旦。南宋和蒙古聯軍在城外會飲鼓吹，慶祝元旦。也就在這一天，金哀宗命令城內的人不分地位高低和職業，全都拿起武器守衛，隨身侍從和各級官吏都編入軍隊。

元月初九，蒙古軍隊終於從西城突入城中。完顏仲德率領殘軍巷戰。傍晚，蒙古軍隊被擊退。金哀宗度過了如此漫長的一天，心力交瘁，哀歎說：「我當了十年金紫大夫、十年太子和十年皇帝，並沒有做什麼大惡的事情，也沒有什麼大的過錯。我原本應該死而無恨，只可惜祖宗傳國上百年，竟然要毀在我的手裡。自古以來，沒有不亡之國。亡國之君不是被人作為俘虜，就是被當作猴子遭受侮辱。我不想落得那樣的下場，到時候你們看我的表現吧！」絕望的金哀宗在當天深夜將皇位禪讓給了完顏承麟。完顏承麟拒絕接受，金哀宗拉著他的手說：「朕把天下讓給你，難道心理好受嗎？我長得又肥又重，難以上馬馳騁。你身材矯捷，萬一能夠在亂軍中逃脫，就能夠延續我們皇室的血脈。這才是我禪位給你的原因啊。」第二天凌晨，金王朝的最後一次登基大典潦草地舉行了。完顏承麟受詔即皇帝位。行禮剛到一半的時候，城南突然樹起了南宋的旗幟。原來宋軍突破了南城。登基大典只得草草收場，剛登基的完顏承麟趕緊拿起刀槍，和官兵趕出去作戰。戰鬥中，烏古論鎬被俘，烏林答胡土戰死。蒙古塔察兒部又攻破西城。完顏仲德又分出一千精兵拚死巷戰。城中烽煙四起，血流成河。

幽蘭軒中，成了太上皇的金哀宗獨自一人，上吊自殺了。

金哀宗即位於金朝滅亡前夕，並不是那些荒淫暴亂的亡國之君，而是為挽救大金王朝的滅亡夙興夜寐，殫精竭慮，可金朝還是亡在了他的手裡。正大四年（宋寶慶三年，一二二七年），蒙古軍隊大舉進攻關中。陝西行省曾向他建議了三策：上策是金哀宗御駕親征，迎戰蒙古軍隊，激勵士氣；中策是金哀宗巡幸陝州，督戰；下策是金朝放棄關中，扼守潼關。金哀宗三條策略都沒有聽從，只是派使臣去與蒙古和談。由此可見，金哀宗雖然志向遠大，卻能力和魄力實在有所不足。後人就批評金哀宗「以聖智自處」、「諱言過惡，喜聽諛言，又闇於用人」、「不知大略，臨大事輒退卻自沮」，志大才疏，因此成為金朝的亡國之君，並沒有逃出歷史發展的必然邏輯。

完顏承麟等人雖然浴血奮戰，但扼守的地盤越來越少，最後只能退保子城。金哀宗自殺的消息傳來，完顏承麟慌忙率殘餘的大臣們趕去哭奠。慌亂中，完顏承麟宣布：「先帝在位十年，勤儉寬仁，圖復舊業，有志不就，可哀也已，宜謚曰哀宗。」金哀宗的謚號就這麼決定了。一幫人還在對著金哀宗的屍體哭泣的時候，蒙古軍隊突入了子城。為了防止先帝的屍體遭到敵人的侮辱，士兵們舉火焚燒了金哀宗的遺體。完顏仲德對眾人說：「皇帝已死，我還怎麼作戰。我不能死於亂兵之手，決心跳入汝水殉國。大家好自為之！」完顏仲德帶頭跳入汝水自殺，很多將領都說：「宰相能殉國，我們就不能嗎？」孛朮魯婁室、元志、王山兒、紇石烈柏壽等人及軍士五百餘人都投河自殺。新皇帝完顏承麟拒不投降，希望能夠突圍而出，被亂兵殺死。金朝就此滅亡。

金朝在北方統治一百二十年後宣告滅亡了。

金朝的滅亡，亡得轟轟烈烈。

三

金朝滅亡了，殘餘的金軍展開了可歌可泣的抵抗。

金朝的中京洛陽曾被蒙古軍隊攻破。蒙古退兵後，洛陽就是一座深入敵後的孤城。名不見經傳的強伸毅然負起鎮守洛陽的重任。強伸是河中射糧人，曾經在陝州當兵。陝州被蒙古攻破後，強伸逃到洛陽，被任命為警巡使。洛陽主力千里增援汴梁，全軍覆沒，洛陽人就推舉強伸率領二千五百名殘軍死守。蒙古兵多次來攻，強伸都成功退敵。金哀宗下詔褒獎，遙封強伸為中京留守、行元帥府事。後來，元帥完顏思烈率領其他地方的軍民十餘萬人進入洛陽，洛陽的形勢大為好轉。崔立打開汴梁城投降蒙古後，蒙古將留在汴梁的完顏思烈的兒子押到洛陽城下，脅迫完顏思烈投降。完顏思烈不理，在城上向兒子射箭。完顏思烈沒有投降蒙古，但對時局失去信心，在洛陽憂鬱而死。強伸行總帥府事。天興二年五月，蒙古集中大軍，發誓要拔掉洛陽這個釘子。投降的金朝大臣韓某來到城下向強伸誘降。強伸說：「先生不是國家臣子嗎？怎麼不去勤王，卻來誘我投降啊？我原本就是一個小卒子，皇上讓我做了留守，我只能誓死報國。」不僅拒降，強伸還出兵反擊蒙古騎兵。六月，有絕望的部下打開西門投降。強伸只好從東門突圍而出，轉戰偃師，最後力盡被俘。蒙古兵說：「只要你向北面屈一屈膝，就饒你的命。」可不管蒙古人用什麼法子，倔強的強伸就是不屈膝。蒙古兵強迫他向北走，強伸卻扭頭南向。強伸最後被殺殉國。

金朝亡後，中原州縣先後降蒙，只有鞏州郭蝦蟆，堅守孤城拒絕投降。郭蝦蟆是會州人，在金哀宗父親金宣宗時因為擅長射箭被招募入軍，與西夏作戰，曾被西夏俘虜，誓死不降，後來成功逃脫，來到鞏州。元光二年（宋嘉定十六年，一二二三年），郭蝦蟆與鞏州元帥田瑞收復會州。金哀宗即位後，田瑞在鞏州反叛，郭蝦蟆起兵平叛，因戰功被提拔為鳳翔知府、本路兵馬都總管、元帥左都監。天興二年年初，鞏州曾經是金哀宗逃跑的目的地之一。金哀宗設立了鞏昌行省，由粘葛完展負責。蔡州城破，綏德的守將汪世顯約郭蝦蟆殺死粘葛完展，一起投降蒙古。郭蝦蟆嚴辭拒絕說：「粘葛公奉詔為行省，誰敢不從。你背叛國家，你自己去當叛徒，何必找我！」

汪世顯殺死粘葛完展投降蒙古後，又派了二十多個使者來招降郭蝦蟆，都被拒絕。郭蝦蟆之後竟然在鞏州堅守了近三年之久。窩闊台汗八年（宋端平三年，一二三六年），蒙古人看這樣拖下去實在不是辦法。四通八達的中原腹心地區怎麼能存在一座前朝的城池呢？這年十月，蒙古集合大軍猛攻鞏州城。郭蝦蟆奮力殺敵，無奈金朝大勢已去，眼看城池就要失守了。他先是燒毀了鞏州城內的官舍和倉庫，又把自己的家人和軍官的家眷全都趕到一個房間裡，準備自焚。城破，郭蝦蟆和官兵們與蒙古軍鏖戰，直到弓盡矢絕。官兵們點燃烈火，紛紛挺身跳入火中自焚。最後的戰場上，只剩下郭蝦蟆一個金軍了，被逼到一座烈火熊熊的庭院中。他還依靠門扉遮掩，用弓弩射殺蒙古人。據說他射了二三百箭，幾乎箭無虛發。當所有弓箭都射完了，郭蝦蟆把弓投入火中，坦然跳入烈火。蒙古人也承認，鞏州城中的金軍沒有一人投降。

不知道南宋的君臣、官兵看到這幅慘烈的情景，作何感想？南宋朝廷是否又能從金朝的滅亡中得到什麼啟示呢？

四

對於南宋來說，金朝的滅亡是一件值得大肆慶祝的喜事。宿敵得滅，血海深仇終於得報，誰能不高興呢？南宋陷入了全國狂歡之中——儘管滅亡金朝主要是蒙古軍隊出的力，但是南宋也是戰勝國之一。

蔡州戰役結束後，宋朝的北伐軍忙著在廢墟屍體中尋找金哀宗的遺骨。他們找到了完顏守緒一部分燒焦了的骨骼，又找到了金朝的部分宮廷寶玉法物。主帥孟珙連忙將這些戰利品和張天綱、完顏好海（完顏海罕）等俘虜押往臨安，獻給朝廷。宋理宗趙昀下令將戰利品送到皇家祖廟作為祭品，向列祖列宗稟告：仇敵終於被子孫後代給消滅了！金哀宗已經燒成了焦炭，但也要接受嚴厲的懲罰。趙昀下令將金哀宗的遺骨「關」到大理寺的監牢中「囚禁」，很有讓死去的人把牢底坐穿的味道。

金朝俘虜中職位最高的是金朝的參知政事（副宰相）張天綱。他原本是金朝的御史，在國家危難時刻被破格提拔為宰相，沒過多久就成了南宋的俘虜。南宋的大臣們自然不肯放過羞辱張天綱的機會——他們似乎沒有學會「換位思考」。尤其是臨安知府薛瓊，表現得特別激昂。他質問張天綱：「你有什麼臉面到此啊？」張天綱反問說：「敝國是滅亡了，但與貴國的徽宗、欽宗比起來，怎麼樣啊？」薛瓊惱羞成怒，尷尬地大呼武士：「快，快把這個奸賊給我拖出去！」第二天，薛瓊還把張天綱的表現報告給了宋理宗。趙昀親自把張天綱叫來問話：「你真的不怕死嗎？」張天綱回答說：「大丈夫只怕死得不忠不孝，其他的還怕什麼！」他只求速死。趙昀反而覺得張天綱對金朝全然忠誠，不忍殺害。有關部門就命令張天綱提供材料，供認「罪狀」，其中寫到金朝的人物和官爵的時候都要加一個「偽」字、金朝皇帝要寫作「虜主」。張天綱堅持說：「殺就殺，還寫什麼供狀啊！」有關部門鬥不過張天綱，只好「悉聽尊便」。張天綱寫下的材料中，依然按照金朝的公文形式，對死去的金朝皇室採取尊稱。

春秋時候有「楚囚」之說，南宋時候出現了張天綱這個不屈宰相，可謂是遙相呼應了。

遺憾的是，南宋朝野對大金帝國的轟然倒塌只進行了慶祝和羞辱，就再也沒有深入下去了。金朝為什麼滅亡？南宋需要從中吸取什麼教訓呢？南宋聯合蒙古滅金時，就有朝臣指出現在的情形類似於一百年前北宋聯金滅遼的歷史。當時宋徽宗借助金朝的力量，滅亡契丹，希望能收回失地，結果自取滅亡，經驗深刻。金朝滅亡後，監察御史洪咨夔再次警告宋理宗說：「現在殘金雖然滅亡了，但是強大的蒙古成為了我們的鄰國。我們應該加強守備，以防萬一，怎麼能大肆相賀。一旦形勢渙散不能收拾，就會重複先朝的悲劇。」事實的確如此，金朝是滅亡了，但蒙古是遠比金朝強大的敵人。可惜啊，保持這樣清醒頭腦的人在南宋有如鳳毛麟角。宋理宗君臣都陶醉在滅金的輝煌勝利之中，完全忘記了天底下還有「居安思危」四個字。

南宋已經進入了社會經濟全面繁榮的鼎盛時期，滅金的軍事大捷正是錦上添花。趙貴誠更賣力地奉行起「正心誠意」的理學來。之前因為權臣、身分和宿敵而強加在身上的壓力全都消失了，精力得到釋放的理宗皇帝逐漸沉湎聲色。後宮的嬪妃們吹起了枕邊風，太監們也活躍了起來，南宋政治不僅保守、僵化，也黑暗了許多。

五

按照宋蒙約定，陳蔡以南的土地在金朝滅亡後劃歸宋朝，以西以北的土地屬於蒙古領土。蒙古大軍也按約西撤，離開了河南地區。

南宋的君臣們果然繼承了宋徽宗、宋欽宗時期的祖宗品行。宰相鄭清之和大將趙范等看到河南地區空虛，認為這是收復三京（東京開封府—汴梁，西京河南府—洛陽，南京應天府）的千載難逢的良機。他們制定了單方面撕毀宋蒙條約，出兵占領整個黃河以南地區的計畫。這個計畫馬上獲得了趙貴誠的御筆批准。看來，一百多年後，南宋的君臣們還是沒有養成遵守條約的習慣。

蒙古大軍攻陷汴梁後，只留下金朝的降將崔立在城中駐守。端平元年（窩闊台汗六年，一二三四年）六月，南宋軍隊突襲汴梁。汴梁都尉李伯淵等人殺死崔立投降，迎接宋軍入城。另外一支宋軍也在七月分占領了空虛的洛陽。這時的汴梁也好，洛陽也好，經過常年戰亂和蒙古的擄掠後，滿眼都是斷壁殘垣，根本獲得不了給養。大批宋軍入城後，立即陷入了饑荒之中。八月，蒙古軍隊發動反攻。蒙古人出動的並非主力，再加上當時的蒙古大兵也沒見過什麼大場面，腦子裡總覺得滿口「道德誠信」的宋朝人應該挺厲害的，所以打仗的時候留了一手。結果宋軍和蒙古軍隊打成了平手。但是宋軍糧餉不繼，沒打幾天就主動放棄汴梁和洛陽「凱旋」回朝了。汴梁和洛陽只在南宋的地圖上停留幾天，就又失去了。趙貴誠沒高興幾天，接到敗報後，氣得將前線的主要將領全都降級貶官。

端平二年（窩闊台汗七年，一二三五年），蒙古軍隊開始進攻南宋。蒙古和南宋這兩個盟友在消滅共同敵人之後的第二年就成為了仇敵。兩國之間長達四十年的戰爭拉開了序幕。

南宋帝國在宋蒙戰爭中始終處於守勢。在戰爭的初期，南宋帝國勉強維持住了邊界，與蒙古勝負相當。這要歸功於蒙古的大汗們還沒有把南宋放在眼裡。他們正集中蒙古的鐵騎，對西方世界展開大征伐。南宋帝國沒有研究國際政治的專門機構和相關人才，對蒙古發起的、深刻影響世界歷史進程的歷次西征一無所知。他們只知道北部邊境承受的壓力越來越重。

即使如此，南宋也是在以全部的正規力量對抗蒙古留在中原的少量騷擾兵力。

六

宋蒙初期戰爭讓一個叫做史嵩之的人崛起為宰相。

史嵩之是權相史彌遠的堂姪。史嵩之是學習程朱理學出身的，但沒養成朱熹所希望的行事做派。他幹練果斷，功利心很強，討厭理學迂緩的一套。民間傳說史嵩之一次與小舅子陳塤在山寺中講學。不知怎麼的，他們和寺裡的僧人沒有處理好關係。僧人們對史嵩之流露出了厭惡之情，史嵩之盛怒之下竟然深夜放了把火，把僧人們的宿舍給燒了，揚長而去。

我們知道，史嵩之這樣不適合當書生的人，反而適合在官場中當官。

因為趙貴誠對史家始終有感激之情，史嵩之一入仕就獲得了極高的起點。他被任命負責湖廣前線的宋蒙戰爭。注意，史嵩之是戰爭的負責人，而不是衝鋒陷陣的軍官。因為蒙古主力並沒有真正進攻南宋，所以宋蒙戰爭的形勢總體上看得過去的。宋軍多少也取得了幾次勝利。這些仗雖然是孟珙等人率軍打的，但史嵩之作為負責人，自然少不了也有一份功勞。慢慢的，史嵩之就「因功」取代鄭清之做了宰相，在嘉熙三年（一二三九年）拜右丞相兼樞密使。

史嵩之成為史家的第二位宰相後，自然希望能夠恢復伯父史彌遠那樣的權威地位。可惜史嵩之的運氣實在太差，當上宰相才五年，父親史彌忠就死了。在南宋官場中，「孝」字與「忠」字一樣大。父親死了，做兒子的要回家守孝三年，甚至更長時間。這也意味著史嵩之要主動辭職，回家盡孝。史嵩之不想走，就以「現在是戰爭時期，凡事都可以破例」為理由，拒絕辭職，留在宰相位子上不動。朝野上下本來就對史嵩之不滿，現在史嵩之雙手奉上這麼大一個「把柄」，不用白不用。御史們、大臣們、將領們、書生們紛紛彈劾史嵩之。史嵩之在強大的壓力下，不得不辭職。

事情也巧了，朝廷之後起用的、與史嵩之過不去的三位宰相：杜範、徐元杰、劉漢弼，先後不明不白地暴病身亡。太學生蔡德潤等一百七十三人義憤填膺，上書告御狀，為三位宰相鳴冤。臨安城中群情沸騰，人們紛紛懷疑杜範等人是中毒而亡的，而史嵩之的嫌疑最大。事情弄得像真的一樣，朝中的大臣們人人自危，怕自己哪天也成為第二個杜範。朝廷賜宴的時候，大臣們都不敢下筷子。就在節骨眼上，史璟卿又暴病身亡。史璟卿是史嵩之弟弟史嶢之的兒子，自小穎悟能文，死時才十八歲。他在紛爭中站在史嵩之的對立面上，死前剛剛寫信勸諫史嵩之辭去相位。他的死更讓大家懷疑史嵩之的「殺人嫌疑」了。

史嵩之雖然名聲徹底爛掉了，但並沒有失去東山再起的機會。畢竟守孝只要守三年就可以了，時間到了，還是可以復職的。宋理宗趙昀誠依然信任史嵩之，在史嵩之服喪期滿後，就想恢復史嵩之的職務。可是壓力還是太大，朝臣拒絕書寫起用史嵩之的詔書，趙昀誠也只好收回成命。淳祐七年（一二四七年），鄭清之再次擔任宰相。鄭清之當時七十二歲了，牙齒都掉光了，根本沒有力量主政。他處理政務時，一切墨守成規，遇到決策只是點頭或者搖頭而已。

臨安一個叫做鄭起（鄭震）的書生，寫大字報諷刺鄭清之的老朽與無能。惱怒的鄭清之不僅捉了鄭起，還下令將鄭起的母親、妹妹、兒子全都捉起來治罪。臨安府尹覺得宰相的這個命令實在荒唐，只將鄭起的家人拘留一夜就放了。鄭清之知道後，命令官府多方搜索鄭起的家人。鄭清之自號「安晚」。當時流傳一條政治對聯：「先生自號為安晚，晚節胡為不自安？」

淳祐十年（一二五〇年），鄭清之將不久於人世。趙貴誠還是想起用史嵩之為宰相，依然遭到了朝野上下的一致反對。

寶祐四年（一二五六年），晚年史嵩之為自己的政治生命展開了最後一搏，上表表示願意防守四川。為了表明自己的決心，他連續上了多次奏表。但每次都遭到朝臣們的強烈反對，趙貴誠也不敢觸犯眾怒。史嵩之在家閒居十三年後，鬱鬱而終。

淳祐十二年（一二五二年）的除夕夜，臨安名妓唐安倫偷偷進入了皇宮。宋理宗趙貴誠摟著唐安倫度過了新年，迎來了寶祐元年。有個大膽的書生感歎說：「陛下壞了自己三十年的清修之操啊！」

注釋

❶ 後世文藝作品、影視劇，多次把濟王冤案當作素材。比如，大陸曾經大熱的《大宋提刑官》，即以此案為原本。此案融合權謀、宮鬥、政變、殺戮、平反諸元素，是編劇的大愛。

❷ 程民生：〈汴京文明對南宋杭州的影響〉，載於《河南大學學報（社會科學版）》一九九二年七月。

❸姚兆餘：〈宋代文化的對外傳播及其影響〉，載於《甘肅社會科學》二〇〇〇年第四期。

❹見周去非《嶺外代答．器用門．舟楫附》：「浮南海而南，舟如巨室，帆若垂天之雲，柂長數丈，一舟數百人，中積一年糧，豢豕釀酒其中，置死生於度外。」

❺這一年本是正大九年，正月十九日改元開興，四月十四日再改元天興。本書統一使用天興元年。

❻完顏守緒，原名守禮，金宣宗完顏珣第三子。史稱金哀宗。

第六章

國破傷心時

國家要亡了，你怎麼辦？南宋的滅亡是被兩個人加速的，一個是痞子出身的賈似道，一個是荒淫無恥的宋度宗趙禥。狼狽為奸的兩個人演出了典型的亡國劇目。蒙古大汗蒙哥在釣魚城大捷中成為了宋軍的犧牲品，但當他的弟弟忽必烈建立元朝，將進攻重心移向襄樊後，南宋王朝在短短幾年中轟然倒塌。

亂世是檢驗一個人忠奸，檢驗一個讀書人品行的最好法寶。

景定三年（一二六二年），臨安城中缺糧，饑荒嚴重。

臨安知府馬光祖作為父母官，要為百姓的吃飯問題負責。他好不容易想出了一個對策，那就是請達官顯貴和富裕人家捐糧賑災。臨安城中貴戚的首領，當然要數榮王趙與芮了。宋理宗趙貴誠雖然是一個來歷不明的皇帝，但是趙與芮卻是他如假包換的弟弟[1]。馬光祖三次求見趙與芮。趙與芮猜著了馬光祖的來意，就是不見，後來見馬光祖在家門口「槓」上了，只好出來打聲招呼。

馬光祖直入主題，說：「榮王，現在臨安的百姓快要餓死了，請王爺捐出一些糧食，以收人心。」趙與芮趕緊擺擺手，訴起自己的苦來，說自己每月就靠朝廷的俸祿生活，日子過得緊巴巴的，倉庫裡是一粒米也沒有。馬光祖知道趙與芮吝嗇，早有準備，不卑不亢地說：「王爺，卑職查到某某地某某倉打著您的旗號，說囤積著的是您的存糧。既然王爺說榮王府沒有存糧，卑職馬上把那些誣衊王爺名聲的倉庫給查封了！」趙與芮吃了個啞巴虧，無話可對，勉強答應捐出三十萬石糧食賑災。

十三年後，趙與芮向蒙古軍隊投降時，為了活命，一次就賄賂蒙軍將領上萬兩黃金。

釣魚城大捷

一

南宋與蒙古之間實質性的戰爭是從四川打響的。

南宋端平二年（一二三五年）年初，蒙古大汗窩闊台發動了征討四川的戰役。當時，蒙古集中的軍隊成分複雜，包括蒙古軍、金朝投降部隊、北方漢族軍隊和其他少數民族軍隊。驍勇善戰的蒙古族人並不占多數。但就是這支軍隊，在第二年長驅直入四川，出乎意料地占領成都、利州、潼川三路的二十餘州。蒙古人擄掠後，主動撤回陝西——因為蒙古根本就想不到會取得這麼大的勝利，缺乏留駐統治的準備。南宋直到嘉熙二年（一二三八年）才收復成都。但四川西部地區從此落入敵手，東部變成了拉鋸地區。

為了配合進攻四川的蒙古軍隊，蒙古人發起了對襄陽的「掩護」性進攻，誰知「一不小心」就占領了郢州、襄陽等地。自從岳飛收復襄陽以來，南宋百餘年來在這一地區不斷儲存物資軍需，壘得像小山一樣，結果全都落入了蒙古人的手裡，損失慘重。獲勝的蒙古軍隊自信心極度膨脹，計畫一鼓作氣打過長江去，結果在黃州被孟珙的軍隊連續擊敗。嘉熙二年，朝廷任命孟珙為荊湖制置使，相繼收復了襄樊失地。

這樣的序幕，是否意味著宋蒙戰爭的某種結局呢？

客觀地說，當時蒙古對南宋的進攻，主要還是以擄掠奴隸、財物為目標，並不相信自己能夠短期內滅亡龐大的南宋王朝。作為快速崛起的民族，蒙古人在意識形態上的發展是滯後的，還沒有接受中國傳統的「天下一統」思想。正是蒙古人統一觀念的缺失，才使南宋能夠勉強維持著僵持的局面，並斷斷續續地展開和談。宋理宗、史嵩之等人以對金議和的辦法對蒙求和，將蒙古人當作第二個金朝。但是蒙古人能和金朝簡單地畫等號嗎？宋理宗不去想，史嵩之也不去想。

孟珙是當時少數頭腦清醒的將領。他認識到中部的襄樊將成為之後宋蒙戰爭的焦點地區，也將會是保衛江南的前哨，於是招納流民，擴編軍隊，加強樊城、新野、唐州、鄧州之間的駐防。湖廣前線的局面還算比較穩固。兩年後，孟珙受命經營四川，兼夔州知州。四川地區經過蒙古軍的擄掠後，比較殘破。孟珙將在湖廣的經營方法搬到了四川，並且在顯要地點建設關隘、據點。四川安撫制置副使彭大雅修築了重慶城；部將甘閏則在合州選擇釣魚山建立了山寨，也就是釣魚城的前身。

淳祐二年（一二四二年），四川安撫制置使兼重慶知府余玠來到四川。

余玠一到任，就設立招賢館，廣泛徵求防守四川的良策。播州人冉璡、冉璞兄弟建議釣魚山等處修築山城，囤積糧食，防備最艱苦的抗戰。余玠採納了冉氏兄弟的意見，命令他倆負責正式修築釣魚城。同時，官府又在嘉陵江、沱江、渠江沿岸山險修建山城十餘處，把各州的治所都移入山城，因山築壘，屯兵聚糧。余玠號召大家以敢死之心，與蒙古人決戰，在歷次拉鋸戰鬥中都打退了蒙古軍隊從西邊而來的侵擾。

當時南方有著完備的軍工系統。軍工業是南宋手工業中發展最快的部門。南宋軍火的市場很大，產量也很大。建康是江防重鎮，開慶元年（一二五九年）到景定二年（一二六一年）的兩年多時間裡生產的火器超過三萬八千件；中部重鎮江陵每年能生產鐵火砲一兩千隻。江陵每次向襄、郢等州前線運送的火器數以萬計。南宋同金國和蒙古的戰爭對軍火的品質和創新提出了極高的要求。南宋軍工業創製出了霹靂砲和用竹筒裝火藥製作的火槍、突火槍。它們標誌著兵器史上的重大進步，逆著長江而上，在日後的防守中發揮了重要作用。

余玠因為守蜀有功，六年後被提拔為兵部尚書，仍留在川東，負責對蒙古作戰。

二

當時南宋朝廷表面上看，是對蒙古採取堅決抵抗政策的。

就在余玠被任命為兵部尚書的同時，對蒙古持強硬態度的抗戰派將領趙葵擔任了右丞相兼樞密使。正是由於這些抵抗將領的堅決作戰，才使廣大的後方地區保持了和平與繁榮。

一旦平安無事，南宋晚期政治的黑暗就顯現了出來。先是一批眼紅抗戰派將領受到提拔的人攻擊趙葵出身武將，沒有科舉功名，以「宰相須用讀書人」的理由排斥趙葵任相。淳祐十年（一二五〇年），僅僅擔任一年宰相的趙葵被罷免，出任潭州通判。第二年，進士出身、在外交上堅決主和的謝方叔出任左丞相兼樞密使。淳祐十二年（一二五二年），蒙古汪德臣（前金朝的降將）的軍隊占領成都，圍攻嘉定。余玠率部力戰，再次打退蒙古軍隊。余玠又立了大功，謝方叔卻「提醒」宋理宗說余玠掌握大權，「不知事君之禮」，逼得余玠服毒自殺。不僅如此，謝方叔還安排誣告作戰有功的余玠部下王惟忠溝通蒙古，以通敵叛國的罪名將他處死。

謝方叔派去接替余玠的人叫做余晦。余晦的能力實在是不行，與蒙古軍隊作戰一次，大敗一次，導致川東連連告急。參知政事董槐感歎說：「四川的事情本來就麻煩，我們又犯了陣前換將的大忌，真是要命啊。」

宋理宗趙貴誠才不管這些呢，他壓抑已久的欲望都爆發了出來，終日沉溺在聲色享樂之中，大造寺觀園林。他很有宋徽宗的遺風，為了在西湖邊上新建寺院樓閣，派遣官吏到天下各州縣搜集木材奇石；為了得到一塊滿意的建材，不惜花費巨額黃金，不惜徵發再多的民力。寺院後來建成了，宋理宗又大筆一揮，賞賜給自己寵愛的閻妃作功德院。宋理宗最親信的太監，叫做董宋臣。宋理宗放心地授權他負責修築祐聖觀，興建梅堂、芙蓉閣、香蘭亭等。這個董宋臣藉機結黨營私，強占民田，招權納賄，民間稱他「董閻羅」。監察御史洪天錫看不下去，彈劾董宋臣說：「天下之患有三：曰宦者，曰外戚，曰小人。現在上下窮空，遠近怨疾，只有少數王公貴戚和大宦官享富貴。整個天下貧窮不堪，百姓們怨聲載道，難道陛下就和這幾十人共天下麼？」不知道趙貴誠有沒有看到這封上書，反正結果是幾天後洪天錫就被免去了監察御史的官職。經過這件事情後，董宋臣對外朝大臣們心懷怨恨之心，不久又藉口洪天錫上奏的幕後黑手就是謝方叔，要求將謝方叔罷免相位。不僅如此，董宋臣還指使人上書，請求誅殺謝方叔、洪天錫。宋理宗沒同意，但罷免了謝方叔的宰相職位。

經過這些事情後，我們都看到了太監董宋臣能量之大。他還和閻妃勾結，掌握宋理宗，權勢日盛。

宦官、後宮擅權，朝臣妥協退讓，這才是南宋朝廷的真實面目。

三

寶祐三年（一二五五年），參知政事董槐接任右丞相兼樞密使。

董槐原本可以成為一位挺不錯的宰相。他年輕時，飽讀兵書，擔任宰相後也曾建議宋理宗提拔人才、賞罰分明、加強邊防；並指出「有害政者三，一是宗室親戚不奉法；二是執法大吏久於其官，擅作威福；三是皇城司不管理士卒，士卒驕橫」，請求朝廷除去三害。董槐的言行顯然與董宋臣等人衝突。閻妃、董宋臣等人對董槐失去了希望，開始搜羅董槐的短處，決定對他下手。

後宮干預朝政，總要借助宮廷外面的力量。歷史總會產生這樣那樣的小人，供後宮使用。鎮江人丁大全就是這樣的小人。

丁大全心理不健全，是個典型的小人。他出身低微，妻子也是婢女出身。這樣的家庭背景使丁大全形成了自卑、虛榮的陰暗心理，表面上對人極力討好、態度謙卑，心底裡男盜女娼、卑鄙齷齪。年輕的時候，丁大全也曾努力攻讀，將程朱理學背得頭頭是道，考中了進士。但是他極力巴結董宋臣等人，「功夫不負苦心人」，很快由小小的蕭山縣尉提升到殿中侍御史的位子。

丁大全知道自己無德無能，如果沿著正常的仕途道路，是如何怎麼做都不能出將拜相的，所以要用「非常手段」才能出人頭地。來到中央後，他認定自己只有協助董宋臣等人扳倒董槐，才能取而代之。當觀察到後宮有廢黜董槐的意思後，丁大全馬上上書彈劾董槐功高震主、以權謀私、圖謀不軌，上綱上線，極盡誣陷之能事。

奏章呈上去的當天，丁大全急不可耐地等待宮中罷免董槐相位的詔書。等到半夜還沒有發出。丁大全乾脆不等了，穿戴整齊，竟然調動士兵上百人，全副武裝地包圍了董槐的府第。丁大全歇斯底里地大聲叫喚：「董槐，你給我出來！」董槐不知道發生了什麼事情，自己的職位又比丁大全要高，就坦然出來了。他一出來，就被丁大全的官兵團團圍住。丁大全又假傳聖旨，命董槐跟著自己去大理寺。董槐一聽是聖旨，只好跟著去了。沿途吸引了許多人圍觀。丁大全見事情鬧大了，怕難以收場，走到北關的時候又突然教人放了董槐，高喊幾聲，溜掉了。董槐丈二金剛摸不著頭腦，只好走回家去。回到家後，皇上罷免他的聖旨才傳下來。董槐和大臣們這才恍然大悟。

丁大全跳梁小丑的面目暴露無餘，名聲臭不可聞，可他心裡還特美，目空一切。董宋臣也需要這樣的「外援」。董槐被罷免後，丁大全任簽書樞密院事，他的黨羽馬天驥同簽書樞密院事，操縱軍權。寶祐六年（一二五八年），丁大全又在閻妃、董宋臣等支持下任右丞相兼樞密使。當天，朝門上出現了「大字報」：閻馬丁當，國勢將亡。

丁大全才不管什麼「國事」和「國勢」。他整天琢磨著的就是自己怎麼才能成為像史彌遠那樣的權相。

四

就在丁大全出任宰相的當年年初，蒙古新大汗、被元朝追封為憲宗皇帝的蒙哥兵分三路，大舉南侵。

早在蒙哥即位的時候（宋淳祐十一年，一二五一年），就制定全面滅宋的軍事計畫，為帝國確立了以四川為重點，自西向東滅亡南宋的戰略方針。這一回，蒙哥親自率領主力四萬，號稱十萬大軍入侵四川；命令弟弟忽必烈率軍攻打湖北鄂州；命令雲南的兀良哈台軍北上進攻湖北潭州。蒙哥的戰略意圖是蒙古軍隊占領潭州和四川，然後在鄂州會師，最後聯合進攻臨安。

蒙古大軍的進攻非常順利，大敗南宋劉整的部隊，成都、彭州、漢州、懷安、綿州等地相繼投降。不到一年時間，蒙古大軍就幾乎占領了整個四川。寶祐六年（一二五八年）年底，蒙哥的大軍沿嘉陵江到達合州。合州後面就是重慶，再往東就是地勢低平、一馬平川的長江中下游地區了。四川告急！

歷史的目光一下子全都集中到了合州，集中到了合州的治所——釣魚城。

守衛釣魚城的是合州知州王堅和副將張珏。王堅是孟珙的部將。之前，他就調集屬縣十七萬人加固了釣魚城，準備堅守。四川大片土地陷入敵手後，各地軍民陸續東逃，來到合州集結。釣魚城突然成為了十幾萬人聚居的重鎮。它是阻擋蒙古大軍的最後一個險要。一開始，蒙哥並不把它作為前進道路上的障礙。蒙古軍隊前進得太順利了，四川各州縣紛紛投降。蒙哥沒有經歷任何一場硬仗，他也有理由相信合州的釣魚城將步其他州縣的後塵，向蒙古大軍投降。十二月，蒙哥派投降的宋人晉國寶到釣魚城勸降，被王堅一口拒絕，把人趕走。第二年（開慶元年，一二五九年）正月，王堅把晉國寶「請」到練兵場，斬首示眾，告訴城內軍民：決戰的時刻到來了！晉國寶算是死得很有價值，一下子就激起了釣魚城軍民抵抗的激情。

蒙哥終於明白，他將在釣魚城迎來本次四川戰役的第一場硬仗，也是最後一場硬仗。最先發動進攻的是蒙古大軍。二、三月間，蒙古大軍對釣魚城周圍各城堡發起了連續猛攻，希望打通前往釣魚城核心城池的道路，遭到宋軍的頑強抵抗。激烈的攻防戰很快就成為了膠著戰。四月初三開始，川東連降二十天大雨。二十二日天剛一放晴，蒙古軍隊就偷襲城南的護國門，沒有得逞。第二天深夜，蒙古人攻破城北出奇門至嘉陵江一側的一字城，進入了釣魚城的外城。王堅親自帶人上前迎戰。當天夜裡，釣魚城的敢死隊突襲了蒙古軍營，將蒙古軍隊趕出了外城。進入五月以後，四川炎熱的夏季到來了，北方來的蒙古軍隊水土不服，爆發了疾病。到此為至，蒙古大軍已經在釣魚城下足足攻了四個月了，毫無進展，軍隊的士氣開始消沉。而四個月的戰鬥卻使釣魚城的軍民鬥志高昂。宋軍還利用夜幕掩護，經常開城突襲，騷擾蒙軍。蒙古人極不適應這樣的作戰方法，一到晚上都規規矩矩的，不敢越雷池一步。

另一邊，南宋也對釣魚城展開了增援，派呂文德擔任四川制置副使，領兵趕往合州。六月，呂文德率領水軍經過激戰，到達重慶，正當南宋的戰艦想進一步沿嘉陵江北上救援合州的時候，被蒙古的史天澤（其實也是前金朝的降將）的部隊截住。雖然釣魚城遲遲沒有看到援軍，但城內軍民依然士氣高昂，又堅持了兩個月。

釣魚城久攻不下，蒙哥煩躁起來，召集部下商議下一步戰略。將領朮速忽里認為蒙古騎兵不適應攻打嚴防死守的險要山城，現在大軍滯留釣魚城，對蒙古整體戰略布局非常不利。他建議蒙哥只留少量軍隊圍困釣魚城，主力沿長江東下，水陸並進到湖北與忽必烈會師，按照原定計畫滅掉南宋。這是一個揚長避短，發揮蒙古軍隊靈活機動、凶猛剽悍之特點，可以很快就滅亡南宋的正確意見。慶幸的是，朮速忽里的意見遭到了蒙哥和其他將領的斷然否決。長期的勝利在蒙古軍隊中形成了驕橫自負的氣氛，朮速忽里被看作是迂腐懦弱的人。最後，會議達成了繼續攻城的意見。

蒙古軍隊會後加強進攻，晝夜不休。一天夜裡，汪德臣還攻上外城馬軍寨，似乎成功在望。天將亮時，天空突然下起雨來，蒙軍攻城的雲梯又被折斷，軍隊被迫撤退。汪德臣很不甘心，單人騎馬徘徊在釣魚城下，一邊查探城池情況，一邊也想招降守軍。南宋官兵沒有放過這個機會，對著汪德臣就是一頓弓箭和大砲。汪德臣被突如其來的砲石擊中，身負重傷，死在了縉雲山寺廟中。

汪德臣是蒙哥最為倚重的金朝降將，也是蒙古大軍的先鋒。他的死給蒙哥造成了很大的心理打擊。蒙哥扼腕痛惜，看著久攻不下的釣魚城焦躁不安起來。

釣魚城差不多被圍了半年了，可南宋守軍鬥志昂揚。蒙哥就是想不通，城內的十幾萬人是怎麼獲得給養和軍需的。直到有一天，南宋守軍故意將十五公斤重的兩尾鮮魚、上百張蒸麵餅和一封書信拋出城外。蒙軍撿到，交給蒙哥。信中說釣魚城數年前就開始囤積物資，準備戰爭了，現在城內物資充裕，即使再守十年也不會讓蒙軍攻下城池。蒙哥這才恍然大悟，心情也更壞了。與南宋的守軍相比，城外蒙古官兵的情況很糟糕。戰爭拖延得很久，蒙古人本來就對炎熱濕潤的氣候不適應，六、七月的川東偏偏是酷暑時節，因此蒙古官兵不僅士氣低落，而且軍中暑熱、瘧癘、霍亂等疾病流行。蒙古大軍已經成為了一支「疲軍」。

七月二十七日，蒙哥突然暴斃城下。

蒙哥的死是歷史上的一個懸案。《元史》的說法是蒙哥因為水土不服，早在六月就患上了病，拖到七月才死的。南宋的官方說法和《合州志》等資料則說蒙哥是被守軍打死的。七月，心急的蒙哥赤膊上陣，親自帶人到城下進攻。王堅率軍用猛烈的砲火反擊。蒙哥在作戰中負傷，熬到二十七日死在軍中。第二種說法，接受的人很多。後來，馬可・波羅來元朝遊歷的時候，還從元朝的朝野上下聽到有關蒙哥被釣魚城守軍打死的傳聞。現存於四川省合川縣釣魚城舊址釣魚山忠義祠內，明朝正德年間樹立的《新建合州王張二公祠堂記》石碑碑文也說蒙哥是「中飛矢而死」❷。第三種說法是在第二種說法的基礎上有所變化。據說，蒙哥負傷後，率領軍隊撤退。撤退途中，蒙哥死在金劍山溫湯峽（今重慶北溫泉）。不管怎麼樣，蒙哥死於釣魚城戰役是無疑的。

蒙哥死前留下遺言：「日後攻下釣魚城，當盡屠城中之民。」可見，釣魚城是這位叱吒世界的蒙古大汗心中永遠不能釋懷的痛。

蒙哥死後，蒙古軍隊從釣魚城撤退。根據《元史》和元朝的資料記載，許多隨蒙哥出征的將領都死在釣魚城下，由此可以想見釣魚城戰役的慘烈和蒙軍損失的嚴重。二〇〇六年三月，釣魚城遺址旁的公路出現滑坡。整治過程中，施工人員在由砂岩和泥岩構成的山體中，意外發現一個古隧道口。聞訊趕來的考古人員清理出一個寬約一點五公尺，高約一公尺，由主通道、支道、豎井組成的古隧道。隧道壁面加工較為工整，呈倒梯字型，是連接釣魚城內外的一條地下通道。隧道裡出土少量擂石（即古代用以攻擊敵人的大石塊）、彈片及石磨、石門槽、瓷片等南宋時期的生活用品。可以斷定，這條隧道是釣魚城戰役中，蒙古軍隊為了攻克釣魚城而開鑿的。這也可以為我們想像當年的戰爭提供一個依據。

五

釣魚城戰役的勝利，徹底粉碎了蒙古滅亡南宋的第一次企圖。

當時，四川的蒙古軍隊雖然失敗了，但在湖北的忽必烈和湖南的蒙古軍隊都進展順利。忽必烈得到蒙哥死訊後，認為奉命而來如果無功而回對自己不利，反而加緊對鄂州的進攻，計畫取得大勝後再北上，為自己奪取汗位準備籌碼。而從雲南來的蒙古軍隊也加緊進攻湖南首府潭州。

鄂州遭到猛烈攻擊，報急文書一封接著一封傳到朝廷。丁大全先是隱瞞不報。後來兩湖地區戰事糟糕得實在難以隱瞞了，丁大全才不得不上報宋理宗。趙貴誠如夢初醒，不知所措。他這才意識到自己統治的天下的情況，第一次面臨真正的危機。

監察御史饒虎臣乘機彈劾丁大全的四大罪狀：絕言路、壞人才、竭民力、誤邊防。丁大全遭到上上下下的一致唾棄，被貶往邊遠之地的貴州安置。這個丁大全到了貴州後，還夜郎自大，賊心不死，竟然圖謀聯合蠻夷行不軌之實，結果被貶到更遠的海南島安置。負責押送的畢遷在押送船隻經過藤州的時候，一「擠」把丁大全擠到水裡淹死了。

宋理宗趙貴誠調整了政府，任命吳潛為左丞相兼樞密使。大太監董宋臣這時候鼓動宋理宗學習祖宗的方法，遷都明州，為以後逃亡入海做準備。吳潛等大臣請求將董宋臣斥責出朝，也獲得了皇帝的批准。之後，朝廷調集天下兵馬增援鄂州，擢升外戚、四川宣撫使賈似道為右丞相兼樞密使，命他領兵前往漢陽直接抗敵。

這個賈似道的德行，稍後會有詳細介紹。在鄂州前線，賈似道面對著忽必烈，不敢迎戰。他把朝廷「抗敵」的命令簡單理解為「退敵」，只要讓蒙古軍隊離開南宋地面，不就行了嗎？讓蒙古人退兵最便捷的方法就是滿足蒙古人的要求，用金銀財寶打點他們，讓忽必烈同意撤退。於是，賈似道祕密派人向忽必烈乞和，擅自同意宋朝向蒙古稱臣，降為藩屬；宋蒙兩國以長江為界，南宋把長江以北的土地全都割讓給蒙古；最後，南宋每年向蒙古進貢白銀二十萬兩，綢緞二十萬匹。這樣的條件是南宋在與北方王朝歷次和談過程中都沒有開出過的，賈似道竟然能「假傳聖旨」，同意接受，只有一個解釋：那就是他在不惜一切代價，要把蒙古軍隊「請」出南宋。至於這樣的條件能否真正從紙張上落實到實踐上，賈似道根本就沒去想過。

忽必烈都被這樣的和談條件嚇了一跳。如果和談成功，忽必烈可以在蒙古上層政治鬥爭中獲得響噹噹的籌碼。這可是巨大的政績。同時，北方傳來消息說蒙古諸王在漠北正策畫擁立弟弟阿里不哥為新的大汗。忽必烈急著撤兵回去爭奪汗位。兩方面一綜合，忽必烈爽快地答應了賈似道的請求。忽必烈撤退時，還派出一支軍隊南下，接應正在進攻潭州的兀良哈台的軍隊一起撤出南宋。

忽必烈鬆了一口氣，賈似道也大大鬆了一口氣。

蟋蟀宰相賈似道

一

南宋又獲得了十年的和平。

這段和平時光的到來，本應主要是釣魚城軍民頑強抵抗的成果。結果，所有的功勞都被賈似道給占了。

蒙古撤軍後，賈似道厚顏無恥地向朝廷謊報「鄂州大捷」。他上表說：「諸路大捷，鄂圍始解，江漢肅清。宗社危而復安，實萬世無疆之休。」為了營造大捷的氣氛，賈似道竟然下令截殺忽必烈殿後的散兵游卒，把他們的人頭送到臨安作為「輝煌的戰果」。不辨真偽的宋理宗真的認為賈似道立了大功，下詔褒揚賈似道：「隱然殄敵，奮不顧身，吾民賴之而更生，王室有同於再造。」都把賈似道抬到了「王室再造功臣」的地位上了。當賈似道凱旋回臨安的時候，宋理宗命令全體文武官員都到郊外迎接賈似道歸來。賈似道因為子虛烏有的大捷被加封少師、衛國公，掌握了朝廷大權。

賈似道也就成為了南宋王朝的最後一位權相。

就在南宋舉國慶祝的時候，忽必烈派使節郝經前來找賈似道，要求履行和約的內容了。賈似道拚命要把謊言給捂住，就不能讓任何「和約」出現。偷偷的，他把郝經逮住，祕密囚禁在真州

（今江蘇儀徵）的軍營裡。沒有人知道賈似道乞和的事，更沒有人知道蒙古曾經派出過一個叫做郝經的使節。

如果別的朝廷大臣作出這樣的舉止來，都會讓人大吃一驚，目瞪口呆。但是賈似道這麼做，一點都不讓人吃驚。因為他本來就是個潑皮無賴。賈似道，台州天台（今浙江台州市天台縣）人，是原淮東制置使賈涉的兒子。賈涉的舉止就不怎麼端正。在去江西擔任萬安縣丞的路上途經錢塘縣，賈涉看到已婚婦女胡氏在江邊洗衣，竟然春心蕩漾，強搶過來，與她生下了賈似道。後來賈涉死了，胡氏被正妻趕走了；賈似道留在了賈家，從小就無人管教。史書說賈似道「少落魄，為游博，不事操行」，典型的無賴相。曾在妓院中與人打架鬥毆，賈似道頭上留下了終身傷疤。因為老爸的關係，賈似道成年後，做了嘉興司倉的官職，勉強入了仕途。他的運氣實在是好，不久，姊姊被選入宮中，得到宋理宗的寵愛，被封為貴妃。賈似道在姊姊的安排下，參加了科舉，「中」了進士，從此步步高升。

賈似道在當制置使的時候，見到了老母親胡氏。當時胡氏為生活所迫，改嫁一個石匠為妻。賈似道覺得臉面上掛不住，就謀殺了那個石匠。

二

當了宰相後，賈似道把無賴的陰暗面表現得淋漓盡致。他先是排擠左相吳潛，又抓住支持董宋臣的閻妃病死的機會，大肆清除朝中董丁集團的黨羽，換上自己的人馬。

賈似道沒怎麼好好讀過書，卻對歷史上權相擅權的手法一清二楚。黨同伐異首先要控制御史台，鉗制輿論，統一「聲音」。凡是同賈似道過不去的官員，統統被賈似道的御史們用五花八門的罪名彈劾免官。那些抗蒙有功的將士自然和委曲求和的賈似道不是同志，也陸續遭到了賈似道的打擊。保衛釣魚城的大功臣王堅在蒙古撤軍後被調入朝，任侍衛步軍司都指揮使，實際上被剝奪了兵權。賈似道又進一步將王堅外放為和州知州，閒置起來。不久，王堅抑鬱而死。將領曹世雄在增援釣魚城戰鬥中，阻擊敵軍，功勞很大，遭到賈似道的妒忌，先是貶官，後被謀殺。賈似道又實行所謂的「打算法」，清查將領們在戰爭中的軍需使用情況。他規定凡是支取官府物資都要說明，說不清楚的一概治罪。結果，將領向士璧、印應飛因此遭彈劾罷官，被逼死後，家屬還被勒令退還「贓物」。前宰相趙葵擔任潭州通判，曾在正月十五支取官府物資張燈設宴慶祝，因此被彈劾罷官，被要求償還官物。這樣一來，凡是不是賈似道一黨的人都惶惶不可終日。

前線的潼川安撫使劉整，看到之前的戰友一個個家破人亡，景定二年（一二六一年）在瀘州投降蒙古，將十五州土地和三十萬戶人口獻給蒙古人。

賈似道擅權的第二個手段是濫發紙幣。之前，理宗一朝濫發紙幣已經到了極為嚴重的地步。大臣高斯得上書說：「國家版圖一天天縮小，財力白耗，用度不足，近年尤其嚴重。每年收入一億二千多萬貫，支出二億五千多萬貫，管財政的大臣，只知增發楮幣。」賈似道當權後，拿不出方法挽救財政危機，只好繼續濫發紙幣，飲鴆止渴。賈似道創造了每天增印紙幣十五萬貫的紀錄。南宋後期，官方的紙幣形同廢紙，成為剝奪百姓手中的實物的工具。嘉熙四年（一二四〇年），浙東糧食收成正常，但米價卻增長了十倍。一斛米最高價升到了一百多貫。繁華的臨安城在通貨膨脹的打擊下，也出現了饑荒，市井蕭條。通貨膨脹到了什麼地步呢？舉一個小例子：朝廷給每位邊防士兵支付的軍費每天是二百會子。這二百會子，包括士兵一天的吃穿用行和作戰的費用，但實際購買力卻不到一雙草鞋的價值。

賈似道當朝，南宋官僚機構的腐敗達到了新的高度。首先是官僚機構的膨脹。體制內的監察御史朱熠不得不承認：「真宗、仁宗皇帝時，朝廷以三百二十餘郡的財賦供給一萬多官吏的俸祿。今天是以一百餘郡的力量來養活二萬四千多冗官。」咸淳十年（一二七四年），賈似道為死去的母親胡氏辦了一場「前無古人，後無來者」的奢華葬禮。上至宋度宗，下至文武百官，都參與了賈家的葬禮。葬禮前後，宋度宗輟朝兩次，給賈似道的母親賜謚「柔正」，又賞賜功德寺及田地六千畝。趙禥自己對賈家的感情深也就算了，問題是他下令帥、漕、州、司官府都參與賈家的葬禮，拓展集芳園、仁壽寺的地基，營建治葬，賜給賈似道祕器及冰腦各五百兩，在皇宮內藏庫支賜賻贈銀絹四千匹兩，又令戶部特賜賻贈銀絹二千匹兩，由宮中太監護葬；皇太后又賜給賈家賻贈銀絹四千匹兩，命令太監賜給銀合香藥，並規定由宮中太監護葬。所有這一切，自然都是朝廷埋單。賈似道回老家治喪時，「朝士貴戚設祭饌，以高為競，有累及數丈者。送葬者值水深，貴官沒及腰膝，雖理宗、度宗之山陵，無以過之。」可見朝廷上下競相奢靡，賈似道給母親造了超過皇陵規格的陵墓。

上行下效。當時士大夫奢靡生活的代表人物是張功甫。張家園池中的聲樂、妓女、服飾、器玩的精美華麗，據說是天下最好的，因此吸引著一時名士大夫，紛至沓來。普通士人生活也很奢侈。士大夫們聚會的時候，一定要召妓女來助興。有的時候聚會太多，士大夫們還為爭妓大打出手。

賈似道當權造就了大批阿諛奉承的官員，稱頌他是周公再世，諸葛再生。黨羽廖瑩中、翁應龍等人還撰寫文章，編輯成《福華編》，為賈似道的「援鄂之功」歌功頌德，肉麻至極。百姓們看在眼裡，怒在心裡。

錢塘江漲潮的時候，臨安兒童們紛紛對著錢塘潮喊：「滿潮都是賊！」

三

實事求是地說，賈似道的這個家也不好當。殘酷的現實迫使他必須拿出真正的改革措施來。治國不能全靠虛的，還得要來點實的。奢侈享受過後，賈似道面臨著南宋嚴重的財政危機。為什麼在社會經濟極端繁榮的南宋，會出現財政危機呢？難道是由於通貨膨脹的原因嗎？的確，南宋晚期通貨膨脹嚴重，物價飛漲，民不聊生。只是因為社會經濟整體底子比較厚，國民經濟才沒有徹底崩潰，維持著脆弱的繁華表象。南宋晚期的財政危機是實物危機：朝廷手中掌握的實際物資太少。即使賈似道印刷再多的鈔票，他也不能變出軍需糧草來。

危機在四川大部分地區淪陷後暴露得更加明顯。四川是南宋僅次於兩浙的重要經濟基地。南宋三分之一左右的稅收和軍需供應來自四川。失去了四川，南宋也就失去了一大糧倉。結果前線的軍糧、官吏的俸祿和上流社會的享受都要靠兩浙一帶供給。而兩浙地區的土地山川早就被官僚將領們瓜分得差不多了。這些既得利益者們逃避賦稅，和朝廷爭奪實物。在農業社會中，田地是最基本，也是最重要的生產資料。南宋朝廷和占有田地的富人階層的矛盾由來已久。一開始，南宋朝廷薪糧不足就向地主富戶攤派徵購；後來又增發紙幣，結果效果都不大。賈似道當權時，情況就雪上加霜了。

賈似道怎樣才能為朝廷搞到實實在在的、正常賦稅之外的物資呢？臨安知府劉良貴和浙西轉運使吳勢卿等提出了「買公田」的建議。所謂的買公田，就是官府出面購買地主富戶的田地，從新購買的田地上獲益。辦法是給地主規定一定限數的田地，超過部分的三分之一由官府買回，作為公田出租。賈似道粗粗一算，如果買田一千萬畝，每年可增加六七百萬石的額外糧食收入，於是欣然接受了這個建議。

從出發點和理論上來說，買公田的辦法的確是利國利民的。在賈似道上奏的奏章中，他提出了「可免和糴，可以餉軍，可以停造紙幣，可以平抑物價，可以安定富室」等五項好處。這個方法原來計畫在全國展開，但是宋理宗怕地主們抵觸情緒太大，只允許在浙西一帶先做試驗。

可是，南宋的官府從根子上就已經腐敗了，再加上買公田存在很大的理想主義色彩，這個制度一執行，立刻就變了味道。買公田是怎麼走樣的呢？首先，買賣的地價問題。官府規定地價按照田地現在徵收的租米價格折算。那麼，原本只能徵收十石的田地，地主報告說能夠徵收一百石；官府也就按照一百石的價格來買田了。其次，官府哪裡來那麼多買田的金錢？賈似道沒錢，只能一再壓低購買田地的價格，後來乾脆用紙幣支付。發展到最後，官府用「名譽稱號」來換取田地，公開賣官鬻爵。比如將仕郎折合一千貫紙幣，承信郎折合一萬五千貫。很多地主用實實在在的田地，換取無用的虛銜。第三，朝廷規定擁有兩百畝以上田地的地主都得賣田。可有權勢的大地主根本就拒絕賣田，地方官為了完成買田的額數，便強迫只有百餘畝田地的小地主賣田，激化了官府同小地主和一般富戶的關係。按道理講，廣大的小地主和富戶應該是南宋政權的統治基礎，現在卻被逼到了官府的對立面去了。買公田執行一兩年後，朝廷的確增加了將近七百萬石的糧食收入，但是造成浙江地區許多人破家失業，人心浮動。臨安倉庫中的物資的確增加了一些，但真正的大地主依然在侵蝕著朝廷的賦稅錢糧，社會上流動的紙幣印發得更多了，租種田地的老百姓的生活境遇沒有絲毫改善，社會動盪不安。你說這個政策是成功，還是失敗呢？

宋理宗和賈似道卻高高興興地把「買公田」看作是自己的「偉大政績」。

四

景定五年（一二六四年）十月，南宋的第五任皇帝、在位時間最長（整整四十年）的皇帝宋理宗病死了。

宋理宗病重的時候，曾下詔徵求全國名醫進宮治病。不知什麼原因，沒有一個醫生應徵。這個趙貴誠，雖然血脈出身很值得懷疑，但遺傳了皇室先輩的生育毛病。他曾經有兩個兒子（永王趙緝和昭王趙繹），可惜兩人都夭折了。此後趙貴誠就再也沒有生過兒子。淳祐六年（一二四六年），年過四十的趙貴誠還沒有兒子，只得按照慣例，選取宗室子弟作為養子，繼承皇位。趙貴誠很自然地選擇了親弟弟、榮王趙與芮的兒子趙德孫。趙貴誠死後，賈似道擁立太子、已經改名趙禥的趙德孫做了皇帝。趙禥就是宋度宗。

遺憾的是，趙禥是個弱智。當初趙貴誠選擇趙禥，主要是從血緣和感情上做的決定，沒有考察這個姪子的智商。

趙禥為什麼會是個弱智呢？當年，趙禥的母親黃氏只是趙與芮夫人李氏陪嫁的侍女，地位卑微。趙與芮偶爾和黃氏發生了夫妻之事，結果黃氏就懷孕了。黃氏因為自己的地位問題，非常擔心肚子裡的胎兒害人害己，所以就狂服藥物墮胎。墮胎沒有成功，趙禥還是生了下來。因為在母腹中受藥物影響，趙禥生下來就手腳發軟，很晚才能走路；生育也非常緩慢，一副病態；七歲才會說話，智力遠低於正常人。《宋史》實在找不到為趙禥粉飾的話，只好說趙禥「資識內慧」，但也承認他是「七歲始言」。

宋理宗趙貴誠向宰相吳潛表示要立趙禥為太子的時候，吳潛跪地嚴肅地說：「臣沒有史彌遠那樣的才能，忠王（趙禥的封爵）恐怕也沒有陛下那樣的福分。」趙貴誠只好為趙禥擔保說：「忠王是個不錯的孩子，起碼能當十年太平天子。」❸

心底裡，趙貴誠對趙禥的期望值很高，嚴格培養他。趙貴誠規定趙禥每天公雞初鳴時就要入宮向自己問安，公雞再鳴時回宮，公雞三鳴時趙禥就要到會議所參加處理政事；從會議所出來以後，趙禥要去講堂聽精心挑選的老師講說經史，做到終日手不釋卷；傍晚，趙禥再到自己面前問安，接受考察。如果趙禥把當天所學的內容理解正確，趙貴誠就賜座賜茶；否則，趙貴誠會不厭其煩地向他反覆剖析。可往往是，不管趙貴誠怎麼解釋，趙禥都不明白，學業沒有任何長進。趙貴誠為此非常煩惱。

趙禥接受的是嚴格的程朱理學的教育，即位後也大量提拔理學名士，如朱熹、陸九淵等人的後代為官。但趙禥根本沒有理解什麼是理學，朱熹苦口婆心提出的「存天理，滅人欲」的要求自然對他完全不起作用。趙禥即位後沉迷於美色之中，終日享樂。後宮規定，凡是皇帝臨幸過的嬪妃次日早晨要到大殿謝恩，由主管官員記錄在案。趙禥時期，一天早晨前來謝恩的嬪妃竟然超過三十人！由此可見，我們的這位皇帝整天都在忙些什麼。趙禥實在是太忙了，連奏章也沒有時間批閱，就交給最寵愛的妃子王氏等人處理。朝廷上飽讀理學典籍的大臣們時常勸諫他要「修德、清心、寡欲、崇儉」。趙禥對待勸諫的方式是：傻乎乎地聽完，然後不去理會。

群臣們對趙禥的所作所為一清二楚，因此，雖然趙禥已經二十五歲了，仍有人上表請求由皇太后謝道清垂簾聽政。謝太后因此事不合祖宗法度，斷然拒絕。

五

為了慶祝趙禥登基，賈似道下令印發新的紙幣，稱為金銀關子，在全國發行。趙禥則尊稱賈似道為「師相」，任由賈似道把持朝政。

賈似道一副高枕無憂的樣子，聚攏了一批擅長駢儷文的士人，為自己歌功頌德，粉飾太平，並規定對經濟危機和邊防情況誰都不准奏報。臨安米貴，大臣劉應龍委婉地寫了一首〈勸糶歌〉，結果就被貶官外放。賈似道的意思很明白，就是大家都一起來享受社會發展的成果吧，別去想那些煩人的事情了。

賈似道自己帶頭在西湖邊的葛嶺建造豪華堂室，題作「半閒堂」，又造花圃稱「養樂圃」。宋高宗趙構的西湖集芳園，也被賈似道要去作家廟和別墅。賈似道有兩個愛好，一個是喜歡文物寶器。於是大小官員投其所好，主動以此行賄；一些黨羽還專門搜羅文物、字畫及各種珍寶獻給主子。寶物實在太多了，賈似道就專門建了一座「多寶閣」收藏，每天都會把自己關在閣子裡欣賞寶貝。多寶閣裡的寶貝數不勝數，賈似道還貪得無厭。他聽說抗蒙名將余玠死後用一條珍貴玉帶陪葬，竟然命人前去掘墓挖回玉帶。有個叫做趙溍的官員就是因為向賈似道獻寶有功，獲得了沿江制置使兼建康留守的「超重」烏紗帽。監察御史陳文龍反對這項任命，批評趙溍缺乏資歷和經驗，難當重任。賈似道馬上將陳文龍貶職。

賈似道還有個愛好是玩蟋蟀。賈似道在養樂圃中養了許多蟋蟀，又強取宮女葉氏作妾，還養了妓女數十人，終日在半閒堂和她們玩蟋蟀取樂。這位賈相爺還不是一般的蟋蟀玩家，人家出版了一本《蟋蟀經》的專著，描述自己養蟋蟀、鬥蟋蟀的經驗。據說，這是中國歷史上唯一一部有關玩蟋蟀的著作，賈似道可謂是這一行的「祖師爺」。一次，有位黨羽來半閒堂找主子辦一件要緊的政務。因為賈似道玩蟋蟀玩得正起勁，這位黨羽在旁邊乾等了幾個時辰，硬是沒插上嘴。最後這位老兄忍不住了，調侃說：「恩相，天底下難道還有比蟋蟀更重要的事情嗎？」賈似道頭也不抬，就說：「當然，什麼事情也比不上蟋蟀大。」黨羽半是奉承，半是無奈地說：「您可真是位蟋蟀宰相啊！」

南宋王朝在晚期，能夠同時遇到一位弱智皇帝和一位蟋蟀宰相，真是自己的「造化」啊！

咸淳三年（一二六七年）春，貪玩的趙禥特旨批准同樣貪玩的賈似道可以三日一入朝，方便宰相「修身養性」。賈似道則乾脆每五天才乘船經過西湖「入朝」一次。臨安居民議論說：「朝中無宰相，湖上有平章。」明朝有人寫了一首〈題賈似道湖山圖〉詩：

山上樓台湖上船，平章醉後懶朝天。
羽書莫報樊城急，新得娥眉正少年。

六

寶祐四年（一二五六年）的科舉，江西廬陵人文天祥考中狀元。

文天祥的考卷，洋洋灑灑，針砭時弊：「現在士大夫之家教育子弟，從小時候教授字句，就選擇一些不違背時尚、不得罪官長們的文章讀。年長以後，專門練字作文，靠這個來應鄉試，考科舉，去獵取高官厚祿。父兄所教，師友所講，都只是個利字。能夠不這樣的，幾乎沒有幾個人。」這份考卷深刻揭露了士大夫階層（這也是文天祥自己身處的階層）一心追逐功名利祿，明哲保身，而不去關心百姓疾苦和國家發展的弊病。主考官王應麟毅然點文天祥為頭名。其他考官對此戰戰兢兢，認為皇帝是不會欣賞這樣的考卷的。

當時的皇帝還是宋理宗趙貴誠。趙貴誠看到科舉報上來的名單中，第一名的那個考生（也就是文天祥）字「宋瑞」，心想：「宋瑞、宋瑞，大宋的祥瑞啊！這個考生的字號真會取巧。」於是，趙貴誠根本不看考卷，就御筆一揮，同意了王應麟的名單。

文天祥成了狀元，多少出乎一些人的意料之外。

同榜的進士中，還有一個叫做陸秀夫的年輕人。若干年後，歷史證明宋理宗欽點的這一批人中，還真的有幾位成為了「宋朝最後的祥瑞」。

最後的硝煙

一

德祐元年（一二七五年）的除夕，潭州知州李芾召集賓客和幕僚會飲慶賀。

當時的潭州已經被蒙古大軍圍得水洩不通。經過數十天的攻防，潭州的形勢到了殺身成仁的邊緣。當時城中沒有一支完整的箭了，李芾就命令百姓收集廢箭，磨光，再配上羽毛作為新箭；鹽也沒有了，李芾就命人將鹽庫中的席子、麻袋焚毀，取灰熬成湯，分給軍民喝下補充鹽分；糧也沒有了，軍民們就自發捕雀捉鼠充飢。李芾則日夜巡視城池，深入兵民之中，號召大家為國家盡忠。蒙古多次派人來招降，都被李芾當眾斬首，成為了潭州愛國主義教育的教材。

在如此嚴峻的形勢下舉辦除夕宴會，多半有苦中作樂的味道在裡面。

李芾是衡陽人，曾經擔任過臨安府尹，因為為人剛正，得罪了賈似道而被免職為民。蒙古軍隊攻占鄂州，戰火又起，國家危難的時候，朝廷起用李芾為湖南提刑，以加強地方守備。不久，賈似道兵敗蕪湖，於是李芾被任命為潭州知州兼湖南安撫使。當時宋朝主力軍隊已經失敗，湖北各州縣全部淪陷，潭州成為蒙古軍鋒進攻的下一個目標。親戚朋友們都勸李芾不要去赴任。李芾慷慨地說：「我世受國恩。今天朝廷起用我，我唯有以家許國！」為了表示自己的決心，李芾在德祐元年七月攜帶家眷赴潭州上任。初到潭州時，守軍已經調赴前線，城內空虛，人心惶惶。李芾鎮定自若，緊急召集城內能夠作戰的軍民約三千人，又截留過路的友軍，儲備糧食，整修器械，積極備戰。正因為如此，潭州成為了蒙古軍隊難以輕易跨越的一道障礙。

除夕宴會剛進行，突然傳來協助守城的衡州知州尹穀自焚的消息。

尹穀是本地人，以參謀身分協助守城。除夕夜，尹穀判斷潭州危在旦夕，蒙古兵隨時可能登城，就在家裡堆積柴草，招呼全家人坐在一起，舉火自焚。有趕來救火的鄰居發現在熊熊烈焰中，尹穀穿戴著整齊的官服，正襟危坐，坦然葬身火海。聞訊趕到的李芾感慨不已，歎道：「尹穀兄是位真男子，先我一步去了！」

尹穀自焚的消息傳出後，掀起了潭州城內殺身殉國的浪潮。潭州作為湖南的首府，有潭州州學、湘西書院、嶽麓書院等號稱「三學」的三個等級學校建在城裡，聚集著大量讀書人。這些讀書人是湖南一地的文脈精華，被本地人尊稱為「三學生」。其中成績最優良的方可升入嶽麓書院就讀。即時在最危難的時刻，嶽麓書院的幾百名文弱書生都堅持誦讀詩書，毫不懈怠。聽說尹穀殉國後，書生們集體來尹府遺跡前看望，號啕痛哭。之後，幾百名學生放下書本，拿起武器，無畏地衝向前線，全部殉國。

深夜，李芾手書「盡忠」二字作為除夕夜潭州百姓出入的號令，命令傳遍全城。然後，李芾端坐在熊湘閣中，命令部將沈忠將自己的全家老少一一殺死。李芾在家人的屍體旁堆積柴草，先焚屍，然後自刎身死。沈忠含著淚放火燒了熊湘閣，回家殺了自己的妻子，也縱身跳入火海。潭州城破後，城內百姓「多舉家自盡，城無虛井，縊林木者累累相比」。❹

蒙古軍隊之前對抵抗的城池在攻占後，都要進行屠城，以示懲戒。但這一次，蒙古軍隊對潭州軍民充滿敬意，破例沒有屠城。

潭州在宋蒙戰爭的最後硝煙中是一個特例，一個正面的特例。

在潭州淪陷的硝煙中，南宋迎來了德祐二年（一二七六年）。

二

之前，在鄂州當了一回冤大頭的忽必烈有十多年都沒有來找南宋報仇了。

因為忽必烈在忙著與弟弟阿里不哥爭奪最高權力。中統元年（宋景定元年，一二六〇年），忽必烈在宗王大會上正式成為蒙古的新大汗。他之所以能夠在連年戰爭中打敗弟弟，重要原因是他取得了漢人地主的支持，並進行了相當程度的漢化。簡單地說，忽必烈逐漸成為了各民族的大汗，而不是蒙古一個民族的大汗。重要的表現就是忽必烈把蒙古帝國的首都搬遷到了漢人的城市、原來金朝的首都燕京，改名大都，並在至元八年（宋咸淳七年，一二七一年）改國號為大元。元朝正式建立了。

元朝建立後，蒙古人在政治觀念上的一大變化就是接受了漢族的「天下一統」思想，將南宋視為第一大敵人。

有一個人在蒙古帝國的思想轉變和統一戰略的制定上起了重要作用。這個人就是南宋降將劉整。

劉整，嚴格意義上是金朝的漢人，在金朝衰亡的時候逃入南宋，參加了軍隊，隸屬於荊湖制置使孟珙麾下。在南宋收復信陽的戰鬥中，劉整深夜率領十二名勇士，渡塹登城，發動突襲，成功捉獲金朝的守將，一戰成名。之後，在宋蒙戰爭中，劉整也屢立戰功。但是北方出身、功勞卓著的劉整遭到了南方諸將的妒嫉和「修理」。賈似道推行「打算法」時，劉整為了自保，索性投降了蒙古人。

投降後，劉整不斷勸忽必烈說：「自古帝王非四海一家者，不為正統。南宋主弱臣悖，偏安一隅，正是我們統一天下的良機。」在具體方略上，劉整一針見血地指出南宋防線的要害是湖廣地區的襄樊，認為「攻蜀不若攻襄，無襄則無淮，無淮則江南可唾手下也」，應該先進攻襄陽，去掉南宋的屏障。南宋重兵防守的襄樊地區連接川蜀戰場，掩護荊襄戰場和兩淮戰場，的確是南宋防線的「七寸」所在。襄陽和樊城南北夾漢水互為依存，「跨連荊豫，控扼南北」，地勢險要，自古以來為兵家必爭之地。這些建議都被忽必烈採納。在更微觀的層面上，劉整還在前線積極籌畫南征，為蒙古培訓出了一支水軍。當宋蒙戰爭進入最後階段的時候，蒙古軍隊的組成已經轉變成了以漢族軍隊為主力，水陸軍隊齊全，而不是原來單一的蒙古騎兵了。

劉整處心積慮地侵蝕南宋的襄樊陣地。早在景定二年夏，劉整派人用珍寶玉帶賄賂自己的老上級、南宋荊湖制置使呂文德，請求在襄樊城外設置榷場，允許蒙古人前來貿易。呂文德收了錢，想想這也是「懷柔遠人」的「政績」，欣然同意了。蒙古商隊倒是來了，但是劉整以防止盜賊、保護貨物為名，要求在襄樊外圍築造房屋和牆壘。頭腦簡單的呂文德也同意了。劉整迅速在襄樊東南的鹿門山修築土牆和堡壘，建立了包圍襄樊的第一個據點。有了第一個，就有第二個，蒙古人的堡壘越來越多，發展到最後這些堡壘前後連接，形成了對襄樊的戰略包圍。

咸淳三年（一二六七年），意識到問題嚴重的南宋任命呂文煥為襄陽知府兼京西安撫副使，代替呂文德負責襄樊前線事務。南宋軍隊對襄樊外圍的堡壘展開進攻，沒能夠打破包圍。而準備工作完成後的忽必烈在第二年秋天以阿朮（兀良哈台的兒子）和劉整為都元帥，進攻襄陽。襄樊戰役正式打響。

這一次，蒙古軍隊是以滅亡南宋為目標的。劉整與阿朮集合了戰艦五千艘，水兵七萬人，準備攻占襄樊後渡江滅宋了。咸淳五年（一二六九年）春，蒙古軍隊猛攻北邊的樊城。南宋派出兩支軍隊救援，分別是京湖都統張世傑和沿江制置副使夏貴的軍隊，都被阿朮打敗。好在南宋在襄樊經營多年，陣地堅固，劉整輕易也沒打下樊城來。

襄樊的戰火絲毫沒有影響臨安的歌舞昇平景象。直到一年後，趙禥才恍恍惚惚問賈似道：「聽說襄陽已經被圍很久了。」賈似道把頭搖得像撥浪鼓一樣：「沒有的事情，蒙古兵十年前就被我們擊退了。陛下從哪裡聽來的謠言？」趙禥若無其事地說：「我從一個宮女那兒聽到的。」賈似道馬上查出那個宮女的姓名，把人捉進監獄裡打死。

因此，南宋朝廷上下依然是「勿談國事」。

三

賈似道表面上不在意襄樊，內心裡也焦慮得很，畢竟這關係到王朝安危，關係到自己的好日子還能不能過下去。老被襄樊的戰事騷擾，賈似道的蟋蟀也玩不好。

可是賈似道派往襄樊的增援部隊都沒有成功，羊入虎口，有去無回。

沒辦法了，賈似道只好派出最親信的大將范文虎，集合步兵和兩淮的水軍十萬人，救援襄樊。范文虎不愧為是賈似道的親信，和賈似道一個德行。他在蒙古軍隊的包圍圈外面安營紮寨，偶爾截擊一下蒙古的巡邏兵向朝廷邀功，大部分時間都在軍營中與美女嬉戲歡飲。為了確保成功，賈似道加派了原孟珙部將、京湖制置使李庭芝領兵前來增援。范文虎擔心李庭芝和自己搶功勞，就給賈似道寫信說：「我領兵數萬入襄陽，一戰可平。希望沒有李庭芝的掣肘，事成之後，功勞全屬恩相所有。」賈似道接到信後，就命令范文虎牽制李庭芝。范文虎達到目的了，又借故停兵不進，繼續購買歌童舞女，日夜尋歡作樂。

那一邊，蒙古軍隊久攻襄樊不下，忽必烈加派史天澤部南下增援。史天澤有個部將，叫做張弘範，也是漢人。張弘範提出襄樊守軍之所以能夠堅持住，一來是因為糧道沒有斷絕，他們還能不斷獲得補給，二來是包圍圈外有范文虎的軍隊在給他們打氣，只要堵住這兩點就能迫使襄樊投降。於是，劉整和史天澤等人調整部署，命令張弘範切斷襄樊的補給線；在咸淳七年（一二七一年），調動川陝各地的蒙古軍隊牽制宋軍，主力在六月對范文虎所部發動總攻。決戰在鹿門打響，阿朮夾江為陣，大敗宋軍。范文虎當夜跳上一條小船，臨陣脫逃。十萬宋軍幾乎全軍覆沒，戰船、物資全都成了蒙古人的戰利品。

襄樊的形勢急轉直下，城內糧盡援絕。

外圍的李庭芝沒有放棄對襄樊的增援。宋軍偵察得知襄陽西北有條清泥河，是通往城內的捷徑，只是被蒙古戰船封鎖了江口。李庭芝建造了上百艘輕型戰船，召募民兵三千人，決定通過清泥河給襄陽運送物資。咸淳八年（一二七二年）五月，李庭芝派張順、張貴率領船隊救援襄陽。臨行前，張順激勵民兵說：「這次救援襄陽，是一次有去無回的戰鬥。你們當中的有些人如果沒有必死的決心和勇氣，趕快離去，不要影響了救援大事。」在場的三千人群情振奮，紛紛表示不畏犧牲。張順二人把船隊連成方陣，每隻船上裝備火槍、火砲、巨斧、勁弩等，順流而下，張貴在前，張順在後，突入蒙古軍重圍。船隊很快遭到蒙古水軍的攔截。一眼望去，江面上布滿蒙古船艦，黑壓壓的一片，簡直找不到通行的道路。張貴在前面強攻，民兵們視死如歸，先用強弩射向敵艦，然後揮舞巨斧短兵相接，衝破重重封鎖。蒙古水軍被殺和溺死的人不計其數。南宋的軍事物資成功運送到襄陽城中。當時襄陽已經被圍了五年之久，物資的送入極大地鼓舞了城中軍民的鬥志。戰後清點人員的時候，卻發現張順不見了。他到哪裡去了呢？幾天以後，清泥河中才漂起張順的屍體。只見他身中四槍六箭，仍披甲執弓，怒目圓睜。呂文煥安葬了張順，並立廟祭祀。

成功入援雖然給襄樊守軍帶來希望，但形勢依然嚴峻。

當時范文虎收拾殘軍，還在外圍。呂文煥就和張貴挑選了善於潛水的兩名士卒，泅水前去聯絡范文虎，約定內外夾擊，打通襄陽外圍交通線。雙方約定范文虎率精兵五千人前往龍尾洲接應，張貴率軍前去會師。日期到了後，張貴率領三千士兵順漢水而下。軍中突然報告說少了一名因犯軍令而被鞭笞的張貴親兵。張貴意識到這名親兵已經叛逃蒙古軍營，洩露了內外夾擊的計畫，於是先下手為強，決定在蒙古軍隊調整部署前迅速出擊，按照原計畫與范文虎會合。張貴連夜放砲開船，殺向蒙古重圍。阿朮、劉整知道張貴要突圍，派了數萬人堵死江面迎戰。張貴一行人邊戰邊行，逐漸接近龍尾洲。遠遠望去，龍尾洲方向戰艦如雲，旌旗招展。張貴以為是范文虎的部隊前來接應，舉火示意，讓對方船隻前來接應。等船隻來到眼前了，張貴才發現來的是蒙古人的船隊。原來范文虎根本就沒有來龍尾洲接應，反而是蒙古軍隊一直在此以逸待勞。兩軍在龍尾洲展開遭遇戰，疲憊不堪的南宋軍隊全軍覆沒。張貴力不能支，被蒙古人俘獲，不屈遇害。

為了瓦解城內的抵抗意志，蒙古軍隊派四名南宋投降的士兵抬著張貴屍體進入襄陽城，讓呂文煥投降。呂文煥殺掉四個降兵，將張貴與張順合葬，立雙廟祭祀。

咸淳九年（一二七三年），襄樊城迎來了陷入重圍的第六個年頭。年初，張弘範又向阿朮建議，斷絕襄陽和樊城間的聯絡，先集中水陸主力夾攻樊城，再逼襄陽投降。恰好此時蒙古後方運來回回巨砲，聲如霹靂，一砲就能把城牆轟開一個口子。於是在巨砲的掩護下，蒙古軍隊從東北、西南方向向樊城發起了總攻；張弘範則在江面上燒毀了樊城與襄陽賴以聯繫的浮橋，使襄陽無法救援樊城。劉整親率戰艦抵達樊城，用回回巨砲打開樊城西南角，殺入城內。樊城守將范天順在城破後自縊身亡；守將牛富率軍巷戰，寡不敵眾，投火殉職；偏將王福也自焚身亡。樊城陷落，襄陽形勢更加危急。

呂文煥堅守襄樊六年，當時已經發展到城中軍民拆屋燒柴、拆瓦當作兵器的絕境，實在是無力再戰。二月，蒙古軍隊將巨砲對準襄陽，炸毀城樓，城中人心動搖，開始有部將出城投降。蒙古軍隊也對呂文煥展開最後一次勸降，如果不成就準備總攻襄陽。

呂文煥接到勸降書後，對著臨安方向痛哭流涕，下令打開城門，投降元朝。

四

在元朝的統一戰爭中，劉整、呂文煥這樣的南宋降將起到了非常重要的作用。後世有許多人將他們看作是賣國的叛徒、卑鄙的小人和無能的將領。事實上，這些投降的將領沒有一個是庸庸碌碌之人，反而是南宋政治體制內的佼佼者。相對於批判他們的民族氣節問題，我們更應該思考為什麼南宋朝廷沒有在他們投降前，充分發揮他們的能力，為己所用。

投降蒙古後，劉整、呂文煥等人得到了忽必烈的充分信任，地位逐步上升。他們不僅積極參與瓦解宋軍的勸降行動，配合蒙古軍隊進攻南宋領土，而且針對國家戰略提出了許多建設性的意見和建議，在加快戰爭進程、協調蒙古與南宋上層關係上起到了不可替代的作用，可算是元朝決戰取勝的決定因素之一。

呂文煥投降後，得到了大都方面的高度重視。有大臣指出：「呂家世世代代掌握兵權，兄弟子姪布滿朝野，南宋君臣孰賢孰愚，江南河山城郭何瑕何堅，南方軍民多寡虛實，宋兵刑政得失巧拙，我們都可以一目了然了。」呂文煥及其他原屬呂氏集團的南宋降將受到元朝的格外重用。呂文煥投降後，非常積極地配合蒙古大軍的統一戰爭。他先後給親信管景模、王勝、呂師道、張林等寫信勸降，經常是搶在蒙古軍隊前面，單槍匹馬去勸降前方將領。呂文煥的親身說教很有效果，蒙古軍隊在湖廣前線再也沒有遇到過抵抗。一次，呂文煥在南宋城池下勸降時，還險些被城內的弓箭射中喪命。

隨著功績的積累，呂文煥的地位和作用超過了最早投降的劉整。

劉整是元朝統一戰略的主要制定者之一，但與蒙古將領在對待呂文煥的政策上產生分歧，被派往兩淮地區牽制宋軍。後來當伯顏大軍攻占鄂州的消息出來後，劉整失聲大叫說：「朝廷不讓我繼續在湖廣率軍，致使我的功績落在了別人的後面。善於謀畫指揮的人，往往不能建立偉大的功績，難道這就是天意嗎？」對於劉整來說，他最大的人生價值就是征戰天下，名垂青史。當志向難以舒展後，劉整在無為軍（今安徽蕪湖）前線鬱鬱而終。

劉整可算是一個特例，其他降將在元朝都實現了自己的人生價值。有個叫做高興的南宋軍官，因為所在的部隊整體投向了元朝，也就轉變成了元朝軍官。他跟隨伯顏一路東進，因戰功卓著，很快就成為獨當一面的大將。在臨安戰役中，高興率領先頭部隊連續攻下溧陽、銀墅、建平、獨松關，為主力部隊進入臨安殺出一條血路。元朝建立後，高興在浙東、福建等地消滅南宋殘餘力量和抗元起義，捉拿、招降南宋秀王趙與擇以及觀察使、制置使等多人。

四川閬州守將楊大淵弟兄投降後，在四川東部轉戰招討，為元朝攻克四川立下汗馬功勞。姪子楊文安更是屢立奇功。四川平定後，忽必烈親自召見楊文安，誇獎說：「你怎麼就能立下這麼多攻城略地的功勞呢！」擢升他為四川南道宣慰使，並解下自己的白貂皮大衣賞賜給他。

當然了，這些南宋降將的遭遇都是後話了。我們只需記住，在南宋末期，還有這麼一個群體的存在。

五

襄樊失陷後，東南震動。

給事中陳宜中上書，指責范文虎應該對襄樊的淪陷負責，要求將他斬首。賈似道偏袒范文虎，只是將他降為安慶知府了事。監察御史陳文龍不滿，說：「范文虎失襄陽，還讓他做安慶知府，這是當罰而賞。」賈似道本來心裡就煩，乾脆將陳文龍貶官。

京湖制置使汪立信寫信給賈似道說：「現在天下之勢，十分去了八九分。如果朝廷再酣歌深宮，嘯傲湖山，玩忽歲月，形勢就難以收拾了。為今之計，有上中下三策：將後方的軍隊調往長江沿岸抗敵，估計可以增加七十餘萬軍隊，可以防守百里長江，平時往來守禦，有事東西並起，戰守並用，互相應援，這是上策；和敵人講和，爭取時間加強邊防，再決定戰守，這是中策；下策就只有等待亡國了。」賈似道看後暴跳如雷，把信擲在地上，大罵說：「瞎賊（汪立信的一隻眼睛有病）竟敢如此胡說！」賈似道斷然拒絕了他的三策，一意孤行，又找不出對策來，等於是坐以待斃。

咸淳十年（一二七四年）七月，當了十年太平天子的宋度宗趙禥病死了。宋理宗的皇后謝道清升格為了太皇太后，召大臣商議立新皇帝。趙禥有三個兒子，但都還只是孩童。長子趙昰是楊妃所生，因為是庶出，遭到了賈似道的反對。最後，群臣擁立全皇后生的趙禥次子、年僅四歲的趙㬎為皇帝。長子趙昰被封為吉王，三子趙昺被封為信王。賈似道依然專政。

元朝則在做最後的戰略微調。攻下襄樊後，忽必烈召阿朮還朝，商議滅宋的事情。阿朮很有信心地說：「南宋軍隊在戰鬥中暴露出了很差的戰鬥力，大不如前，現在不滅宋，時不再來。」忽必烈於是下詔水陸並進，大舉滅宋。蒙古大軍一共二十萬，由左丞相伯顏統領，兵分兩路。其中伯顏、阿朮一路由襄陽經漢水進入長江，以降將呂文煥為先鋒；合答等率領另一部在東邊進攻揚州，以降將劉整為先鋒。咸淳十年十二月，伯顏、阿朮的部隊進入長江。江面上的淮西制置使夏貴趕緊率領三百艘戰船逃跑，戍守鄂州江邊的荊鄂諸軍都統制程鵬飛投降。伯顏留下四萬部隊守鄂州，其他大軍殺往臨安。一路上，黃州、蘄州、江州、德安、六安等地的南宋守將望風而降。

范文虎也在安慶投降了。❺

臨安城裡亂成了一鍋粥，群臣紛紛上疏，催賈似道趕緊想出一個法子來。有人記得說，賈相爺不是當年「鄂州大捷」的主帥嗎，現在非賈相爺親自出兵應戰不可了。賈似道是啞巴吃黃連，有苦說不出。平時，手下人把自己誇得太厲害了。造神運動的結果是自己成為了朝廷唯一的倚靠，現在自己在官員的一致要求下，不率軍親征不行了。臨安的許多人也都認為，只有賈似道親征，才有可能扭轉乾坤。

恰好當時從淮西傳來消息說，元朝的東路先鋒劉整在無為城下暴病而亡了。賈似道鬆了一口氣。因為他很怕劉整。現在劉整死了，賈似道高興地說：「這真是天助我也！」於是，有了一點信心的賈似道上表請求出師。

我們的蟋蟀宰相披掛上陣了，且看他是如何扭轉乾坤的。

六

賈似道親征的排場很大，很壯觀，頗能鼓舞人。

賈似道抽調了南宋最後的十萬精兵，裝載著無數金帛、器甲和給養，雄赳赳氣昂昂地出了臨安，去迎戰順江而下的伯顏主力。隨軍的還有賈似道漂亮的妻妾。當年，同樣偏安東南的東晉王朝的宰相謝安面臨北方前秦大軍的侵略，在決戰時刻依然和朋友若無其事地下棋。現在，賈相爺在朝廷生死存亡的時刻，帶著妻妾一同去往前線，與幾百年前的謝安真是有「異曲同工」之妙啊。只見，賈似道進抵蕪湖後，橫江布防，列下了綿延百餘里的陣勢，蔚為壯觀。

這是德祐元年（一二七五年）二月初的事情。

從前線逃下來的夏貴趕到蕪湖與賈似道會合。夏貴見到賈似道後，神祕兮兮地從袖中抽出一張字條遞給宰相。兩人湊上去一看，上面寫著：「宋曆三百二十年。」從趙匡胤打下天下到現在，宋王朝剛好三百二十年了。夏貴的言下之意是南宋國勢已盡，對抵抗沒有信心。賈似道默然無語。與十多年前一樣，賈似道這次還是畏敵如虎，根本不敢與勇猛的蒙古軍隊短兵相接。他唯一想做的是，繼續之前同忽必烈和談的老方法。戰鬥還沒開始，賈似道就下令釋放元朝俘虜，送給伯顏荔枝、黃柑等南方特產嘗鮮。自然，賈似道也向伯顏提出了和談條件。除了割地求和的老路外，賈似道又一次私自同意南宋向元朝稱臣。

可這一回，賈似道的辦法不靈了。且不說伯顏等人知道自己的皇帝忽必烈十多年前被賈似道耍了一把，單單就說現在蒙古大軍的形勢這麼好，完全可以一戰直下江南，憑什麼和你這個沒有誠信的賈似道和談啊？

蒙古大軍衝上來就是一頓猛攻。賈似道硬著頭皮命令孫虎臣統領步兵七萬人駐守池州的丁家洲，夏貴率領戰船二千五百艘橫列江上，自己領軍駐紮魯港殿後。蒙古大軍布滿江面和兩岸，用巨砲猛轟掩護衝鋒，很快就突破了孫虎臣、夏貴兩道防線，直抵魯港。賈似道不等敵人靠近，馬上換乘一條小船逃命去了。這場南宋和蒙古的主力決戰以南宋的全線失敗告終。朝廷的水陸軍隊主力全部瓦解了。宋軍陣亡和落水溺死的不計其數，鮮血染紅了整條長江。賈似道攜帶的南宋的最後家當，包括船舶、武器裝備及輜重全歸了蒙古大軍。

天剛蒙蒙亮的時候，逃跑途中的賈似道看到兩岸有許多潰逃下來的散兵游勇，還想派人上岸會晤，打出旗幟召集殘部。結果沒有一個士兵響應。許多官兵知道船上乘坐的是賈似道後，對著船就破口大罵。賈似道只好灰溜溜地逃向揚州去了。

在蕪湖的時候，賈似道遇到了擔任江淮招討使，正前往建康募兵的汪立信。賈似道握住汪立信的手，痛心地說：「端明、端明（汪立信有端明殿學士的虛銜），我之前沒有聽您的建議，以至於此啊！」汪立信靜靜地說：「平章、平章（賈似道被封為平章軍國事），瞎賊我今天是一句話也說不出來了。現在的江南沒有一寸土地是乾淨的，我要尋找一片趙家的土地去死，死得分明。」說完，兩人搖搖頭，分手而去。

到了揚州後，賈似道突然想起還有一個被自己囚禁了十六年的蒙古使者郝經。派人一查，郝經竟然還活著。賈似道喜出望外，趕緊將郝經釋放了，希望以此來表達自己和談的誠意。郝經的釋放，反而激起了蒙古軍隊更大的憤怒，加快了東進速度。賈似道的親信、防守建康的趙溍逃跑，建康城投降。汪立信在建康看到城池即將陷落，率數千人前往高郵。隨後，鎮江、寧國、隆興、江陰等地的南宋地方官都棄城逃跑，太平、和州、無為等地的地方官則先後投降。伯顏的大軍逼近防備空虛的臨安。汪立信對挽救時局失去了信心，自殺殉國。

賈似道在揚州給太皇太后謝道清上書，先將戰敗的責任推給孫虎臣和夏貴，然後建議朝廷遷都逃跑。賈似道的上書掀起了朝廷的軒然大波。先是謝道清斷然表示拒絕，接著朝臣紛紛上書揭露賈似道是個大奸臣、戰敗禍首，要求嚴辦。原來依附賈似道的黨羽們見主子氣數已盡，牆倒眾人推，紛紛倒戈一擊，把賈似道批得一個比一個狠，直到要求殺他以謝天下。其中上書請求處死賈似道最堅決的是陳宜中。

陳宜中是浙江永嘉人，出身於赤貧家庭，但長相俊秀。有個商人推算陳宜中的生辰，認為他將來必定大富大貴，就把女兒許配給了他。陳宜中後來成了太學生，寫得一手好文章，而且為人正直，關心時政，曾經和同學黃鏞、林則祖等六人聯名上書攻擊奸相丁大全，被譽為「六君子」之一。可見，陳宜中一開始的名聲是相當好的。後來賈似道網羅人才，鞏固統治，看中了陳宜中。陳宜中竟然屈身投靠，得到賈似道的精心培養。陳宜中本人考中過榜眼，又有賈似道的蔭庇，升遷很快，擔任了樞密院事兼權參知政事。他儼然成為了賈似道選定的「接班人」。

誰想，賈似道快要完蛋的時候，「痛打落水狗」最積極、最嚴厲的竟然是陳宜中。陳宜中的政治品格由此可見一斑。

太皇太后謝道清對賈似道很有感情，以他「勤勞三朝」為由，只將他降官處理，命令揚州的李庭芝派人把賈似道從水路送回台州私宅為母親守喪。陳宜中被提拔為特進、右丞相，在賈似道之後掌握了朝廷的軍政大權。

昨天還高高在上的賈似道一下子就成為過街老鼠，臭不可聞。所有人都忙著和他劃清界限。賈似道是台州人，結果老家的地方官遠遠看到賈似道被押解回鄉，趕緊關閉城門，不讓他進來。人家根本不承認你是台州人。朝廷只好把賈似道安置到婺州（今浙江金華），婺州的地方官依樣畫葫蘆，又讓賈似道吃了個閉門羹。朝廷不得不再將賈似道轉往建寧（今福建建甌）。這下子，沒等賈似道上路，朝中信奉理學的大臣們就反對了：「建寧是先賢朱熹講授理學的地方，即使是三尺孩童也明事理。建寧人聽到賈似道的名字都會嘔吐，更別說親眼看見他了！」謝道清沒有辦法，只好同意查抄賈似道的家產，貶到循州（今廣東龍川）安置。

負責押解賈似道的是會稽縣尉鄭虎臣。賈似道在貶官的路上，還不忘享受，身邊帶有幾十個侍妾。鄭虎臣一到，二話沒說就把這些女子悉數趕走。一路上，他不斷暗示賈似道自殺謝罪。一行人走到南劍州（今福建南平）的時候，經過水質清澈的黯淡灘，鄭虎臣就對賈似道說：「這裡的水很清，真是個葬身謝罪的好地方。」賈似道雖然修理、殺戮過很多人，但他和所有權臣一樣，對自己的身家性命看得最重。賈似道快快地說：「太皇太后許我不死的。」

押解到漳州後，鄭虎臣憤憤地說：「我為天下人殺奸賊，雖死無憾！」於是，鄭虎臣趁賈似道上廁所的時候，將他殺死了。

有人給死在廁所裡的賈似道題了副哀辭：「死得其所」！

臨危衆生相

一

臨安告急，謝道清的對策是下詔各地起兵「勤王」。

當時，各地的文武官員都在準備投降元朝，根本沒人理睬臨安的詔書。真正起兵勤王的只有兩個人：張世傑和文天祥。張世傑原來是金朝將領，金亡後率部降宋，此後長期活躍在宋蒙戰爭前線。陳宜中因為張世傑的歷史並不太那麼「苗正根紅」，又是從蒙古軍隊後方趕來的，對匆忙趕到臨安的張世傑的部隊根本就不信任。朝廷很快就調換了張世傑統率的軍馬。

而我們的狀元公文天祥當時正擔任贛州知州，接到詔書後立即在本地募集兵士兩萬人，要勤王臨安。友人勸他說：「現在元兵三道而進，你以烏合之眾去迎敵，無異於驅群羊去鬥猛虎。」文天祥卻說：「我也知道前途艱險。但國家處於危亡時機，號召天下勤王，竟然沒有一人一騎前往，我深以為恨。所以我不自量力，以身赴難，也許這樣能感動天下的忠臣義士聞風而起，保全社稷。」四月，文天祥的部隊剛趕到吉州的時候，陳宜中和部分官員認為文天祥「猖狂」，「兒戲無益」，要求他留屯隆興府，不准入衛臨安。

實際上，從三月分開始，臨安樞密院的官員和御史們就相繼出逃了，朝中一片蕭條。左丞相留夢炎，率先棄官外逃；六部官員競相效仿，爭先恐後地遠走他鄉。主管軍事、邊防事務的樞密院官員文及翁、倪普等人也很想逃跑，又怕落下臨陣脫逃的罵名，就去乞請還留在臨安的御史上疏彈劾自己，要求把自己罷免。那樣，他們就不是官員了，就可以正兒八經地開溜了。可是，文及翁、倪普等人又顧慮朝廷「開恩挽留」自己，不批准御史們的奏章，讓自己逃不成，所以沒有等奏章批覆就搶先逃出臨安。文、倪等人的這一「創舉」得到了許多人的「一致好評」，掀起了更大規模的「自我彈劾—搶先逃跑」的風潮。

這批人中包括副宰相（參知政事）陳文龍。陳文龍以「乞請告老還鄉」的名義上了表，就搶先逃跑了。跑到半路，他又覺得這樣做不厚道，心裡過意不去，又折回臨安郊區，想向朝廷解釋一下。結果找來找去，找不到溝通傳達的管道和官員，陳文龍只好怏怏逃往福建老家。這個陳文龍，原名子龍，是咸淳四年（一二六八年）戊辰科的狀元，宋度宗親自賜名為文龍，之前還挺有名氣。現在這麼一來，不僅是天下人，就是他自己也把自己看低了。最後，原本天下讀書人都擠破腦袋想進去謀個一官半職的三省六部，門庭冷落；六部橋上幾乎看不到行人。

攝政的太皇太后、七十二歲的謝道清，守著六歲的幼童、宋恭宗趙㬎，一天天地看著上朝的官員越來越少。政局岌岌可危，大臣寡廉鮮恥，孤兒寡母兩個人淚流滿面，走投無路。最後，謝道清在朝堂上張貼出一道「驚天動地」的詔諭：「我朝三百餘年，待士大夫以禮。現在我和新皇帝遭難，你們大官小官都不曾說一句救國的話。朝中的官員離職逃走，外邊的守臣丟印棄城。御史官不能給我糾彈，二三宰相也不能統率。正在裡外合謀，陸續在半夜逃跑。你們平日讀聖賢書，自許如何，乃在這時做這種事。活著有什麼面目見人，死後如何見先帝？」

讀書人在宋朝的地位是歷朝歷代最高的，被朝廷殺死的讀書人屈指可數。朝野上下、各個領域的顯要位子充斥著的都是讀書人。如果一個人想入閣拜相，沒有相當靠前的進士功名，基本上就是妄想。可是，厚待的結果為什麼就培養出了一群自私自利、懦弱無能、置國家生死於不顧的士大夫了呢？謝道清怎麼想都想不明白。她的詔諭表面上是在罵群臣，實際上是在指責先帝。厚待讀書人的制度是誰定的？還不是開國皇帝定下來，世世代代遵守的。

一味的物質優待和制度保護，並不能創造出士大夫們健全的政治品格、高昂奮進的精神狀態。外在的刺激畢竟不是萬能的。南宋早在孝宗時候，皇帝就憂慮地對虞允文說：「我近來在桌几上反覆地寫一個『將』字，翻來覆去就是找不出合適的人選了。」皇室很早就意識到了這個問題，發現自己創造出來的都是滿心名利，汲汲營營的士大夫。朝廷上下，都被唯利是圖的官僚們把持了。但是他們看不清改革的道路在什麼地方，加上積重難返，改革就更加困難了。

最後，謝道清明明白白地宣布：「大宋江山未改，國法尚在，自即日起，文武官員凡盡心守職者，一律官升兩級；倘有臨難棄官出逃者，一律嚴加追究懲處。」陸續逃離的，飽讀聖賢書的讀書人們才不管太皇太后的詔諭呢！恐嚇也好，許願也好，都太晚了。

王應麟指出，南宋的大病有三：一是民窮，二是兵弱，三是財匱。而歸根結柢都是士大夫的無恥。

二

留夢炎逃跑後，謝道清任命吳堅為左丞相。當天宣布這項任命的時候，上朝的官員只有六個人。

剩下的官員實在太少了，被閒置的張世傑受命為保康軍承宣使，總都督府諸軍，抵抗蒙古軍。蒙古軍東進途中，南宋各州縣的確算得上是「望風而降」。這樣的趨勢一直持續到揚州。鎮守揚州的李庭芝、姜才拒絕投降，還出兵迎戰阿朮、張弘範。激戰中，姜才肩部中了流矢。他拔出箭來，毅然揮刀而前，打退了元軍。之後，揚州城始終堅守在南宋手中。五月，張世傑部下的劉師勇收復淪陷的常州。七月，張世傑、劉師勇、孫虎臣等人糾集了戰船上萬艘，駐紮在焦山，等待蒙古軍隊前來決戰。這樣看來，南宋彷佛又出現了一絲生機。可惜啊，張世傑犯了一個致命錯誤。為了防止有人臨陣脫逃或者投降，張世傑命令以十船為一方，沒有得到號令不得起錨出戰。結果，南宋水軍的機動性受到極大束縛。阿朮、張弘範抓住南宋的弱點，對船陣發動火攻。南宋軍隊進退失度，很多士兵投江自殺，遭到大敗。這是南宋最後的力量，從此它再也不能對蒙古軍隊進行任何實質的反擊了。

別人都在逃離臨安，而文天祥一再請求入衛臨安，這時終於得到了朝廷的批准。

八月，文天祥到達臨安後隨即就被外派為平江知府，前往最前線。沒幾天，陳宜中聽說蒙古軍隊從建康出發，直接向臨安的門戶、餘杭縣西北獨松嶺上的獨松關進軍，又臨時抽調文天祥率領平江的守軍回援。文天祥還沒趕到，蒙古軍隊就攻下了獨松關，守將逃跑。那一邊，平江、常州等地又相繼淪陷，文天祥只好返回臨安。

當時長江口活躍著一支由貧苦漁民組成的水軍，游離於宋朝管轄之外。元朝為了加強水上力量，派人招降這支海上武裝。貧苦漁民們早就對南宋政府怨聲載道，失去了對趙宋王朝的信心，接受了元朝的招降。漁民組成的水軍還配合蒙古軍隊南下攻取臨安。十二月，元朝的東路軍和漁民水軍出長江口，逼近錢塘江口，從海上包圍了臨安。

第二年（德祐二年，一二七六年）正月，東路軍的董文炳部蒙古軍在海鹽登陸。南宋的三個小官——知縣王與賢、澉浦鎮統制胡全及福建路馬步軍總管沈世隆孤立無援，向蒙古軍投降。蒙古軍隊進城後，非但沒有擄掠擾民，反而救死扶傷，全力安民。因為董文炳接到命令，要改善南宋軍隊對蒙古軍隊粗暴殘忍的印象，為占領臨安和以後的統治提前樹立示範作用。顯然，蒙古朝野對能否占領臨安已經沒有絲毫懷疑，開始考慮更加長遠的細節。

董文炳占領海鹽，最現實的一個打算莫過於堵塞南宋朝廷從該地逃入東海的道路。

蒙古軍隊已經完成了對臨安的總攻部署，臨安危在旦夕。

三

臨安城裡，文天祥和退回來的張世傑商議，認為臨安內外還有好幾萬勤王的兵馬，北部的兩淮地區還有南宋守軍在堅守。如果淮東出兵對蒙古軍隊的後路展開攻擊，三宮（太皇太后、太后、皇帝）暫時逃離臨安，他們二人集中臨安的所有武裝力量，背城一戰，沒準、也許、萬一能夠取得勝利，那樣的話，局勢說不定還有轉機。文、張二人聯合向朝廷提出了這項建議。內心裡，就連他們倆也對這個理想色彩濃厚的計畫不抱希望。

內外交困的謝道清，在泰山壓頂般的軍事威脅面前，早已喪失了決戰的勇氣，於是否決文、張二人的計畫。她和陳宜中商定，向元朝議和乞降，希望能夠保留南宋國祚。

十二月初，將作監柳岳作為正式的乞和使者，前往伯顏的蒙古大營。柳岳能對伯顏開出的和談條件非常有限，只能表示「年年進奉，每歲修好」。但柳岳採取的姿態是超低的，垂淚哭泣，幾乎是哀求伯顏退軍、保全南宋的殘破河山。此時的伯顏深入南宋上千里，對南宋的虛實瞭如指掌，滅宋是板上釘釘的事情了。他自然沒有同意柳岳謙卑的乞降，反而聲色俱厲地說出一番道理來：「之前我朝天子（指忽必烈）登基之初，遣使奉國書來南宋修和好，結果使者被你們這樣的無賴國家關押了十六年，所以朝廷派我來興師問罪。如果你們要我軍停師不進，除非你們像當年吳越的錢王一樣，納土歸降。你們宋朝的天下是從小兒的手裡搶過來的（指趙匡胤篡奪後周恭帝柴宗訓的皇位），今天也要失在小兒之手（指南宋皇帝趙㬎）。這是天意，不必多言。」

柳岳乞和不成，謝道清加派宗正少卿陸秀夫等人去求降。這一回，謝道清同意在細節上退步，可以向忽必烈稱姪，甚至是姪孫；每年向元朝繳納糧食和絹帛各二十五萬。伯顏仍然拒絕了南宋的求降。

時間在一分一秒地過去，在最後的朝會上，陳宜中明確地向謝道清提出遷都南下，逃命要緊的計畫。謝道清猶豫再三，就是不答應放棄臨安去逃命。結果陳宜中一屁股坐在朝堂上痛哭哀求，說不逃就沒命了。謝道清現在能夠倚重的也只有陳宜中了，最後只好勉強同意。陳宜中馬上告別謝道清，倉皇出去準備了。謝道清也在後宮忙碌起來，很快，一切逃跑準備都完成了，卻遲遲不見陳宜中帶人來接應。原來陳宜中在慌亂之中出了差錯，忘記告訴宮中具體的逃跑時間了。後宮是準備好了，但是陳宜中和外朝約定的時間還沒到呢。謝道清從早上苦等到晚上，始終沒有見到陳宜中的人影。她本來就不願意逃離臨安，現在乾脆摘下簪珥，摔在地上，大怒道：「吾初不欲遷，而大臣數以為請，難道是嫌我老太婆好欺負嗎？」之後謝道清堅決反對遷都，即使陳宜中進宮再三請罪，也沒能使她回心轉意。逃跑一事只好作罷。

乞和不成，逃跑不成，臨安周邊各軍營的守軍都已經潰散了，南宋朝廷能夠做的就只有投降一條路了。

謝道清派出監察御史劉岊去見伯顏，奉表稱臣，同時試探一下能否再緩些時日。這裡還發生了一件小插曲。謝道清等人為了和伯顏等蒙古權貴拉關係，為日後著想，幾乎發動了一切溝通管道。所謂病急亂投醫，他們不僅聯絡呂文煥等降將，希望能在蒙古人面前說說南宋的好話，而且找了許多「能人」。有一個人告訴朝廷說，有個叫趙孟桂的女人被伯顏看上了，和伯顏勾搭成姦，在蒙古權貴身邊都能說上話。謝道清馬上找到這個人，託他捎給趙孟桂許多珍寶，請求幫自己多多美言。那人很快就回來了，說趙孟桂答應了。謝道清很高興，不僅賞賜了中間人，還專門給趙孟桂頒發了嘉獎詔書。南宋滅亡後，有人找到這個所謂的趙孟桂，詢問當年南宋與元朝乞降的內幕。趙孟桂說自己根本就不知道有這樣的事情，也沒有得到過南宋朝廷的什麼珍寶和詔書。人們這才明白，謝道清這個老太婆被「江湖騙子」吃了一回白食。可歎的是，趙孟桂和這件事情還被明明白白地記錄在了《宋史》之中。

伯顏最終同意與南宋在長安鎮（今浙江海寧西）議降。德祐二年（一二七六年）正月十二日，伯顏大軍到達長安鎮，與董文炳的部隊會師。但是南宋失約，並沒有派人來議降。

南宋為什麼沒有把握這一次機會呢？因為謝道清君臣對「議降」一事還沒有下定決心，直到十八日的晚上還在官衙召開最後的商議會議。當時，元朝派大臣孟祺列席了會議，一再催促南宋君臣趕緊投降。最後，南宋君臣同意無條件投降。

隨後，南宋以趙㬎的名義派監察御史楊應奎向伯顏送上傳國玉璽和降表。趙㬎的降表是這麼寫的：

> 宋國主臣㬎謹百拜奉表言，臣眇然幼沖，遭家多難，權奸似道背盟誤國，至勤興師問罪。臣非不能遷避，以求茍全，今天命有歸，臣將焉往。謹奉太皇太后命，削去帝號，以兩浙、福建、江東西、湖南、二廣、兩淮、四川見存州郡，悉上聖朝，為宗社生靈祈哀請命。伏望聖慈垂念，不忍臣三百餘年宗社遽至隕絕，曲賜存全，則趙氏子孫，世世有賴，不敢弭忘。

在這個降表中，南宋自動削去帝號，改稱「國主」，承認自己錯了，不應該違背天命，與元朝為敵；向元朝投降，同時命令殘餘的南宋地方政權也向元朝投降；希望忽必烈能夠保全南宋的皇室。

伯顏接受了降表，提出要南宋派宰相來元營中商議投降和交接的細節。陳宜中一聽說要自己去蒙古軍營，擔心有生命危險，連夜逃回溫州老家。張世傑、劉師勇等抵抗將領聽到朝廷投降的消息，趕緊率領各自的軍隊逃離臨安。

謝道清只好擢升文天祥為右丞相兼樞密使、都督軍事，與左丞相吳堅一起去找伯顏。

四

文天祥這才算真正登上政治核心舞台。

在蒙古軍營中，文天祥與伯顏據理力爭，全力維護南宋的尊嚴。當看到呂文煥、范文虎、程鵬飛等降將端坐在受降一方時，文天祥拍案而起，怒斥這群降將。他在刀槍林立中斥罵呂文煥等人是「罪魁」、「亂賊」，吟誦詩句「梟獍何堪共勸酬，衣冠塗炭可勝羞」，指責他們厚顏無恥，賣國求榮。

伯顏稱讚文天祥說：「文丞相心直口快，是個真男子。」文天祥的言行甚至激起了性格直爽的蒙古將領的贊同。元將唆都就說：「丞相罵呂家罵得好。」（可見呂文煥等人在元朝陣營中的日子也不好過。）

左丞相吳堅卻被文天祥的大膽嚇得渾身顫抖，擔心連累自己。誰知，最後伯顏非常客氣地將吳堅送回臨安，卻將文天祥扣留在軍中。

德祐二年二月初五，伯顏派遣董文炳、呂文煥、范文虎入臨安安撫百姓，禁止殺掠，封閉倉庫。六天後，忽必烈的《歸附安民詔》在臨安公布。元朝開始收繳南宋的袞冕、圭璧、儀仗、圖籍以及大批財寶、器物，陸續運往大都。伯顏親自入臨安城安置南宋皇室人員，資格最老的榮王趙與芮當面投降。宋恭帝趙㬎、皇太后全氏以及其他朝官、宮廷人員都被監護起程北上。太皇太后謝道清因為年老有病，暫留臨安，隨後也被押解到元大都。

立國一百五十年的南宋、統治達三百年之久的趙宋王朝在法律上宣告滅亡了。

注釋

❶趙與芮也是那位紹興城全保長的外孫，但是比趙與莒年紀小。趙與莒改名趙貴誠，成了宋理宗，封弟弟做了榮王。

❷蒙哥是誰射死的呢？這裡面還有更詳細的說法。據說是南宋將領、北宋名將楊延昭（楊六郎）六世孫楊過射死的。楊過，字改之，十八歲的時候就跟從王堅築釣魚城，擔任都統制。因為楊過善騎射，軍中稱他為「飛將軍」。蒙哥率軍圍合州，他與王堅並力堅守。開慶元年（一二五九年）七月，楊過射殺蒙古大汗蒙哥，大敗蒙軍，以功調任襄陽城守備使。咸淳三年（一二六七年），楊過在襄樊戰役中陣亡。不知道《神雕俠侶》的情節是不是從這裡面衍生而來的。

❸吳潛說的是當年史彌遠扶持趙貴誠稱帝的往事，暗示趙禥實在不成器，將來可能會被人奪位。趙貴誠的話更值得玩味，趙禥後來果然只做了十年天子，十年間果然沒有發生戰爭。

❹明朝成化年間，後人為了紀念李芾，在他殉難的熊湘閣修建了李忠節公祠。大學士李東陽為此作記，還

在〈長沙竹校詞〉裡稱頌李芾的氣節：「馬殷宮前江水流，定王台下暮雲收。有井猶名賈太傅，無人不祭李潭洲。」

❺范文虎投降元朝後，是所有南宋投降官僚中做官做得最大的。曾擔任行省丞相，後率領軍隊出征日本。

第七章

漂泊海上的最後歲月

宋度宗的三個年幼兒子先後成為了南宋最後的三個皇帝。宋恭帝成為了元朝的俘虜，日後的吐蕃高僧；端宗和末帝則成為了延續宋朝皇統、號召南宋殘餘力量堅持抵抗的標誌，象徵意義遠大於實際意義。南宋的最後歲月又是在東南沿海的洋面上漂泊度過的，就像建國皇帝趙構一樣；宋朝的最後歲月是在孤兒寡母的哭啼中度過的，就像開國皇帝趙匡胤熟悉的那一幕。

值得欣慰的是，李庭芝、文天祥、陸秀夫、張世傑等人為南宋的滅亡塗抹上了振奮激昂的筆墨。

逃到福建興化（今福建莆田）的陳文龍靜下心來後，決定做南宋的忠臣。

陳文龍「毀家紓國」，變賣家財以募集民兵死守家鄉，對抗蒙古軍隊。他日夜巡城，鼓舞士氣。巡城的時候，陳文龍命令兩名士兵分別扛著「身為宋臣」、「死為宋鬼」的大旗為前導，發誓與興化共存亡。無奈南宋大勢已去，城中出現了叛徒，暗中聯絡蒙古軍隊獻城。一天，有一名士兵騎馬來報，稱太皇太后詔書到，要求陳文龍接旨。陳文龍急忙趕過去，結果輕易落入圈套。他想拔劍自殺，結果劍被奪走，人也被擒獲了。

成為元朝俘虜後，陳文龍開始絕食。他先被捉到福州，蒙古兵用刀指著他的胸膛，脅迫他下跪。陳文龍大義凜然，拍著胸膛說：「這裡面全都是節義文章。你們聽說過狀元可相逼的嗎？」後來，陳文龍被押到臨安，關在太學舊址裡。南宋的太學原來是岳飛的府邸，裡面還有岳飛祠。陳文龍就被關在祠堂中。數十年前，當陳文龍還是臨安的太學生的時候，屢次參加科舉考試，都沒有考中。有一年科考前，陳文龍也就在這座祠堂中深夜苦讀，趴在桌上打瞌睡的時候夢到了岳飛。岳飛要求陳文龍發誓死在太學之中，陳文龍毫不猶豫地發誓了。醒來後，陳文龍漸漸把這件事情淡忘了。說來也怪，當年陳文龍就考中了狀元。人生無常，想不到自己又回到了故地。陳文龍又想起曾在夢裡向岳飛發下的那個誓言。

最後，陳文龍絕食餓死在了太學之中，沒有違背自己的誓言。

揚州正氣歌

一

朝廷投降後，南宋在各地還殘留著相當可觀的地方政權和軍隊。在兩淮地區，夏貴投降元朝，獻出了淮西；而淮東的揚州、真州等地拒不奉詔，堅持抵抗。其中李庭芝、姜才在揚州展開了可歌可泣的鬥爭。

李庭芝是隨州人，最早是京湖制置使孟珙的屬下，有了實踐經驗後在淳祐年初考中了進士，又重新投到孟珙部下任職，負責處理湖廣前線的機要工作。孟珙對李庭芝很欣賞，看作是繼承自己衣缽的人選，臨終時鄭重向朝廷推薦了李庭芝。南宋於是提升李庭芝為主管兩淮安撫制置司公事兼揚州知州，負責淮東地區抗擊蒙古軍的重任。李庭芝在淮東多次打敗蒙古軍隊，被朝廷提升為兵部尚書，仍兼原職。襄樊戰役期間，李庭芝一度被調往湖廣前線，是救援襄樊的主要督帥。因為各種原因，襄樊失守，應該負主要責任的范文虎沒有受到嚴懲，李庭芝卻被罷官，在京口（今江蘇鎮江）閒住。當南宋面臨生死存亡選擇的時候，朝廷起用李庭芝為淮東安撫制置使、淮西策應使兼揚州知州，再次將淮東地區交給了這位老將。

姜才是濠州人，少年時被擄往河北，後來逃回淮南從軍。因為勇敢善戰，姜才被提拔為通州（今江蘇南通市，不是北京的通州）副都統。德祐元年（一二七五年）賈似道出師決戰的時候，他是孫虎臣部的先鋒，與蒙古軍大戰於丁家洲。孫虎臣的部隊後來被打散了，姜才率領部分殘軍撤退到了揚州，就被李庭芝留下來一起堅守共事了。

臨安投降後，元朝也派了使者到揚州勸降，結果被李庭芝殺了。元朝以為揚州方面可能是不相信臨安投降的事實，就加派使者拿著南宋投降的詔書來招降。李庭芝對元朝使者說：「我奉詔守城，沒有聽說奉詔投降的。」後來，元朝押解著宋恭帝等人北上的時候，途徑淮東，專門向謝道清要了一封親筆詔書送到揚州招降。謝道清在詔書中說：「先前詔諭愛卿向大元納款，日久未報，不知你是否明白我的意思。現在我和皇帝都已經臣服大元，愛卿固守揚州，不知是為誰守城？」這回，元朝使者不敢進城，在城下大聲地朗讀詔書，勸降李庭芝等人。李庭芝站在城頭，默默地聽城下使者宣詔完畢，沒有說話，只是拿過一副勁弩向使者一行人射擊，一箭射死一人。其他人慌忙逃走了。

李庭芝不僅不投降，還派姜才領兵截擊蒙古北上的隊伍，企圖奪回宋恭帝和全太后，迎接到揚州來堅持抵抗。蒙古人有所準備，臨時改變了路線，致使姜才撲空。

淮西的夏貴降元後，親自去大都拜見忽必烈。忽必烈希望淮東也能主動投降，親筆給李庭芝寫了詔書招降。元朝使者來到揚州後，李庭芝大開城門，迎入使者，然後升堂點將。使者喜孜孜的，以為李庭芝要投降了。誰知，李庭芝翻臉就把使者押上城頭，當著城內軍民和城外蒙古人的面，一刀砍落使者的腦袋，燒毀忽必烈的詔書。

前線的阿朮等人知道，揚州城只能硬攻了。

當時，南宋淮安知州許文德、盱眙守將張思聰、泗州知州劉興祖等人先後投降了元朝。揚州越來越孤立了。

二

阿朮為了避免傷亡，對揚州採取了嚴密的包圍，不僅從水路斷絕高郵方向的運糧船，又在陸路攔截揚州的運糧兵卒，殺死宋軍數千，完全斷絕了揚州的糧草補給。李庭芝只好在揚州城內收集百姓的存糧充作軍糧，百姓存糧用完後又命令官吏、將校交出存糧，混雜牛皮、麴蘖等充作軍糧。最後揚州食盡糧絕，城中出現了殺小孩子充飢的悲劇，但軍民們依然力戰不屈。有部下問李庭芝：「將來怎麼辦？」李庭芝說：「唯有一死而已！」

在此情況下，元朝對李庭芝展開了最後一次招降。阿朮派人從大都取來忽必烈新寫的詔書，特赦李庭芝「焚詔殺使之罪」。這一次，蒙古軍中誰都不敢進揚州城勸降，最後挑選了一個膽大的騎馬來到城下，先高聲喊話，再用弓箭將詔書射到城樓上。李庭芝看也不看詔書，就在城牆上燒毀了。

三

李庭芝在揚州的堅守為文天祥逃脫虎口創造了有利條件。

文天祥當初被押解北上的時候，本想自殺，不願偷生，但又希望將來有機會能夠報效國家，實現王朝復興，所以隱忍北上。隨從文天祥北上的共有十一人，包括義士天台人杜滸和義士余元慶。

文天祥是德祐二年（一二七六年）二月初九日被驅北上的，十八日到達京口，第二天過江至瓜洲。因為揚州一帶有南宋軍隊把守，如由運河將文天祥押解北上，非常危險，於是文天祥又被送回京口。在京口，文天祥被關在一百姓家中，由一名王千戶看守。這一來回給文天祥創造了逃跑的良機。

文天祥等人先每人準備了一把匕首，準備萬一失敗的時候可以自殺。

逃脫虎口，看起來似乎是一個不可能的任務。陸地上到處是蒙古軍隊，文天祥等人只能從水路逃脫，而且必須是在夜裡。但是，當時長江江面上到處是蒙古水軍的戰艦，老百姓手中的船隻，無論大小，都被徵調光了。文天祥即使能逃到江邊，沒有船隻也白搭。更何況能否走到江邊也是個未知數。文天祥的關押地距離江邊有十里路之遠，如何走到江邊是第二個大問題。他們必須找到一個嚮導，而且突破蒙古人的宵禁。蒙古軍隊規定了宵禁制度，凡是沒有官燈引導的人一概格殺勿論。另外，文天祥還要想出辦法來擺脫那個時刻不離左右的王千戶。其中任何細節沒巧妙處理好，文天祥不僅不能逃脫，反而會惹來殺身之禍。

好在蒙古軍隊只盯著文天祥，對余元慶等隨從的看押並不嚴密。余元慶和杜滸等人能夠祕密展開準備工作。杜滸假裝成一個瘋子，在大街上醉醺醺地遊蕩，遇到有偷偷議論南宋情況或者對蒙古占領軍不滿的人，就贈送金錢，祕密陳述自己的逃跑計畫，尋求幫助。杜滸還真找到了幾個願意幫助的人，但他們都是普通得不能再普通的小老百姓，心有餘而力不足，根本沒有能力幫助文天祥等人解決逃跑途中的難題。說來也巧了，余元慶有一個老相識在蒙古軍中擔任小官，雖然職位低微，但手中掌管有若干船隻。余元慶悄悄聯繫了這個老朋友，用一千五百兩白銀向他借出了一條小舟「玩玩」。杜滸如法炮製，用銀子從一個劉百戶手中買到了一盞官燈。更巧的是，余元慶和杜滸在歸途中又結識了一個蒙古軍隊的老兵，願意擔任嚮導。

二十九日晚上，月明星稀。王千戶被灌得酩酊大醉，文天祥等人乘機逃脫，登上了江中的小船。這時候，文天祥的逃脫計畫出了個意外。小船行駛到江中的時候，一條蒙古的巡江船靠近，要檢查小船。結果，巡江船中途擱淺了，文天祥等人虛驚一場，倖免於難，逃亡成功。

三月初一，文天祥一行逃到依然在南宋手中的真州，重新見到了「中國衣冠」，簡直有重睹天日、喜極而泣的感覺。真州守將苗再成深陷敵後，已經好幾個月沒有得到朝廷的消息了。聽說右丞相文天祥來了，苗再成連忙恭敬地把一行人迎接進來。兩人交談臨安的事情，都感歎不已，說得兩個大男人淚流滿面。文天祥見淮東的情況還不錯，就和苗再成共商復國大計。文天祥還給淮西制置使夏貴（當時夏貴已經投降，文天祥還沒得到消息）和淮東制置使李庭芝寫信，約定儘早會師抗敵。

但是李庭芝接到文天祥的來信後，勃然大怒。因為蒙古人發現文天祥逃走後，使了一招反間計，放出話去說有投降元朝的南宋宰相被派往淮東勸降各處官民。李庭芝很自然地認為文天祥就是那個前來勸降的投降宰相。他寫了一封信，命令苗再成殺掉「賣國賊」文天祥。苗再成將信將疑，為了驗證文天祥是否是叛徒，騙文天祥說一起去查看城池，藉機把文天祥等人引到城外，緊閉城門。苗再成還派出兩名軍官帶著五十兵丁，明為「護送」、實際是「押送」文天祥等人前往揚州。他祕密下令，如果文天祥真的是叛賊，就在路上殺死。一路上，這兩名軍官確信文天祥是忠臣，平平安安地將文天祥等人護送到揚州。

三月初三，三更天，文天祥一行人冒著「風寒露濕」，到達揚州西門外。遠遠的，他們聽到揚州城池有擊鼓喊殺聲。文天祥想進城，又怕遇到戰火或者李庭芝不信任的弓箭，就聽從了杜滸的建議，準備取道高郵、通州，然後從海上南下浙江、福建等地，尋找報國的機會。他們很幸運地找到一個樵夫引路，奔高郵而去。

餐風露宿的流亡生活動搖了部分人的意志。隨行的余元慶等四個人產生了逃跑的念頭，開溜了。文天祥只好帶著剩下的七人繼續逃亡。

天亮後，為了避免隨時可能出現的蒙古偵察兵，文天祥等人在路邊暫時找了一個廢棄的民房，躲藏起來。說是民房，其實就是個土圍子，中間馬糞滿地。文天祥就在其中「掃退蜣螂枕敗牆」，睡了一個好覺。醒來後，大家飢腸轆轆，可一粒米也沒有。文天祥不得不請嚮導樵夫去買米，但那個樵夫一去不復返。剛過中午，土圍子外突然響起隆隆的馬蹄聲。有人趴在牆頭偷偷一看，牆外起碼有數千蒙古鐵騎經過；馬蹄踏地的聲音、弓箭與箭筒碰撞的聲音，文天祥等人聽得一清二楚。還真的是上天保佑，天空突然風雨大作，蒙古騎兵急著行軍，根本沒人來土圍子裡搜索，又讓文天祥躲過一劫。

騎兵過後，天空也放晴了。文天祥派了兩個隨從去旁邊的古廟中汲水。不幸的是，這二個人被蒙古人捉住了。他們頭腦靈活，馬上拿出三百兩白銀行賄，才保全了性命，還被放了回來。眼看著天色暗淡了下來，文天祥一行飢寒難忍，決定夜裡轉移到古廟中去。這次幸運的是，他們在古廟中遇見了一群樵夫，向他們討了一點粥來喝；還請他們做嚮導前往高郵。正是在樵夫們的幫助下，文天祥度過了逃亡過程中最艱難的一天。

三月初五日黎明，文天祥一行八人來到一個叫做賈家莊的村莊，買了一些米和肉，置辦了馬匹乾糧。文天祥本來希望在村中吃頓飽飯，休息一天再在夜裡趕往高郵。這時候發生了戲劇性的一幕。來了五個騎馬的南宋地方官吏，囂張地大聲咆哮，揮刀就要砍人。文天祥想說自己是南宋宰相，可又沒辦法證明。隨從低聲告訴他說，這些官吏無非是勒索敲詐，要些錢財而已。文天祥只好掏出一大筆錢，擺脫了這些貪官汙吏。這真是滑天下之大稽。一整天，文天祥都默默無語。

離開賈家莊向高郵進發後，文天祥等人走了四十里地就迷了路。一幫子人在夜裡徘徊在蘇南的田地中，不知東西，沾了滿身的露珠，人困馬乏；好不容易等到東方露出魚肚白，又遇上了大霧；等到霧散了，四周的景物都清晰了，前方又出現了蒙古人的騎兵隊伍，文天祥等人慌忙躲進路旁的竹林中。這次他們被蒙古人發現了。蒙古騎兵衝入竹林中，捉走了一名隨從，殺傷了兩人；那些引路的樵夫一看這份兼職工作竟然還有生命危險，不是逃跑，就是寧願當俘虜，沒多時就消失得一乾二淨了。不用說，馬匹乾糧也都被蒙古人搶走了。文天祥雖然沒有被發現，但還是戰戰兢兢在地上趴了一天。傍晚，他又遇到了一夥樵夫。樵夫們看文天祥可憐，就用一隻籮筐拴上繩子，把他抬到了高郵。

文天祥到達高郵是三月初七日的事情。

當時文天祥「以籮為轎，血流滿面，衣衫皆汙」，絲毫沒有引起高郵的南宋守軍的懷疑——估計是當做難民給收容了。然而，文天祥聽說高郵的守軍也接受李庭芝的命令，為了以防萬一，重新買了條船離開了高郵。

文天祥一行人取道泰州、海安、如皋到通州，水路全長三百里。路上雖然也常常與蒙古的巡江船擦肩而過，總體還算順利，在二十四日到達了通州。當時，蒙古人已經公開搜捕文天祥了，有關文天祥叛變投降的謠言不攻自破。通州守將楊師亮把文天祥接到城裡，並為他準備了衣服、飲食、船隻。文天祥在通州休息了多日，養好身體後，於閏三月十七日登舟南下，四月初八日到達永嘉（今屬浙江溫州）。

文天祥將逃難過程中的詩詞、文章彙集成了一冊書，書名叫做《指南錄》。這個書名來源於其中的〈揚子江〉詩：

幾日隨風北海游，回從揚子大江頭。
臣心一片磁鍼石，不指南方不肯休。

四

當時的浙江南部和福建等地，會聚了南宋的大部分殘餘力量。

臨安淪陷之前，謝道清封宋恭帝的哥哥趙昰為益王（原封吉王）、判福州、福建安撫大使，趙昺為廣王（原封信王）、判泉州兼判南外宗正事，命令秀王趙與擇等少數幾個人保護兩位皇弟逃出臨安城。當時的局勢非常混亂，趙昰一行在浙西山陵上到處穿梭，多次歷險，竟然突破了蒙古軍隊的層層圍堵。後來，他們遇到了一支南宋的殘軍，也就三四十人。在殘軍的護衛下，趙昰在德祐二年二月抵達了溫州，為南宋皇室保存了血脈。禮部侍郎陸秀夫、將領蘇劉義等人也趕到溫州。前宰相陳宜中剛好躲在溫州老家。陸秀夫等人就拉他出面，商議起兵復國。

陸秀夫，楚州鹽城（今江蘇建湖）人，考中進士後長期在李庭芝的幕府中工作。德祐元年，朝廷的局勢和兩淮地區的情況已經萬分緊急了。李庭芝的幕僚紛紛辭職，幕府分崩離析，只有陸秀夫臨危不懼，誓死跟隨李庭芝抗敵。李庭芝覺得陸秀夫正是亂世需要的忠義之士，非常難得，把他作為幹才推薦給朝廷。臨安朝廷擢升陸秀夫為禮部侍郎。賈似道出師決戰的時候，陸秀夫多次慷慨上書，要求去前線殺敵，但遭到拒絕。趙昰安全逃到溫州，讓陸秀夫看到了希望，趕過來一心復國。

臨安城破後，張世傑率領自己的部隊逃到了定海，現在也拉著隊伍趕到溫州。溫州有座江心寺，當年高宗皇帝漂泊海上的時候曾到過這裡。當時寺廟中還保留著趙構當年的御座。陸秀夫、張世傑等人跪在御座前抱頭大哭，然後擁戴趙昰為天下兵馬都元帥，趙昺為副元帥。小皇帝趙昰也就成為了南宋殘餘力量和忠於南宋的百姓心目中的希望。

早在聽說趙昰等皇室成員要從臨安突圍的消息時，伯顏等人就加強了防備堵截。可當日從臨安逃出來的人實在太多，趙昰等人又是微服簡行，難以分辨，再加上蒙古軍隊不熟悉地形，讓趙昰兄弟倆給漏過去了。直到趙昰到達溫州後，元朝以謝道清的名義派出兩名宦官，帶領百餘名兵丁前來溫州，說要迎接兩位皇弟回到臨安。陸秀夫等人嚴辭拒絕。

陸秀夫、陳宜中、張世傑等人知道元朝已經打起了溫州的兩位小王爺的主意，忙擁著趙昰、趙昺從海上逃到福州。五月，趙昰在福州被擁立為新皇帝，改元景炎，延續了南宋的旗幟。趙昰晉封三弟趙昺為衛王，任命陳宜中為左丞相兼樞密使、李庭芝為右丞相、張世傑為樞密副使、陸秀夫為簽書樞密院事、蘇劉義為殿前指揮使。趙昰所能發號施令的包括十七萬人的南宋軍隊、依然由南宋殘部掌握的福建、兩廣的大片地區。

一個流亡的小朝廷在福州建立起來了。

五

福州的小朝廷建立後，給敵後淮東的李庭芝很大的鼓勵。

當年七月，李庭芝、姜才領兵前往泰州，準備南下抗戰（也有說法是趙昰召喚李庭芝去福州主持朝政），留下部將朱煥守揚州。阿朮忙從圍困揚州的蒙古軍中抽調出一支勁騎，追擊李庭芝。李庭芝率領的軍隊都已經餓得面黃肌瘦的了，好不容易才殺進泰州，損失了上千人。

朱煥的抵抗意志沒有上司李庭芝那麼強。李庭芝能夠斷然拒絕忽必烈的招降，朱煥卻不能。

他有個老朋友，叫做陳楚客，已經投降了元朝。陳楚客被安排做朱煥的「策反」工作，還給了朱煥一封忽必烈的親筆詔書，對朱煥做了諸多的許諾。因為揚州全城都同仇敵愾，有意投降的朱煥一時不敢行動，只好把忽必烈的詔書收好，藏在箱子底下。現在李庭芝走了，朱煥舉著詔書，將揚州城獻給了元朝。蒙古軍進入揚州，阿朮俘虜了李庭芝的妻兒。

蒙古軍隊在揚州也沒有屠城。因為根本就用不著屠城，城內到處是飢民和廢墟。

揚州淪陷後，蒙古軍的主力開始圍攻泰州。阿朮命人將李庭芝的家人押到泰州城下，向城頭喊話招降。李庭芝對家人被俘並不理會，在城內堅持抵抗。不巧，姜才得了重病，不能出戰，只留李庭芝一人死守孤城。泰州裨將孫貴等四人瞞過李庭芝，打開城門向阿朮投降。蒙古軍隊進城之時，李庭芝情急之下跳入城中的蓮花池自殺。可惜水淺，李庭芝自殺不成，被敵人生擒。姜才也在病榻上被捉，與李庭芝一起被押回揚州。

阿朮以勝利者的口吻斥責李、姜二人堅守不降。

姜才憋足力氣，大罵他：「胡奴，我就是不降！」

站在一旁的朱煥上前進言說：「揚州屍橫遍野，都是李庭芝與姜才的錯，不如殺之！」

李庭芝和姜才在揚州鬧市被斬首。李庭芝首先走上刑台，神色怡然。姜才則罵不絕口。投降元朝的夏貴行刑時在場。姜才看到夏貴，怒目而視，咬牙切齒地說：「老賊，此時此地，你還不愧死！」

不久，真州的苗再成也陣亡了。南宋在淮東殘餘的土地全部消失了。

巧的是，夏貴沒幾個月也死了。很多人以為夏貴既然是一個武將，起碼也應該是身強力壯的中年人，實際上夏貴在淮西投降的時候就已經七十九歲了，死的時候八十三歲。於是就有人在他死後寫了輓聯譏諷他：

享年八十三，而不七十九！
嗚呼夏相公，萬代名不朽。

風雨伶仃洋

一

文天祥風塵僕僕逃到溫州後，趙昰等人已經逃往福州了。文天祥撲了一個空。沒幾天，福州小朝廷派人來溫州召文天祥。五月，文天祥到達福州。

當時蒙古占領軍正在忙於消化新占領的州縣，鎮壓零星的起義。蒙古軍隊正處於休整期，戰線相對固定。文天祥於是建議朝廷從海上北上，進攻兩浙地區。結果遭到了陳宜中的拒絕。文天祥覺得，如果等蒙古軍隊的占領鞏固了，勢必會抽出部隊進攻福州小朝廷，到時候，亡羊補牢也晚了。於是他在七月前進到南劍州，建立了都督府，號召各地起兵奪回江西。文天祥原來在江西曾招募過勤王的部隊，臨安淪陷後這支部隊被元朝遣散了。文天祥的門客劉洙現在聞訊，就召集部分舊部來到福建。文天祥在福建當地擴大了隊伍，在十一月進一步前進到汀州。

可惜可歎，流亡的小朝廷在強敵面前，非但沒有積極的進取計畫，內部反而又重新爭鬥起來。

趙昰的母親楊淑妃也隨著兒子逃出了臨安。福州小朝廷建立後，楊淑妃的弟弟楊亮節開始擅權。秀王趙與擇因為是皇室宗親，對楊亮節的所作所為時常進行勸阻，自然遭到了楊亮節的忌恨。楊亮節找個了機會，把趙與擇派往浙東前線任職。朝廷裡就有人說了，秀王忠孝兩全，應該留下來輔佐朝廷；更何況現在是非常時期，怎麼能讓寶貴的趙氏血脈前往前線冒險呢？反對聲音反而讓楊亮節更加憂慮了，擔心趙與擇威脅到自己的地位，越發堅決地驅逐趙與擇。趙與擇不得不前往前線，最後在與蒙古兵的交戰中陣亡。

宰相陳宜中原本就是黨同伐異的高手，是從南宋的政治漩渦中一級級提升上來的老官僚。他把這套經驗照搬照抄到了福建小朝廷中，絲毫不顧小朝廷虛弱的身軀能否承擔黨爭的嚴重後果。他指使言官要將陸秀夫彈劾出朝廷。在危難時刻，陳宜中的這種行為引起了普遍的不滿。張世傑指責陳宜中說：「現在都什麼時候了？還在動不動就以台諫論人！」陳宜中無奈，只好放過了陸秀夫。

浙江的蒙古大軍，在喘息稍定後，開始南下進攻福建。南劍州知州王積翁逃跑，南劍州失守，福州門戶洞開。陸秀夫、張世傑連忙主持護衛趙昰逃上海船，奔向泉州而去。福州隨即失陷。

二

南宋的泉州是個國際性的商貿都市，城市規模大，也很富裕。泉州權勢最大的是富商蒲壽庚。他控制大量海船，獨霸當地海上貿易，還憑藉實力取得了南宋市舶使的官職，實際上壟斷了泉州的對外貿易。人們都很熟悉明朝末年的鄭芝龍和鄭成功父子，因為他們的貿易成就和政治作為。實際上，蒲壽庚算得上是明末鄭家的前輩。蒲壽庚一開始是歡迎流亡的小朝廷進駐泉州的。但是張世傑在泉州港停泊後，看到此地物資豐裕，船隻碩大，急於擴充小朝廷的實力，下令強制徵收蒲壽庚的船隊和資產。

蒲壽庚被激怒了。他派人向蒙古軍隊聯絡投降事宜，同時發動自己的武裝在泉州城裡對南宋官吏、軍隊和皇室發起了進攻。小朝廷不得不逃離泉州，漂泊入海，成了海上行朝，四處流亡。

毫不誇張地說，南宋王朝在泉州與寶貴的歷史機遇擦肩而過。

在福建海域中，流亡的小朝廷多次遇險。一次，小朝廷的船隊與蒙古水軍遭遇。慶幸的是，當日天氣不好，海上大霧彌漫，能見度極底，趙昰一行人僥倖得以脫身。

福建是待不下去了，趙昰被擁著奔向廣袤的南海。十二月，趙昰的海船流亡到廣東惠州附近海域，又轉移到淺灣（今廣東饒平的南海中島嶼）。皇室落魄得很。趙昰生母楊太妃依例垂簾聽政，但與群臣交談的時候，還自稱為「奴家」。此時的陸秀夫雖然還是簽書樞密院事，但憑著堅定的毅力和頑強的言行，成為了朝廷支柱。陸秀夫每次參與船上簡陋的朝會時都「儼然正笏立，如治朝」，和在臨安時沒有兩樣。每當談到傷心的事情，或者對時局感到失望，陸秀夫都會潸然淚下，用朝衣拭淚，最後連衣服都沾滿了淚水。在場的大臣、官兵無不感到悲痛。

三

景炎二年（一二七七年）上半年，文天祥的部隊在江西傳來了若干令人欣慰的好消息。之前，文天祥的部隊一直在福建西部和閩贛粵邊界一帶活動。當時元朝在江西的統治並不穩固，經常發生百姓自發的抵抗起義。一些縣城也是得而復失，失而復得。少數堡壘還掌握在忠於南宋的殘軍手中。五月，文天祥率領部隊進入江西，得到江西各地的響應。文天祥充分利用已有的基礎，占領會昌，又在雩都打敗蒙古軍隊，進而收復興國、贛州和吉州屬下各縣。文天祥在興國建立指揮部，分兵攻打贛州和吉州的州城。一時之間，江西的形勢出現了很有希望的勢頭。

好景不常，元朝隨即抽調精兵，對文天祥所部展開反攻。圍攻贛州的南宋部隊先遭到失敗，興國的大本營接著被占領。文天祥企圖與吉州的部隊會合，走到中途就傳來了吉州部隊被擊潰的消息。八月，文天祥在廬陵遭到蒙古軍隊圍追。文天祥部下、老將鞏信率領幾十個士兵守住一個山口，掩護文天祥撤退。激戰中，鞏信身中數箭，仍靠在大石前面巍然不動；士兵們紛紛學他的樣子，負傷乃至犧牲都倚岩石挺立。鞏信等人全部犧牲後，蒙古兵從山下望去，還以為仍有兵士把守，就不敢繼續追擊文天祥。文天祥才得以逃脫。第二天，文天祥殘部再次遭到圍追，部將趙時賞自稱是文天祥，被蒙古兵捉走，遇害。文天祥再次逃脫。

幾次失敗後，文天祥收拾殘部，退到廣東北部山區的循州，以待時機。

文天祥的部隊和趙昰的小朝廷都具有漂浮不定的特點，很快就失去了聯繫。景炎二年的冬天，文天祥是在南嶺山中度過的。第二年二月，他率軍向潮州移動。

四

四川堅持抵抗的星火，直到這時才被撲滅。

王堅被調離釣魚城後，副將張珏接替他守城。德祐元年，元朝也在四川地區發起了大規模攻勢。敘州、瀘州等地相繼投降。張珏拒絕了元朝的兩次招降，堅持據守。德祐二年，南宋朝廷投降時，張珏拒不奉詔投降，積極備戰，計畫收復失地。張珏得知趙昰進入廣東後，還派兵士探訪下落，同時在釣魚城營建宮殿，準備迎趙昰來四川重建南宋。而蒙古軍隊繞開了釣魚城，直接去圍攻後方的重慶。張珏一邊派遣水軍增援重慶，協助守城，一邊在六月收復瀘州，打敗元軍，解除了重慶之圍。當年十二月，張珏退入重慶，將守衛重心轉移到此。

景炎二年六月，元朝調集大軍，決定徹底解決四川的戰事。在蒙古軍隊的大舉進攻面前，涪州、萬州、瀘州相繼淪陷。年底，元朝重兵包圍了重慶。在一再勸降無效的情況下，蒙古軍隊在第二年年初對重慶發動猛攻。張珏出城激戰，終因寡不敵眾，退守孤城。他的部隊也出了叛徒，打開城門投降。蒙古兵入城後，張珏率領官兵展開巷戰，節節失利，他想乘船沿江東下，結果被俘。張珏威武不屈，至元十七年（一二八〇年）二月在押送大都途中，自縊於安西（今陝西西安東北）的趙老庵中。

南宋失去了在四川的所有領土。

五

景炎三年（一二七八年）四月，趙昰在廣州灣病死。

趙昰本來就是一個小孩子，常年的輾轉流離和驚嚇，嚴重損害了他的健康。當年開春，趙昰來到雷州附近。這時候發生了兩件事，一是元朝占領了雷州，逼得小朝廷只能時刻漂泊在海上；二是刮起了一場颱風。正是這場颱風要了趙昰的命。颱風來的時候，掀翻了「御船」，將趙昰掀落在水裡。雖然隨從竭力將皇帝救了上來，趙昰因受巨風驚嚇和海水侵蝕，隨即染病不起，病情日益沉重，死了，年僅十一歲。流亡的君臣給趙昰上廟號為「端宗」。

宋端宗死後，小朝廷群龍無首，到了分崩離析的邊緣。

關鍵時刻，陸秀夫慷慨陳詞：「諸君為什麼要散去？度宗皇帝還有一位皇子在這裡。大家都走了，他怎麼辦？古人有靠一城一旅復興的，何況如今朝廷還有上萬將士。只要上天不絕趙氏，難道不能靠此再造一個國家麼？」在他的激勵下，大家又擁立八歲的衛王趙昺為新皇帝，由楊太妃垂簾聽政，改元祥興。

眼看著陸秀夫、張世傑等人要將宋朝的旗幟一直扛下去，陳宜中卻判定恢復無望，乘機溜走，逃往占城，從此再也沒有返回中國。❶

為了給小朝廷尋找一塊安身的陸地，張世傑幾次率軍想奪回雷州，都沒有成功。在今天廣東省新會市南邊有一個島嶼，叫做崖山。崖山島上東西兩邊突出兩座小山，分別是崖山與湯瓶山。兩山對峙如門，稱為崖門，寬僅一里左右，形成一個天然港口，可以藏舟。「每大風南起，水從海外排闥而入，怒濤奔突，浪湧如山」，而「崖山東西對峙，其北水淺」。這種地理特徵使每天早晨和中午漲潮、落潮時分，島內戰船既可「乘潮而戰」，又可「順潮而出」。張世傑與陸秀夫於是決定將流亡政權遷往崖山。六月間，趙昺的小朝廷來到崖山。張世傑在島上修建了一些房屋，將小朝廷勉強安頓了下來。

不曾料想，南宋王朝會在這座小島上走完自己的生命歷程。

崖山的最後時刻

一

對南宋王朝的最後清剿是由一個漢族人提出，並完成的。

這個人就是我們並不陌生的張弘範。元將張弘範在宋元戰爭中功勳卓著，回大都向忽必烈述職。他指出：「張世傑復立衛王為帝，閩廣百姓奮起響應，倘若不及時剿滅，勢必釀成大患。」忽必烈深以為然，於是委任張弘範為元帥，賜尚方寶劍，授權他全面負責清剿南宋殘部的工作。張弘範挑選在江西打敗文天祥的李恆為副帥，在揚州集中水陸精兵兩萬人南下。張弘範帶著水軍由海路占領漳州、潮州、惠州，李恆率步兵和騎兵占領廣州。這樣的架勢，相當於從北到南把地圖清掃了一遍，勢必要將南宋殘餘力量都驅趕到南海裡去。

當時文天祥還在潮陽收拾殘部。面對大舉南下的蒙古軍隊，文天祥在祥興元年（一二七八年）十二月退出潮陽，二十四日撤退到海豐北部的五坡嶺時被蒙古兵追上俘獲（西曆為一二七九年二月六日）。南宋在陸地上的武裝力量消失了。

祥興二年（一二七九年）正月，張弘範的水軍大舉逼近崖山。文天祥也被押在船上「觀戰」。一天夜裡，蒙古艦隊經過珠江口外的零丁洋時，張弘範要文天祥寫信勸降張世傑。文天祥拿著紙筆，想起當年在贛州起兵時贛水的皇恐灘，面對夜幕下的零丁洋，寫下了千古名篇〈過零丁洋〉：

> 辛苦遭逢起一經，干戈寥落四周星。
> 山河破碎風拋絮，身世飄搖雨打萍。
> 皇恐灘頭說皇恐，零丁洋裡歎零丁。
> 人生自古誰無死，留取丹心照汗青。

詩歌中的四周星是四周年的意思。從宋元戰爭的激烈時刻，到成為元朝的俘虜，文天祥度過了充實而輝煌的四年。「人生自古誰無死」，文天祥抱定了必死的決心，拒絕招降張世傑等人，反而要坦然地面對南宋的最後一刻。

二

從實力對比上來看，崖山的小朝廷完全有實力背水一戰。

崖山的宋軍還有戰船一千餘艘，正規軍和民兵將近二十萬人，遠遠超過進犯的蒙古軍隊。同時蒙古軍隊不善水戰，而張世傑的水軍是常年漂泊在海上的武裝，無疑占有優勢。但張世傑似乎對前途不抱希望，將所有船隻都撤退到天然港口內，放棄了對崖門入海口的控制，同時用粗大的繩索連接所有船隻，四面圍起樓柵，結成水寨方陣；方陣四周用襯墊圍住，防止張弘範的火攻與砲轟。最後，張世傑毅然下令焚燒島上房屋，全部軍民進入方陣。趙昺的御船居於方陣之中，打算在此死守。

對南宋命運痛心疾首的後人們經常批評張世傑採取了備戰措施。他們認為張世傑首先就不應該放棄了對崖門入海口的控制，入海口的控制權就是戰爭的主動權；其次將千餘戰船用大索結成水寨，簡直是重蹈曹操在赤壁的覆轍，將笨重的南宋水軍暴露在敵人的火力面前，任人宰割。當時也有人向張世傑建議：「元軍如果用戰船堵塞出海口，我們就進退兩難了。不如儘早突圍，另擇他處登陸，那樣也許會有回旋的餘地。」張世傑回答說：「我等軍民連年疲於海上奔命，何時方休？不如乘此時機與元軍一決勝負。」

張世傑的意見其實也有他的道理。我們別看崖山的南宋軍民還有二十萬人，但這二十萬人中真正的青壯戰士並不多，老百姓居多（不能排除部分裹脅來的百姓）。張世傑是清楚這樣的情況的，二十萬人久居海上，顛沛流離，士氣不會高到哪裡去。一旦下令撤回或者登陸，這些軍民沒準就潰散，轉眼找不著人了。那時候，張弘範要挨個捉拿「光桿司令」一般的趙昺君臣還不容易。所以，張世傑採取的辦法也是為了堅定軍民們與艦船共存亡的決心。

張弘範率水軍趕到後，果然先控制了崖門入海口，又從北面和南面切斷了宋軍的所有退路，陷南宋小朝廷於孤立無援的境地。在此後十多天的防禦戰中，南宋將士們只能以乾糧充飢，飲海水解渴，多數人嘔吐不止，戰鬥力嚴重削弱。

張弘範統領的水軍，只有戰船五百艘。剛開始進攻時，張弘範嘗試了火攻，沒有成功。當發現張世傑的軍隊雖然具有兵力優勢，但只作防守、無意出擊的情況後，張弘範反而不急著進攻了，耐心地等待元朝後續軍隊和補給的到來。正月底，又有元朝戰船陸續到達，李恆也將廣州的軍隊源源不斷地運過來。

三

一直僵持到二月初六日。那天凌晨，崖山一帶就發生了暴風雨。

明朝人撰寫的《宋史紀事本末》末段，記載當日「會日暮風雨，昏霧四塞，咫尺不相辨」。這段文字穿越時光，給後人傳遞了大海蒼茫，敵酋壓境，命懸一髮，生死絕殺的王朝末日氣氛。

元將李恆指揮水軍利用早晨退潮、海水南流的時機，渡過平時戰艦難以渡過的淺水，從北面對宋軍發動了突襲。最後的決戰終於打響。水師原本是南宋的強項，科技領先他人。在長期的接觸中，蒙古人大量吸收南宋的科技，也能建造高大、穩固的戰艦了。同時，元朝水師吸收南宋的火器技術，融合從阿拉伯等西方傳來的器械、鍛造技術，能夠製造威力大得多的「火砲」。如今，元朝水師就撥正砲口，無情地轟擊崖山的南宋軍民。

到中午時分，南宋方向就已經出現了潰敗的跡象。張弘範率領剩餘的水軍，利用中午漲潮、海水北流的時機，在南面向宋軍發動了另一波進攻。蒙古軍隊的進攻用砲石、火箭作掩護，找到南宋水軍一個突破口後，就不斷撕大，最後跳上船去與南宋官兵短兵接戰。這是蒙古人在草原上形成的傳統戰術。身心疲憊的南宋小朝廷南北受敵，無力再戰，終於全線潰敗。戰鬥進行到黃昏，局勢就很明顯了。南宋敗局已定。

張世傑見方陣陣腳大亂，下令砍斷大繩索，率領十餘條戰艦護衛楊太妃突圍。突圍途中，張世傑回頭看到，方陣核心的趙昺的御船因為體積龐大被外面的船隻阻攔在中間，無法突圍。於是，他派出小船前去接應趙昺。此時夜幕已經降臨，加上海上風雨大作，幾公尺之內都不辨人影。在御船上陪伴趙昺的陸秀夫見外圍有小船進來要接走皇帝，很自然地懷疑這是元朝的詭計，派人假冒張世傑的部下來搶皇帝。他斷然拒絕，更加嚴密地將趙昺保護起來。張世傑無奈，只得先保護著楊太妃殺出崖門，脫離戰鬥。

南宋水軍的船隻幾乎全部沉沒了，陸秀夫滿懷悲傷之情，先把自己的妻子兒子趕下海去，然後對趙昺說：「事已至此，陛下當為國捐軀。先帝已經受到了蒙古的極大侮辱，陛下不可再辱！」陸秀夫教人服侍趙昺身穿龍袍，胸掛玉璽，然後他抱著小皇帝跳海自盡。周圍的官兵、婦女也紛紛隨之跳海。將近十萬軍民慷慨赴死，這在所有王朝覆滅的悲愴場景中都是絕無僅有的。

南宋歷史就此結束，結束得如此完全，如此徹底！

崖山之戰的慘況觸目驚心。戰鬥結束後，海面上到處漂浮著死屍。幾天後，崖山海域還有屍體十多萬具，並不斷有沉入海底的屍體和殘骸浮上來，隨浪起伏。崖門外生者吶喊，魂兮歸來。親眼目睹了這一慘狀的文天祥寫道：

羯來南海上，人死亂如麻。

腥浪拍心碎，飆風吹鬢華。

崖山餘舟大約八百艘，都落入了元軍手中。數天之後，陸秀夫屍體浮上海面，被鄉人收葬。元朝水軍在清理戰場時，發現一具身穿黃衣的孩童屍體，胸前帶有玉璽，上書「詔書之寶」四字。士兵將玉璽交給張弘範，經確認是趙昺所帶玉璽。張弘範馬上派人再去尋找趙昺屍體，屍體卻已下落不明了。張弘範就以宋帝溺斃上報。

另一邊，張世傑帶著楊太妃衝出重圍，退到一個叫做螺島的小島，準備招集殘部圖謀復國。趙昺的死訊傳來後，楊太妃痛哭一場，說：「我忍死艱關至此者，正為趙氏一塊肉爾。今無望矣！」也投海自盡去了。張世傑帶著殘部為了逃脫元朝水軍的打擊，繼續逃亡海上，卻突遭暴風雨。張世傑仰天長歎：「我為國家盡心盡力，一君亡，又立一君，如今又已亡矣。我之所以不死，就要等敵軍退後，再立趙氏後裔。現在遭逢大風，不知天意如何？如果老天爺不讓我存復趙氏，就讓大風吹翻我的船吧！」在暴風雨中，張世傑的船真的被狂風給掀翻了。張世傑溺水而亡。南宋最後殘存的抵抗力量也沉入了海底。

四

占領崖山，標誌著元朝最後統一了中國。

張弘範派人在崖山北面的石壁上，刻下了「鎮國大將軍張弘範滅宋於此」十二個字。元朝滅亡以後，人們將這十二個字鏟掉，改刻上「宋丞相陸秀夫死於此」九個大字。

注釋

❶陳宜中之後攜家眷到了越南的占城。後來，元軍進攻占城，他又逃到泰國，最後死在了異國他鄉。陰差陽錯的，陳宜中被看作是東南亞溫州籍華僑的先驅。

尾聲

還是宋朝的事兒

宋朝滅亡了，但是有些事、有些人卻是永遠屬於南宋的。比如文天祥，比如趙㬎，比如那些遷往大都的臨安太學生們。他們用不同的方式為南宋做了注腳：或悲哀，或蒼涼，或充滿血性。八百年後，我們還能隱約通過他們看到這個王朝漸行漸遠的背影。

二

南宋滅亡了，作為意識形態象徵的太學要整體搬遷到新的帝國首都——大都去。元朝朝廷特別「恩准」原來在臨安太學就讀的太學生們都「轉學」到大都的新太學去，作為元朝的太學生。通知很快就在太學中公布了，屆時會有蒙古軍隊「護送」北上。

衢州江山縣人徐應鑣在咸淳末年通過考試，成為了太學生。南宋滅亡了，徐應鑣悲痛欲絕，自然是不願意去大都繼續所謂的學業。說是學生，徐應鑣的年紀也不小了，拖家帶口的。他毅然與兒子徐琦、徐嵩和女兒徐元娘商議集體自焚，死也不當元朝的太學生。三個子女都表示贊同，願意跟隨父親自焚殉國。

臨安的太學原是岳飛的府邸，學校裡一直保存著岳飛的祠堂。自殺前，徐應鑣帶上酒肉，來祭祀岳飛，說：「岳王爺，天不佑宋，社稷為墟。我徐應鑣以死報效國家，發誓不與各位同學北上。希望我死後，魂魄能夠作配神主，與岳王爺的英靈永永無斁。」兒子徐琦也賦詩一首，發誓自殺。祭祀完畢，徐應鑣把酒肉都分給下人們。等下人們都醉得不省人事後，徐應鑣與子女爬上雲樓，在四周堆滿書籍箱笥，縱火自焚。誰料，有一個年輕的僕人並沒有喝醉，在閉目休息，聽到動靜後趕緊去查看情況，發現徐應鑣父子儼然坐立，像廟裡的塑像一樣。他趕緊叫醒下人們，鑿牆的鑿牆，搬東西的搬東西，救火的救火，把徐應鑣一家人給救了下來。徐應鑣四人非但不感激，還快快出門去，不知去向。第二天，人們在岳飛祠前的井裡發現了徐應鑣四人的屍體。四個人都僵立瞠目，面色如生。人們將他們收斂埋葬在西湖邊上的金牛僧舍。

十年後，徐應鑣當年同宿舍的同學劉汝鈞率領五十多個儒生將老同學一家人移葬在方家峪，並私諡徐應鑣為「正節先生」。

徐應鑣並不是抵制北上的特例。臨安的許多太學生接到北上通知後，要麼自殺，要麼逃亡，導致蒙古人根本湊不足一百人的數目，無法北上。蒙古人沒辦法，只好強迫太學的僕役們上街指認太學生，鬧得臨安城人心惶惶。許多人因為去過太學，或者是僕役們的熟人，就被「指認」為太學生，押解北上。

北上的道路簡直是一場生死考驗。這些讀書人都很貧寒，不像前南宋的達官貴人們一樣，有金銀可以行賄押送人員，換取較好的待遇。太學生們缺衣少食，不斷有人倒斃途中。一百個人從臨安出發，最終只有四十六人到達大都。

二

大都的忽必烈接到張弘範詢問如何處理文天祥的奏章後，說：「誰家沒有忠臣啊？」

忽必烈命令對文天祥以禮相待，押送大都，軟禁在會同館中。打心眼裡，忽必烈敬重文天祥，希望文天祥能夠為自己所用。

忽必烈先是派降元的原南宋左丞相，現在元朝的禮部尚書、翰林學士承旨留夢炎去勸降文天祥。文天祥一見留夢炎就怒不可遏，要上前廝打。留夢炎趕緊溜走。當時，有人請求釋放文天祥，讓他去當道士。留夢炎堅決反對，認為文天祥在反元勢力中具有極高的號召力，釋放文天祥對穩固統一不利，也對他這樣的降臣不利。❶

此時的北方還存在許多抗元武裝，其中還有以文天祥的名號相號召的。忽必烈不敢掉以輕心，於是下令將文天祥的雙手捆綁，戴上木枷，送進兵馬司的牢房關押。文天祥入獄十幾天後，獄卒才給他鬆了手綁；又過了半月，才給他解下木枷。其間，元朝丞相孛羅親自審問文天祥。文天祥被押到樞密院大堂，只對孛羅行了一個拱手禮，昂然而立。孛羅喝令左右強迫文天祥下跪。文天祥頑強掙扎，最後坐在地上就是不肯屈服。孛羅沒辦法，只好裝出惡狠狠的樣子問文天祥：「你現在還有什麼話可說？」文天祥泰然回答：「天下事有興有衰。國亡受戮，歷代皆有。我為宋盡忠，只願早死！」

文天祥在大牢裡關了三年，逐漸成為了天下人懷念南宋、辨別忠奸的標誌。

當時有臨安的戲子金某在宴會上插科打諢影射范文虎，說某寺有一座大鐘，但寺奴好久都不敢敲它。主持就詢問原因，寺奴說因為鐘樓上有個巨神，樣子奇怪，所以不敢上樓。主持到鐘樓上去看，果然見到了巨神。那巨神見了主持，立刻倒身下拜。主持問他：「你是何神？」巨神答：「我是鐘神。」主持反問：「既是鐘神（忠臣），如何投拜？」。還有鄂州降將程鵬飛的父親程聰，斷然否認在金朝做大官的程鵬飛是自己的兒子。

元朝朝廷自然沒有放棄對文天祥的勸降工作。他們什麼方法都用了，就是沒有取得預期的效果。一次，蒙古人命令文天祥的女兒柳娘給父親寫信，告訴文天祥說他的妻子和兩個女兒都在宮中為婢，形同奴隸，只要文天祥投降，一家人即可團聚。文天祥收到女兒的來信後，心如刀絞。他在寫給妹妹的信中說：「收柳女信，痛割腸胃。人誰無妻兒骨肉之情？但今日事到這裡，於義當死，乃是命也。奈何奈何！……可令柳女、環女好做人，爹爹管不得。淚下，哽咽哽咽。」文天祥始終將為國盡忠放在第一位。在艱苦的環境中，文天祥強忍悲痛，寫出了《指南後錄》第三卷、〈正氣歌〉等名作，既激勵自己，也影響了他人。

文天祥甚至贏得了元朝大臣們的尊敬。至元十九年（一二八二年）八月，忽必烈問群臣：「南方北方宰相，誰是賢能？」大臣回答說：「北人無如耶律楚材❷，南人無如文天祥。」忽必烈非常感慨，在當年的十二月初八日召見文天祥，親自勸降。文天祥一上來，依然是長揖不跪。忽必烈比孛羅要有涵養多了，也不強迫文天祥下跪，只是說：「文丞相在這裡的日子久了，如能改心易慮，像對待南宋那樣對待朕，朕就將中書省託付給你。」文天祥回答：「我是大宋的宰相。大宋滅亡了，我只求速死，但願一死足矣！」忽必烈知道文天祥不可勸降，決定成全文天祥的千秋威名，下達了處決令。

第二年元月，文天祥在大都菜市口慷慨就義。行刑前，監斬官問他：「丞相您還有什麼留言？如果您回心轉意，現在還能免死。」文天祥喝斥說：「死便死，不用多說。你只告訴我，哪邊是南方？」順著監斬官指的方向，文天祥下拜，從容就義，時年四十七歲。

文天祥死後，別人在他的衣帶上發現了他寫的詩句：「孔曰成仁，孟曰取義。惟其義盡，所以仁至。讀聖賢書，所學何事？而今而後，庶幾無愧。」

三

早在文天祥被俘的時候，江西就出現了〈生祭大丞相文〉。當時文天祥還活著，南宋的土地上就有了尊稱他為「大丞相」的「祭文」，其中鼓勵文天祥自殺成仁的意味非常明顯。

文天祥在被俘的時候，就服下了事先準備好的毒藥，可是沒有死成。〈生祭大丞相文〉的作者王炎午非常執著，暗中跟隨著文天祥的囚車，將祭文從江西一路黏貼到大都。

王炎午是文天祥的同鄉，原名叫做王應梅，過著優越的南宋文人生活，曾經是咸淳年間的太學生。臨安淪陷後，王應梅傾家蕩產跟隨文天祥起兵抗元，進入文天祥的幕府工作。不久因為母親病危，王應梅離開軍隊返回家鄉。他回到家鄉一小段時日，南宋就徹底消失在了南中國海的海底。王應梅痛哭流涕，除了敦勸文天祥自殺外，他的後半生閉門不出，改名王炎午，不參與上流交往，更拒絕出門做官。作為南宋亡國文人的王炎午以七十三歲高齡死在家中，贏得了南宋遺老遺少和元朝官方的雙重尊敬——蒙古人實誠，對堅持民族氣節抵制元朝的漢人反而很尊敬。正是因為官方對他們的言行的記載，後人才得以記住他們。

文天祥在大都的囚室中還結識了人生的最後一位「文友」、同樣是南宋官員的汪元量。

汪元量作為陪伴趙㬎的前宮廷官員，境遇要遠遠好於文天祥。他多次到囚所探視文天祥，兩人指點江山、談文論字。文天祥還曾為汪元量的作品作了序。

汪元量是錢塘人，在宋度宗時進入宮廷，做文學侍從兼琴師。從他所寫的〈宮中新進黃鶯〉

、〈春苑賞牡丹〉、〈宮人鼓瑟奏霓裳曲〉等作品中，我們可以知道他前期所關注的文字和情調。臨安淪陷後，汪元量隨皇帝、皇太后北行。短短的幾天後，汪元量用完全不同的筆觸記述了「杭州萬里到幽州」的所見所聞：

北望燕雲不盡頭，大江東去水悠悠。
夕陽一片寒鴉外，目斷東南四百州……
兩淮極目草芊芊，野渡灰餘屋數椽。
兵馬渡江人走盡，民船拘斂作官船……

南宋的迅速滅亡讓汪元量的宮廷奢華生活如曇花一現，殘酷的現實讓他走上了現實主義的創作道路。時人稱汪元量「記亡國之戚，去國之苦，艱關愁歎之狀，備見於詩」，他的作品可以看作是「宋亡之詩史」。汪元量目睹了南宋後期「聲聲罵殺賈平章」的情景，是「侍臣已寫歸降表，臣妾簽名謝道清」的歷史見證者。滿腔悲憤都變為詩文宣洩了出來。

同樣是亡國文人，汪元量的命運也是悲慘的。他告別文天祥後就隨趙㬎被遷往上都和西北各地。身心疲憊的汪元量最後是以道士身分得到允許被放回臨安的。但汪元量只在家鄉官府那兒點了個卯，就不知去向。有人說在湖南看到過汪元量，也有人說四川出現了汪元量的行跡，還有人說江淮一帶有個道士很像汪元量。

反正最後，汪元量不知所終。

四

忽必烈挑選的勸降文天祥的「說客」中最著名的是宋恭帝趙㬎。元朝讓趙㬎去勸降文天祥，這就給文天祥出了一道難題。你不是效忠南宋王朝嘛？現在「前」南宋的皇帝來勸你投降，你有什麼理由可以抗拒的呢？

文天祥見到趙㬎之後，立刻跪地痛哭流涕，一個勁地說：「聖駕請回！」趙㬎是被謝道清抱在懷裡投降的，對往事的記憶已經模糊了，對文天祥更是談不上有什麼印象。但在遙遠的大都中，能夠見到這麼一位效忠南宋的遺民，趙㬎不能不受到極大的觸動。他沒有說一句話，轉過身去，輕輕地告別了文天祥。

德祐二年（一二七六年）五月，趙㬎到達大都，被元朝封為瀛國公、開府儀同三司、檢校大司徒。雖然這一切都是虛的，但年幼的趙㬎根本感覺不出其中的微妙來。他在大都度過了自己波瀾不驚的童年生活。至元十九年（一二八二年）十二月，趙㬎被遷居上都（今內蒙古多倫縣西北的石別蘇克）。在那裡，趙㬎似乎恢復了最初的記憶。他終於明白了自己往日的至尊的地位，明白了昨天和今天之間巨大落差的意義，以及其中對自己的危險。當南宋舊臣汪元量被釋放回江南時，趙㬎曾作詩相送：

寄語林和靖，梅花幾度開。

黃金台下客，應是不歸來。

也許就是這首表露了鄉思之苦的詩歌撥動了忽必烈深藏內心的警惕之弦。趙㬎已經成年了，多多少少都可能構成對元朝統一的威脅。忽必烈畢竟是一位仁慈的君主，他沒有採取血腥的屠殺方式，而是在尋找另外一種方法。恰好，有所警覺的趙㬎主動上書請求脫離塵世，永生為僧。忽必烈欣然應允，在至元二十五年（一二八八年）十二月遣送趙㬎入吐蕃（今西藏），學習佛法。

趙㬎的後半生是在吐蕃度過的。他在薩迦大寺更名為合尊法師，號木波講師，終日與青燈黃卷為伴，潛心於學習梵文，研究佛法，過起了清苦的寺院生活。勤學與思考使趙㬎很快通曉梵文，貫通佛學，進而從事佛經的翻譯，譯成《因明入正理論》、《百法明門論》等經文。趙㬎還一度擔任過薩迦大寺的主持。吐蕃人親切地稱呼趙㬎為「蠻子合尊」，蠻子是元朝對漢族人的稱呼，合尊是藏語中對出家的王孫子弟的尊稱。趙㬎至今仍被藏史學家列入翻譯家和佛學大師之列。

至治三年（一三二三年）四月，趙㬎還是接到了元英宗的死亡詔書，在吐蕃被殺，享年五十三歲。

此時離南宋滅亡已經將近半個世紀了。

注釋

❶ 留夢炎是南宋淳祐年間的狀元，被人蟲盬稱為「狀元宰相」。文天祥是寶祐年間的狀元，是留夢炎的學弟

，後來也做到了宰相，也是一個「狀元宰相」。留夢炎後來年紀大了，退休回到老家——浙江衢州，死在家中。

❷協助成吉思汗統一、治理北方的賢臣。元朝許多對漢族地區的統治制度和政策都是耶律楚材制定的。

〈附錄一〉宋帝世系圖

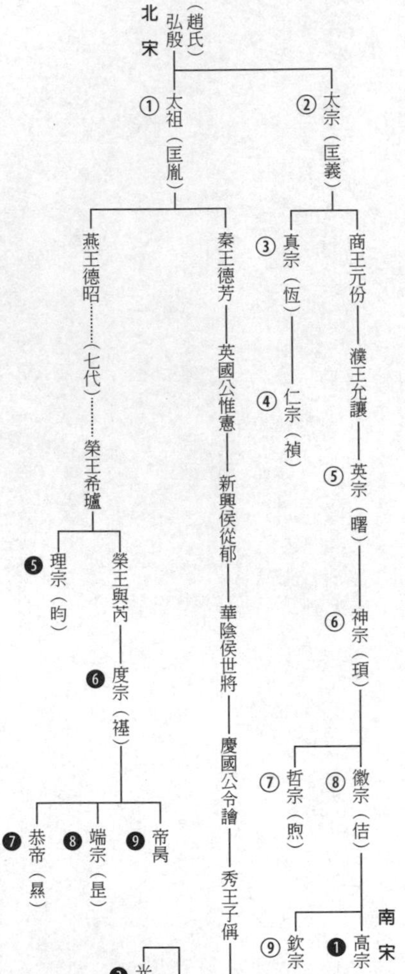

注：北宋九代①～⑨（西元九六〇～一一二七年）
南宋九代❶～❾（西元一一二七～一二七九年）

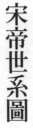

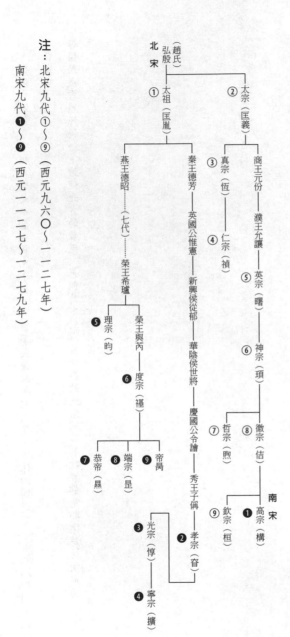

〈附錄二〉

南宋皇帝小傳

宋高宗趙構（西元一一二七～一一六二年在位）

趙構是南宋的開國皇帝，宋徽宗趙佶第九子，宋欽宗趙桓的弟弟。

趙構是因為機緣巧合當上皇帝的。靖康元年（一一二六年）年末金兵攻陷東京汴梁，將包括徽、欽二帝在內的近支皇室都俘虜北上。北宋滅亡。當時的康王趙構滯留外地，成為僅存的嫡系親王，被擁立為新皇帝。靖康二年（一一二七年）五月初一，趙構在應天府即位，改元建炎，建立南宋。趙構即位初年，內憂外患，時局艱難，加上自己缺乏權力的合法性，他的皇帝生涯顛沛流離，極不穩固。所以趙構終身都在追求穩固安逸的皇帝生活。他建都臨安，「直把杭州作汴州」，重用秦檜，冤殺岳飛，一心保持南宋的偏安局面。趙構政治上最大的功績就是將宋朝統治給延續了下去，並和金朝達成一致。很多人將趙構看作是昏君。

在個人能力上，趙構長於騎射，精於書法。其書法影響和左右了南宋書壇。

宋高宗有兩個年號：建炎、紹興。

宋孝宗趙昚（西元一一六三～一一八九年在位）

趙昚是南宋第二任皇帝，係宋太祖趙匡胤次子趙德芳六世孫。父親為秀王趙子偁。初名伯琮。趙構因為無嗣，收養他為嗣子，改名趙瑗。趙昚的即位標誌著宋朝皇室的血脈從宋太宗趙匡義一脈重新傳回了宋太祖趙匡胤一脈。

紹興三十二年（一一六二年）六月，趙構禪位給趙昚。趙昚早年立志光復中原，收復河山，平反了岳飛冤案，追諡「武穆」，並剝奪秦檜的官爵。在老將張浚等人的主持下，趙昚發動對金朝的戰爭，但是遭到符離大敗，被迫於隆興二年（一一六四年）和金國簽訂「隆興和議」。之後，趙昚在外交上歸於平淡，整個乾道年間都專心理政。他統治時期，政治安定，百姓富裕，一改趙構時期的凋敝景象，被後世稱為「乾淳之治」。淳熙十四年（一一八七年）十月，趙構高齡病卒，趙昚為了服喪，讓太子趙惇參與政事，並在兩年後禪位，閒居重華殿繼續為高宗服喪。趙惇與趙昚不和，趙昚的晚年並不幸福，鬱鬱寡歡，紹熙五年（一一九四年）六月病逝。

趙昚是南宋較有作為的皇帝。在個人品行上，趙昚為人謹慎、孝順。

宋孝宗有三個年號：隆興、乾道、淳熙。

宋光宗趙惇（西元一一九〇～一一九四年在位）

趙惇作為南宋第三任皇帝，趙昚之子，是南宋所有皇帝中比較昏庸的一位。

在趙昚禪位給他之前，趙惇已經是四十三歲的皇太子了。他苦於不能早日登基，但等到做了皇帝以後，體弱多病嚴重束縛了他處理政務。趙惇時期，南宋朝政由「乾淳之治」轉向昏暗。趙惇的皇后李鳳娘是有名的妒婦，在丈夫和太上皇趙昚之間挑撥離間。趙惇又極怕老婆，長久不去探望父親。紹熙五年（一一九四年），趙昚得病，趙惇拒絕群臣勸諫，不去探望趙昚。趙昚病逝後，趙惇也不服喪。最後大臣趙汝愚、外戚韓侂胄等人聯絡太皇太后吳氏，逼迫趙惇禪位給太子趙擴。趙惇也成了太上皇，慶元六年（一二〇〇年）春鬱鬱不樂而終。

宋光宗只有一個年號：紹熙。

宋寧宗趙擴（西元一一九五～一二二四年在位）

南宋第四任皇帝趙擴是宋光宗的次子，紹熙元年（一一九〇年）被立為儲嗣。五年後在政變中被大臣和外戚擁立。趙擴即位後先以趙汝愚為相，後信任韓侂胄。韓侂胄成為寧宗朝的權臣。

趙擴時期，南宋政治上發生了兩大事件：第一是「慶元黨爭」，在韓侂胄的主持下對趙汝愚、朱熹一派理學人士進行迫害；第二是在開禧二年（一二〇六年）倉卒發動北伐，結果大敗。禮部侍郎史彌遠發動政變，殺死韓侂胄，與金朝簽訂「嘉定和議」。趙擴後期，史彌遠與楊皇后聯合，把持朝政。在外交上，南宋開始與蒙古接觸，確立了共同消滅金朝的方針。但是當時南宋與金朝的邊界相對穩定。

趙擴沒有兒子，有意傳位給宗室趙貴和（趙竑）。但他死後，史彌遠聯合楊皇后、鄭清之等矯詔立趙貴誠為皇太子，繼承皇位。

宋寧宗有四個年號：慶元、嘉泰、開禧、嘉定。

宋理宗趙昀（西元一二二五～一二六四年在位）

宋理宗原名趙貴誠，原是皇室疏宗、紹興百姓。史彌遠出於專權需要，挑選趙貴誠過繼給宋寧宗堂弟沂王為嗣子，並矯詔立他為新帝，改名趙昀。趙昀是南宋第五任皇帝，執政四十年，是南宋在位時間最長的皇帝。理宗朝基本上可以分三段。前期（西元一二二五～一二三三年），皇帝趙昀對史家的立策抱有感激之情，將國事都交給史彌遠。史彌遠獨相擅權，趙昀淵默少為。中期（西元一二三三～一二五三年），趙昀親政，進行「端平更化」，一度想勵精圖治、中興王朝，可惜成效不大。晚期（西元一二五三～一二六四年），趙昀嗜欲享樂，怠於政事。

南宋在趙昀統治時期，到達了社會經濟繁榮的巔峰，也不可避免地走向了衰亡。端平元年（一二三四年），南宋聯蒙古滅金。南宋收回部分領土後，撕毀與蒙古的條約，挑起了宋蒙之間的四十年戰爭。宋理宗晚期，蟋蟀宰相賈似道把持朝政，私自向蒙古稱臣。

趙昀死後，因為他對程朱理學的尊崇，定廟號為「理宗」。理學在宋理宗時期成為官學。

宋理宗年號較多，有：寶慶、紹定、端平、嘉熙、淳祐、寶祐、開慶、景定。

宋度宗趙禥（西元一二六五～一二七四年在位）

宋理宗死後也沒有兒子可以傳位，只好又選擇宗室子弟趙禥（榮王趙與芮之子）為繼承人。趙禥是南宋第六任皇帝，智商不太正常，而且昏庸荒淫。朝政一直被賈似道把持。雖然趙禥推崇理學，口口聲聲要「存天理，滅人欲」，卻終日沉溺於美色，醉生夢死。當時南宋政治腐敗黑暗，百姓生活困苦，又面臨蒙古軍隊的進攻，已經顯露出了亡國之象。襄樊被蒙古軍隊圍攻五年，最終淪陷，南宋的防守局勢更加惡劣。因為賈似道的隱瞞，趙禥竟然對此不知情。趙禥最後可能是因為酒色過度而死。

宋度宗的昏庸無能加快了南宋的滅亡。他只有一個年號：咸淳。

宋恭帝趙㬎（西元一二七五～一二七六年在位）

南宋第七任皇帝趙㬎是宋度宗的次子，即位時只有四歲，由祖母太皇太后謝氏和母親全太后垂簾聽政，賈似道主政。當時元朝大軍已渡過長江向臨安進發。謝太后通令全國「勤王」，並向元軍乞和。長江中下游各州縣紛紛向元朝投降。無能的賈似道在蕪湖迎戰，結果喪失了南宋軍隊的主力。德祐二年（一二七六年）一月十八日，伯顏率領元軍進攻臨安，太皇太后謝氏抱著趙㬎向元軍投降。因為被元朝俘虜，趙㬎諡號「恭」，所以沒有廟號。

趙㬎先被元朝封為瀛國公，後來又被安排去吐蕃（今西藏）出家為僧。趙㬎是元朝初年的高僧，翻譯了大量佛教經文。元至治三年（一三二三年）四月，始終擔心趙㬎是潛在威脅的元朝「賜死」趙㬎。

宋恭帝只有一個年號：德祐。

宋端宗趙昰（西元一二七六～一二七八年在位）

宋端宗趙昰是南宋第八任皇帝。他是宋度宗的庶長子、宋恭帝的哥哥。元軍攻占臨安時，趙昰和弟弟趙昺被護衛出逃福建。趙昰在福州登基，延續南宋統治，時年七歲。宋端宗時期的南宋完全是一個「逃命的小朝廷」，全靠大臣陸秀夫、文天祥等人堅持抗元。在元軍的緊緊追擊下，大將張世傑護衛宋端宗登船入海，在海上東逃西藏。景炎三年（一二七八年）三月，趙昰逃難到廣州灣的時候因為船隻傾覆，落入水中。雖然被隨從救起，但年幼的趙昰生了重病，在顛簸中又難以治療，驚病交加而死。

宋端宗只有一個年號：景炎。

末帝趙昺（西元一二七八～一二七九年在位）

趙昺是南宋第九任皇帝，也是最後一位皇帝。他是宋度宗的幼子，與哥哥趙昰一起在文天祥、陸秀夫、張世傑、陳宜中等人擁護下南逃。宋端宗死後，趙昺成為南宋最後的希望，在海上宣布登基稱帝。趙昺王朝的象徵意義遠遠大於實際意義，以崖山（今廣東新會崖門）為據點，堅持抗元。祥興二年（一二七九年）二月，南宋殘餘力量在崖山海戰中全軍覆滅。陸秀夫抱著八歲的趙昺跳海自殺。南宋滅亡。

趙昺一般被稱為宋帝昺，也稱宋衛王、幼主、幼帝、末帝等，只有一個年號：祥興。

〈附錄二〉

南宋歷史大事年表

時間（西元）	歷史事件	人物
一一〇三年		岳飛出生於相州。
一一〇七年		趙構出生在汴梁。
一一二五年	金朝發動滅宋戰役，兵臨汴梁。	
一一二六年	康王趙構在相州募兵勤王。	岳飛加入趙構部隊。
	汴梁淪陷，宋欽宗投降。北宋滅亡。	
一一二七年（建炎元年），南宋建立。		
一一二七年	趙構到南京應天府稱帝，改元建炎。	

一一二八年	金朝再次發動滅宋戰役。	張浚知樞密院事。
一一二九年	趙構從揚州逃亡鎮江。	
	杭州改名並升級為「臨安府」。	
	苗傅、劉正彥發動兵變，逼趙構退位，後被韓世忠等人撲滅。	
	趙構帶領南宋小朝廷流亡東海。	
	建康府失陷，杜充降金。岳飛開始獨當一面。	趙明誠病逝，李清照開始孤寂的生活。
	趙構漂洋入海，在浙東海域躲避金軍追擊。	
一一三〇年	金軍北撤，在黃天蕩被韓世忠所部打敗。	秦檜從金朝來到臨安。
	岳飛收復建康。	朱熹出生於尤溪。
	劉豫在北方建立偽「大齊國」。	
	其間，西線爆發富平戰役和和尚原戰役。	
一一三一年	秦檜被任命為右丞相兼知樞密院事，旋即遭罷免。	

一一三二年		趙伯琮被選為趙構養子。
一一三四年	岳飛第一次北伐，收復襄樊地區。	
一一三五年	楊么起義遭到鎮壓。	
一一三六年	劉豫兵分三路進攻南宋，被打敗。	
一一三七年	淮西兵變發生，酈瓊等投降「大齊國」。	張浚因淮西兵變而罷相。
	「大齊國」被金朝廢黜。	
	金朝釋放王倫，宋金開始和談接觸。	
一一三八年	宋金就和談內容達成一致。南宋向金朝稱臣。	秦檜開始獨攬相權。
一一四〇年	金朝再次進攻南宋。劉錡取得順昌大捷。	辛棄疾出生於歷城。
	岳飛北伐，逼近汴梁，中原震動，被朝廷勒令班師。	
一一四一年	宋金紹興和議達成。	岳飛遭到冤殺。
	南宋朝廷收地方將領兵權。	
一一四四年		陸游迎娶唐婉為妻。
		朱熹來到武夷山求學。

一一五〇年	軍官施全行刺秦檜，沒有成功。	
一一五五年		秦檜逝世。
一一六〇年	南宋發行東南會子。	
一一六一年	金主完顏亮大舉進攻南宋。	
	虞允文取得采石大捷。	
一一六二年	宋金重新達成和議。	辛棄疾南歸。
	趙構退位，成為太上皇。	趙昚即位。
		岳飛獲得平反。
一一六三年	南宋發動一次北伐，遭到失敗。	張浚出任樞密使。
一一六四年	南宋與金朝重定和約，史稱隆興和議。	
一一八七年		趙構逝世。
一一八九年	趙昚退位，成為太上皇。	趙惇即位。

一一九四年	趙汝愚發動紹熙內禪，逼趙惇退位。	趙昚逝世。
		趙擴即位。
		朱熹短期出任侍講之職。
一一九五年		趙汝愚罷相。
		韓侂胄主政。
一一九六年		趙汝愚暴病身亡。
一一九七年	韓侂胄發起「慶元黨禁」，理學遭到迫害。	
一二〇〇年		趙惇逝世。
		朱熹逝世。
一二〇六年	韓侂胄發動開禧北伐，小勝後敗。	辛棄疾逝世。
一二〇七年	吳曦叛變，投降金朝，旋即被消滅。	韓侂胄被殺。
	宋金再次和談成功。	史彌遠上台。
一二〇九年	羅日愿等人行刺史彌遠不成。	
一二一〇年		陸游逝世。

一二一四年	金朝遭到蒙古進攻，南遷汴梁。南宋從此拒絕支付歲幣。	
一二一七年	金宣宗拓地南宋，失敗。	
一二二一年	南宋和蒙古展開外交接觸，共同對付金朝。	
一二二四年	金朝來南宋「通好」，宋金恢復和平。	趙擴逝世。
	南宋進入通貨膨脹時期。	趙貴誠即位。
一二三二年	蒙古合圍汴梁。金哀宗棄城而逃。	
一二三三年	南宋出兵，與蒙古共滅金朝。	史彌遠逝世。
一二三四年	金哀宗自殺，蔡州城破，金朝滅亡。	
	南宋違約占領汴梁、洛陽，隨即被蒙古奪回。	
一二三五年	蒙古軍隊開始進攻南宋。	
	窩闊台征討四川。南宋失去四川大部分地區。	
一二五六年		文天祥考中狀元。
一二五八年	蒙哥親自率軍進攻四川。	丁大全出任宰相。

一二五九年	南宋贏得釣魚城戰役，蒙哥死在陣前。	賈似道出任宰相。
	賈似道私自議和，編造「鄂州大捷」。	
一二六〇年		忽必烈成為蒙古大汗。
一二六二年	臨安城中缺糧。	
一二六三年	南宋朝廷開始推行「公田法」。	
一二六四年		趙貴誠逝世。
		趙禥即位。
一二六八年	襄樊戰役打響。	
一二七一年	元朝建立。	
一二七三年	襄樊淪陷，呂文煥投降元朝。	
一二七四年	蒙古大軍進入長江，發動滅宋最後一戰。	趙禥逝世。
		趙㬎即位。
一二七五年	賈似道親征，全軍覆沒。南宋主力被消滅。	賈似道被打死。
	南宋朝廷乞和，遭到拒絕。	陳宜中出任宰相。

一二七六年	趙㬎、謝道清投降，臨安淪陷。 元朝接收臨安。宋朝皇室北上。	文天祥出任宰相。
一二七六年（德祐二年），南宋滅亡。		
一二七六年	趙昰、趙昺逃出臨安。 趙昰在福州被擁立為新皇帝，改元景炎。 揚州淪陷，李庭芝遇害。	文天祥逃離元朝。
一二七七年	文天祥在南方堅持抵抗。 四川全境淪陷。	
一二七八年	流亡小朝廷遷往崖山。	趙昰病死。 趙昺即位。
一二七九年	崖山大戰，南宋殘餘力量被消滅。	文天祥兵敗被俘。 趙昺溺死。陸秀夫、張世傑殉國。
一二八三年		文天祥就義。

一二三三年		南宋末代皇帝趙㬎遇害。

大陸版後記

一

感謝讀者閱讀本書！

本書想說明的問題是：作為中國傳統王朝發展的巔峰，南宋在社會、經濟、文化各個方面都取得了眩目燦爛的成就，為什麼在短短的幾年之中轟然倒塌，輝煌玉碎了呢？難道說南宋的繁榮是虛假的？南宋的興衰沉浮能夠給後人什麼樣的經驗教訓呢？

我的基本觀點就是本書的書名：脆弱的繁華。

宋史大師鄧廣銘先生曾說過：「兩宋時期的物質文明和精神文明所達到的高度，在整個封建社會歷史時期之內，可以說是空前絕後的！」英國著名史學家湯恩比（Arnold Joseph Toynbee）也承認：「如果讓我選擇，我願意活在中國的宋朝。」南宋的繁華相信沒有人會質疑。南宋一直是歷史教科書中作為中國封建社會頂峰的唐宋時期的重要組成部分。

如果把南宋的一百五十年歲月放在歷史長河中來看，它僅僅是眾多偏安東南的王朝之一。中國古代偏安東南的王朝沒有一個逃脫滅亡的命運。東吳、東晉和十國中的南方九國都是南宋的前輩。其中的原因我們可以列出很多來。比如，中國古代的政治、軍事中心始終在北方，尤其是北方始終掌握著軍事優勢；又比如，南方政權內部的腐敗和政策失誤等等。但我想，重要的還是一個南方人的心態因素。偏安東南的王朝多數是中原王朝南遷後建立的「半壁」王朝。它們曾經「奄有四海」，並有著「偏安東南」的後半生。半壁王朝如果沒有在王朝建立之初就北伐復國成功（當時北方不穩而南方尚有復國的熱情），日後就再難戰勝北方了。歲月會使南方在心理上逐漸產生劣勢，日久生根，衍化成「偏安思維」。雖然依靠自然條件和政策得當，南方可以取得繁榮的物質成就，進而推動文化發展和社會進步，但不能培育君臣健康的政治品格和積極奮進的精神狀態。其中，我們應該注意對社會和歷史發展起主要作用的士大夫階層，或者說是精英階層的品格和精神。可歎的是，原本應該成為世風表率，成為社會中流砥柱的士大夫階層的表現令人失望。比如，士大夫們騙取名利，也教育子弟們唯利是圖；比如，南宋末期那些官僚們的眾生相。

南宋在繁榮的高峰期，沒有將物資優勢轉化為軍事和政治優勢，塑造成綜合國力優勢，而是白白浪費在了「奢靡相尚」的社會風俗之中。宋寧宗曾「以風俗侈靡，詔官民營建室屋，一遵制度，務從簡樸」，但根本推行不下去，最後連皇帝也無可奈何地承認：「風俗侈靡，日甚一日，服食器用，殊無區別。雖屢有約束，終未盡革。」實際上，不是「終未盡革」，而是根本就「革」不掉。連在學堂中讀書的書生們，也熱中於聚會飲宴，而且每次都要招妓女助興。他們可是整個王朝的「接班人」和希望所在啊！當時就有臣僚說：「推其本，弊不在民，實緣士夫之家狃於豪貴之習，服用華侈，則下而民俗得以轉相視傚。」

痛惜南宋悲劇的後人們應該批評南宋的士大夫階層。作為王朝的執政階層，「國之存亡，民之死生，寄於士大夫之人品高下。」士大夫要成為對整個社會負責的階層，要知道他們的品行和風氣，決定著整個社會的品行和風氣。精英階層弱，則社會弱；精英階層強，則社會強；精英階層無恥，則社會無恥；精英階層奮進，則社會奮進。本書中，很大篇幅是在介紹登場的南宋人物，有政治的，也有軍事的和文化的。他們的出身、性格和言行很大程度上決定著南宋的歷史走向。南宋的滅亡就在於一個軟弱的、不成器的士大夫階層的存在。據說，奸臣賈似道也曾意識到這一點的危險。他寫到：「寒食家家插柳枝，留春春亦不多時。人生有酒須當醉，青塚兒孫幾個悲？」這首詩透露出賈似道內心的孤寂與恐慌，他也想振作起來，就是振作不起來。因為世風日下的慣性實在太強大了。

錄取文天祥的考官王應麟曾指出，南宋的大病有三：一是民窮，二是兵弱，三是財匱。而歸根結柢都是士大夫的無恥。套用現在的話語來說，就是：南宋的物質文明上去了，但是精神文明沒上去。這也是造成南宋的繁華是脆弱的主要原因。

二

八百年後，我們都要感謝南宋。

我就以自己為例，來說明南宋是如何繼續影響當代的人們的。我是圖書行業的一個新入職的編輯。我們說到中國的圖書出版，難以回避南宋的歷史。南宋的圖書行業取得了里程碑式的成績。當時官刻、私刻（家族出書）和坊刻（商業出書）三大刻書出版系統發達，同時又有寺院刻書、道觀刻書和祠堂刻書。刻書和賣書成為了社會上的一個新興行業。可以說，古代圖書行業的第一個繁榮期出現在南宋。反過來，圖書行業的發展又推動了文化的發展。唐朝和五代時開始應用雕版印刷術印書，北宋時有了很大發展。當時開封府、杭州、西川、福建都是印書的中心。南宋臨安府更是印書業最發達的地方。保留到現在的宋刻本非常珍貴。據說在舊上海灘，如果一個大宅院裡能夠保存一套宋代刻本，就可以自誇為「宋本樓」了；如果有兩套，就可以大吹特吹為「雙宋樓」了。

第二，我是浙江台州人。我的家鄉及其周邊地區，至今深深留下了南宋的歷史印跡。賈似道、謝道清等人都是我同鄉；家鄉見證了南宋開國和亡國兩代皇帝的逃亡歷程。我所出生的小鎮，因為在南宋的時候有一個姓張的讀書人在當地渡口上船，前往臨安趕考中了進士，而被稱為「張家渡」。據說，這位進士為家鄉起了很好的榜樣作用。之後狀元、榜眼、探花和進士層出不窮。至今，城內的文廟還保留著這些先賢的事跡。如果讀者您也是出身在東南地區，或者前往東南遊歷過，相信對南宋歷史會有更深的感受。

小的時候，在被春草包圍、苔蘚侵蝕的石人石像之間奔跑遊戲，我沒覺得什麼特別的地方。步入社會後，我才發現兒時與歷史的親密接觸是多麼的珍稀。

我們需要感謝南宋的還有很多，從類似的流傳下來的歷史記憶到剛剛打撈出水的「南海一號」，不一而足。

三

本書的寫作緣起是什麼樣的呢？

我之前寫過的書稿，偏重於歷史專題類的，一直想寫一本斷代史類的稿子。剛好我對南宋歷史有著濃厚的興趣，加上國慶期間我前往武夷山旅遊時感觸良多，回北京後就確定了本書的選題。我認為武夷山可以看作是南宋歷史的一個縮影。武夷山優美秀麗、文化底蘊深，人們紛至沓來，卻因為客觀條件的限制，沒能長時間的駐足觀察與思考。

其實我們可以從南宋歷史上看到若干當代的影子。我在最初的選題策畫單子裡是如此書寫創作緣起的：「南宋不是中國歷史上割據東南的唯一朝代，但卻是故事最多，上場的事件與人物最多，對後代中國影響也最大的朝代。其中的許多情況（比如承擔巨大的外部壓力和發展成本，經濟快速發展背後的政治平庸，臨安的膨脹，王朝的經濟危機，中央與地方的權力分配）對我們現在的社會發展有著借鑒意義。南宋的繁華是一種脆弱的繁華，它深受外部軍事壓力、政治平庸和思想劇烈轉變等『慢性病』的折磨。全書是一本借古喻今的書，試圖闡述這樣一個主題：經濟和社會的繁華與高速發展並不是歷史的全部，並不是人們所需要的全部。」

現在書稿寫完了，有沒有完成最初的創作意圖，還需要讀者您來評判。

下面，我來介紹一下全書的內容框架。

全書分七章，基本按照時間的順序，逐步展現南宋歷史。其中第一章寫的是南宋倉卒的建立和初期的危機。岳飛和趙構是第一章的絕對主角。岳飛之死透露出來的許多制度性的問題貫穿了南宋政治的始終。同時，北宋的滅亡給漢人君臣留下了巨大的心理「問題」。泱泱大國輸給了之前被視為蠻夷的女真人，不僅是讀書人，就是普通百姓在心底都接受不了。儘管沒有實力反攻金朝恢復中原，但復國夢想像夢魘一樣一直籠罩在南宋的歷史歲月中。第二章寫南宋喘息初定的情況，是一個過渡性的章節。它的繁榮、它的文壇等都是之後的南宋歷史的開端。第三章是平緩的一章。南宋的最高統治者的情緒和皇位傳承。南宋最高統治者幾乎都經過了一個從有心作為到走向平庸，最終歸於平淡的過程。「太上皇現象」頻繁出現。這樣的一個政治過程令人玩味。第四章說的是在南宋歷史上非常重要的兩個人物：韓侂胄和朱熹。兩人雖然都不是成熟的政治家，但他們分別代表了權臣和文人群體的榜樣。他們的互動深深影響了王朝發展。第四章也介紹了影響深遠的朱熹理學的發展情況。第五章分析南宋社會的繁榮。有些行業數據和史實是嚴肅的，可能讀起來有些枯燥，但非常能夠說明問題。同時，這一章也介紹了金朝的滅亡。金朝南遷後，一邊抵抗蒙古和西夏的兩面進攻，一邊又發動了對南宋的侵略，其實已經到達了最後掙扎的態勢。遺憾的是，南宋朝野沒能從金朝的滅亡中吸取經驗教訓。第六章寫的是南宋滅亡的過程。之前南宋的決策和發展隱藏的許多問題，在蒙古人的總攻面前都暴露了出來。蒙古軍隊基本上是以摧枯拉朽的態勢滅亡南宋的。為什麼？在利益甚至是生存面前，人們如何應對？第七章寫的是南宋流亡朝廷的最後掙扎。這一部分可以顯現一個王朝真正的骨氣，給人心許多安慰。其中的許多事跡都是膾炙人口的。

這七章的安排，既可以比較全面地展現南宋的方方面面，又可以單獨成章，讓讀者對某一塊內容有一個專題了解。

四

接著，我「坦白」交代一下本書的史實來源和資料引用情況。

首先，我要感謝現代科技的發展。電腦技術的飛速發展，使得之前在汗牛充棟的紙質《二十五史》中需要花費數小時甚至一兩天時間的特定人物、事件等搜索工作可以在電子版《二十五史》中通過簡單的「關鍵詞搜索」在不到一秒的時間內完成。為了從紛繁複雜的相關解讀中脫離出來，探究歷史的原貌，有所新發現和私人感悟，我主要以脫脫等人撰寫的《宋史》的原始記載為資料展開寫作。我所引用的《宋史》是從南開大學文學院多媒體中心整理的《二十五史》上下載的電子版本。

其次，蔡美彪《中國通史》第五冊、第六冊（人民出版社一九九四年版）是我最主要的參考資料。凡是不同的資料來源中史實有衝突，一律以《中國通史》的記載為準。其中第五章南宋經濟發展主要引用了《中國通史》第五冊第八節第一部分〈經濟的發展〉（第三五九頁到三八二頁）的資料；金朝滅亡部分的史料也基本以《中國通史》第六冊為主。

此外，周一良、鄧廣銘、唐長孺、李學勤等名家編的《中國歷史通覽》（東方出版中心一九九四年一月版）也是全局性的參考資料。本書的歷史年表主要參照該書的附錄和《中國通史》編製而成。鄧廣銘先生的《岳飛傳》（百花文藝出版社二〇〇二年十月版）、李亞平先生的《帝國政界往事：公元一一二七年大宋實錄》（北京出版社二〇〇四年九月版）對第一章的寫作幫助很大。吳蔚的《宋史疑雲》（海南出版社二〇〇七年四月版）、梅毅的《刀鋒上的文明——宋遼金西夏的另類歷史》（中國海關出版社二〇〇六年六月版）、趙益的《西風凋碧樹》（陝西師範大學出版社二〇〇四年九月版）對中間幾章的寫作幫助很大。我有關理學的論述主要以姜廣輝的《理學與中國文化》（上海人民出版社一九九四年六月版）一書為準。周膺的《宋朝那些事兒》（人民大學出版社二〇〇七年版）一書對浙江地區，尤其是杭州在南宋的繁華景象有非常詳細而專業的描述，對本書相關部分的描寫幫助很大。史為民的《大一統——元至元十三年紀事》（三聯書店一九九四年十月版）一書無論史料選裁和行文我都很喜歡，在寫作最後兩章時，也參考了該書的內容和筆法。此外，本書的政區和地名查閱了《中國歷史政區沿革》（中國歷代政區沿革編寫組，河北教育出版社一九九六年八月版）一書。

本書各章節的許多觀點和史料參考了下列文章（按作者名拼音排序）：程民生著〈汴京文明對南宋杭州的影響〉，載於《河南大學學報（社會科學版）》一九九二年七月；陳泳超著〈「白蛇傳」故事的形成過程〉，載於《藝術百家》一九九七年第二期；鄧小南著〈關於「泥馬渡康王」〉，載於《北京大學學報（哲學社會科學版）》一九九五年第六期；方如金著〈南宋臨安的文化〉，載於《浙江師範學院學報（社會科學版）》一九八二年第三期；何忠禮著〈「紹興和議」簽訂以後的南宋政治〉，載於《杭州大學學報（哲學社會科學版）》一九九七年第三期；胡保峰著〈略論金都南遷後金朝形勢與宋金關係〉，載於《漯河職業技術學院學報（綜合版）》二〇〇三年十二月；姜錫東著〈岳飛被害與昭雪問題再探〉，載於《鄭州大學學報（哲學社會科學版）》二〇〇七年三月；李傳印著〈韓侂冑與開禧北伐〉，載於《安慶師範學院學報（社會科學版）》二〇〇〇年八月；李國榮著〈秦檜科場舞弊案〉，載於《光明日報》二〇〇〇年三月三十一日；靳華著〈嘉定議和後的宋金關係〉，載於《北方論叢》二〇〇二年第六期；任崇岳著〈南宋末年「買公田」述論〉，載於《河南大學學報（哲學社會科學版）》一九九〇年第四期；王茂華著〈南宋降將與宋蒙（元）戰爭進程〉，載於《赤峰學院學報（漢文哲學社會科學版）》第二十八卷第一期；王曾瑜著〈關於秦檜歸宋的討論〉，載於《歷史研究》二〇〇二年第三期；楊金梅著〈宋詞中的南宋都城杭州盛景〉，載於《中共杭州市委黨校學報》二〇〇四年第二期；喻學忠著〈晚宋士大夫奢靡之風述論〉，載於《江淮論壇》二〇〇六年第五期；喻學忠著〈晚宋士大夫貪墨之風述論〉，載於《重慶師範大學學報（哲學社會科學版）》二〇〇六年第三期；俞兆鵬、鄭鋒著〈論賈似道現象〉，載於《江西教育學院學報（社會科學版）》二〇〇四年十月；岳毅平，劉群英著〈論宋王朝重商的財政背景〉，載於《安徽農業大學學報（社會科學版）》二〇〇三年十一月；姚兆余著〈宋代文化的對外傳播及其影響〉，載於《甘肅社會科學》二〇〇〇年第四期；掌心著〈宋朝那點事兒〉，載於《招商周刊》二〇〇七年第十五期；趙甫秦著〈北宋「開禧北伐」前後事〉，載於《深交所》二〇〇七年第八期；❶〔美〕趙岡著〈南宋臨安人口〉，載於《中國歷史地理論叢》一九九四年第二期。所有文章都是我從「中國知網」上下載的。這個網站原來似乎叫做「中國學術期刊網」，在我的六年大學生涯中幫了我很大的忙。我戴碩士帽的那一天，有人自稱是該網的工作人員，用一張面額二〇〇元的會員卡換取了該網對我碩士論文的相關使用權益。這張卡就換來了上述論文的成功下載。

我並不是歷史學科班出身，在史料的選擇和觀點的闡述上難免存在錯誤，歡迎批評指正。

最後，我要感謝安徽人民出版社的汪鵬生社長和王琦編輯，感謝安徽人民出版社所有為本書的編輯、出版、印製、發行付出辛勤勞動的同行們。沒有大家的幫助和辛勞付出，就沒有本書的成功出版。我特別要感謝唐琳娜在寫作期間對我的支持和鼓勵。感謝她的陪伴。

謝謝大家！

張程

二〇〇七年十二月二十六日晚於六合園　初稿

二〇〇八年一月九日凌晨於六合園　修改完畢

注釋

❶此文原來標題如此，寫的就是「北宋」。估計是作者和責任編輯把關不嚴，沒有發現錯誤。應該是「南宋」。

台灣版後記

這是我七年前完成的作品，今日蒙遠流出版公司不棄，得以在台灣出版。

本書是一部南宋歷史的入門讀本。原版面面俱到，但欠深入，講述並不細緻。書稿對南宋開國、滅亡描述較為詳細，但南宋中後期歷史部分相對比較薄弱。此次台灣版本，在大陸版本的基礎上，框架不變，過濾、修訂了文字，增加了若干史實。對於原版提出的「南宋之亡，不是亡於國力，而是亡於士氣，亡於精神」的觀點，我依然贊成。南宋的繁華，沒有轉化為綜合國力優勢，士氣奢靡懦弱，導致了最後的土崩瓦解。

大陸版後記提到了本書的參考文獻。修訂過程中，除了補充《宋史》中的部分史實外，還引用了胡昭曦著〈論宋理宗的「能」與「庸」〉（載於《中國史研究》一九九八年第一期）的史實與觀點。書中的史料和論述，難免存在不周之處，歡迎大家批評指教。

七年過去了，時光帶走了許多美好的東西，也贈與了同樣美好的事物。本書能在台灣出版，要感謝遠流出版公司，感謝陳穗錚小姐和王佳慧小姐。同時，我要特別感謝唐琳娜。

謝謝大家！

張程

二〇一五年三月七日晚於水南莊

國家圖書館出版品預行編目(CIP)資料

脆弱的繁華：南宋的一百五十年 / 張程作. -- 初版. -- 臺北市：遠流，2015.05
面; 公分. -- (實用歷史叢書)

ISBN 978-957-32-7630-2(平裝)

1. 南宋史

625.2 104005791